竹石健二先生・澤田大多郎先生

古希記念論文集

竹石健二先生・澤田大多郎先生の古希を祝う会 編

六一書房

竹石健二先生　　　　　　澤田大多郎先生

2009年1月西野吉論撮影

刊行にあたって

　　　　まちをはなれてのにやまに　いせきもとめておれたちは
　　　　ゆうべのほしみてほのぼのしのぶ　とおいむかしのものがたり

　本論文集は，日本大学文理学部史学科に考古学を根付かせ，多くの考古学徒を育てあげてきた，竹石健二先生・澤田大多郎先生の古希を記念し刊行する論文集であります。

　お二人が揃って講義を受けもたれるようになったのが昭和54年のことで，私たちが卒論指導を受けた最初の卒業生ということになり，今回，代表幹事を仰せつかりました。卒業から早30年の時が過ぎましたが，発掘調査を指揮する指導者としての厳しい表情，酒の席での同僚・友だちを思わせる和みの表情，さらには講義での凛とした教育者としての表情まで，それぞれの場面が若かりし自分たちの姿と重なり，今でも一コマ一コマを鮮明に思い出すことができます。それだけ人生の中でもっとも印象的な時間を一緒に過ごさせてもらったのだと，今さらながら考えさせられました。

　卒業と同時に，多くの教え子たちは全国へ散らばり，あるいは郷里に帰って，それぞれの人生を歩んでいます。卒業生たちが一堂に会する機会は多くありませんが，本論文集の刊行，そして古希を祝う会の開催に，皆さんの先生方への想いが結集し，この時を迎えられたことを，発起人一同大変うれしく想っております。

　竹石健二先生・澤田大多郎先生の古希を祝し，これからのご健康をご祈念申し上げ，本書を捧げさせていただきます。

　卒業生の皆様方，そして在校生の皆さん，ご協力ありがとうございました。

　平成21年7月吉日

　　　　　　　　　　　　　　　　竹石健二先生・澤田大多郎先生の古希を祝う会代表幹事
　　　　　　　　　　　　　　　　　　　　昭和54年度卒業生　松本　　茂
　　　　　　　　　　　　　　　　　　　　　　　　　　　　　田代　　治
　　　　　　　　　　　　　　　　　　　　　　　　　　　　　早崎　　薫
　　　　　　　　　　　　　　　　　　　　　　　　　　　　　小林　良光

竹石健二先生・澤田大多郎先生古希記念論文集

目　次

刊行にあたって
竹石健二先生　略年譜・主要著作目録
澤田大多郎先生　略年譜・主要著作目録
竹石健二・澤田大多郎先生　共著主要業績

献呈論文

戦前～1965年ころまでの教科書に見る考古学の記述 …………………………小形　利彦… 3
　―旧石器・縄文・弥生・古墳時代を中心として―
旧石器時代栃木県の楔形石器考 ……………………………………………………大塚　昌彦… 15
子母口式古段階の土器について―峠遺跡出土土器を中心として―……………毒島　正明… 27
大湯環状列石の土偶・土製品―いわゆる編年派の分析―………………………成田　滋彦… 47
鳥取県における縄文時代後晩期の精神文化 ………………………………………野﨑　欽五… 65
磨製石斧の普及と弥生時代集落―房総の出土例から―…………………………古内　　茂… 73
南関東における弥生集落の基本形態 ………………………………………………浜田　晋介… 87
朝鮮半島南部の倭系文物再考―古墳関連資料を中心に―………………………山本　孝文…107
武蔵国府の大溝・国司館―ブラウドシティ府中地区の調査成果を中心として―…浅賀　貴広…127
もうひとつの「凹石」………………………………………………………………小池　　聡…149
出土資料からみた江戸の瓦漏 ………………………………………………………小林　　克…171
宴会道具としての貿易陶磁器の再評価 ……………………………………………堀内　秀樹…185
　―大聖寺藩邸出土の貿易陶磁器 L32-1 ―
肥前産「呉器手」碗の需要に関する予察 …………………………………………成瀬　晃司…207

遺跡発掘調査報告

川崎市宮前区野川神明社遺跡発掘調査報告
　………………………………………………竹石　健二・澤田大多郎・日本大学先史学研究会…227
川崎市影向寺境内（4）遺跡発掘調査報告―薬師堂西―…………竹石　健二・澤田大多郎…257

資料紹介
　戦時中に行われた後貝塚の発掘調査 …………………………………………寺内　隆夫…285
　　　－日本大学文理学部所蔵千葉県船橋市後貝塚出土資料について（中間報告）－
　尾崎元春氏寄贈の縄文時代晩期土器について ………………………………浜田　晋介…313
　本学所蔵のサハリン（旧樺太）の骨角器について ……………竹石　健二・澤田大多郎…323

編集後記

竹石健二先生　略年譜・主要著作目録

略年譜

1939年4月5日　東京都板橋区に生まれる

1958年3月　東京都立城北高等学校卒業

1960年4月　日本大学文理学部史学科入学

1964年3月　日本大学文理学部史学科卒業

1964年4月　日本大学大学院文学研究科（史学専攻）修士課程入学

1966年3月　日本大学大学院文学研究科（史学専攻）修士課程修了

1966年4月　日本大学大学院文学研究科（東洋史専攻）博士課程入学

1969年3月　日本大学大学院文学研究科（東洋史専攻）博士課程単位取得

1964年4月～1966年3月　日本大学文理学部副手

1966年4月～1972年3月　日本大学文理学部助手

1972年4月～1977年3月　日本大学文理学部専任講師

1977年4月～1985年3月　日本大学文理学部助教授

1985年4月～2009年4月　日本大学文理学部教授

日本大学文理学部史学科学科主任，日本大学人文科学研究所所長などを歴任

著作・論文

1966年　「茨城県新治郡出島村地方に存在する高塚墳墓の性格と今後の問題点」『研究彙報』9輯　日本大学史学会

1967年　「茨城県新治郡出島村所在崎浜横穴墓群について」『史叢』11号　日本大学史学会

1969年　「埴輪の発現と意義についての一試論」『鎌田博士還暦記念歴史学論叢』

「特異な位置に内部主体を有する古墳について」『史叢』12・13合併号　日本大学史学会

1970年　「新治郡出島村の古墳概観」『茨城県史研究』17号　茨城県史編さん室

1973年　「開発と文化財保護」『地方史研究』125号　地方史研究協議会

『日本古墳100選』秋田書店

1974年　「装飾古墳の研究（序）―研究の経過と課題―」『研究紀要』16号　日本大学文理学部人文科学研究所

1976年　「家形石棺についての一考察」『研究紀要』18号　日本大学文理学部人文科学研究所

1978年　「家形埴輪の性格について」日本大学史学科五十周年記念事業実行委員会編『日本大学史学科五十周年記念　歴史学論文集』

1980年　「所謂土坑の機能についての一考察」『史叢』25号　日本大学史学会
　　　　『日本史の諸問題』文化書房博文社（共著）
1982年　「茨城県新治郡所在の白幡古墳群について」『史叢』29号　日本大学史学会
　　　　「津田山丘陵の横穴墓について」『研究紀要』26号　日本大学文理学部人文科学研究所
1984年　「原始・古代の農耕について」『日本文化の原点の総合的探求』4（産業・技術）　日本評論社
1985年　「古墳時代」『地方史研究必携』　岩波書店
1986年　「横穴墓の被葬者」『季刊考古学』16号　雄山閣
1987年　「多摩川中流域の古墳文化について―特に久地西前田横穴墓第二群の形成過程を中心として」『研究紀要』33号　日本大学人文科学研究所
　　　　「前方後円墳の変遷―終末を展望する―」『考古学ジャーナル』276
1992年　「子母口富士見台古墳の実測調査とその意義について」『研究紀要』48号　日本大学文理学部人文科学研究所
1993年　「原始・古代の川崎市域―弥生時代・古墳時代―」『川崎市史　通史編1』川崎市（共著）
2002年　「影向寺境内出土の「旡射志国荏原評」銘瓦について」『川崎市文化財調査集録』37集　川崎市教育委員会（共著）

エッセイ・その他
1975年　「江戸時代邪馬台国論争」『歴史と旅』第2巻第5号
1977年　「古代人と海」『学叢』23号　日本大学文理学部
1981年　「日本古代の謎―装飾古墳―」『学叢』31号　日本大学文理学部
1982年　「大地に描く帝王の記念碑」『歴史と旅』第9巻第7号
1987年　「前方後円墳は日本固有だ。いや，朝鮮が原型だ」『歴史と旅』第14巻第12号
1992年　「前方後円墳発祥の謎」『歴史と旅』第19巻第17号

報告書（澤田大多郎先生との共著以外）
1966年　『樺太の遺物』日本大学文理学部史学研究室
1977年　『川崎市高津区平風久保遺跡発掘調査報告書・川崎市中原区井田伊勢台遺跡発掘調査報告書』日本大学文理学部史学科研究室文化財発掘調査報告書第2・3集
1978年　『新作池ノ谷遺跡　市民プラザ用水地内遺跡発掘調査報告書』日本大学文理学部史学科研究室文化財発掘調査報告書第4集
　　　　『久地西前田横穴墓群発掘調査報告書』日本大学文理学部史学科研究室文化財発掘調査報告書第5集

1979 年	『細山遺跡』日本大学文理学部史学科研究室文化財発掘調査報告書第 6 集
	『八千代市村上古墳群』日本大学文理学部史学科研究室文化財発掘調査報告書第 7 集
1983 年	「千年伊勢山台遺跡発掘調査報告書」『川崎市埋蔵文化財収録』第 19 集
1989 年	『影向寺薬師堂保存修理工事報告書【基壇部記録調査編】』川崎市教育委員会
1990 年	『埼玉県和光市吹上遺跡─ A 地区─』和光市遺跡調査会・和光市教育委員会
1992 年	『丸山台遺跡群Ⅰ　丸山台土地区画整理事業に伴う発掘調査報告書 1』和光市遺跡調査会・和光市教育委員会
1993 年	『埼玉県和光市市場上遺跡（第 2 次）・市場峡横穴墓発掘調査報告書』和光市教育委員会
1994 年	『白子宿上遺跡　発掘調査報告書　第 1 次』日本大学文理学部史学科研究室文化財発掘調査報告書第 11 集
1994 年	『神奈川県指定史跡馬絹古墳保存整備・活用事業報告書』川崎市教育委員会

澤田大多郎先生　略年譜・主要著作目録

略年譜

1940年1月13日　東京都世田谷区に生まれる

1958年3月　静岡県立熱海高等学校卒業

1958年4月　日本大学文理学部史学科入学

1962年3月　日本大学文理学部史学科卒業

1962年4月　日本大学大学院文学研究科（史学専攻）修士課程入学

1964年3月　日本大学大学院文学研究科（史学専攻）修士課程修了

1964年4月　日本大学大学院文学研究科（東洋史専攻）博士課程入学

1967年3月　日本大学大学院文学研究科（東洋史専攻）博士課程単位取得

1962年4月～　　図書出版　龍星閣

1979年4月～　　日本大学文理学部講師

著作・論文

1964年　「東日本に於ける弥生時代の葬制」『日本大学史学会研究彙報』8

1966年　「考古資料よりみた中国の商―漢の住居形態について」『日本大学史学会研究彙報』10

1967年　「古墳発生前における社会」『考古学研究』14-1

1969年　「仰韶文化期における住居形態について」『鎌田博士還暦記念歴史論叢』

1972年　「日金山経塚」『熱海市史』　熱海市

1977年　「本学所蔵の底部穿孔土器について」『日本大学考古学通信』第9号　日本大学考古学会

1979年　「神奈川県における弥生式文化成立期に関する一試論」『史叢』24号　日本大学史学会

1980年　「方形周溝墓の展開」『東アジアに於ける古代史講座』II　学生社

1985年　「縄文時代」「木簡」『地方史研究必携』　岩波書店

1991年　「弥生時代」「考古学の研究方法」『考古学入門』日本大学通信教育部

1998年　「（続）神奈川県における弥生式文化成立期に関する一試論」『日本大学通信教育部考古学特講I』　日本大学通信教育部

2002年　「藤沢の弥生時代の遺跡」『湘南考古学同好会会報』87

翻訳

1966 年　「侯馬東周殉人墓」『若木考古』79（『文物』1960-8・9 合併号　山西省文物管理委員会考古研究所）

エッセイ・その他

1980 年　「博物館・資料館をたずねて」『かけら』創刊号　日本大学先史学会

1984 年　「西部 215 地点遺跡」『湘南考古学同好会会報』14　湘南考古学同好会

　　　　「埋蔵文化財の保存と活用を訴える」『湘南考古学同好会会報』17　湘南考古学同好会

1985・86 年　「西部 215 地点遺跡」『湘南考古学同好会会報』19・23　湘南考古学同好会

1987 年　「西富貝塚の調査」「川名清水遺跡」『湘南考古学同好会会報』27　湘南考古学同好会

　　　　「藤沢市円行馬渡遺跡採集の一土器」『湘南考古学同好会会報』30　湘南考古学同好会

1988 年　「川名清水遺跡」『湘南考古学同好会会報』31　湘南考古学同好会

　　　　「縄文時代早期の石器製作址の調査」『湘南考古学同好会会報』32　湘南考古学同好会

　　　　「第 12 回「神奈川県遺跡調査・研究発表会」に参加して」『湘南考古学同好会会報』34　湘南考古学同好会

1989 年　「西部 221 地点遺跡」『湘南考古学同好会会報』35　湘南考古学同好会

1990 年　「文化財調査員の充実・増員を求む」『湘南考古学同好会会報』40　湘南考古学同好会

1991 年　「「一かけら」の土器によせて」『湘南考古学同好会会報』43　湘南考古学同好会

1994 年　「『遠藤貝塚』の刊行を終えて」『湘南考古学同好会会報』54　湘南考古学同好会

1996 年　「遊行寺周辺の遺跡踏査」『湘南考古学同好会会報』63　湘南考古学同好会

1997 年　「藤沢市 No.347 遺跡」『湘南考古学同好会会報』65　湘南考古学同好会

　　　　「服部先生の思い出」『湘南考古学同好会会報』68　湘南考古学同好会

1998 年　「岡本勇先生の思い出」『湘南考古学同好会会報』71　湘南考古学同好会

1999 年　「藤沢市 No.431 遺跡の調査」「藤沢市 No.372 遺跡の調査」『湘南考古学同好会会報』74　湘南考古学同好会

　　　　「新しき 20 年への出発点として」『湘南考古学同好会会報』77　湘南考古学同好会

2000 年　「藤沢市 No.265 遺跡」『湘南考古学同好会会報』78　湘南考古学同好会

2003 年～2005 年　「酔龍愚見録(1)～(4)銅鐸は何を語る(1)～(4)」『湘南考古学同好会会報』93, 95, 97, 99　湘南考古学同好会

＊以降「最近の発掘調査を憂う」「高松塚は誰のもの」など現在まで執筆を続けている。

報告書（竹石健二先生との共著以外）

1961 年　「相馬横穴古墳群表西山地区の発掘調査報告書」『学究』第 2 号　日本大学文理学部学友会

1961 年　「横浜市白幡西貝塚調査報告」『日本大学史学会研究彙報』5　日本大学史学会（共著）

1962 年	『横浜市三殿台遺跡発掘調査概報』　横浜市教育委員会（共著）
1963 年	「川崎市影向寺裏貝塚調査報告」『日本大学考古学通信』第 6 号　日本大学考古学会（共著）
1965 年	『三殿台―横浜市磯子区三殿台遺跡集落址調査報告』　横浜市教育委員会
1965 年	「全掘された前方後円墳（横浜市西区軽井沢古墳）」『科学読売』1965-12（共著）
1965 年	『稲荷台地遺跡調査概報』藤沢市文化財調査報告書第 2 集　藤沢市教育委員会（共著）
1967 年	「川崎市影向寺裏貝塚調査報告(2)」『日本大学考古学通信』第 7 号　日本大学考古学会
1968 年	「朝光寺原 A 地区」など『横浜市北部地域埋蔵文化財発掘調査報告書』（共著）
1969 年	「朝光寺原 C 地区遺跡」など『横浜市北部地域埋蔵文化財発掘調査報告書』（共著）
1971 年	『稲荷台地遺跡調査概報(2)』　藤沢市文化財調査報告書第 7 集　藤沢市教育委員会（共著）
1983 年	『西部 215 地点遺跡』　西部開発地域内埋蔵文化財調査報告書（共著）
1984 年	『西部 225 地点遺跡』　西部開発地域内埋蔵文化財調査報告書（共著）
1991 年	『西部 209・215・225 地点遺跡』　西部開発地域内埋蔵文化財調査報告書（共著）
1992 年	『西部 211・212 地点遺跡』　西部開発地域内埋蔵文化財調査報告書（共著）
1993 年	『遠藤貝塚（西部 217 地点）』　西部開発地域内埋蔵文化財調査報告書（共著）
1997 年	『六会駅西口通り線埋蔵文化財発掘調査報告書（藤沢市 No.105・416 遺跡)』　六会駅西口通り線埋蔵文化財発掘調査団（共著）
	『藤沢市 No.11（大源太）遺跡確認調査報告書（ミネベア K.K.藤沢製作所構内)』　湘南考古学研究所（共著）
1999 年	『藤沢市長後上ノ原（No.372）遺跡発掘調査報告書』　藤沢市（No.372）遺跡発掘調査団（共著）
2000 年	『藤沢市川名清水遺跡発掘調査報告書（東レ基礎研究所内)』　清水遺跡発掘調査団（共著）
	「藤沢市 No.431 遺跡」『藤沢市文化財調査報告書』第 35 集　藤沢市教育委員会（共著）
2001 年	「藤沢市 No.265 遺跡」『藤沢市文化財調査報告書』第 36 集　藤沢市教育委員会（共著）
2002 年	「藤沢市 No.260 遺跡（南鍛冶山遺跡）」『藤沢市文化財調査報告書』第 37 集　藤沢市教育委員会（共著）
2003 年	「西富貝塚（藤沢市 No.46）」『藤沢市文化財調査報告書』第 38 集　藤沢市教育委員会（共著）
2003 年	『今田殿窪（藤沢市 No.195）遺跡発掘調査報告書』　藤沢市 No.195 遺跡発掘調査団（共著）

竹石健二・澤田大多郎先生　共著主要業績

著作・論文

1991 年　『考古学』日本大学通信教育部（野中和夫氏と三者での共著）

1996 年　『考古学入門』日本大学通信教育部（野中和夫氏と三者での共著）

1998 年　『考古学特講 I』日本大学通信教育部（野中和夫氏と三者での共著）

1999 年　『考古学概説』日本大学通信教育部（野中和夫氏と三者での共著）

2002 年　「本学所蔵の樺太の土器」『史叢』66 号　日本大学史学会

報告書

1980 年　『川崎市高津区菅生水沢遺跡概報』日本大学文理学部史学科研究室文化財発掘調査報告書第 8 集

　　　　『川崎市・菅生水沢遺跡発掘調査報告書（E 地点)』日本大学文理学部史学科研究室文化財発掘調査報告書第 9 集

1981 年　『影向寺文化財総合調査報告書』川崎市教育委員会

1982 年　『川崎市高津区菅生水沢遺跡発掘調査報告書　―川崎市中央卸売市場北部市場建設に伴う―』日本大学文理学部史学科研究室文化財発掘調査報告書第 10 集

1983 年　『県史跡　西福寺古墳―保存整備報告書―』川崎市教育委員会

　　　　『西谷戸遺跡・西谷戸横穴墓群発掘調査概報』日本大学文理学部史学科研究室文化財発掘調査報告書第 13 集

1984 年　『芝下遺跡』日本大学文理学部史学科研究室文化財発掘調査報告書第 14 集

　　　　『芝下遺跡（第 2 次）発掘調査概要』芝下遺跡発掘調査団

　　　　『埼玉県和光市吹上原横穴墓群』和光市教育委員会

　　　　「影向寺周辺遺跡発掘調査報告書」『川崎市文化財集録』20

　　　　『田野平』日本大学文理学部史学研究室文化財発掘調査報告書第 15 集

1985 年　『吹上原横穴墓群』日本大学文理学部史学科研究室文化財発掘調査報告書第 16 集

　　　　「井田中原遺跡（第二次）発掘調査報告」『川崎市文化財集録』21

1986 年　『川崎市麻生区岡上小学校遺跡調査概報』岡上小学校遺跡調査団

　　　　『金程向原遺跡　第 I 地点・第 II 地点発掘調査報告』日本大学文理学部史学科研究室文化財発掘調査報告書第 18 集

1988 年　『宮後遺跡（第 3 次）発掘調査報告書』日本大学文理学部史学科研究室文化財発掘調査報告書第 20 集

　　　　『金程向原遺跡　第 III 地点発掘調査報告（遺構編）』日本大学文理学部史学科研究室

　　　　　　文化財発掘調査報告書第 18 集
1989 年　『岡上丸山遺跡発掘調査報告書』川崎市教育委員会
1990 年　『埼玉県和光市市場上遺跡　第 1 次発掘調査報告書』和光市教育委員会
1993 年　「川崎市宮前区影向寺北遺跡発掘調査報告書」『川崎市文化財調査集禄』29　川崎市
　　　　教育委員会
1995 年　『川崎市東柿生小学校内遺跡発掘調査報告書』川崎市教育委員会
1996 年　『金程向原遺跡 III（遺物編）』金程向原遺跡発掘調査団
1998 年　『久地西前田横穴墓群―第 1 次調査―』久地西前田横穴墓群発掘調査団
　　　　『久地西前田横穴墓群―第 2 次調査―』久地西前田横穴墓群発掘調査団
2007 年　『世田谷区大蔵遺跡第 8 次発掘調査報告書』竹石研究室遺跡発掘調査会

献 呈 論 文

(2009年1月29日)

戦前〜1965年ころまでの
教科書に見る考古学の記述
―― 旧石器・縄文・弥生・古墳時代を中心として ――

小 形 利 彦

はじめに

　1945年（昭和20）以降の高等学校日本史の教科書は，以前の教科書と大きく衣替えした。これは，文部省（当時）による学習指導要領の改訂によるところが大きいが，その結果，教科書の編集書式，記述，内容に至る全ての点で大きな変化・改革が行なわれた。

　特に考古学の分野が教科書に取り入れられたことが，戦前に編集・制作された教科書と大きく異なる様相である。本論では，戦前の教科書の様子を紹介し，次いで1945年〜1963年（昭和38）頃までの教科書が旧石器，縄文，弥生，古墳の各時代をどのように記述したか概観しようとするものである。

1　明治・大正年間の教科書

　1912年（大正元），『児童用　尋常小学日本歴史巻一』[1]を見てみよう。いわゆる国定教科書における記述は，考古学に関する記述はまったくみられない。考古学が関連する時代を目次に相当する目録で見ると，第一天照大神，第二神武天皇，第三日本武尊，第四神宮皇后，第五仁徳天皇，第六物部氏と蘇我氏，第七聖徳太子の順で構成される。

　第一天照大神についての記述を見ると天皇陛下の御祖先と小見出しがある。本文冒頭は，「天照大神は天皇陛下の遠き御祖先なり。その御威徳の極めて高くあまねきこと，あたかも天日のかがやけるが如し。伊勢の皇大神宮は此の大神を奉れる宮なり。」の書き出しで始まる。伊勢皇大神宮の挿絵（社殿）に続く大日本帝国は，「大日本帝国は初め大神が御孫瓊瓊杵尊をして治めし給ひし国なり。大神尊を此の国に降し給ふにあたり，「此の国は我が子孫の君たるべき地なり。汝皇孫ゆいて治めよ。寳祚のさかえまさんこと天壌とともにきはまりなかるべし。」と仰せたまへり。萬世までも動きなき我が建国のもといは実に此の時に定まれり。」とある。本文の小見出しは，三種の神器，天孫降臨と続き，本文も鏡・剣・玉に関する記述に続いて，瓊瓊杵尊が日向（宮崎県）に降り，2代を経て神武天皇の時代を迎えたとある。また，神武天皇以前を神代というとも書いている。このように神話・記紀の話で構成されているのが特徴である。第二神武天皇に関する小見出しは，天皇の偉業，天皇の即位がある。第三日本武尊は，崇人天皇，熊襲の叛な

どがある。

　前述したように，戦前の教科書は神話・記紀の類による内容で構成されていることが特徴であった。このような傾向はしばらく続き，1945年（昭和20）以後になると，やや様相を異にする。

2　昭和21～22年頃の教科書

　1946年（昭和21）に文部省が発行した『日本歴史 上』[2]は，第二次世界大戦終了後に刊行された最初の時期に属する教科書である。学習指導要領の改訂作業中の時期にあたる教科書で，目次を見ると，第一章古代，第二章大和時代，第三章飛鳥時代，第四章奈良時代と続き，各章は節と項で構成される。意図とする箇所を中心に少し詳しく概観してみたい。

第一章　古　　代　第一節　国土と民族　　　　地理的環境　民族の由来
　　　　　　　　　第二節　文明の黎明　　　　縄文式文化　弥生式文化　小国の分立
第二章　大和時代　第一節　国家の成立　　　　大和朝廷の成立　朝鮮半島の経営
　　　　　　　　　第二節　社会と生活　　　　氏族制社会　かばねの制度　生産　生活
　　　　　　　　　第三節　大陸文化の伝来　　帰化人の渡来　文化の伝来

　以前の教科書と大きく構成が異なるのは，章・節・項による構成になっただけでなく，神話・記紀の記述が影を潜め，考古学や地理学，歴史的な学説・研究成果が反映されていることである。第一章古代の地理的環境は，「アジア大陸の東方海上に南北につらなる日本列島は，日本海及び東支那海によって大陸と隔てられ，朝鮮半島と狭い海峡をもって相対し，東は広々とした太平洋にのぞみ，さらに南北に延びた島伝いに，遠くシベリヤ北東部及び南洋・マレー地方との連絡路を有している。」と日本列島の環境に触れている。「その地勢は，面積に比して山岳が多い。その間に平野や盆地が開け，海岸線は長く，港湾に恵まれている。そして夏季季節風のもたらす雨は植物の生育を盛んにし，山地は森林に蔽われ，平野は水田に良く，狩猟・農業に適している。このことは，国土の沿岸において暖流・寒流が互いに交錯し，漁獲物の豊富なことと併せて，古代から平和な自給自足の経済生活を営むに十分であった。」と記述し，日本文化形成の背景について，「海洋によって大陸と隔てられていたために，異民族との利害競争からはなれて，国情に適した政治形態のもとに，ながく国家の独立を維持し，国民の協同融和をうながすことができ，外来文化の影響に対してもまた，これを十分に消化して，渾然とした文化を形成する余裕を持つことができた。」と記述している。民族の由来では，「日本民族は，個人個人の身体的特徴が，単一の人種としては余りに相違が甚だしく，したがって混血による複合民族であるとされている。起源については，風俗・習慣・言語などからみて，大陸起源説・南方起源説，あるいは遠く小アジア・ペルシャ・エジプトなどに求める説などがあるが，このように一定の地にその起源を求めることは不可能であろう。古く石器時代の昔から居住した人類が日本列島に広がり，のちに北方の満州・朝鮮地方，南方の南洋・マレー地方，また支那などの地域から，あるいは海峡を越え，あるいは島嶼と海流にそって，幾回となく渡来し，しだいに融合同化して，独特の体質と，言語・

風俗・習慣を有する日本民族となったと考えられる。」と記述している。これらの記述は戦前の教科書では見られなかった内容である。

　第二節文明の黎明では，項に縄文式文化，弥生式文化が登場し，縄文時代の竪穴住居，縄文式土器と弥生式土器，銅鐸が図版（写真）とともに紹介されている。特に，縄文式土器（晩期）と弥生式土器は1枚の写真に収められ，双方の特徴を比較できるように配慮されている。また，銅鐸は農耕を示す絵が描かれた銅鐸である。これらの写真は名前だけで発掘された遺跡名は記載されていない。

　具体的な内容を見ると，縄文式文化の書き出しで「一般に古代文化の発達は，人類の使用した道具の材料によって，石器時代・青銅器時代・鉄器時代の三段階を追うものとされ，石器時代はさらに新旧の二期に分たれる。わが国においては，旧石器時代に人類が居住した痕跡は未だ認められていない。したがって日本民族の文化は，新石器時代に始まる。」と，断定した記述が見られる。このことは，数年後の1949年（昭和24）に相沢忠洋（1926～1989）が岩宿遺跡を発見した意義の偉大さ・大きさを改めて知らされる思いである。

　弥生式文化について，「縄文式文化の末期，遅くとも西暦紀元にやや先立って，北九州及び大和地方に新しい文化が出現し，次第に西日本から東日本へと発展した。この文化の属する土器が最初に発見されたのが，東京都本郷弥生町である。（略）しかしこの時期の文化上とくに顕著な進展は金属器の渡来である。」と記述，大陸との関係や青銅器について，「古代文化の中心を成していた支那においては，周代に銅と錫との合金で造った青銅器の文化が隆盛の域に達し，ついで漢代に入る頃には，すでに鉄器の使用を始めていた。わが国へはまず青銅器文化が渡来し，つづいて間もなく鉄器が移入された結果，青銅器文化は完全な発達をとげるにいたらず，鉄器文化の時代となったのである。わが国の青銅器の代表的なものは，銅剣・銅鉾と銅鐸である。（略）わが国で作られたものはその形や大きさが実用的でなく形式化していて，本来の用途を離れ，宗教的あるいは政治的儀礼に用いられたものと推測される。」と記述している。

　弥生時代の特色の一つである農耕について，「さらに弥生式文化において重要なことは，狩猟や漁撈のほかに，農業が始められたことである。底に籾の圧痕のついた土器や，鍬・鋤・鎌のような農具，あるいは木製の杵などが発掘され，銅鐸に施された模様には，杵をもって臼を舂いている原始的絵画があらわれているので，農業が始まったことが知られる。」と記述しているが，戦時中の1943年（昭和18）に発見された登呂遺跡の最初の発掘調査は戦後（1947年～50年）のことであり，未だ反映されていない。農業の影響について，「農業の伝来は，人々の生活に大きな変化を与えた。（略）農業のすすむにつれて，耕地を作ることや収穫のときなどには，多人数の協同作業を必要とするようになる。初めは家族内の親子兄弟らの限られた血縁関係の少人数の協同作業であったろうが，しだいにその規模が拡大されて行く。かようにしてこの時代の住居は，ときには数百に及ぶ集団をなし，高床形の家屋さえ現れるにいたった。協同作業には，経験や知識に富む者が首長と仰がれ，また播種から収穫まで長時間を要する農業にあたっては，自然的条件に左右されることが大きいので，人々の間に自然崇拝が発達し，集団の首長は，同時に宗教的

首長でもあった。」と記述，産業の発達による分業的傾向や交換経済の必要から原始的交易が行われたと推測されると結んでいる。

小国家の形成では，「農業の発展につれて男性中心に移り，家族間の結合は血縁的集団である氏族間の結合にすすみ，有力な氏族の首長がさらにその首長となって小さな国家の形をととのえるにいたった。(略) わが国の全土に分立していた有様は，外国の史料に徴すると一層明瞭となる。わが国が倭国として支那の史書に記されたのは，漢以降のことである。」と，出典は明示しないものの『漢書地理志』，『後漢書』東夷伝，『魏志』倭人伝を引用しながら，当時の小国について言及し，邪馬台国女王卑弥呼ついても触れているが，邪馬台国の位置は九州地方か大和地方であるかは明らかでないとしている。

一方，第二章第一節国家の成立，大和朝廷の成立では再び神武天皇が次のような形で登場する。「弥生式文化には，北九州及び大和地方の二大中心地があったが，この国家統一の大事業を遂行したのは，大和を根拠とした勢力であった。これが大和朝廷の起源であって，このことに着手された方を神武天皇として伝えている。」と記述している。

古墳が登場するのは，第二節社会と生活の生活で前方後円墳や円墳の図（群集墳）が紹介されている。本文では，「このような生産状態にあった当時の日常生活をうかがい得るものに，古墳から出土する各種の遺品がある。当時，大氏族の成立，国家統一の発展によって，大氏族の勢威が強大となった反映として，壮大な墳墓が営まれるようになった。当時の墳墓は，土を地上に高く盛り上げ，その形は円形のほかに他国に類似のない前方後円墳があった。応神天皇や仁徳天皇の御陵の如きはその代表的なもので，兆域の大きなことは世界に比類のないほどである。古墳の内部には石室を造って，石製または土製の棺を納め，これに日常使用した食器・武器・装身具その他の器具を副葬した。古墳の外部には，土どめのために石を葺いたり，円形形の埴輪をめぐらした。(鍬をかつぐ男と壺を捧げる女の人物埴輪，家形埴輪写真有り) やがてこの埴輪は，男女の人物や牛・馬・鶏・家屋・家具などをつけて装飾的効果を加えるようになった。」と詳述したあと，装身具，鏡，食器，機織具について説明，最後に住居について「家は，地を掘り丸太柱を立てて屋根を葺いた竪穴形住居のやや進んだもののほかに，多くの柱を用いて屋根を高く上げ，床を設けた切妻造・入母屋造・四注造などがあらわれ，中には二階を有する楼閣状のものさえあった。」

紹介したように，終戦後の考古学的な記述内容は今日に近い状態に改められ，読みやすいだけでなく，時代の状況が遺跡・遺物・歴史用語を使って具体的に記述されたことが特徴である。

3 昭和27年頃の教科書

学習指導要領が改訂[3]された昭和27年度使用教科書[4]になると，現在使用の教科書の原形ともいうべきスタイルの教科書になった。章―節―項の構成は次のようである。

第1章　日本の国家ができるまで―紀元前～6世紀
　第1節　原始の時代　　　日本民族　原始生活　生活様式の進歩

第2節　統一国家の成立　やまたい国　国土の統一　国力の成長　文化の発達　氏姓制度
　第1節では，項として日本民族，原始生活，生活様式の進歩，第2節ではやまたい国，国土の統一，国力の成長，文化の発達，氏姓制度がある。考古学的研究の用語が初めて登場しただけでなく，年代を示す歴史用語として新たに世紀が用いられ，地質学の用語や人類学，言語学の研究成果が用いられるなど，学問的な広がりを感じる構成内容となった。本文を見てみよう。
　第1節日本民族では前述の表現に加え，「だいたい，旧石器時代は地質学上の洪積世に相当し，新石器時代は沖積期の初めごろにあたっている。」と記述。既に議論の始まっていた旧石器時代について「日本列島に旧石器時代の人類がいた形跡もないではないが，今日の日本人の祖先となった人類が住みついたのは，おそらく新石器時代に入ってからであろうといわれている。この人類を原日本人とよぶ。」とし，具体的には，「かれらはアイヌその他の系統の人種と共通の要素をも含んではいるが，今の日本人と全くちがった人種でもないという。これがどこから移住してきたかについては，言語学者は言語の比較研究から，日本語がウラル―アルタイ語族に属することは，だいたい確かであるが（略）」と，記述している。
　また，原始生活について，縄文式土器の写真や打製石器，磨製石器，津雲貝塚人屈葬状態，釣針，登呂遺跡の竪穴住居跡などの写真を用い，貝塚の屈葬状態や竪穴住居について，出典として遺跡名を付記したことが注目される。さらに，「何千年も前，われわれの祖先たちは，いったいどのような暮らしをしていたのだろうか。それを知るには，主として遺物と遺跡との考古学的研究にまたねばならない。」と記述したことは新しい記述であり，考古学が歴史研究の手法として新たな段階を迎えたことを示している。今日，縄文土器の年代・編年につながる用語として，「考古学者は，この文様を数十種に分類し，文化の発展段階を表すめやすとしている。」と記述し，その時期・期間について，「縄文式文化の時代というのは，この土器の名にちなんでつけられたもので，およそ，4,000～5,000年は続いたと思われる。」と具体的に数字で記述，石器について「石器は，初め自然の石を打ちかいて作った打製のものだけであった。しかし，縄文時代のなかごろになると，先の方にみがきをかけた磨製のおのや，柄のない矢尻，殺したものの肉をはがす小刀様のもの，食物をすり砕く石皿などが現れた。これは，わが国の新石器時代が，ヨーロッパのそれに比べ少しおくれているために起ったずれである。」と，具体的な内容とともに世界史的な表現が見られ，交易について，「その地方では産出しない材料で作られた道具の出てくることがある。このころ，すでに相当程度の物資が流通していたことを表すものであろう。」と記述している。
　当時の生活について，より分かりやすい記述が見られるのも特徴で，貝塚と住居跡，墓を取り上げ，「貝塚は当時の人々が食べた貝の殻を捨てた所といわれ，日当りのよい南向きの丘などに残っている。ここには，貝殻のほかに石器や土器のかけら，網につけるおもり，魚やけものの骨，それらで作った矢尻・釣針・銛などが一緒に出ることが多い。また木の実などの見つけられることもある。しかし農業に使った道具らしいものは見当らない。当時，まだ農業は行われていなかったからである。（略）」と，発掘の成果を取り入れながら生活の様子を記述し，竪穴住居につい

て,「かれらの住居は,地面を少し掘りさげた竪穴式のものと,地上に円または楕円形に石や粘土を敷いた平地式のものとがある。穴の形は初めは方形であったが,次第に円や楕円形になった。直径は4メートルから8メートル位もあり,まわりに柱を立て,屋根をふいている。いずれも真ん中に炉があり,そこは火をたき,食事をともにして一家だんらんの中心となったらしい。この住居が家族として,一つの聚落を形造っていたものであろう。」と,より具体的に記述している。

初めて死者の埋葬が登場した記述も,「かれらのうちだれかが死ぬと,住居の近くに穴を掘り,手足をまげて葬った。このとき次の時代のように,特別に貴重な品物などを一緒に入れたり,墓の上に塚を築いたりしたことは,まだなかった様である。死体に石を抱かせた跡のあるのは,死者が生きかえってくるのを恐れたためといわれる。」と,抱石葬について書いている。

一方,次の弥生式文化の特徴である弥生式土器について,弥生式土器の写真とともに,「この時代の土器は,細密な粘土を材料とし,高熱を使って大量に焼き上げたらしい。前代の縄文式土器より薄手の丈夫なものとなり,色は明るい赤褐色に変った。飾りはほとんどなく,あっても,直線や線刻などの簡単な模様にすぎない。この様式の土器は,初めて発見された東京都内本郷弥生町の名をとって弥生式土器とよばれる。弥生式土器の文化は紀元前1〜2世紀のころ,西日本から東方へひろがり,縄文式にとって代った文化である。」と記述し,石器・青銅器について,「これに伴う石器には,打製のものとともに,磨製のものが多く,鎌や鋤,鍬,杵も見られる。さらに,銅鉾・銅剣・矢尻のほか,銅鐸・鏡などの青銅器をはじめ,鉄製の農具も出てきている。」とし,「この時代に,青銅器と鉄器とがほとんど同時に伝わり,しかも石器と一緒に利用されたことは,ヨーロッパの場合,石器時代についで青銅器時代がきて,次に鉄器の時代となったのとは,非常に異なっている。」と,銅鐸や銅剣,人物画象鏡(隅田神社)の写真とともに記述するなど,考古学的な成果や文化を比較する視点が見られ,関係用語の使用と相まって,非常に分かり易い表現となっている。また,銅鐸表面の絵画を用いて農耕や村の説明が見られ,「さきごろ,静岡県の登呂で,水田の跡や木製の農具が発見されたことは,弥生式土器のもみのあとが認められたり,石や鉄の農具の存在したりする事実とともに,すでに農業時代にはいっていたことを物語るものである。しかも,銅鐸の表面の絵によると,穀物をついて倉にたくわえることを知っていたようである。また,当時の住居の跡が,前代よりいっそう低い所で発掘され,その数も数百の集団をなしていることさえあるのは,耕作のため,水の便を求めて,次第に低地に下って定住し,共同の生活を始めるようになったことを示している。」と記述,さらに「定住と共同による農耕の生活が進んでくると,しぜん,部落としてのまとまりができあがり,そこに部落の首長となる人が出てきた。首長は,部落の利益のため,話しあいや実力によって,他の部落を併合するようになる。」と,各村の離合集散の繰り返しや変遷がやがて「幾つかの部落国家にまとめられていったものと考えられる。」と,共同体的な性格をもつ小国家の成立に触れ,「漢委奴国王」の金印は,そのうらづけになると紹介している。

古墳文化についての記述は簡潔で依然としてやや曖昧である。第2節の項,文化の発達で次のような記述が見られる。「わずかに当時の古墳などからの出土物によって,その一部をうかがい

うるにすぎない。」と，その概略について次のように記述している。「墳墓では，さきの弥生式文化の時代に棺を用い，土を盛り上げる形式のものが西日本にみえ始めていたが，この時代になると畿内を中心に，前方後円墳とよばれる雄大なものが多く造られるようになった。古墳には槨の形によって，横穴式と竪穴式とがある。槨とは，棺をおおう設備であり，槨も棺も主として石を材料としている。」と書いている。副葬品の品目は，「古墳から出る副葬品は権威の象徴とおわれる鏡・剣・玉をはじめ，武器・馬具・服飾品及び土器などを含んでいる。そのなかには，遠くエジプトやシベリアに起源をもつものもあり，それらによって文物伝来の経路をもうかがうことができる。」と，埴輪（馬），埴輪（船），埴輪（人：武人）の写真を用いて「古墳の外部は，家屋・人物・動物・武器・調度品などをかたどった埴輪で囲まれている。その埴輪は当時の生活や風俗を知るよい材料で，これを見るとこのころにはすでに床を高くした家が建てられ，着物は今の洋服に似たものを着けていたことがわかる。」と，説明している。また，文字の伝来について「精神文化の面においても，漢字・漢籍の伝来は古く漢との交渉のころにさかのぼりうるし，おそくみても魏と通交した3世紀の初めには帰化人や，その子孫のなかに漢字を知るものがあったと考えられる。漢字文化のうち儒学は，当時の支配者のうち政治道徳の準拠としての重要な地位を与えられ，またそれによって，政治や外交において重要な意義をもつ記録事務も発達した。帰化人の家である東の漢氏，西の文氏は代々朝廷に仕え記録のことに従い，対外交渉から行政・財務の各方面に大きな貢献をするに至った。」と，漢字の伝来について触れている。

　これまで紹介・概観してきたように，1952年（昭和27）頃までの日本史の教科書における考古学的な分野の記述は，極めて狭い範囲の記述であった。これは，文部省（当時）の学習指導要領が背景にあるが，一方で考古学の研究が急展開したにも拘らず，学問的評価の問題などがあって教科書採択に至らなかったものと推測される。

4　昭和29年ころの教科書

　昭和29年度使用教科書[5]を見ると新たに加えられたものが少なくない。専門的な用語を平易に記述しようとした様子が感じられる一方で，考古学的な記述の増加が目立つ内容である。目次は次のようである。

第1編　日本の黎明
　第1章　日本の原始社会
　　　　　人類の発生，日本列島，原日本人，縄文式時代，縄文式時代の社会
　第2章　国家の成立
　　　　　弥生式文化，稲作の発生，政治的社会の発生，部落国家，邪馬台国，大和朝廷，大和朝廷と中国，古墳文化，儒教と仏教，民族宗教，氏姓制度

これらの内，本論の意図とするところを紹介すると，人類の発生では，北京原人やジャワの直立猿人が学名と頭骨の図で記述・紹介され，ハイデルベルク人，ネアンデルタール人が続いて紹

介され，古生人類の生活の様子が記されている。日本列島について，「ユーラシア大陸に人類が発生したころ（洪積世）わが日本列島はまだ大陸と陸つづきで，今日の日本海のあたりは湖をなしていた。気候の周期的変化につれて熱帯性の野獣や寒帯性のマンモスなどが，それぞれ移り住んだ。（略）沖積世の初め（約1万年ほど前）地殻の大変動により，だいたい今日のような列島ができあがったといわれる。しかしこのころ，まだこの列島は無人の地帯であり，その後人類が移住したものと信ぜられている。」と記述，人類学との関連や縄文式時代の説明との関連からエドワード＝モースが写真とともに紹介されている他，打製石器（図），原日本人の渡来経路の想像図が用いられている。

縄文式時代の記述はさらに詳しくなり，「（略）石器には，打製のものと磨製のものとがあるが，磨製石器が存在するので，考古学上新石器時代に属するとみなされる。石器には鏃・槍・斧・錐などの利器や，匙・皿・棒・槌などの日用器具がある。石器とともに骨器や角器も用いられた。（略）縄文式土器とよばれる。その形や製作技術については，時代の経過とともに著しい発展のあとが認められるが，まだろくろは用いられず，一般に厚手である。」と，石棒（長野県高尾山麓出土），縄文式土器（後期）の写真が挿図されている。

次の縄文式時代の社会は，縄文式竪穴住居写真（千葉県姥山貝塚），土偶，屈葬人骨（岡山県津雲貝塚）埋葬写真を用いた内容で，貝塚の出土遺物から生活の様子を再現したり，土偶や石棒，屈葬・抜歯などから習俗や呪術の習慣について説明している。

第2章国家の成立，弥生文化では弥生式土器の写真とともに，銅鐸や銅剣・銅戈の写真，青銅器の分布図を用いて，「この新しい文化は，紀元前1・2世紀ころ西日本一帯にわたって比較的急速にひろまったものらしく，そこには北九州と近畿地方とを各々中心とする二つの文化圏の成立が認められている。二つの文化圏を特徴づけるのは，ことに青銅器分布についてであって，銅剣・銅鉾・銅戈は主として北九州を中心に分布し，つり鐘状の銅鐸は近畿を中心としており，中国・四国の東部が両者の交わる地帯をなしている。これらの青銅器は実用よりも，宗教的・政治的権威の象徴として用いられたものらしい。」

続く，稲作の発生では，石包丁や木製の鍬の写真，登呂遺跡の水田遺構の写真を用いて次のように記述している。「近年大規模な発掘の行なわれた静岡市登呂から多様な木製農具とともに水田の跡も発見されている。」と記述，農耕の様子について，「農業がおもな生業となってくると水田耕作の便宜のため，人々の住居も丘陵をくだって平地の近くに移ってくるとともに著しく定住性をましてきた。農具としては木鍬や木鋤のほか，鍬として用いられたと思われる石斧，鎌の形に似た石庖丁などが用いられ，鉄器はまだ広く用いられるには至っていない。穂刈にされた稲の穂首はそのままたくわえられ，必要に応じて銅鐸の絵画に見られるように，木臼に入れて竪杵でつき脱穀した。」と記述している。

「漢委奴国王」の金印は記述がすすみ，部落国家の項に次のような記述が見られる。「後漢書に1世紀の中ごろ倭の奴の国が後漢の都洛陽に使をおくり，光武帝から印綬を与えられたとあるが，奴国は現在の福岡市あたりにあった部落国家であったろう。18世紀の末，福岡県志賀島から発

見された「漢委奴国王」の金印は，おそらくこのときのものであったろうと考えられている。」と，書いている。

　古墳に関する記述がやや具体的になったのも特徴の一つである。応神天皇陵（河内名所図会），埴輪（男女），形象埴輪（家，馬），古墳出土品（環頭太刀の柄頭，金銅冠，銅鏡，勾玉）の写真を用いて古墳文化を次の様に説明している。「大和朝廷の勢力が内外に発展するとともに，その文化の進展にもめざましいものが見られた。（略）そしてこの時代の遺物を最も豊富に残しているのは古墳である。（略）今日全国各地に見られるが，ことに数多く分布しているのは，まず大和を中心とする近畿地方，九州では北九州・日向地方，その他関東西北部などである。古墳はしばしば群れをなして発見され，その地の豪族の根拠地であったことを示している。しかし，古墳にも時代による変遷が考えられ，外形も一様でない。一般に平面の形によって円墳・方墳・前方後円墳の三様式に分けられるが，前方後円墳は日本独自の形式で，その発達の中心は大和地方であった。（略）九州では石室の壁に絵が描かれている場合もある。（略）鏡と剣には中国からの輸入品と日本でつくられた模造品とがあり，玉にも種々の形があるが優美な形をした勾玉は，日本特有の発達をみせている。6世紀以降の古墳になると副葬品の種類が増し，武器・馬具・装身具・土器などを含み，これらのうちには遠くエジプトやシベリアに起源をもつものがあって，当時の文化の世界性を考えさせられる。」と，古墳研究の進んだ成果を垣間見ることができる。

5　昭和30年以降の教科書

　昭和31年使用の教科書[6]では，日本人の起源に関連して大森貝塚を欄外の注(3)で「1878（明治11）年日本で最初に貝塚を発掘したのはアメリカ人モース（E. Morse, 1838〜1925）で，それは東京の大森貝塚であった。モースは日本に科学的な考古学を開いた人であった。」と紹介している。縄文式土器の研究が各地で進んだ結果，土器が五つ並んだ写真が登場した。説明文には「同じ縄文式土器にも時代によって変化がある。ふつうそれを早・前・中・後・末の5期に分ける。上段右は茅山式，中は前期の関山式，左は中期の勝坂式である。また下段右は同じく中期の阿玉台式，左は後期の堀之内式で，時代の進歩の跡をうかがうことができよう。」同じように，骨角器の写真にも宮城県沼津貝塚出土の銛（3種類）と釣針（大小）が紹介されている。また，欄外の注(2)の千葉県姥山貝塚の説明で，「直径150メートルの円と，これと中心を同じくする50メートルの円の環状の地帯に，23の住居址が発見されている。長野県の八ガ岳山麓では33の住居址と45の炉の跡が発見されたが，住居群が南北に分れ，中間に広場がある。」など，各地の発掘調査の成果が教科書で紹介され，東京都杉並区下高井戸3丁目塚山で発掘された縄文時代中期の住居址群も写真で紹介されている。

　また，農耕の誕生に関連して，欄外の注(1)で「弥生式文化の農業は奈良県の唐古，とくに静岡県の登呂の発掘によってよくわかるようになった。登呂では集落遺跡や水田址，また多くの木製の器具が発見された。水田は1300ないし2000平方メートルぐらいにあぜで区画されていた。」

と記述，石庖丁についても欄外の注(1)で「石庖丁は，庖丁の形の石器で二つの穴があいており，それにひもを通して指をさしこみ，片手で稲の穂先を切り取ってゆくのである。」と，それぞれ補足説明が付記してある。

　1963年（昭和38）以降の使用教科書[7]になると，文化のはじまりに岩宿遺跡が登場し，「そのころ日本列島に人類が住んでいたかどうかは長い間疑問とされてきた。しかし1949（昭和24）年，群馬県岩宿の関東ローム層（洪積世末期の赤土層）から打製石器が発見された。これを契機として同種の石器が全国各地でぞくぞく発見され，洪積世の日本列島に人類が生活をいとなんでいたことが確認されるようになった。この時期の文化は，打製石器だけで土器をともなわないこところから先土器文化（前縄文文化）と呼ばれているが，そのすべてが旧石器時代に属するかどうかはまだはっきりしない。」と記述し，はじめて全国の先土器・縄文・弥生文化の遺跡が1枚の地図にまとめて掲載された。また，現在もしばしば目にする神奈川県横浜市南堀遺跡の馬蹄形集落の図が社会と信仰の説明で使われている。また，弥生時代の青銅器についても説明が詳しくなり，銅鉾・銅剣・銅戈と青銅器の分布を説明した図とともに，広鋒銅鉾，石製の鋳型，平形銅剣などの写真が説明が加わって，よりリアルな解説になっている。さらに，農耕の発生では登呂遺跡で復元された高床倉庫や水田遺構の写真が紹介され，社会の変化では銅鐸の絵柄に糸をくる人や甕棺，支石墓の写真で紹介され，甕棺や支石墓については朝鮮半島との関連を指摘している。

　漢字の伝来については，熊本県江田船山古墳出土大刀銘が新たに写真と史料で紹介され，和歌山県隅田八幡宮人物画像鏡の銘文とともに，漢字の使用例として紹介されている。古墳文化でも仁徳天皇陵や円筒埴輪の出土状態が鮮明な写真で紹介されている。このように昭和38年以降になると，各時代の様子や遺物の説明は詳しさを増し，岩宿遺跡出土の石器もさらにハンド＝アックス，ブレイドなどに分類され写真とともに紹介されている。古墳文化でも土師器や須恵器があらたに加わった。

まとめ

　教科書における考古学的な分野の記述について概観した。1945年（昭和20）を境とする戦前と戦後の記述内容の差異には驚かされる。また，戦後の学習指導要領の改訂が本格化する中にあって，教科内容が考古学の進化・発展を十分に反映してこなかったことが分かった。恐らく学問的評価や認知の問題があったのだと思われる。現場で教壇に立つ教科担任の裁量で雑誌や新聞に報道された記事を教材として，利用したものと思われるが推測の域を出ない。これに比べ現在使用されている教科書は，考古学的な研究成果を積極的に取り入れていることが分かった。

　各時代を概観しながら，学生時代に竹石健二先生や澤田大多郎先生に発掘現場や研究室で教わったことが昨日のように思い出された。両先生のご健勝をお祈りしたい。本論を執筆するにあたり，山形県教育センター副所長大場新七氏に教科書閲覧の便宜をいただいた。末筆であるが名を記し御礼としたい。

註

1) 文部省 1912『児童用 尋常小学日本歴史巻一』
2) 文部省 1947『日本歴史 上』
3) 文部省 1951「中学校 高等学校 学習指導要領 改訂版 社会科編」
4) 好学社 1952『高等学校日本史 上』
5) 修文館 1954『日本史読本 全』
6) 山川出版社 1956『四訂 日本史』
7) 山川出版社 1963『詳説 日本史（再訂版）』（見本のため印刷，発行日が空欄であるが，教科書番号から推定した）

旧石器時代栃木県の楔形石器考

大 塚 昌 彦

1 はじめに

「楔形石器」はフランス語で「ピエス・エスキーユ」とも言い，両石器とも同一石器である。現状石器の名称として楔形石器とピエス・エスキーユの2つの用語が使用されている。

楔形石器について筆者は，「小山市縄文時代早・前期の楔形石器」という小文を発表したことがある[1]（2005 大塚）。

研究対象の地域は「栃木県」，研究対象の時代は「縄文早期・前期」，研究対象の石器は「楔形石器」である。

発表した内容は，栃木県小山市乙女不動原北浦遺跡B地点の縄文時代前期黒浜式期の遺跡からまとまって出土した楔形石器群を整理報告した[2]ことから，栃木県内の縄文時代早期・前期の楔形石器がどのような現状であるかを検討したものである。楔形石器は縄文時代の集落遺跡に普遍的に存在するものではなく，数量的にまとまって出土した乙女不動原北浦遺跡B地点が特殊な遺跡である。他の集落遺跡は非常に限られた少量の出土のものやほとんどの集落遺跡でも出土例はなく，特徴的な遺跡に集中していることが判明した。

また，栃木県の縄文時代楔形石器の現状が石器の定義が曖昧で，楔形石器ではないものまでが，かなりの数，楔形石器として報告されていることが明らかにされた[3]。

楔形石器の定義については，岡村氏により以下のとおり説明されている[4]。

①平面の形態は主に四辺形を呈する。剥離痕の連続する縁辺を上下に置いた場合，上下両端いずれにも打面のように平坦部を残さないのが普通である。したがって，縦断面としばしば横断面も凸レンズ状を呈する。

②礫核を素材としたものと剥片を利用したものと2種類に細分される。

③上下両縁辺または両突端からほぼ平行に剥離痕が入り，両端には細かい砕屑の剥離した痕跡が連続して残され多くは階段状剥離を残す。

④これらは両極打法によって作られている。

以上の特徴を持っているのが楔形石器である。

楔形石器の確認されているのは，旧石器時代・縄文時代・弥生時代と連続する3時代にかけて存在するとされている[5]（1976 岡村）。

楔形石器が旧石器時代・縄文時代・弥生時代と連続して存在するということから，縄文時代前期→縄文時代早期→旧石器時代と時代を遡り，栃木県の旧石器時代の楔形石器について現状を把握することにより，問題点を改めて考えてみたい。

2 楔形石器出土遺跡の概要

栃木県における旧石器時代の楔形石器が確認されている遺跡は，向山遺跡の9点[6)7)]・磯山遺跡[8)]の1点で合計2遺跡，10点が確認されている。

a 向山遺跡

向山遺跡は，栃木市平井字向山271に所在する。

遺跡は，南流する永野川の右岸にあり，丘陵の突出部が川に迫っている。突出部は東西600m，南北500m，標高113mの独立丘に位置する。JR両毛線と旧例幣使街道の平行して走るところと

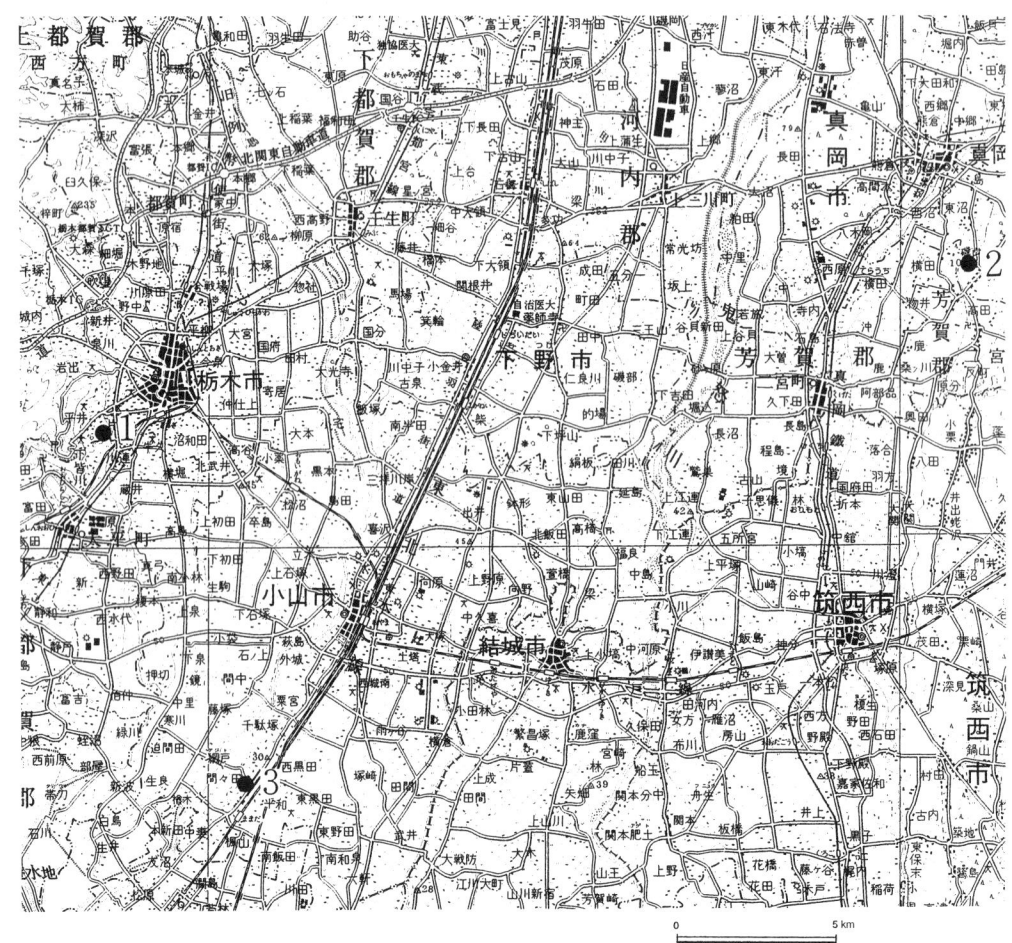

第1図 向山遺跡・磯山遺跡位置図（1向山遺跡 2磯山遺跡 3乙女不動原北浦遺跡B地点）

永野川の交差する箇所から北西500mに遺跡は位置する。

土取り工事中にローム層中から石器の出土が確認され，昭和45年～46年にかけて3回の発掘調査を東北大学考古学研究室が実施している。

向山遺跡は調査後，すべて削平されて現在はなくなっている。

向山遺跡は，文化層が7層確認されている。

第I文化層は，ナイフ形石器・台形石器・スクレイパー・楔形石器・剝片など約500点出土。

第II文化層は，ナイフ形石器・片面加工尖頭器・楔形石器・剝片など約900点出土。

第III・IV文化層は，ナイフ形石器・彫刻刀・尖頭器・錐形石器・楔形石器・石刃・敲石・石核・剝片など役500点出土。

第V文化層は，ナイフ形石器・彫刻刀・剝片など80点出土。

第VI文化層は，大型尖頭器・スクレイパーが出土。

第VII文化層は，チョッパーが出土[9]。

第I層・第II層・第III層の各層に楔形石器の存在が報告されている。

b 磯山遺跡

磯山遺跡は，真岡市東大島磯山に所在する。

磯山遺跡は，真岡市の市街地から南へ約3km，五行川と小貝川に挟まれた磯山は，標高約70mの独立丘で，東北大学考古学研究室や栃木県教育委員会の発掘調査が行われた。

遺物出土層は，第一黒色帯の上位からその上のローム層中であり，第一黒色帯の年代は放射性炭素法による約16,000年前である。

磯山遺跡は，ナイフ形石器26点・彫刻刃形石器1点・錐形石器1点・鋸歯縁石器1点・スクレイパー5点・尖頭器1点・磨痕ある石器1点・敲石8点・石核167点・剝片670点の合計

第2図 向山遺跡位置図 （1/50,000）

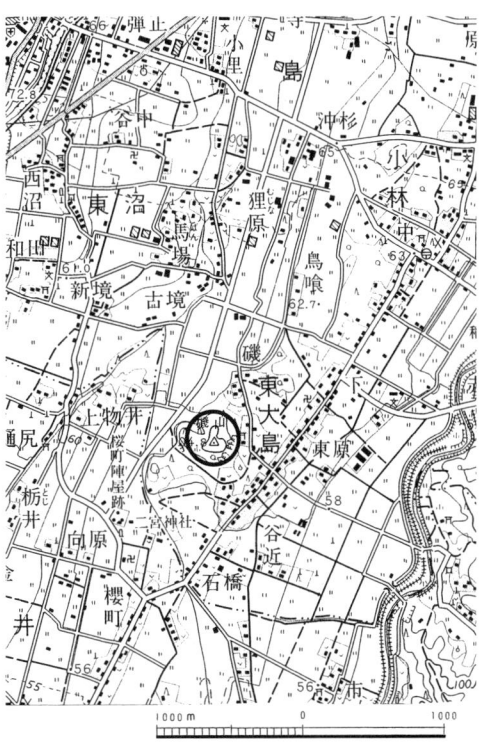

第3図 磯山遺跡位置図 （1/50,000）

881点の出土である[10]。栃木県史には尖頭器と報告されていたが、磯山遺跡発掘調査報告書では楔形石器として報告内容が変化している。

3　楔形石器の再検討

現在、楔形石器と紹介されている向山遺跡・磯山遺跡の石器群を実測図から再検討してみたい。
a　向山遺跡の楔形石器
第Ⅰ文化層出土の楔形石器（第4図1〜5）

1は向山遺跡報告書において第7図版No.10の資料である。

1は表裏面の上半部に礫面を残し、a表面の礫面については上方向からの剥離がなく、c裏面側に3ヶ所ほどの剥離がある。下端部には裏面からの剥離が2ヶ所あるが斜方向に剥離があり、裏面側には剥離は認められない。この資料については、上端部からと下端部の剥離方向は上下に対になる剥離をもっていない。上下両端とも片面の剥離しか認められず、楔形石器とは認定できなく加工痕のある剥片と考えられる。

2は向山遺跡報告書において第7図版No.11の資料である。

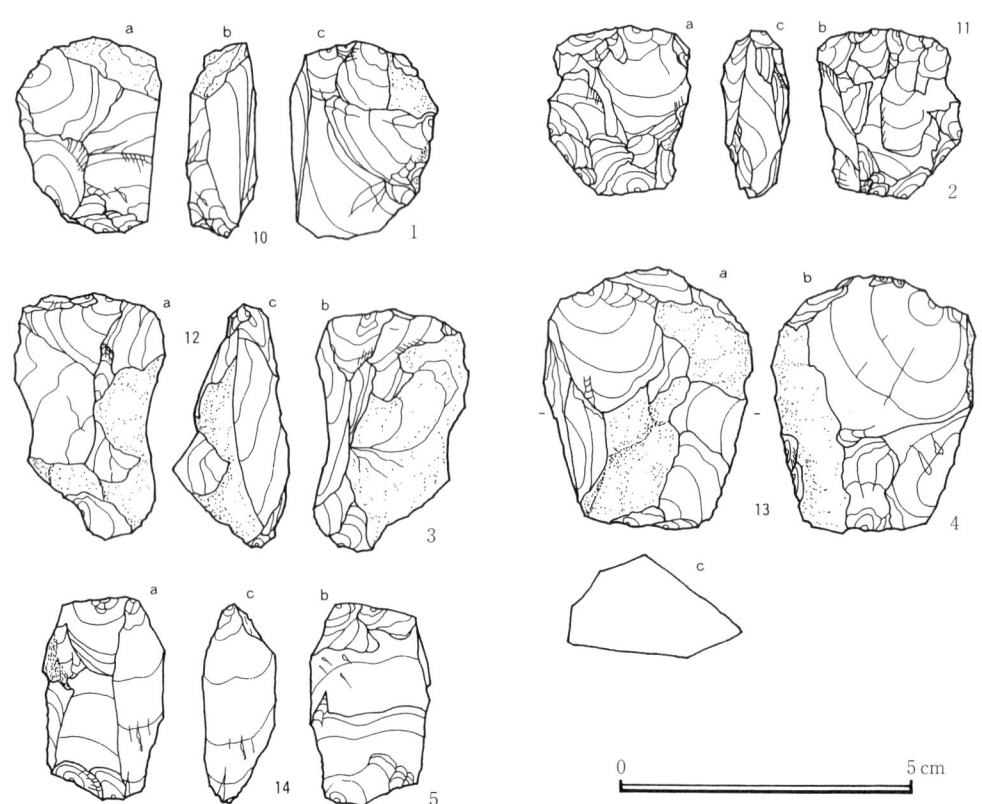

第4図　向山遺跡第Ⅰ文化層出土楔形石器

2はa表面上端部に大きな剝離と左にも小剝離が存在する。b裏面上端部は6ヶ所ほどの剝離があるが，左右両端部は剝離方向が石器中央に向かっている。表面下端部は1ヶ所の剝離だけ，裏面下端部に小さな剝離が2ヶ所存在する。上下方向の剝片剝離作業であるが，表面の左下は細部調整が3剝離，同辺の裏面も3剝離あり，石核に細部加工しているものと考えたい。

3は向山遺跡報告書において第7図版 No.12 の資料である。

3は礫面を全面に多く残す礫素材で，上端部は表裏とも各1ヶ所剝離があり，下端部a表面は裏面からの左方向からの剝離が1ヶ所，b裏面に表面からの剝離が1ヶ所ある。

下端部に肉厚な断面を持つことや一つ一つの剝離は，両極に伴うものではなく，単発の剝片剝離による結果であり，楔形石器ではないと考えられる。

4は向山遺跡報告書において第7図版 No.13 の資料である。

4は礫面を全面に多く残す礫素材で，上端部は直線的ではなく山なりである。a表面の頂上部において1ヶ所，b裏面は細剝離が2ヶ所ある。下端部の表面については2ヶ所の細剝離が，裏面では1ヶ所の剝離が認められる。

本資料は礫素材で周辺からの加工を加えられているだけで，石核と考えたい。

5は向山遺跡報告書において第7図版 No.15 の資料である。

5は剝片素材でa表面に左端に小さく礫面を残している。a表面上端部は1ヶ所の剝離，b裏面に小さな剝離が2ヶ所ある。下端部には表面に小さな剝離が2ヶ所，裏面に大きな剝離1ヶ所が存在する。

c側面は上端からの1打撃により，剝離している。

この資料が楔形石器として条件が一番揃っているといえそうである。しかし，上端下端の剝離は縄文時代の楔形石器のように小さく連続するものではない。加工痕のある剝片と考えたい。

第Ⅱ文化層出土の楔形石器（第5図6）

6は向山遺跡報告書において第8図版 No.4 の資料である。

6はb裏面左端に小さく礫面を残している。a表面は上端に2〜3ヶ所の下方への剝離が認められ，下端からは上方への剝離は認められない。中央には右方向の直角な剝離が認められる。b裏面には2〜3ヶ所の上端から下方への剝離が認められ，下方から上方への剝離は認められない。

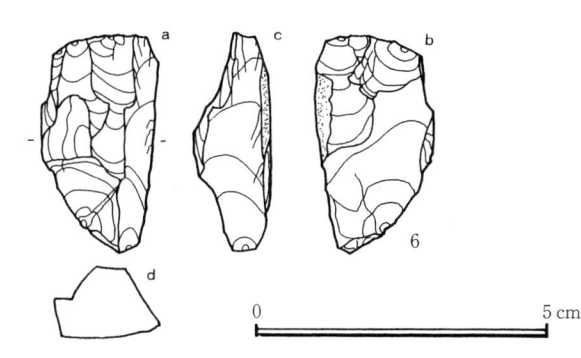

※なお，この石器のC図面原図はa図の側面にあたるリング方向がまったく上下逆であり，上下が逆さに訂正して図版とした。

第5図　向山遺跡第Ⅱ文化層出土楔形石器

裏面下端やや右に上がった側辺に大きな剥離を伴っている。下端部については，c側面は下方向から一撃で剥落している。

この資料は，下方からの剥離がないことから楔形石器ではなく，この資料は石核・剥片と考えられる。

第III文化層出土の楔形石器（第6図7・8）

7は向山遺跡報告書において黒色帯出土第17図版 No. 10の資料である。

7は縦長の石核で基本的に上下方向の剥離が多く，僅かにそれに直角の剥離をみることができる。a面においては上端から下方への剥離は右端に1ヶ所剥離があるが，下端から上方への剥離は45度位方向がズレた剥離が1ヶ所認められる。b面は下端部に細剥離が僅かに認められる。上端部は右端に2剥離存在している。c面は上端から下方への剥離は多く認められ，下端から上方への剥離は2剥離存在している。

剥片剥離作業を上下方向に多く求める石核であることから，上下方向の剥離が上記のように認められるのは当然であるが，この資料はa・b面の端部からの剥離が認められないことから楔形石器とするのは難しく石核と考えられる。

8は向山遺跡報告書において第17図版 No. 11の資料である。

8は上半部に礫面を多く残す礫素材の資料である。

4面とも観察しても上端部から下方向の剥離がなく，下端部から上方向の剥離が認められない。何を持って楔形石器と認定したか不明である。この資料は石核・剥片と考える。

9は岡村氏により指摘されたもので，礫核素材でa表面左端に礫面を少し，b裏面に多く礫面を残す。上端は平坦面を持つ。a表面は上方向からの縦位の剥離が多く，右下で横位方向からの剥離があり，下端からは上方向に剥離が認められる。b裏面は上方向からの縦位の剥離が認められるのみである。この資料については石核と考えたい[11]。

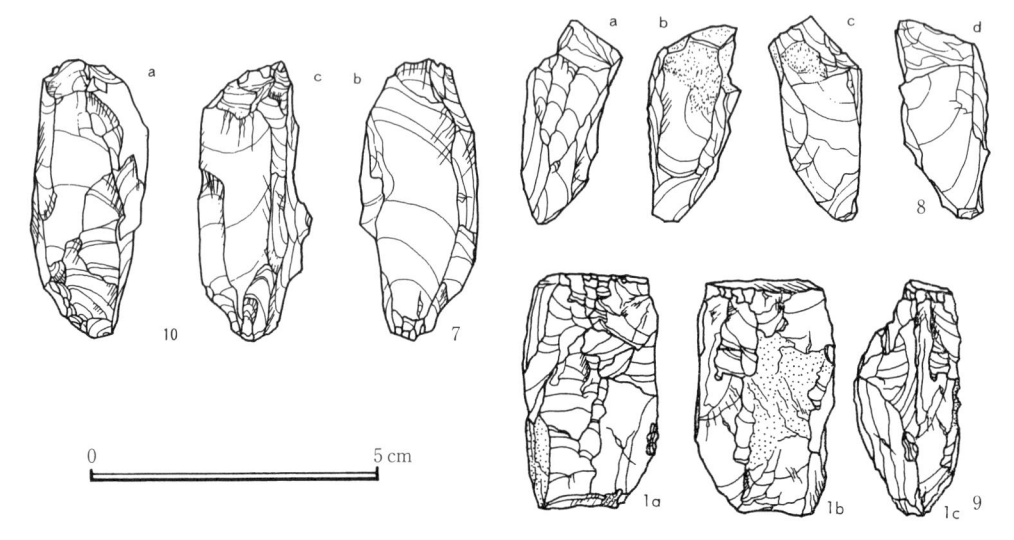

第6図　向山遺跡第III文化層出土楔形石器

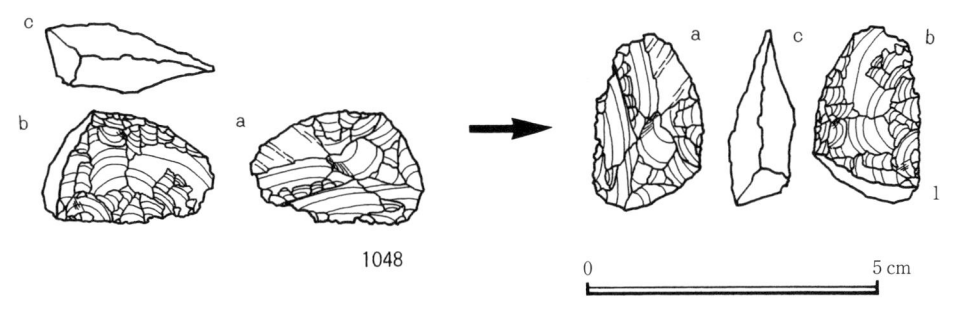

第7図　磯山遺跡出土楔形石器

b　磯山遺跡の楔形石器（第7図1）

　1は磯山遺跡報告書において第11図版1048の資料である。この図版は彫刻刀・スクレイパー・その他としている[12]。

　しかし、「ピエス・エスキーユについて」という岡村氏の論文の中で磯山遺跡の石器1点資料番号1048をピエス・エスキーユとして紹介されている[13]。

　1はb表面の上下に多くの押圧剥離状の剥離が認められる。

　a裏面ではその上端部に同様な押圧剥離状の剥離の先端部は小さく認められ、側辺からの1回の剥離により、その端部の様子は失われている。下端部には押圧剥離状の剥離が4ヶ所ほど認められている。

　この石器については細かな押圧剥離が横方向に連続しており、第7図左を90度回転させることにより、尖頭器の先端部か基部のどちらか半分位が欠損している破損品と考えたい。

4　楔形石器の評価

　栃木県内で楔形石器として評価を受けている向山遺跡・磯山遺跡の資料を再検証してきた。

　向山遺跡のピエス・エスキーユが第Ⅰ文化層で5点、第Ⅱ文化層で1点、第Ⅲ文化層で3点、合計9点報告されている。楔形石器とされる図面9点を見る限り8点の石器を楔形石器と認定された根拠の理解に苦しむ状況である。楔形石器とは認定できそうな資料は第Ⅰ文化層の5であるが、上端・下端の剥離は縄文時代の楔形石器のように小さく連続するものではない。

　磯山遺跡の1点は押圧剥離状の剥離が連続して存在していることから、尖頭器の先端部か基部半分位欠損している破損品と考えることができる[14]。

　1点1点の石器を実測図の情報だけで判断すると縄文時代の楔形石器と比べて、その単純な上下の剥離をもとに楔形石器としている旧石器時代の向山遺跡、磯山遺跡の楔形石器について疑を唱える結果となってしまった。

　また、それを補うようなデータとして1970年代に向山遺跡・磯山遺跡の旧石器の楔形石器が発見されて以来、約30年経過した現在、栃木県内の旧石器遺跡の発掘調査は毎年のように確認され遺跡数も増え、出土石器資料の点数も膨大な量に増えた現状であっても、楔形石器・ピエ

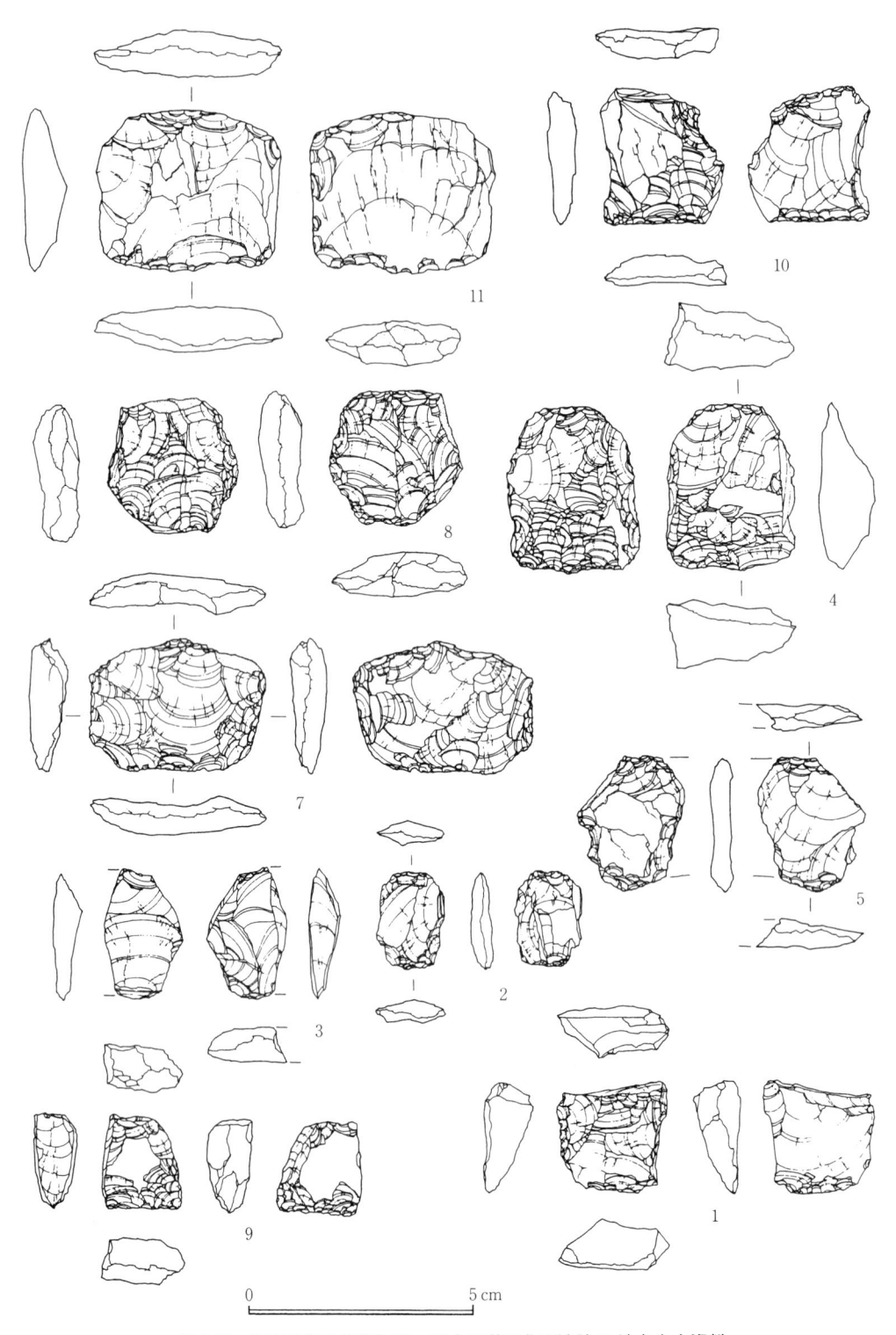

第 8 図　縄文時代の楔形石器　乙女不動原北原遺跡 B 地点出土資料

ス・エスキーユは1例も無いのである[15]。

　これらの結果から，栃木県における旧石器時代の楔形石器の存在は無い可能性がでてきたわけである。

　楔形石器の定義について再検討が必要である。

　縄文時代の楔形石器の代表と考えられる乙女不動原北浦遺跡B地点出土の楔形石器群（第8図）から，その石器の定義は「上下平行する縁辺に表裏相互の剝離で細部調整した直線的刃部をもつ四角形を呈するもので，断面形は凸レンズ状や逆三角形を呈する。」と考えられる。

　旧石器時代の楔形石器は礫核素材が多く，縄文時代の楔形石器は剝片素材が多い。

　しかし，縄文時代の楔形石器は平行する上辺・下辺の連続する剝離で細部調整，両刃に仕上げられており，先の両極打法によるものではない。楔形石器の製作方法は両極打法にあるとされているが，縄文時代の楔形石器は細部調整で刃を作っており，石器の製作と石器使用方法が同一視され混乱している。

　楔形石器を戸沢氏は「平行する側縁から互いに向き合う方向の両端剝離が表裏に生じている石器」[16]と説明され，竹岡氏は「相対する2縁辺（刃部）からの両極剝離痕を持つ石器」[17]と説明されている。両氏の共通する内容は，両極打法によるという一文が含まれていない点である。

　楔形石器の使用方法については，乙女不動原北浦遺跡B地点出土楔形石器と破損品の断面に残る剝落状況から，次のことが言える。

　破損面は上端下端の刃に対して縦方向の1回の剝落であり，上下方向への力が加わったことがわかる。

　このことから楔形石器の使用方法は割りたい物（木・竹や骨など）に楔形石器の下刃をあてがい，丸太などの木で直接あるいは間接的に楔形石器の上刃を敲いて物を割ったり，裂いたりしたもので「楔」の機能を果たした石器と推測される。

　しかし，礫核素材のピエス・エスキーユは，その形態をつくったもので，そのもので何か作業をする石器とは思われない。

5　まとめ

　縄文時代の楔形石器と旧石器時代の楔形石器を比較すると，明らかに旧石器時代の向山遺跡・磯山遺跡の2遺跡資料の方が単純な剝離痕をもつものを楔形石器とし，上下縁辺の剝離連続性を認められないものを楔形石器としている。

　このことから，旧石器時代の楔形石器を再検討してきたが，すべて石核や加工痕のある石器などと認識し直した方がいいものと考える。

　楔形石器，ピエス・エスキーユの素材については，「礫核素材」のものと「剝片素材」のものに分けられる。

　この2つの資料は製作方法も違っており，同一石器と認定することも再検討する必要があり，

旧石器時代と縄文時代の楔形石器は，まったく異なった石器と考えることが出来る。

楔形石器は，旧石器時代・縄文時代・弥生時代まで確認されているが，楔形石器がその製作方法・使用方法などを時代を越えて伝承している石器とは言える状況ではない。

乙女不動原北浦遺跡のように縄文時代前期黒浜式期と特定の時期と遺跡がピンポイントでしか存在が認められないことから，楔形石器はその時代・その遺跡（場所・地域）・その環境で特別に自然発生した石器と考えられる。

最後になりましたが，本小文を書くにあたりまして，御教示をいただきました麻生敏隆・芹沢清八両氏には，記して感謝申し上げる。

註

1) 大塚昌彦 2005「小山市縄文時代早・前期の楔形石器」『―怒濤の考古学―三澤正喜君追悼記念論集』三澤正喜君追悼記念論集刊行会　73-88頁

2) 大塚昌彦 1987「第Ⅳ章遺構と遺物　5. 出土石器」「第Ⅴ章まとめ　石器について」『乙女不動原北浦遺跡B地点発掘調査報告書』　小山市教育委員会　小山市文化財調査報告書第18集　79-92頁，122-125頁

3) 前出1) と同じ

4) 岡村道雄 1976「ピエス・エスキーユについて」『東北考古学の諸問題』東北考古学会編　77-96頁

5) 前出4) と同じ

6) 　a 芹沢長介 1980『栃木県栃木市平井町向山旧石器時代遺跡出土資料　向山』　東北大学文学部考古学研究室
　　　b 芹沢長介 1979「向山遺跡」『栃木県史』資料編・考古二　栃木県　105-109頁

7) 前出4) と同じ

8) 前出4) と同じ

9) 前出6) b と同じ

10) 芹沢長介 1976「磯山遺跡」『栃木県史』資料編・考古一　栃木県　114-121頁

11) 前出4) と同じ

12) 　a 芹沢長介 1977『栃木県真岡市磯山旧石器時代遺跡出土資料　磯山』　東北大学文学部考古学研究会考古学資料集第1集
　　　b 中村紀男 1976「磯山遺跡（原始部会調査分）」『栃木県史』資料編・考古一　栃木県　122頁
　　　c 中村紀男・山越　茂 1974『磯山遺跡発掘調査報告書』　栃木県教育委員会

13) 前出4) と同じ

14) 前出10) 昭和51年の『栃木県史』の「磯山遺跡」の中で芹沢長介氏はこの資料について尖頭器として評価していたが，昭和52年の東北大学の『磯山』報告書では，ピエス・エスキーユに資料の評価を変化されている。筆者は，この資料の評価は当初の尖頭器でよかったと考える。

15) 栃木県内旧石器遺跡で向山遺跡・磯山遺跡以外のピエス・エスキーユの出土事例があるのか，芹沢清八氏にご教示をいただいた。その結果は，向山遺跡・磯山遺跡の2遺跡以外からのピエス・エスキーユの確認は1例もないという。

16) 戸沢充則 1996『最新日本考古学用語辞典』 柏書房 「平行する2つの側縁から，たがいに向き合う方向の両端剥離が表裏両面に生じている石器。間接打法ないし骨や木などの切断時の，それぞれ一種の鏨の機能を果たしたものと推測される。形状が楔に似ていることからこの名がある。」
17) 竹岡俊樹 2003『旧石器時代の形式学』 学生社 29頁・32頁 楔形石器は，「相対する2縁辺（刃部）からの両極剥離痕をもつ石器。小形で四辺形を呈し，両極剥離痕が全面を覆う場合が多い。剥片素材と礫核素材のものがある。」
18) ピエス・エスキーユの作成は，石の台に石素材を載せ上から石で敲き，両極打法により刃をつくる。

引用・参考文献

岡村道雄 1983「ピエス・エスキーユ，楔形石器」『縄文文化の研究7 道具と技術』 雄山閣

子母口式古段階の土器について
―― 峠遺跡出土土器を中心として ――

毒 島 正 明

はじめに

　日本先史考古学の体系を組織されたのは，山内清男氏（以下山内氏）である。このことは，佐藤達夫氏の「学史上における山内清男の業績」（佐藤1974）で「この学問の父」であるとして評価されている。

　山内氏が，型式とその研究方法について言及している代表的な著作は，1935年に発表した「縄紋式文化」（山内1935）である。その論文で「縄紋式文化の構造（縦）」と題し，山内氏は「先づ変遷の各段階を作ることが必要で，次に階段を年代順に並べ，これによって変遷の行程を推察すると云う順序を追う訳である。」とし「各型式の年代順は斯様な層位的重畳によって漸次確定する。」そして「縄紋土器の型式間には不連続の部分が殆んど無く，若しあれば，後で中間型式の脱落して居た為と解る場合が多い。」としている。鈴木徳雄氏は，山内氏の型式について「おおよそ，①型式の制定→②編年的把握→③系統的把握→④その他の文物との対比というように進行するものと考えてよい。」とし「「地方差・年代差」を示す編年的な単位というきわめて実用的な視点から区分されたもの」（鈴木2008）であるとしている。

　山内氏の型式は，「①型式の制定→②編年的把握→③系統的把握→④その他の文物との対比」といった階層的な認識構成をとっているものである。このような捉え返しを通し「地方差・年代差を示す編年的単位」として定義されたものであり，縄紋式土器の研究方法として極めて有意であると考えている。

　本論で論じる子母口式も山内氏により設定された型式である。本論は，まず研究者の共通認識のために子母口式について説明を行う。そして，静岡県峠遺跡出土土器の分析を通して子母口式古段階について検討することを目的とする。

2　子母口式について

(1) 型式の設定

　子母口式は，山内氏により1930年に設定される。1929年行われた大山史前学研究所の子母口貝塚の発掘資料を検討し「繊維土器に就て追加第三」で，「層位的根拠がある訳ではない」が

「縄紋以前らしく，そして繊維混入が行われる土器」という特徴から「茅山式以前，三戸式以後」に位置づけられた（山内1930）。子母口式が設定されたときの唯一の文様は，微隆起線であった。山内氏は「特に文様と云うべきものは乏しいらしく，一例には細隆起による文様がある。これは甲野氏の報告された生見尾村バンシン台貝塚（移川氏等の所謂子安貝塚）の二例（人類学雑誌39巻194頁拓本10, 11）とよく似て居る。又槻木1にも類似の文様（前報―51頁―図版中の9はその一例）がある」と記している。

　1935年に甲野勇氏の「関東地方に於ける縄紋式石器時代文化の変遷」により大山史前学研究所発掘資料が報告されている（甲野1935）。

　山内氏は，1936年暮れから1937年春にかけて子母口貝塚の発掘調査を行っている。また，1939年には大口坂貝塚を発掘している。その成果に基づき，1941年に『日本先史土器図譜』（以下『図譜』）第XII輯「子母口式」が報告される（山内1941）。その『図譜』の掲載資料と山内氏の記載が，山内氏の子母口式を理解する基本資料である。

　『図譜』の胎土の特徴は，繊維の混入は微量しかし多数の土器に認められる。口縁部に突起があるものが少なくなく，条痕が少数で擦痕が多い，土器外面に装飾が全くないものが多い。文様があるものは稀である。ここでは，便宜的にA類～D類に分類する。

A類　体上部口縁部近くに点列があるもの
　　第1図1, 15～18がこれにあたる。口唇部に刺突列を施している。15は，波状口縁になる。15・17・18は，突起を持つ。

B類　細い隆線・微隆起線を有するもの
　　第1図2～6, 19・20がこれにあたる。ただし2・4の細隆起線の土器は，田戸上層式の新しい段階に比定される可能性が高いと筆者は考える。

C類　絡条体圧痕文が施文されるもの
　1種　折返し口縁上・口縁部近くに絡条体圧痕文を施文するもの
　　第1図7～11, 21～23がこれにあたる。21は，折返し口縁上に絡条体圧痕文を施文する。9を除き口唇部にも絡条体圧痕文を施文している。22は，波状口縁となる。

D類　擦痕文・無文で口唇部に絡条体圧痕文や貝殻文，刺突文が施文されるもの
　　第1図12～14, 26・27がこれにあたる。12・26は絡条体圧痕文，14は貝殻腹縁文，27は刺突文が口唇部に施されている。

(2) 編年的把握

　1941年の『図譜』では山内氏は大口坂貝塚の発掘で「下層に子母口式，上層に茅山式が発見される事実も判明し，甚だ有益であった。しかし尚資料不足のため，不明な点が多く，自信を以ってこの式を説き得ない。」（山内1941）とあり編年的な把握にまで至らなかった。

　子母口式が編年的に把握されたのは，1989年と1990年に千葉大学考古学研究室によって調査され，1994年のその成果が報告された城ノ台南貝塚（岡本・小笠原1994）である。城ノ台南貝塚

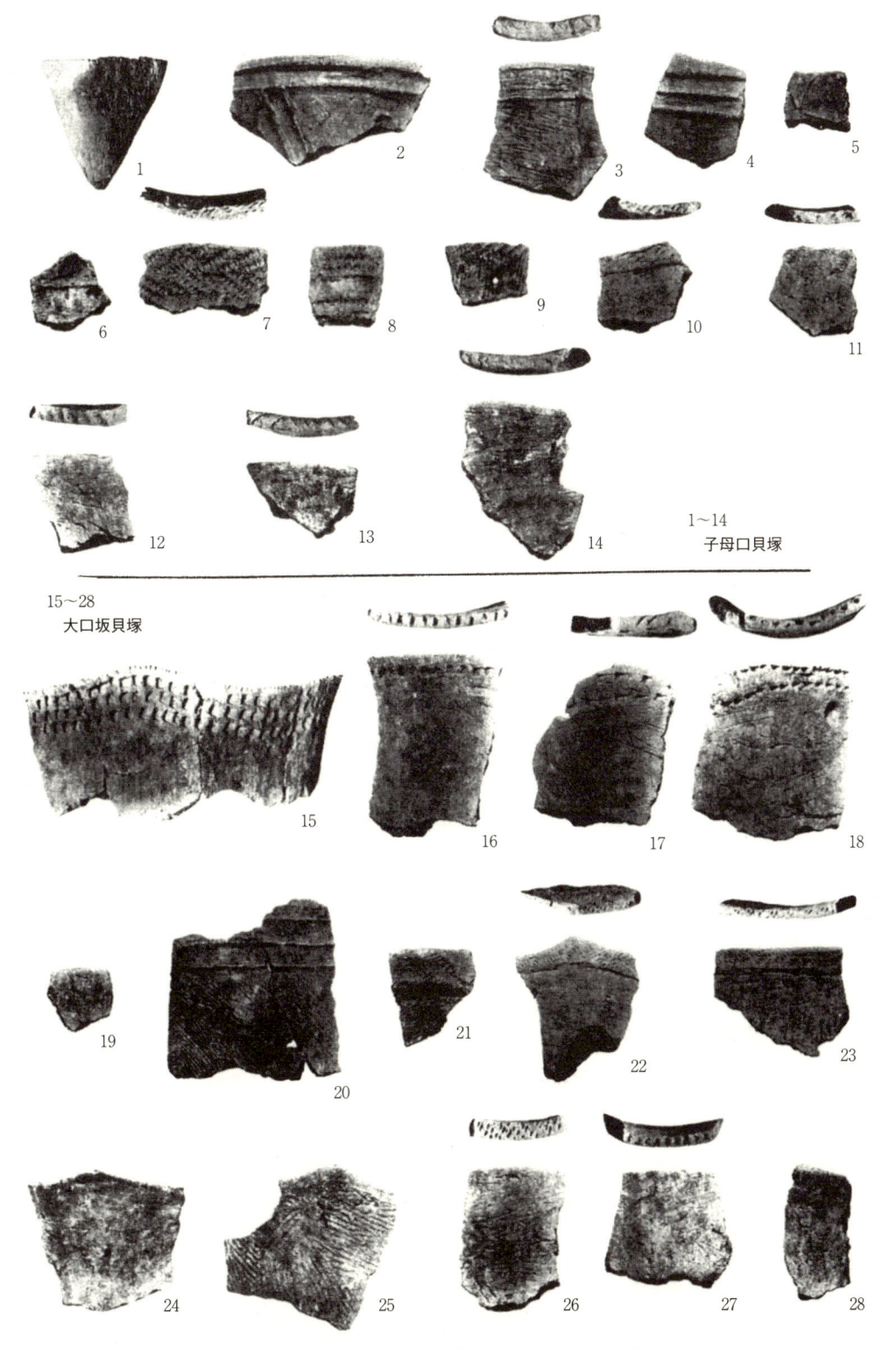

子母口式古段階の土器について　29

1〜14
子母口貝塚

15〜28
大口坂貝塚

第1図　『日本先史土器図譜』子母口式　（S＝1/4）

では，田戸上層式と子母口式と野島式の層位的な関係が認められた。小笠原氏は子母口式の層位について「野島式土器をほぼ純粋に出土する純貝層（第2層）よりも下層の混土貝層（第3層）及び純貝層（第4a層）より多く出土している。田戸上層式や田戸下層式を出土する混貝土層（第5層）はその下層であるので子母口式土器の層位的位置は自ずから明確となる。」としている。

山内氏の『図譜』の土器とこの城ノ台南貝塚第4a層出土土器は，相互に対応が認められる。ただし『図譜』でB類とした「細い隆線・微隆起線を有するもの」は，城ノ台南貝塚第4a層からは出土していない。筆者は，このことから子母口式新段階（毒島2004）を設定した。そして，静岡県東部地域を中心に分布する土器型式をミヲ坂式と呼ぶことを提唱し，子母口式新段階に併行するとした。

3　峠遺跡出土土器の分析

峠遺跡は，静岡県東伊豆町に所在する。遺跡がある東伊豆町は，伊豆半島東海岸のほぼ中央部に位置する。遺跡は，海抜197mを頂点する馬背状台地の東斜面に位置し，眼下に相模灘，東に大島が遠望できる地である。

1950年に吉田格・岡本勇・市原寿文の各氏によって発掘が行われ，伊豆半島を代表する早期遺跡として知られるようになった（吉田・横山1976）。その後，民間の宅地開発に伴い，1987年から1991年まで日本大学の竹石健二教授を代表とする峠遺跡発掘調査団を編成し調査をおこなった。その成果が1995年に報告された（竹石・野中1995）。報告書によると遺跡の性格は，「黒曜石を原材とする縄文時代早期前半から前期初頭にかけての石器製作址」であり「土器片が17,000点，石鏃・石錘・剥片石器・磨石類・石皿類などの各種石器が約3,300点，黒曜石の剥片類が約25,000点を数え，その総重量は黒曜石の剥片類だけでも優に40kgを超えている。そして，石屑に至っては，数えることも困難なほどの数量が出土している。」とある。

(1) 分類
ここでは，『図譜』の子母口式と比較するために，『図譜』を基に分類を行った。
A類　体上部口縁部近くに点列があるもの
　　第2図1~7がこれにあたる。1は，角頭状工具で2条の点列を施し，口唇部にも同一の工具で刺突を施す。6は，角頭状工具で1条の点列を施し，口唇部に絡条体圧痕文を施文する。7は，斜位の隆帯を施し，内部に円形刺突文を充塡している。
B類　細い隆線・微隆起線を有するもの
　　第2図8・9がこれにあたる。横位に微隆起線が施され，器面に絡条体圧痕文が施文されている。
C類　絡条体圧痕文が施文されるもの
　1種　折返し口縁上・口縁部近くに絡条体圧痕文を施文するもの

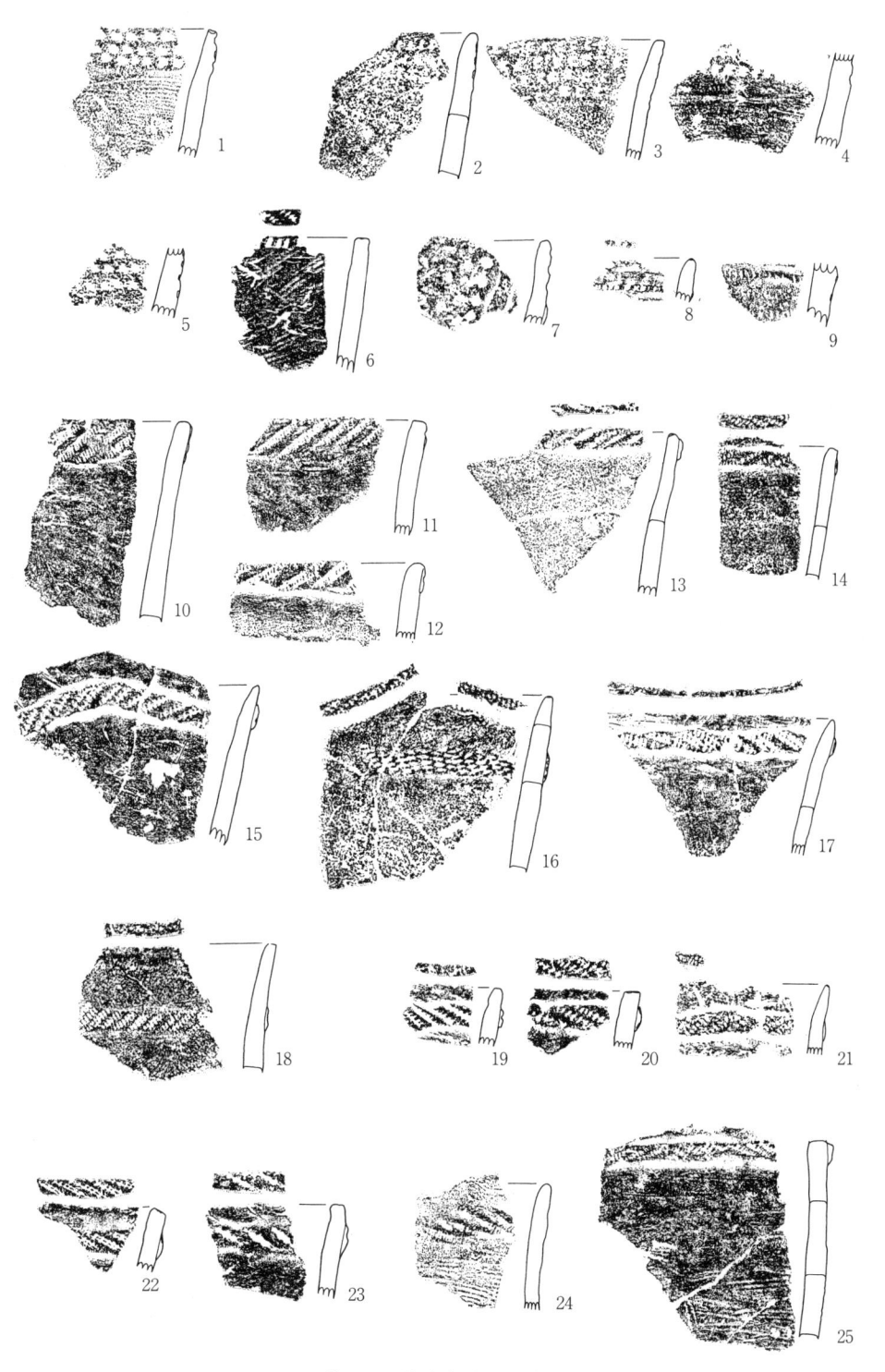

子母口式古段階の土器について   31

第 2 図　峠遺跡　(S=1/4)

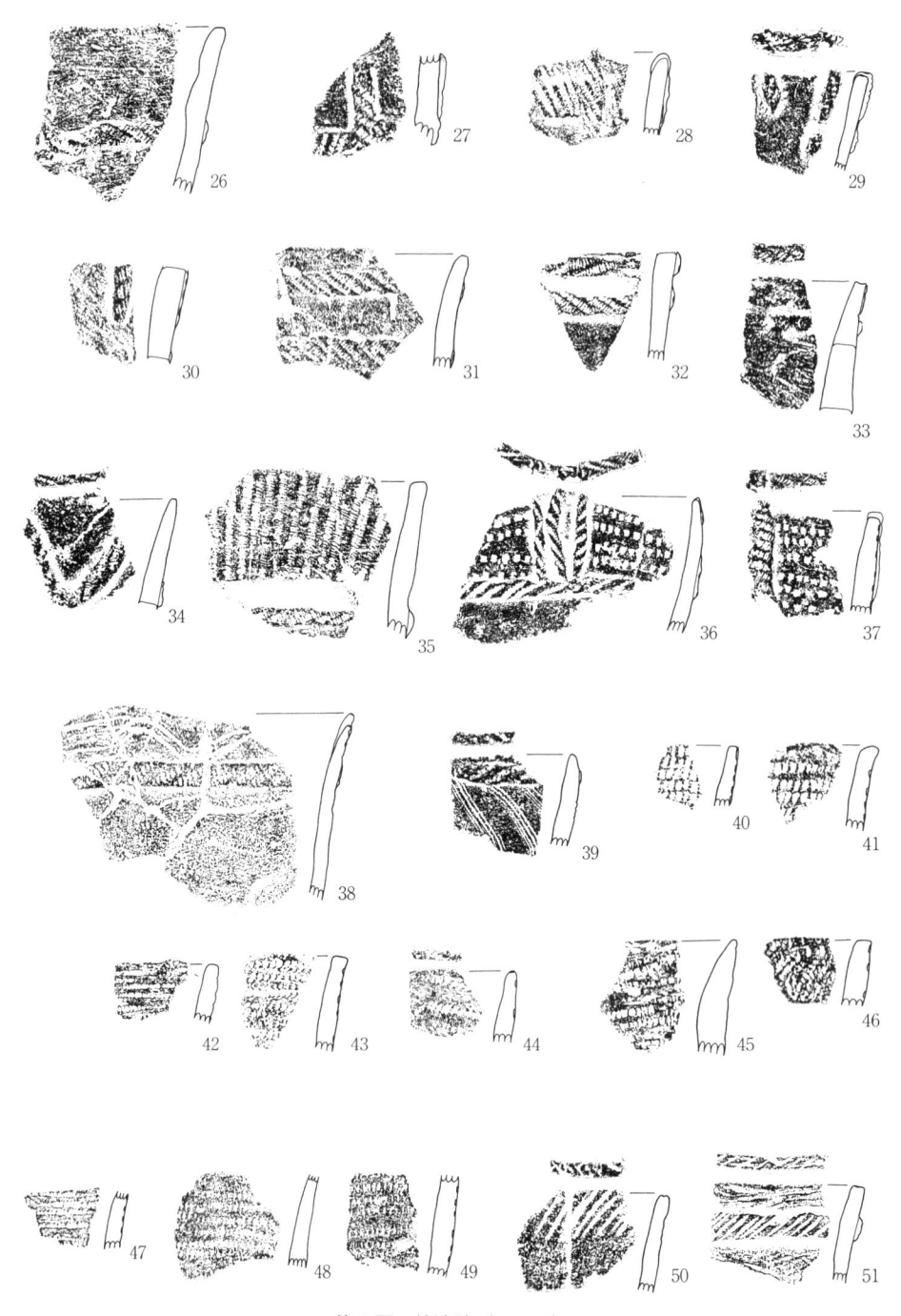

第3図　峠遺跡（S=1/4）

第2図10～12がこれにあたる。
2種　隆帯上に絡条体圧痕文を施文するもの
　第2図13～25，第3図26～34がこれにあたる。13～25は，1条の隆帯が横位に巡る。15・24・25を除き，口唇部にも絡条体圧痕文が施されている。15・16は波状口縁になる。25は胴部破片である。26～30は，隆帯が縦位に垂下する。29の口唇部には絡条体圧痕文が施される。31～33は，2条の隆帯が横位に巡る。33の口唇部には絡条体圧痕文が施される。34は，V字状の隆帯が貼付されている。口唇部にも絡条体圧痕文が施される。
3種　隆帯上に絡条体圧痕文を施文し，器面に文様が施されているもの。
　第3図35～39がこれにあたる。35は，1条の隆帯が横位に巡り，隆帯で区画された内部を縦位の絡条体圧痕文で充塡している。36は，波状口縁である。1条の隆帯が横位に巡り，波頂部から3条の隆帯が垂下している。隆帯で区画された内部は角頭状工具で4条の点列が施されている。口唇部にも絡条体圧痕文が施されている。37は，隆帯が縦位に垂下する。角頭状工具で点列を施している。口唇部にも絡条体圧痕文が施されている。38は，波状口縁である。1条の隆帯が横位に巡り，隆帯で区画された内部を半截竹管による波状の沈線文が施されている。39は，1条の隆帯が横位に巡り，その下部に絡条体による条痕が施されている。口唇部にも絡条体圧痕文が施される。
4種　絡条体圧痕文が器面横位に施文されるもの
　第3図40～49がこれにあたる。軸の長い絡条体圧痕文が横位及び斜位に施されている。
E類　口縁部・隆帯上に沈線が施されたもの
　第3図50・51がこれにあたる。50は，口縁部に斜位の沈線が施されている。口唇部には絡条体圧痕文が施されている。51は，1条の隆帯が横位に巡り，隆帯上に沈線が施文されている。

(2) 検討

　報告書における野中和夫氏の位置づけでは，A類（第2図1～6），B類，C類4種を子母口式土器に，A類（第2図7），C類1種～3種，E類を「峠式土器」としている。子母口式土器と峠式の編年的位置は，ほぼ同時期であるとしている。
　A類は，山内氏の『図譜』の子母口式と対応が認められる。
　B類・C類4種は，微隆起線及び横位の絡条体圧痕文から静岡県東部地域を中心に分布するミヲ坂式に比定され，子母口式新段階に併行する。
　C類1種は，折返し口縁上に絡条体圧痕文を施文するもので，山内氏の『図譜』の子母口式と対応が認められる。
　C類2種・3種，E類は山内氏の『図譜』とは対応することできないが，C類2種は城ノ台南貝塚（岡本・小笠原1994）にも見られるほか，C類1種と共に各地の子母口式古段階の遺跡で出土している。このことは，野中氏自身も「峠式土器は，前述の神奈川県子母口貝塚，千葉県城ノ台南貝塚の他に福島県竹之内遺跡などでも認められ，広範囲に分布している」（竹石・野中1995）と

記述している。山内氏の型式は「地方差・年代差を示す編年的単位」である。型式は実用的な編年的単位であるので，型式の中には異なった系統の土器群が共存している。『図譜』の子母口式は，「体上部口縁部近くに点列があるもの」「細い隆線・微隆起線を有するもの」「口縁部に絡条体圧痕文が施文されるもの」「擦痕紋・無文で口唇部に絡条体圧痕文や貝殻文，刺突文が施文されるもの」であり，型式の中に異なった系統の土器が共存していることを示している。すなわち型式としての峠式は，子母口式古段階に共存する異なった系統の土器群の一つであると位置づけることできよう。C類3種については，神奈川県久保ノ坂遺跡（恩田 1998），東京都引ケ谷戸遺跡（黒尾 1998）に類例がある。

E類については，静岡県西洞遺跡（池谷 2002）に類例がある。

このことから筆者は，A類，C類1種〜3種及びE類を子母口式古段階に，B類及びC類4種をミヲ坂式（子母口式新段階併行）に位置づけたい。

4　静岡県東部地域の子母口式古段階

(1) 研究史

静岡県の子母口式土器古段階及びミヲ坂式については，これまで様々な位置づけがなされてきた。その研究史を振り返り，問題の整理を行いたい。

静岡県の初期の縄紋研究をリードしたのは，江藤千萬樹氏である。江藤氏は，1935年に「駿河に於ける古式縄文土器」（江藤 1935）を発表する。1939年に，江藤千萬樹と長田實の両氏によって「北伊豆に於ける古式縄紋式遺跡調査報告」（江藤・長田 1939）が報告され，北伊豆の編年表が提示された。その中で，清水柳遺跡第2類を「木戸上式」，裾野遺跡群第2類・ミヲ坂遺跡第3類・笹ケ窪遺跡第2類を「列點状絲紋土器」，裾野遺跡第3類を「子母口式」[1]に分類している。この論文で，木戸上式という名称が初めて使われている。そして「更に木戸上式土器は木戸上遺跡で最も多量で，本遺跡（清水柳遺跡・著者注）で他の土器に比して，相当量発見されたのに対比して，ミヲ坂では一片も姿を見せていないのである。」と記されている。そのミヲ坂遺跡で，発見されたのは「列點状絲紋土器」である。列點状絲紋土器は，江藤により「比の地方では廣汎に発見され比の地方を中心とする独立型式らしい疑ひが濃厚」そして「本研究が完成する迄，今後，暫定的にミヲ坂第三式と仮称することに内定」と記されている。

「列點状絲紋」は，後に山内清男氏によって絡条体と命名された（山内 1941）。1941年に山内氏の『図譜』第XII輯で「伊豆地方には子母口式の特徴の一部を持った，即ち細い隆線紋及び絡条体圧痕を有する土器型式があるらしい。これは最初自分が鑑別を依頼された種々の資料中から発見したことであるが，江藤千萬樹氏等が自分に代わって報告されて居る（考古学10巻）。」（山内1941）とされたものである。

1961年，小野真一氏は「沼津市誌」において「木戸上遺跡から絡縄体圧痕文土器といって，棒に撚糸を巻いて押捺した列点状の糸文をもつ土器を出土しているが，これは平行沈線文に代表

される木戸上式土器に続く時期のものと考えられ，関東地方の子母口式に比定されるようである。沼津市域では仮りに木戸上遺跡出土の土器を二形式に分けて，江藤氏により命名された木戸上式土器を木戸上Ⅰ式（平行沈線文を主とする土器）とし，絡縄体圧痕文土器を主とするものを木戸上Ⅱ式と便宜上分けてよんだ方がよいかもしれない。」としている（小野 1961）。

1975年，小野氏は「田方郡修善寺町柏久保の桜台遺跡出土土器を標式」として「桜台期」とし，その時期を「南関東の子母口式」に比定した（小野 1975）。小野氏は，「木戸上Ⅱ式」を「桜台期」と呼ぶようになる。

同年，瀬川裕市郎，関野哲夫・十菱駿武などの各氏からなる愛鷹縄文遺跡研究グループにより「沼津市木戸上遺跡の調査―第1次調査概報―」（瀬川・関野・十菱 1976）が報告される。そして「出土した大部分の土器が，いわゆる野島式土器に含まれることである。従来，本遺跡出土土器を「田戸下層式」とか「田戸上層式」とか，「木戸上式」として愛鷹・伊豆地域における一型式として観る認識があったが，これらの見解や認識は研究史の上でのみ今後は語られるべきものであり，誤認である。」とした。

同年，清水柳遺跡の報告が瀬川氏等によりされ，絡条体圧痕文を有する土器をＥ類と分類した（瀬川など 1976）。そして瀬川氏は，その編年的位置を野島式と併行であるとした。瀬川氏は，「子母口式土器再考」（瀬川 1982a），「条痕文土器」（瀬川 1982b），「野島式土器に関する2～3の覚書」（瀬川 1983）を立て続けに執筆して，この論を補強していく。

1977年，谷沢良光氏は静岡県御殿場山ノ神遺跡を標式遺跡として「山ノ神式」を設定した（谷澤 1977）。編年的には，子母口式と併行するとしている。

1982年，安孫子昭二氏は「子母口式土器の再検討(1)―清水柳遺跡第二群土器の検討を中心として―」（安孫子 1982）を発表し，「静岡県東部地方の絡条体圧痕文土器（山の神式あるいは桜台期の名称より良好な資料である清水柳Ｅ式の方が良いかもしれない）は，関東の子母口式に対比されるものである。」と結論づけている。

1985年，石川治夫氏は「木戸上遺跡発掘調査報告」（石川 1985）で「清水柳Ｅ類のような絡条体圧痕文は，沈線及び細隆線を文様の主要素とする野島式に対し，子母口式の型式標徴として十分認識できるものと考えられる。それを野島式の直前に置くことでまた文様の円滑な移行が認められるもののように思われる。」とし「無理に野島式に含めることよりも，別型式をたてることを検討する必要があるかもしれない。」と見解を述べている。

1992年，向坂鋼二氏は「静岡県史」（向坂 1992）で「沼津市木戸上遺跡の名前をとって，古く木戸上式土器が提唱されたことがある。その特徴は「列点状糸紋」にあった。これは今日絡条体圧痕文と呼ばれ，軸に巻きつけた縄の圧痕である。しかも木戸上式土器は，その後の研究により関東地方の野島式土器とほぼ同じらしいことが分かってきたが，この型式の土器には，条痕文はあまり顕著ではない。」とし，編年表に木戸上式を野島式併行として記載している。

1995年，山村貴輝・茶木清明の両氏は静岡県熱海市大越遺跡を標識遺跡として「大越式」を設定した（山村・茶木 1995）。

2003年，下島健弘氏は「縄文時代早期清水柳E類の成立過程」（下島2003）を発表する。「清水柳E類土器とは子母口式と文様要素において類似性をもつが，施文部位や方法により分離が可能であり，その文様要素の成立には異なった系統からの影響が働いていることがいえた。」と述べている。

その下島氏の論文に対して加藤賢二氏が論評をしている（加藤2003）。「『清水柳E類』については，それ自体が型式と認知すべきであり，型式の要素としての「類」を用いるべきでないと考える。」とし「便宜的ではあるが，以下木戸上式の名称を用いたい。」としている。

このように，該期の静岡県の土器研究は混迷している。その理由を筆者は以下のように考える。型式に対する山内氏の研究方法は，「①型式の制定→②編年的把握→③系統的把握→④その他の文物との対比」のような階層的な認識構成をとっている。このことを山内氏は「先づ変遷の各段階を作ることが必要で，次に階段を年代順に並べ，これによって変遷の行程を推察すると云う順序を追う訳である。」（山内1935）と記述している。型式は，「地方差・年代差を示す編年的単位」として定義されたものであることから，まず資料に即して型式を制定する。このことから，1935年の江藤氏の型式の設定は正しい道筋であった。1975年に瀬川氏等は，木戸上式を誤認であるとした。しかし，型式としてミヲ坂式と木戸上式は既に存在していた。木戸上式は野島式とは別型式であるし，また型式は系統的把握から制定されるものではないので，編年的位置が変わっても木戸上式は存在しないことにはならない。また，江藤氏のプライオリティを考えると，1977年の谷沢氏の「山ノ神式」，1982年の安孫子氏の「清水柳E式」，1995年の山村・茶木氏の「大越式」は問題がある。1992年の向坂氏と2003年の加藤氏は，江藤氏の木戸上式とミヲ坂式とを誤認している。また，2003年の下島氏に代表される「清水柳E類」の呼称については，型式構造の階層が不明であるがほぼ型式と同義に使われていることから，「類」という名称は望ましくないと思われる。

何度も繰り返しになるが，山内氏の型式は，「①型式の制定→②編年的把握→③系統的把握→④その他の文物との対比」のような階層的な認識構成をとっているものである。このような捉え返しを通し「地方差・年代差を示す編年的単位」として定義されたものである。縄紋研究のプライオリティを重視し，山内氏の研究方法に学ぶことこそ土器研究を混乱から救うことになる。

そこで筆者は，子母口新段階に併行する土器型式を江藤氏のプライオリティを尊重してミヲ坂式（毒島2004）として提唱した。そして，野島式古段階に併行する土器型式を江藤氏が設定した型式名称である木戸上式（毒島2005）と再提唱することを提案した。なお，「野島式研究序論」（毒島2007）で，木戸上式が野島式と別型式であることについて論証した。

(2) 各遺跡の出土土器

静岡県東部地域では，子母口式古段階の土器の良好な資料が発見されなかったが，1995年に峠遺跡の報告がされた（竹石・野中1995）。そして，2002年には愛鷹山南麓の縄文早期遺跡が集中する地域に所在する西洞遺跡の報告がなされた（池谷2002）。これらの遺跡の報告により，子

母口式古段階が安定的に分布することが分かってきた。土器の分類については,『図譜』及び峠遺跡で用いた分類を基に行う。分類基準は以下の通り「A類　体上部口縁部近くに点列があるもの」「C類　絡条体圧痕文が施文されるもの。1種　折返し口縁上・口縁部近くに絡条体圧痕文を施文するもの。2種　隆帯上に絡条体圧痕文を施文するもの。3種　隆帯上に絡条体圧痕文を施文し,器面に文様が施されているもの。4種　絡条体圧痕文が器面横位に施文されるもの」「D類　擦痕文・無文で口唇部に絡条体圧痕文や貝殻文,刺突文が施文されるもの」「E類　口縁部・隆帯上に沈線が施されたもの」。

　①　西洞遺跡（c・d区）（静岡県沼津市）

　早期遺跡が集中する愛鷹山南麓の沼津市足高尾上に所在する（池谷2002）。遺跡の東側に隣接して中見代Ⅰ遺跡,東側約1.2kmに尾上イラウネ遺跡,南東約1kmに清水柳北遺跡,南東約1.7kmに清水柳遺跡,南約1.5kmに木戸上遺跡が位置する。この遺跡からは,ミヲ坂式と木戸上式は全く出土していない。

A類　第4図1～8がこれにあたる。1と2は,肥厚した口縁に刺突が施されている。1・2・4は,口唇部に刺突列が施されている。波状口縁のものが多い。刺突には,円形のもの（1～3）,角張った工具によるもの（4～7）,竹管状工具によるもの（8）がある。

C類1種　第4図9～11・16がこれにあたる。9～11は,折返し口縁。16は,器面に絡条体圧痕文が施文されている。口唇部にも絡条体圧痕文が施される。9は,波状口縁となる。

C類2種　第4図12～15がこれにあたる。

D類　第4図17～19がこれにあたる。17・18が口唇部に絡条体圧痕文が施文されている。19は,口唇部に沈線が施文されている。

E類　第4図20・21がこれにあたる。口縁部付近に沈線を施す。

　注目したいのは,池谷信之氏により第Ⅳ群b類と分類された土器である。第4図22～31がこれにあたる。池谷氏によると「器厚は薄く,器面に細かい凹凸が目立つ。胎土には金色の雲母が多量に含まれ,繊維も含まれている。」とある。矢羽根状の刺突文と鋸歯状の沈線が施されている。23・30・31のように弧状となる部分もある。金子直行氏は,この第Ⅳ群b類を「判ノ木山西式系の沈線文土器」と位置づけている（金子2004）。判ノ木山西式は,阿部芳郎氏によって長野県茅野市判ノ木山西遺跡の土器をもって設定された型式である（阿部1997）。

　②　尾上イラウネ遺跡（静岡県沼津市）

　愛鷹山南麓の沼津市足高尾上に所在する（関野・鈴木1992）。ミヲ坂式は,出土していない。

C類2種　第5図1・2がこれにあたる。1の口唇部に絡条体圧痕文が施されている。

　③　中見代第Ⅰ遺跡（静岡県沼津市）

　愛鷹山南麓の沼津市足高尾上に所在する（高尾1989）。ミヲ坂式は出土していない

C類2種　第5図3がこれにあたる。波状口縁になる。

　④　清水柳北遺跡（静岡県沼津市）

　愛鷹山南麓の沼津市足高尾上に所在する（関野・関本1989）。

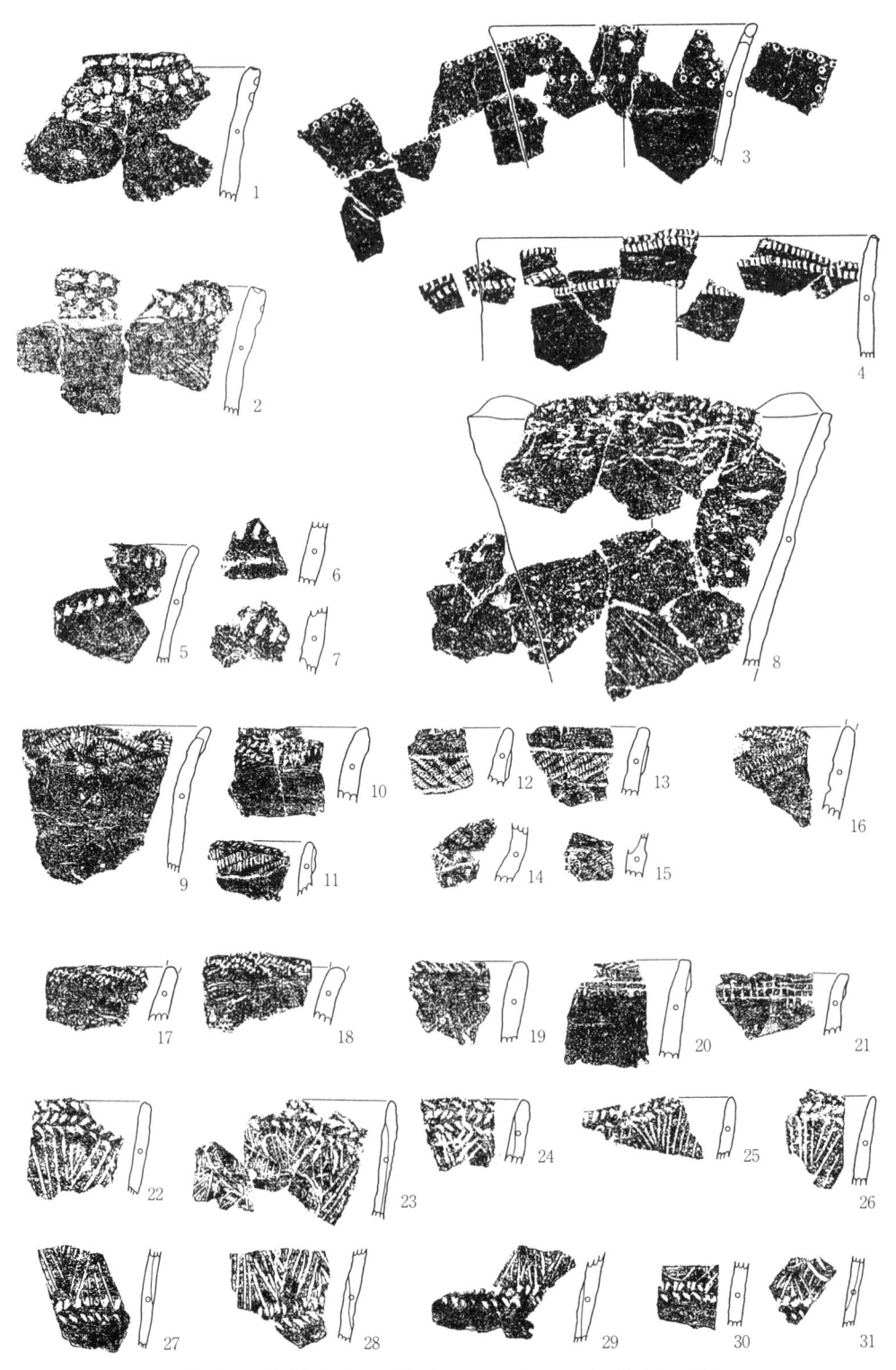

第4図　西洞遺跡（**c・d**区）（1・3・4・8：S＝1/6，ほか S＝1/4）

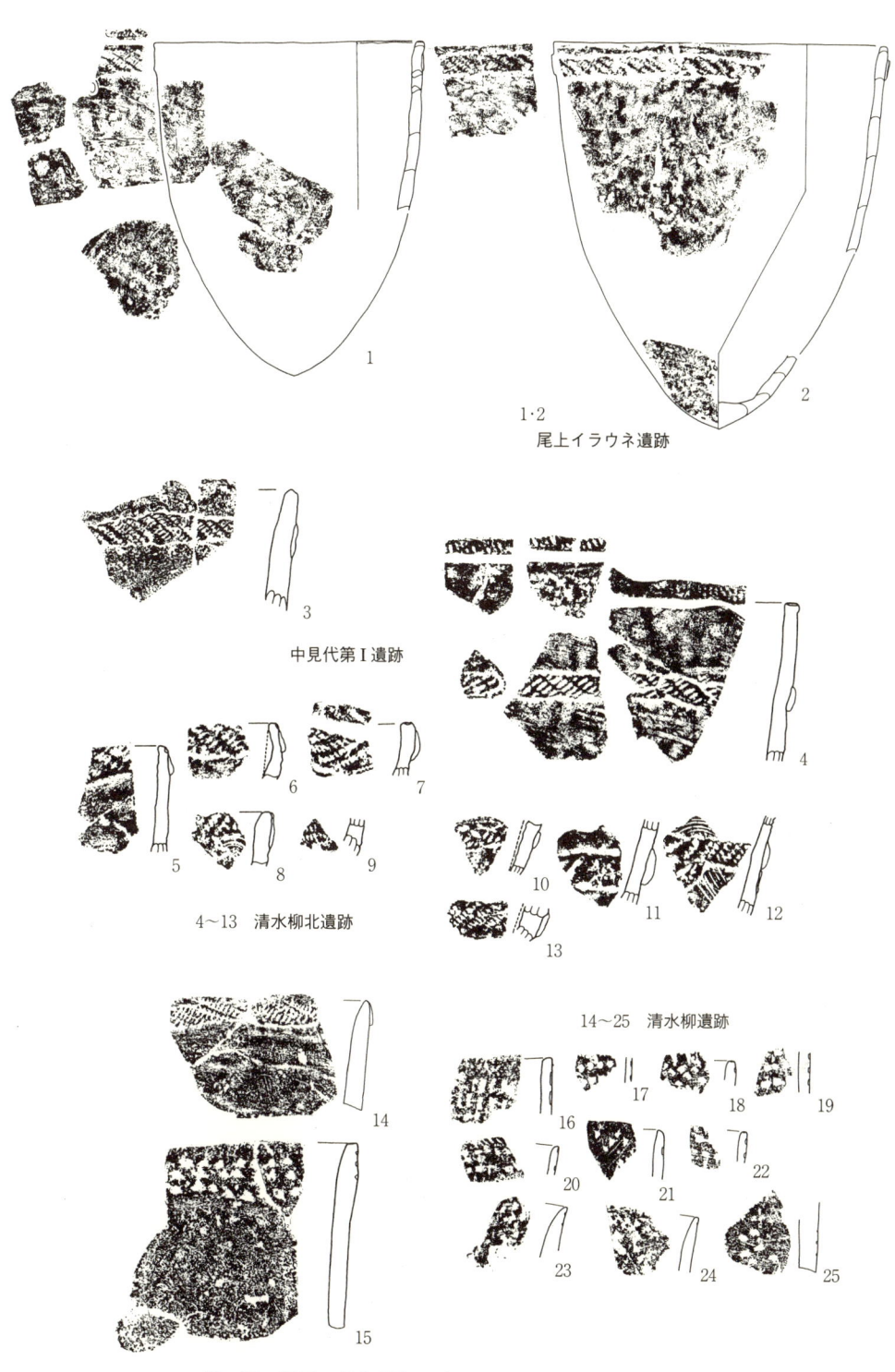

子母口式古段階の土器について　39

1・2　尾上イラウネ遺跡

中見代第Ⅰ遺跡

4〜13　清水柳北遺跡

14〜25　清水柳遺跡

第5図　子母口式古段階　（1・2：S＝1/5，ほか S＝1/4）

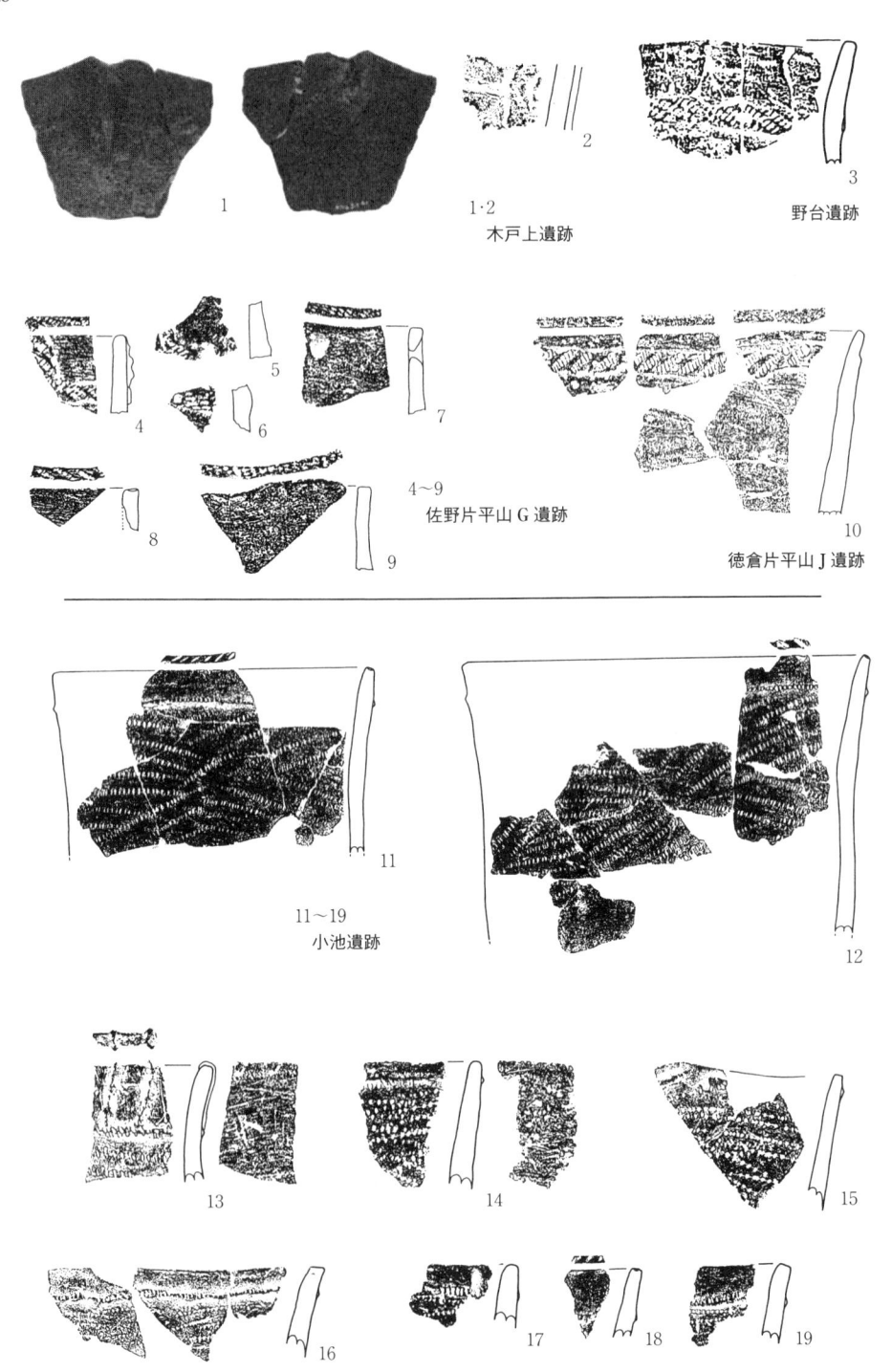

40

1・2
木戸上遺跡

野台遺跡

4～9
佐野片平山G遺跡

徳倉片平山J遺跡

11～19
小池遺跡

第6図　子母口式古段階（1～10），ミヲ坂式（11～19）（11・12：S＝1/5，ほかS＝1/4）

C類1種　第5図5～9がこれにあたる。
C類2種　第5図4・10～11・13がこれにあたる。4は，口唇部にも絡条体圧痕文が施されている。
C類3種　第5図12がこれにあたる。器面に条線を施している。
　⑤　清水柳遺跡（静岡県沼津市）
　愛鷹山南麓の沼津市足高尾上清水柳に所在する（瀬川など1976）。
A類　第5図15～25がこれにあたる。15は，3条の刺突が施されている。15・18・20・24は，口唇部に刻み目を持つ。
C類1種　第5図14がこれにあたる。
　⑥　木戸上遺跡（静岡県沼津市）
　愛鷹山南麓の沼津市東沢田東大平に所在する（関野・瀬川・十菱1976）。
C類2種　第6図1・2がこれにあたる。1は，波状口縁で縦位に垂下する隆帯と横位の隆帯が見られる。
　⑦　野台遺跡（静岡県長泉町）
　愛鷹山南麓の長泉町元長窪野台に所在する（向坂1992）。
C類2種　第6図3がこれにあたる。
　⑧　佐野片平山G遺跡（静岡県三島市）
　箱根山西麓の三島市佐野見晴台2丁目に所在する（小野・秋本2002）。
C類2種　第6図4～6がこれにあたる。4は，縦位に垂下する隆帯と横位の隆帯が見られる。口唇部に絡条体圧痕文が施されている。
D類　第6図7～9がこれにあたる。器面は，無文で口唇部に絡条体圧痕文が施されている。
　⑨　徳倉片平山J遺跡（静岡県三島市）
　箱根山西麓の三島市沢地鎌ヶ澤に所在する（芦川1992）。
C類2種　第6図10がこれにあたる。口唇部にも絡条体圧痕文を施文している。

(3) 系統的把握

　山内氏の子母口式である『図譜』と西洞遺跡と土器を比較してみると，A類・C類1種・D類と相互に対応関係が認められる。子母口式古段階の土器は，峠遺跡・西洞遺跡・尾上イラウネ遺跡・中見代第I遺跡・清水柳北遺跡・清水柳遺跡・木戸上遺跡・野台遺跡・佐野片平山G遺跡・徳倉片平山J遺跡などで出土している。愛鷹山南麓の縄文早期遺跡が集中する場所に所在する西洞遺跡・尾上イラウネ遺跡・中見代第I遺跡では，ミヲ坂式は出土していないことから子母口式古段階にはミヲ坂式は伴わないと想定される。

　C類1種の「折返し口縁上に絡条体圧痕文を施文するもの」については，子母口式古段階の特徴的なものとして取り上げられてきた。山内清男氏（山内1961）や岡本東三・小笠原永隆の両氏（岡本・小笠原1994）や領塚正浩氏（領塚1997）の研究などで検討されている。峠遺跡・西洞遺跡・

清水柳北遺跡・清水柳遺跡で出土している。

　静岡県東部地域の特徴的に分布している子母口式古段階の絡条体圧痕文の土器は，C類2種「隆帯上に絡条体圧痕文を施文する」である。峠遺跡・西洞遺跡・尾上イラウネ遺跡・中見代第I遺跡・清水柳北遺跡・木戸上遺跡・野台遺跡・佐野片平山G遺跡・徳倉片平山J遺跡で出土している。C類2種について広範囲にみていくと，子母口式古段階の併行型式である吹切沢式の早稲田貝塚（第7図1）（佐藤1957）に対応する土器がみられる。また，福島県竹之内遺跡（馬目1982）（第7図2~4）にも認められる。子母口式古段階の遺跡では，茨城県石山神遺跡（上野1990）・今城遺跡（縄文時代研究班2002）（第7図5~8），千葉県桜井平遺跡（蜂屋1998）・城ノ台南貝塚（岡本・小笠原1994）（第7図9~11）・台木B遺跡（安藤1996）（第7図12）・銭賦遺跡（井上2002），東京都引谷ヶ谷戸遺跡（黒尾1998）（第7図13~15），神奈川県子母口貝塚（金子1992）（第7図16~19）・久保ノ坂遺跡（恩田1998）（第7図20）などで普遍的にみられるものである。

　このC類2種は，子母口新段階に併行するミヲ坂式の「口縁部に微隆起線が水平に巡り，器面に絡条体圧痕文を施文する」土器につながる祖形であると想定される。第6図11~19は，小池遺跡（笹原1998）のミヲ坂式である。ミヲ坂式では，絡条体圧痕文がしばしば微隆起線にかかって施文されている。これは，前段階で隆帯上に施文された痕跡であると考えている。また，ミヲ坂式の2条及び3条に垂下する微隆起線（第6図13）は，C類2種及び3種の縦位の隆帯からの連続性が想定される。

おわりに

　本論では，静岡県東部地域で子母口式古段階の土器の検討を行った。この地域では，子母口式古段階の良好な遺跡が発見されなかったが，1995年の峠遺跡の報告及び2002年の西洞遺跡の報告により，子母口式古段階が安定的に分布することが分かってきた。さらにこの地域には，子母口式古段階の絡条体圧痕文C類2種「隆帯上に絡条体圧痕文を施文する」が分布している特色があることが確認できた。このC類2種は，子母口式新段階に併行するミヲ坂式の「口縁部に微隆起線が水平に巡り，器面に絡条体圧痕文を施文する」土器の祖形になると想定される。型式に共存する他の土器群と相対的に独立して変遷する土器群は，「類型」[2]として捉えることができる。C類2種が特徴的に出土した峠遺跡に因んで，仮に子母口式古段階「峠類型」と呼んでおきたい。

　第1表に，静岡県東部地域と関東地方との編年素案を示した。子母口式古段階の前段階に位置するのは，静岡県富士宮市の黒田向林遺跡（馬飼野1986）と石敷遺跡（佐野2000）である。両遺跡は，約2kmしか離れていない。黒田向林遺跡では高山寺式の新段階に位置づけられる土器と田戸上層式が出土している。石敷遺跡では穂谷式・相木式，判ノ木山西式と田戸上層式新段階の土器が出土している。両遺跡からは，子母口式古段階及びミヲ坂式は出土せず，子母口式古段階の遺跡では穂谷式・相木式が出土していない。このとから，黒田向林遺跡（高山寺式新段階，田戸上

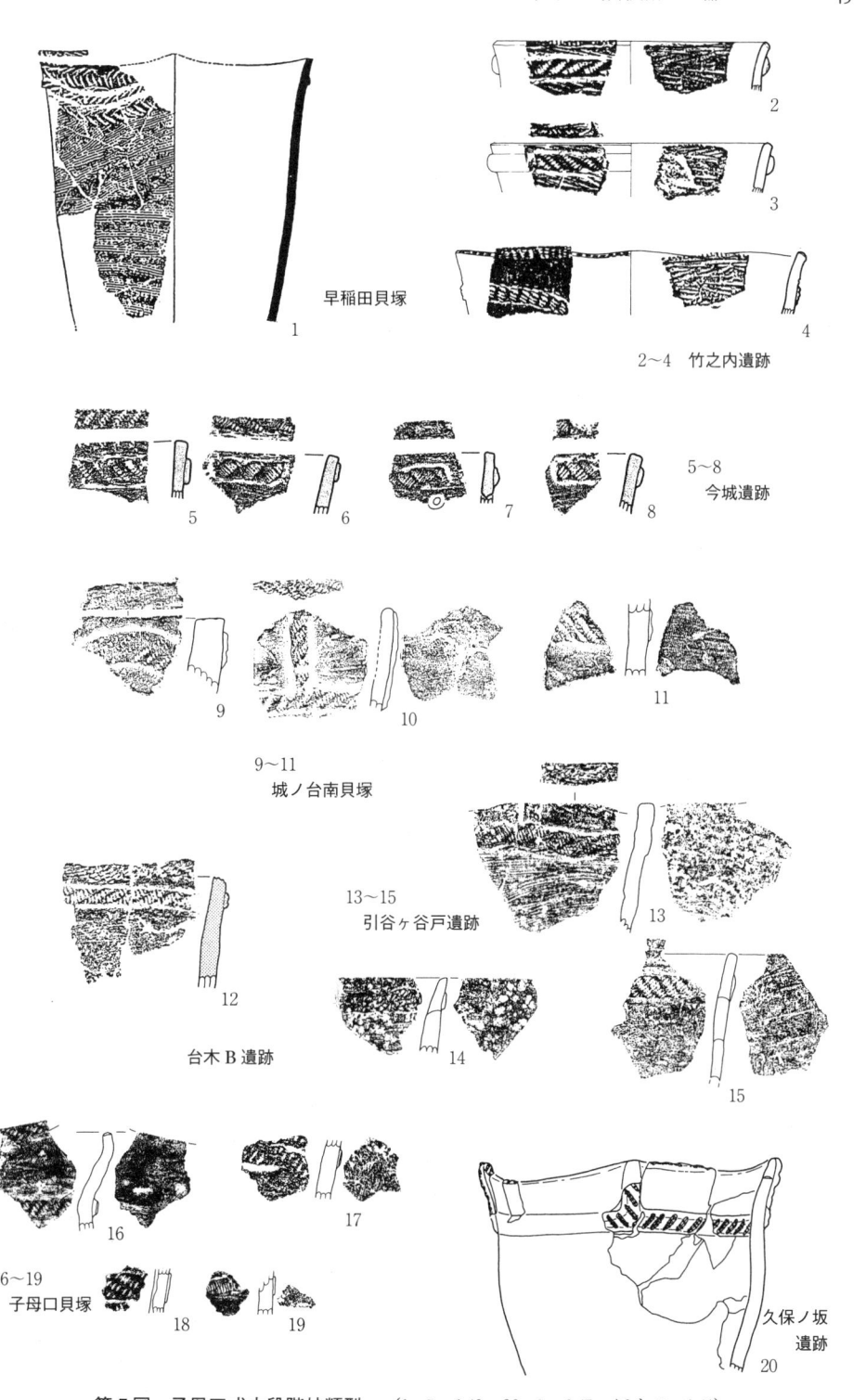

子母口式古段階の土器について　43

早稲田貝塚

2〜4　竹之内遺跡

5〜8　今城遺跡

9〜11　城ノ台南貝塚

13〜15　引谷ヶ谷戸遺跡

台木B遺跡

16〜19　子母口貝塚

久保ノ坂遺跡

第7図　子母口式古段階峠類型　（1：S＝1/6，20：S＝1/5，ほかS＝1/4）

第1表　編年素案

静岡県東部地域	関東地方
高山寺式（新）	田戸上層式（古）
穂谷式・相木式、判ノ木山西式	田戸上層式（新）
子母口式（古）	子母口式（古）
ミヲ坂式	子母口式（新）
木戸上式	野島（古）
野島式（新）	野島式（新）

層式古段階）→石敷遺跡（穂谷式・相木式，判ノ木山西式，田戸上層式新段階）→西洞遺跡（子母口式古段階）という編年が推察される。

　ミヲ坂式は，異なった系統の土器が共存しており峠類型の系統のみでは成立しない。その成立は，西洞遺跡第Ⅳ群b類と分類された矢羽根状の刺突文と鋸歯状の沈線が施文されている土器などが関係すること。穂谷式・相木式と判ノ木山西式の関係なども考えられる。興味が尽きないが，このことについては別稿で論じることを約束とし，結としたい。

　なお，本稿を草すにあたり，阿部芳郎氏，池谷信之氏，金子直行氏，亀井健太郎氏，斎藤弘道氏，鈴木徳雄氏，鈴木正博氏，早坂広人氏，峰村篤氏，野内秀明氏，領塚正浩氏にお世話になった。ここに銘記して，感謝の意を表したい。

　筆者の卒業論文は「縄紋時代早期末葉の土器型式について―伊豆地方を中心とする絡条体圧痕文土器を中心として―」であり，指導・審査は竹石健二先生と澤田大多郎先生であった。その論文の反省をもとに卒業論文のテーマで本論を執筆させていただいた。学恩ある両先生の古希をお祝いし，筆を置かせていただく。

(2008.11.9)

註
1)　「子母口式」とされた一群は，主に山形の貝殻腹縁文が施文されたもので，現在では「打越式」と呼ばれているものである。
2)　山内氏は「土器型式にはまた多少の器種があり，さらに，いくつかの類型（カテゴリー）に分けられる。」（山内1969）と「類型」について言及している。しかし，著作にはそれ以上の詳しい記述はなく内容については不明である。ここでの「類型」の概念は，鈴木徳雄氏の「類型とは，「型式」内において，他の土器群と相対的に独立して変遷する個体群としてとらえられるものである。」（鈴木2008）による。

引用・参考文献
甲野　勇　1924「武蔵国橘樹生見尾村貝塚発掘報告」『人類学雑誌』第39巻第4.5.6合併号
山内清男　1930「繊維土器に就て追加第三」『史前学雑誌』第2巻第3号
江藤千萬樹　1935「駿河に於ける古式縄文土器―概報―」『考古学評論』第1巻第2号

甲野　勇　1935「関東地方に於ける縄紋式石器時代文化の変遷」『史前学雑誌』第7巻第3号
山内清男　1935「縄紋式文化」『ドルメン』第4巻第6号
江藤千萬樹・長田　實　1939「北伊豆に於ける古式縄紋式遺跡調査報告」『考古学』第10巻第5号
山内清男　1941「子母口式」『日本先史土器図譜』第XII輯
佐藤達夫　1957「青森県上北郡早稲田貝塚」『考古学雑誌』第43巻第2号
小野真一　1961「第2章先史文化の発展」『沼津市史』上巻
山内清男　1961『日本先史土器の縄紋』学位論文
山内清男　1969「縄紋時代研究の現段階」『日本と世界の歴史』第1巻　学習研究社
佐藤達夫　1974「学史上における山内清男の業績」『日本考古学選集山内清男集』　築地書館
小野真一　1975『ゆずり葉』　加藤学園考古学研究所
瀬川裕市郎・関野哲夫・十菱駿武　1976「沼津市木戸上の調査第1次調査概報」『考古学ジャーナル』119号
瀬川裕市郎など　1976「清水柳遺跡の土器と石器」『沼津市歴史民俗資料館紀要』1
吉田　格・横山悦枝　1976「伊豆・峠遺跡—縄文早期の出土遺物—」『考古学ノート』第6号
谷沢良光　1977「縄文時代早期末葉の遺構と土器編年(1)」『史館』第8号
安孫子昭二　1982「子母口式土器の再検討(1)」『東京考古』1号
飯塚博和　1982『半貝・倉之橋・勢至久保』野田市遺跡調査会報告第1冊
瀬川裕市郎　1982a「子母口土器再考」『沼津市歴史民俗資料館紀要』6
瀬川裕市郎　1982b「条痕文土器」『縄文文化の研究3』　雄山閣
馬目順一　1982『竹之内遺跡』いわき市埋蔵文化財調査報告第8冊
瀬川裕市郎　1983「野島式土器に関する2～3の覚書」『沼津市歴史民俗資料館紀要』7
毒島正明　1983「子母口式土器研究の検討（上）」『土曜考古』第7号
石川治夫　1985「木戸上遺跡発掘調査報告」沼津市文化財調査報告第35集
馬飼野行雄　1986『黒田向林遺跡』富士宮市文化財調査報告書第9集
高尾好之　1989『中見代第Ⅰ遺跡調査報告』沼津市文化財調査報告書第45集
関野哲夫・関本光泰　1989『清水柳北遺跡発掘報告書』沼津市文化財調査報告書第47集
上野修生　1990『石山神遺跡』茨城県教育財団文化財調査報告書第62集
芦川忠利　1992『三島スプリングC.Cゴルフ場内埋蔵文化財発掘報告書II』　三島市教育委員会
金子直行　1992「子母口貝塚資料・大口坂貝塚資料」『山内清男考古資料5』
向坂鋼二　1992「第2章縄文時代第2節縄文時代の重要遺物」『静岡県史資料編3考古三』　静岡県
関野哲夫・鈴木淳一　1992『尾上イラウネ遺跡発掘調査報告書II』沼津市文化財調査報告書第53集
岡本東三・小笠原永隆　1994『城ノ台南貝塚発掘調査報告書』　千葉大学文学部考古学研究室
竹石健二・野中和夫　1995『峠遺跡』　東伊豆町教育委員会
山村貴輝・茶木清明　1995『大越遺跡』　熱海市教育委員会
安藤道由　1996『兎谷・上時田・下時田・向台木・台木B遺跡』君津郡市文化財センター発掘調査報告書第114集
阿部芳郎　1997「判ノ木山西遺跡出土土器の分類と編年」『シンポジウム押型文と沈線文本編』　長野県考古学会縄文時代（早期）部会
領塚正浩　1997「子母口式の成立過程」『奈和』第35号
恩田　勇　1998「久保ノ坂遺跡（NO4）」『宮ヶ瀬遺跡群XVI』かながわ考古財団調査報告第42冊

黒尾和久 1998『坪松B・引谷ヶ谷戸・儘上・天王沢』 あきる野市秋川南岸道路関連遺跡調査会
笹原千賀子 1998『小池遺跡』静岡県埋蔵文化財調査研究所報告第105集
蜂屋孝之 1998『干潟工業団地埋蔵文化財調査報告書―干潟町諏訪山遺跡・十二殿遺跡・茄子台遺跡・桜井平遺跡―』千葉県文化財センター調査報告書第321集
佐野恵里 2000『石敷遺跡』富士宮市文化財調査報告書第25集
井上 賢 2002「銭賦遺跡」『大畑台遺跡群発掘調査報告書Ⅵ』 木更津市教育委員会
小野真一・秋本眞澄 2002『佐野片平山遺跡群』 加藤学園考古学研究所
池谷信之 2002『西洞遺跡（c・d区）発掘調査報告書』沼津市文化財調査報告書第78集
縄文時代研究班 2002「守谷市今城遺跡出土土器の検討(2)」『研究ノート』11号 茨城県教育財団
加藤賢二 2003「論評『清水柳E類』」『利根川』24・25
下島健弘 2003「縄文時代早期清水柳E類の成立過程」『利根川』24・25
金子直行 2004「押型文系土器群と沈線文系土器群終末期の関係性」『研究紀要』第19号埼玉県埋蔵文化財調査事業団
毒島正明 2004「子母口式土器研究の検討（下）」『土曜考古』第28号
小笠原永隆・領塚正浩・遠藤 佐・橋本 淳・中沢道彦・三田村美彦 2005『第18回縄文セミナー「早期中葉の再検討」』 縄文セミナーの会
毒島正明 2005「「ミヲ坂式」「木戸上式」の再提唱について」『土曜考古』第29号
毒島正明 2007「野島式研究序論―山内清男氏の茅山式を中心として―」『土曜考古』第31号
鈴木徳雄 2008「型式学的方法③」『縄文時代の考古学2』 同成社

大湯環状列石の土偶・土製品
―― いわゆる編年派の分析 ――

成 田 滋 彦

1 大湯環状列石に取り組むにあたって

　縄文時代後期を研究している1人として，隣県に位置する秋田県鹿角市の大湯環状列石の存在は，研究対象として避けては通れない遺跡である。40年前に初めて万座・野中堂の環状列石を間近に見た感動は，今でも忘れられないものである。以前から，何らかの形でまとめなければいけないと思って現在にいたってしまった。

　本論は，大湯環状列石に取り組んだ第一歩であり，私にとっての大湯環状列石の扉を開けた存在であると認識している。そのため，本論は大湯環状列石における集成と分析という基礎的な整理を主としたスタンスで記載する。なお，今回は土偶・土製品の概要と土偶の用途について若干ふれてみたい。

　また，図版・本文にみられる例で大湯（2）等の記載は，大湯環状列石発掘調査報告書（2）の略である。

2 副題 いわゆる編年派の分析について

　まず本論に入る前に副題の「いわゆる編年派の分析」をつけた理由を記載したい。2007年の9月に同成社から『縄文時代の考古学Ⅱ 心と信仰　宗教的観念と社会秩序』が刊行された。この本は小杉康・谷口康浩・西田泰民・水ノ江和銅・矢野健一という5人の編集人（氏名の敬称については，本文では割愛する）によって，縄文時代の祭祀をまとめたものである。心と信仰については，小杉康が総論を執筆しているので小杉康の編集であると思われる。以前に刊行された縄文時代の祭祀をまとめた出版物は，1983年に雄山閣から出版された『縄文文化の研究　第9巻　縄文人の精神文化』（加藤晋平・小林達雄・藤本強）が縄文時代の道具（第二の道具）を中心とした編集であり，1997年には地域的な土偶を全国規模の視点でまとめた『土偶研究の地平(1)～(4)』が刊行された。これらの第二の道具及び地域的な土偶に対して，小杉康の編集方針は，用途論を中心としたアプローチを重視している編集内容である。ここで注目すべき点は，「総論」の中で抽象文及び物語性文様の解釈で我々研究者を，諦念派・実践派・編年派・構造派と四分類していることである。その分類の中で『…編年研究の重要性を全面に押し出して型式学的な分析を行い，それ以

上の言及には否定的な立場を貫く否定的編年派である…』(小杉2007) (ゴチックは筆者)。というのが小杉学問の底辺に存在する見解であると理解した。まさにこの編年派の表現は，いままでの筆者のいきざまであり，ありがたく副題として「いわゆる編年派の分析」と付けたものである。ただ，小杉康の論考[1]は難解であり，筆者が理解し得ない部分が多い。あえて分類すれば，四分類に属さない第五の分類として難解学派と筆者は分類しておくが，小杉康にとっては大きなお世話だろうか[1]。

3 大湯環状列石の概要 (第1図)

大湯環状列石は，秋田県北部の日本海に注ぐ米代川流域の上流域である鹿角市に位置している。地形は大湯川と豊新木沢川の浸食によって形成された中通台地のほぼ中央部に位置し，標高は150〜190 m である。

大湯環状列石の現在に至る経緯を簡略に記載すると，昭和6年に耕地整理中に発見され，その後に昭和26年の文化財保護委員会によって発掘調査が行われた，同年には国の史跡に指定されている。また，遺跡の重要性に鑑み昭和31年に国特別史跡に指定されている。なお，昭和59年から現在に至るまで大湯環状列石遺跡の調査を実施し，順序にではあるが大湯環状列石が解明されつつある。

今までの調査結果では，万座・野中堂の環状列石を中心として，フラスコ状土壙・掘立柱建物跡・竪穴住居跡と多くの遺構・遺物が出土しており，その遺構の内容及び遺物の豊富さから，筆者はこの地域を代表する拠点集落と理解している。このような拠点集落の周辺には同時期の遺跡が点在している例が多い，大湯川対岸には大湯環状列石と同様な礫が出土しており，配石遺構の存在も考

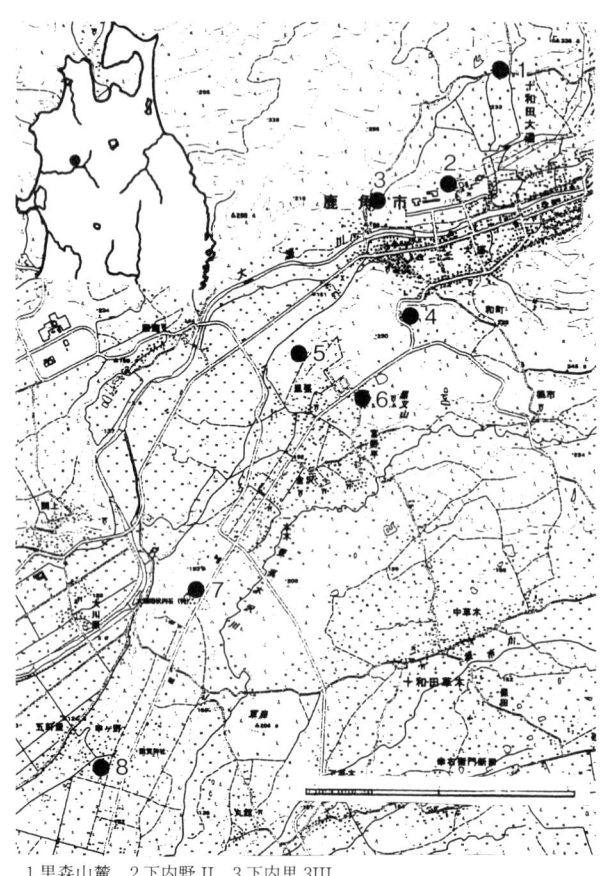

1 黒森山麓　2 下内野 II　3 下内里 3III
4 小清水　5 上尾布 II　6 堤尻 I・II
7 大湯環状列石　8 中ヶ原

第1図　大湯環状列石周辺遺跡

えられ，大湯環状列石を中心として一つのまとまり「群」として理解できる[2]。また，前段階の縄文時代中期では，三内丸山遺跡（青森県 2002）遺跡も同様な遺跡分布を呈している。このように拠点集落を中心として群をなすものと，一方，小牧野遺跡（青森市 2006）・太師森遺跡（平賀町 2005）のように環状列石のみで周辺に遺跡が見られない単独の遺跡も存在し集落の形態に二通りのタイプが存在している。

なお，2005 年に鹿角市教育委員会では，「特別史跡大湯環状列石（I）」（鹿角市 2005）として遺構をまとめており，筆者もこの刊行物を参考にしたことを付しておく。

4　十腰内文化とは

東北地方北半部一帯では，縄文時代を通じて独自の文化圏が存在している。縄文時代中期では三内丸山遺跡を代表する円筒土器文化であり，縄文時代晩期では亀ヶ岡遺跡を代表する亀ヶ岡文化である。一方，その狭間に位置する縄文時代後期においては，筆者が提唱する「十腰内文化」[3]（成田 2007）が存在する。遺構面では再葬用甕棺・石棺墓・環状列石という独特の葬制を発展させ，遺物面では器形の分化及び土・石製品の大量の生産など，独自の文化及び地域性を有している。時期は，縄文時代後期初頭（牛ヶ沢式）～前葉（十腰内 I 式）の時期に該当し，文化圏の範囲は南側で秋田県米代川流域及び岩手県の馬淵川・安比川・北上川上流域で，北側では北海道の噴火湾岸地域であり，縄文時代中期の円筒土器文化圏と，その分布範囲はほぼ重なるものである。

今回記載する大湯環状列石は，十腰内文化圏内を代表する遺跡である。

5　大湯環状列石の土偶と土製品

大湯環状列石で出土した土偶・土製品を例記する。人の信仰に関連するもの（土偶，三角形土偶，手形・足形付土版。なお，三角形土偶は三角形土版とかいわれているものであり，今回は本文でふれていない。これについては新たに稿をおこしたいと思う），動物信仰に関連するもの（動物形土製品，動物内蔵土器，動物把手付土器，狩猟文土器），植物信仰に関す

マタギの皮はぎ手順
（鰺ヶ沢町 1984）

近野遺跡分割図

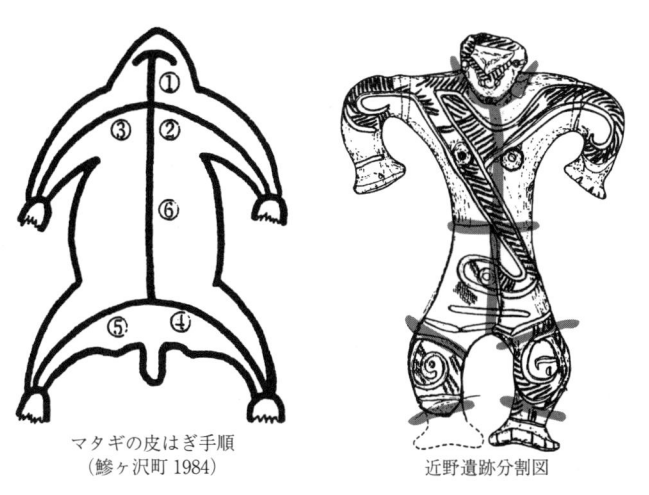

第 2 図　マタギと土偶分割

50

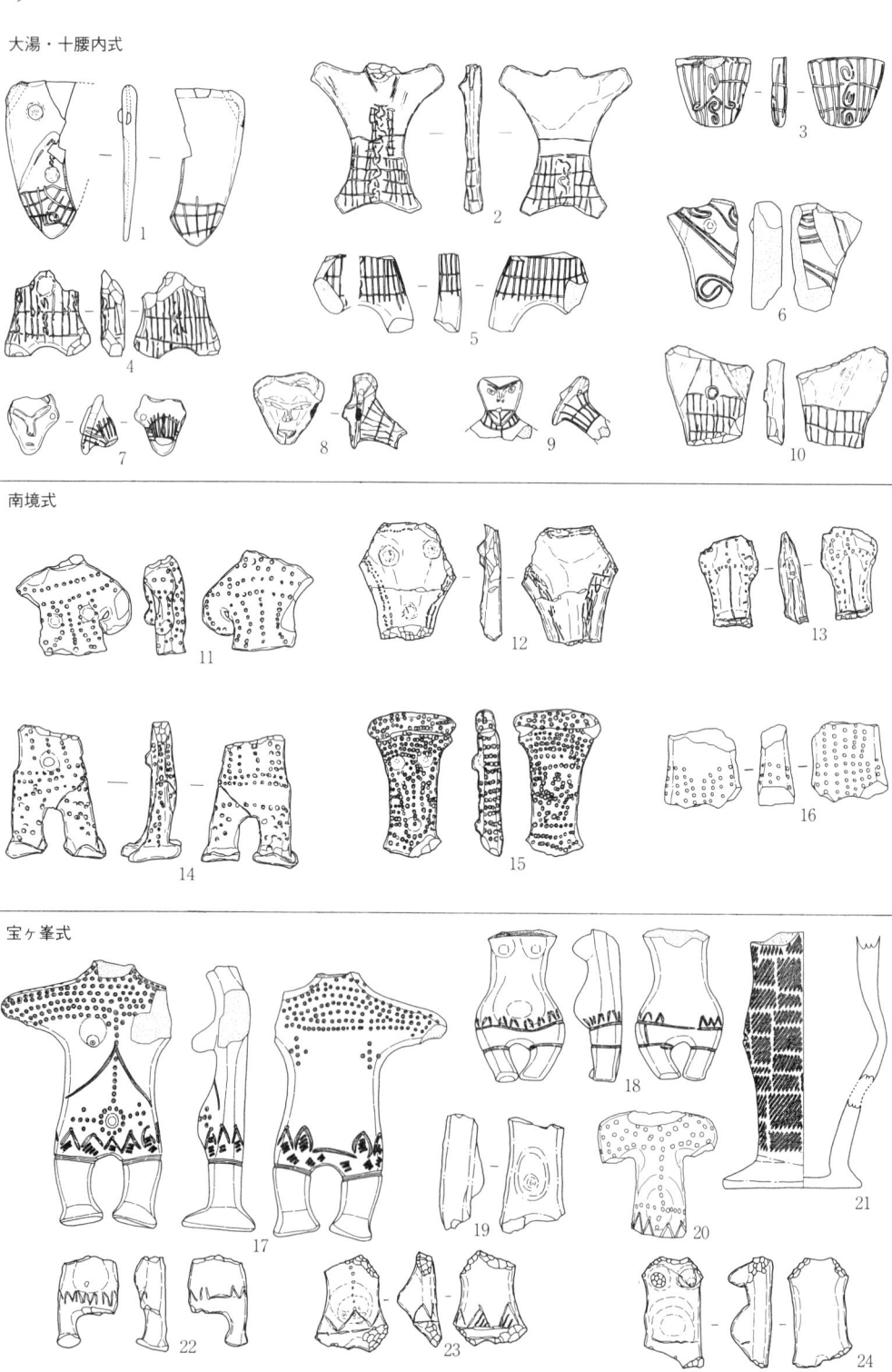

大湯・十腰内式

南境式

宝ヶ峯式

大湯 (2) 1・3・5・7　大湯 (5) 19　大湯 (6) 16・21　大湯 (9) 6・9・17・18　大湯 (11) 20　大湯 (12) 11・15・22
大湯 (13) 2・23・24　大湯 (14) 10　大湯 (15) 14　大湯 (17) 4　大湯 (19) 12・13　大湯 (18) 8

第3図　土偶様式図

るもの（キノコ形土製品），身につけるもの（有孔土製品，管状土製品），護符的なもの（土版），土偶と信仰対象が類似するもの（鐸形土製品，土器片利用土製品）に分けられるものである。

　今回は，十腰内文化圏の土偶と，文化圏の中で特徴的な鐸形土製品，足形付土版，動物土製品，キノコ形土製品についてふれてみたいと思う。

6　土偶

土偶，土製品の出土状態（第6図）

　万座・野中堂の環状列石を中心として多くみられる。他の遺物（土器・石器・石製品など）と同一場所・同一層位（？）で出土し，土偶・土製品のみが特異な出土状態では出土していない。なお，遺構内（特にフラスコ土坑から多く出土するという報告)[4]は，遺構と遺物包含層がリンクした場所であり，おのずと遺構内に混入したものと考える。F2区（鹿角市1991）の報告のように，遺物とフラスコ状土坑が分離している地点では，遺構内から全く出土していないのである。またA4区（鹿角市2006）では明らかに墓と認定できる土坑から全く遺物が出土しなかった点や，この時期における墓坑内（副葬品）から遺物が少ない点をみると，遺構内出土をうのみにすることは危険である。なお，小林克（小林2008）は伊勢堂岱遺跡のSK282土坑（粘土採掘坑？）に土偶を埋納したと記載しているが，土坑の覆土上位であり，土坑埋土中の上位段階の凹に置いたものである。出土した土偶は全長18cmと筆者が理解する大形土偶である。大形土偶は最終段階で分割し，すべてを粉砕せずに破壊し終わった後に一括して置くものであり，デポ的な要素[5]を含んでいる。このことから土偶を埋納したとは考えにくい。なお，大形土偶は意識的に分割されているということは以前に筆者が指摘した（成田2002）。とくに明らかに分割した例として近野遺跡（青森県1975）の出土土偶で縦・横分割しており，自然に壊れたとはいえない状態である。このような分割方法は，本県のマタギにおける動物の皮を剝ぐ手順（鰺ヶ沢町1984）と似ているため第2図を掲載し参考例として示しておく。

土偶の様式分類（第3図）

　大湯環状列石から土偶は103個が出土した。三桁の数量が出土した遺跡は，米代川流域の遺跡では最大の出土量である。これらの出土した土偶は，土偶の文様施文に三種類の文様要素と土偶様式を指摘することができる。Ⅰ類　沈線文様で，格子目文様及び渦巻文様を主体的に施文（第3図1～10，Ⅱ類）　刺突文様を主体的に施文（第3図11～16），Ⅲ類　施突文を用いるものの，腰部に山形状文様を連続に施文（第3図17～25）。Ⅰ～Ⅲ類は土器形式でいうと，Ⅰ類が十腰内Ⅰ式，Ⅱ類が南境式，Ⅲ類は十腰内Ⅱ式・宝ヶ峯式に併行するものである。

土偶の大きさ（第4・5図）

　遺跡内で出土する土偶は，最終段階の土偶である。金子昭彦は土偶は一定した大きさで出土していない（金子2001）と記載しているが，果たしてそうであろうか。今回，大湯環状列石とほぼ同時期の伊勢堂岱遺跡（秋田県1999）と近野遺跡（青森県1975 1976）の3遺跡の土偶をすべて投影

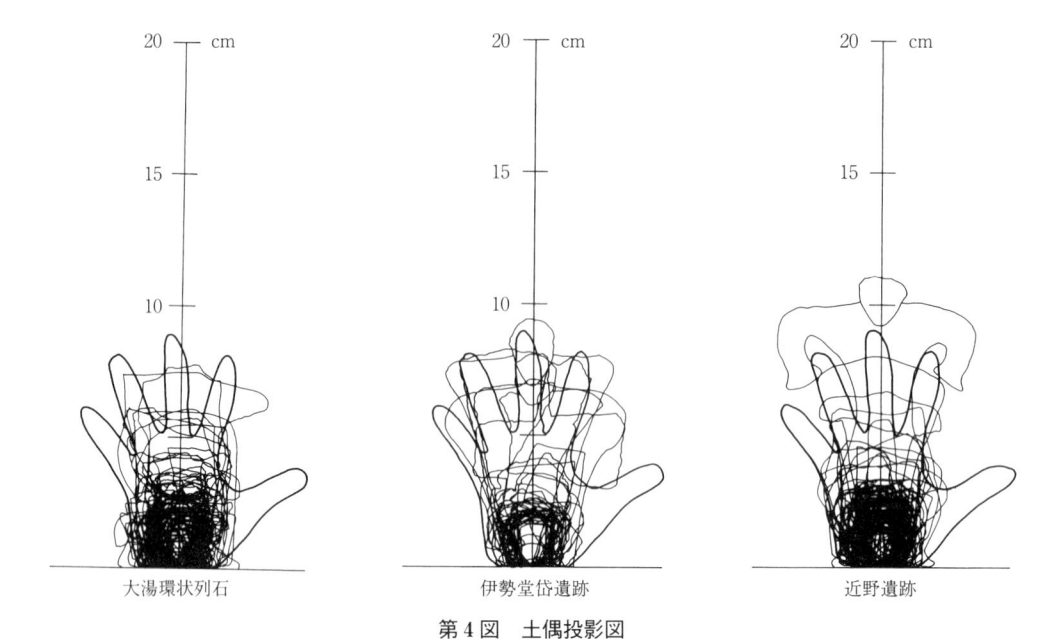

大湯環状列石　　　　　　　伊勢堂岱遺跡　　　　　　　近野遺跡

第4図　土偶投影図

し，第4図に表した3遺跡を比較すると，5～7 cm の小形と 15 cm 内外の二タイプに分けることができ，小形のタイプの大きさに集中していることがわかると思う。このことから，特に手のひらを図示したが，手のひらのくぼみ部分を意識している。土偶は最終的には大・小の二つのグループに分けて使用するものと考えられ，一定した大きさ（限定される大きさ）を保持しているものと思われる。なお，伊勢堂岱遺跡の土偶を四分割して，残存部位を調べた。(第5図)

部位	個数	割合	部位	個数	割合
A1(顔部のみ)	9個		E2・3(ムネ部)	4個	
B2(右ムネ部のみ)	5個	(83%)	F1～4(全体)	1個	(17%)
C3(左ムネ部のみ)	6個				
D4(へそ部のみ)	6個				

A～D は単数で出土したものであり，小さなグループに該当し 83% の数値から遺跡内の使用が主体であったことを示すものである。残存の部位に偏在はみられない。E・F は複数の部位が残ったものであり，大きなグループに属するものである。

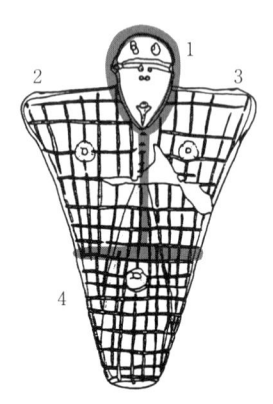

土偶の接合状態 (第6図)

土偶が接合した例は，3例である。下記に列記する（接合例）。

1. 第279号土坑とグリッド ZW-86　　接合 8 m (鹿角市 1989)
2. グリッド S105 とグリッド U105　　接合 10 m (鹿角市 1990)
3. 第909号環状とグリッド YB-103　　接合 20 m (鹿角市 1993)

距離的には 20 m[6)]が最高であり，接合例は少ない。前段階の縄文時代中期の三内丸山遺跡（青森県 2002）では，大形土偶が住居跡内の覆

第5図　土偶分割図

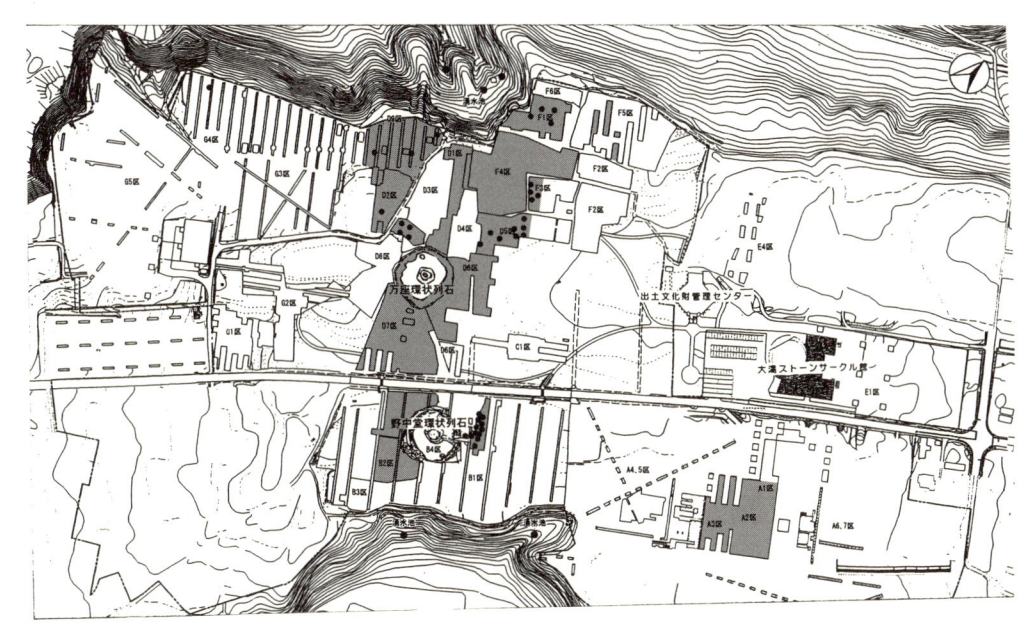

第 6 図　土偶分布図

土と盛土から 80m で接合し，廃棄というより安置したものと考えられる。また，他の土偶では 133m で接合している例もみられる。なお，33 例が接合しており接合例が高い。大湯環状列石の土偶出土を平面的に観察すると，南北 800m，東西 300m の範囲から出土し，環状列石を中心として広範囲から出土している。

アスファルト及び付着例（第 7 図）

　土偶 103 個の内，アスファルト付着例は，右足部と右腕部の 2 例であり，全体の 2％ と使用す

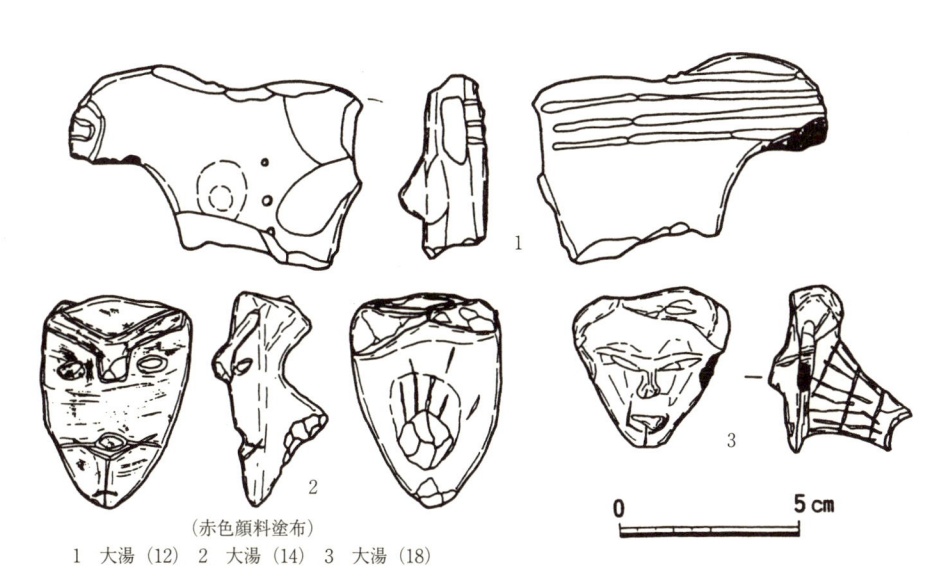

（赤色顔料塗布）
1　大湯（12）　2　大湯（14）　3　大湯（18）
第 7 図　アスファルト及び付着物

1・2 伊勢堂岱　3・4 大湯 (1)

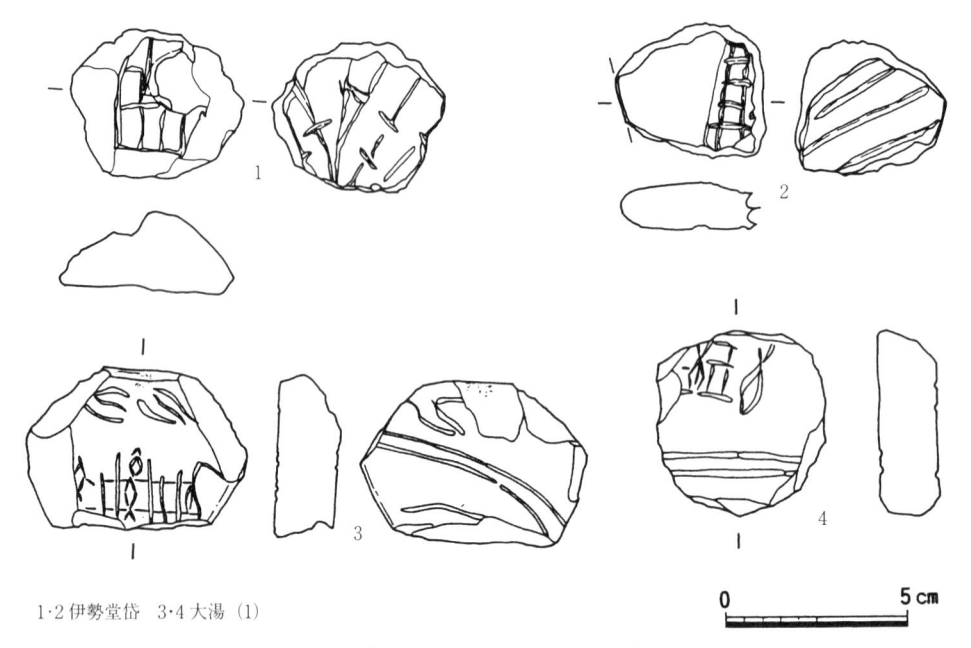

第 8 図　周辺を打ち欠いた土偶

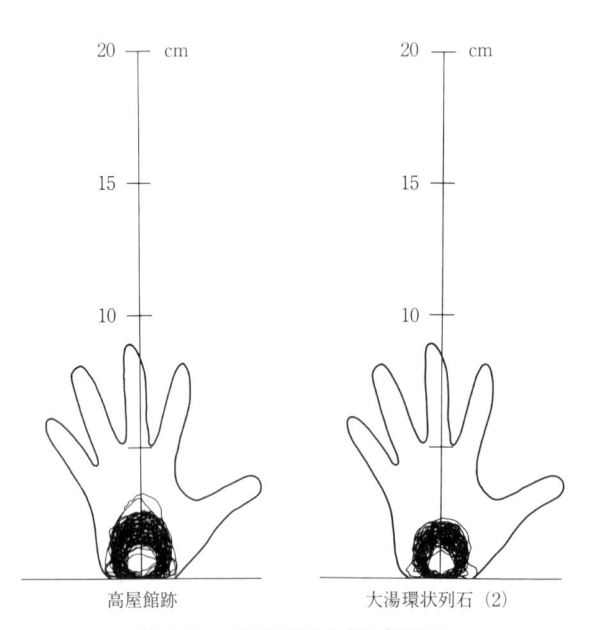

高屋館跡　　　　　大湯環状列石 (2)

第 9 図　土器片利用土製品投影図

る例は極端に低い。なお，アスファルト以外の付着例としては，第 7 図 2 が顔部に赤色顔料を塗布した例と，第 7 図 3 が土偶の頸部に黒色樹脂を塗布した 2 例であり，前記のアスファルト同様に塗布例は少ない。

土偶と土器片利用土製品との関連（第 8・9 図）

　土器片の周辺を打ち欠いて[7]，円形及び三角形等に作出するものを土器片利用土製品と呼称するものである。遺跡から多く出土しており，伊勢堂岱遺跡で約 2,000 個，大湯環状列石で約 4,000 個と遺跡内で多く出土する遺物である。大湯環状列石では多くが，深鉢形・壺形の口頸部及び胴部を利用していること，利用する土器片は 1 個体に 1～2 個の使用例が確認される。そのため，こわれた土器のみからすべての破片を用いて再利用したのかについては疑問が残るところである。今回，高屋館遺跡（秋田県 1990）・大湯環状列石（鹿角市 1986）[8]の土器片利用土製品を投影すると 5 cm 内外のグループに統一されており，前記で記載した土偶の小形のグループに数値が類似している点が指摘できる。第 8 図 1・2 は，伊勢堂岱遺跡の土偶である

1 大石平　2 大湯（15）　3 大湯（6）　4 大湯（11）　5 大湯（11）

第10図　手形・足形付土版

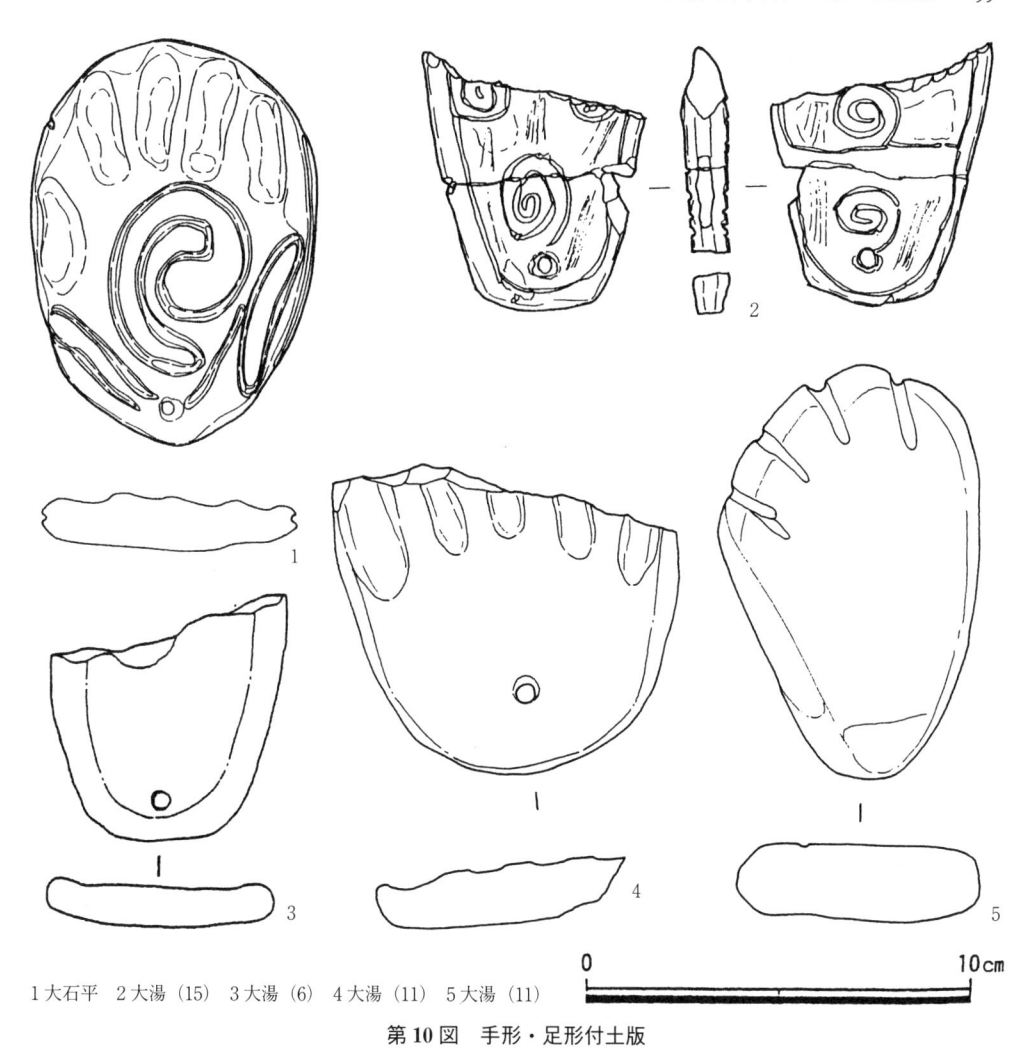

が，周辺を打ち欠いている土偶である。その形態は土器片利用土製品と変わらないものである。筆者は土偶と土器片利用土製品が用途及び過程の行為で，近似した遺物ではないかと考えている。

7　手形足形付土版・鐸形土製品

手形・足形付土版（第10図）

　手形・足形付土版は，粘土板に幼児の手及び足を押しつけるもので貫通孔を有する土版である。大湯環状列石では4個出土している。大石平遺跡（青森県 1987）で4個，すべて遺構外からの出土であり，遺構内からの出土はみられない。

　用途に関しては，子供の成長を祈る護符的存在としているが，出土例が少なくない点，手の押した跡に渦巻文様[9]を施文するなどから，限られた特殊な道具であったと考えたい。吉田敦彦は

大湯 (6) 6・7　大湯 (7) 2　大湯 (9) 4
大湯 (12) 3・6・8・9〜11　大湯 (19) 1　浜松 5・12

第 11 図　鐸形土製品

柳田国男の「桃太郎の誕生」(柳田 1969) の記載の中で小童子の存在を『…柳田がある所で「海童小童」と呼んでいるように，通常水界と出自的に結びつけられている。これらの「小さな子」的神童達は，一般に霊妙なしかたで富を産出する存在と見做されて…』と小さな子の霊的存在を指摘している。手形・足形付土版の使用者も，集落内での製作が極端に少ない点から選ばれし子供であり，特殊な霊力を持った存在の子の道具であったと考えられる。

鐸形土製品 (第 11 図)

　鐸形土製品は，つまみ部を有し，中が空洞の形態である十腰内文化に特徴的な土製品としてあげられるものである。出自は，形態がつまみ部を有し，十腰内Ⅰ式以前に蓋形土製品がみられることから，蓋形土製品からの変形ではないかと考えている。十腰内Ⅰ式で盛行しⅡ式に至って激減するものである。

　大湯環状列石では約 119 個が出土し，土偶の出土数を越えるものである。文様は第 11 図 8 の

蛇行文と刺突文・渦巻文など鐸形土製品特有の文様を有しており，鐸形土製品として限定した鐸形文様が存在していた。また，表裏面の文様が相異する二面性を有している。なお，北海道の大津式（十腰内Ⅰ式後半）の段階では，土器文様と同じであり鐸形土製品の文様も後半時には変化がみられる。第11図1では，つまみ部に顔面を表現しており，第11図2は二個の貫通孔で目を表していると思われる。用途及び性格は，つまみ部の顔面表現体部のプロポーションが人体に相似している面と，文様の表裏文様の相異（土偶文様にもみられる）などから考えると，土偶に近い用途と考えられるものである。

8 動物・植物の土製品

動物土製品・動物付土器・動物内蔵土器・狩猟文土器（第12図）

　動物を表す表現として，動物そのものを製作するもの（動物土製品）と，動物を土器に貼り付けるもの（動物内蔵土器・動物付土器・狩猟文土器）の二種類のタイプがみられる。動物土製品は，四足の表現で顔部への施文は稚拙ではあるが，ほ乳類を表現しているものである。大きさは5cm～15cmと大小の形態が存在している。動物内蔵土器は動物を土器の底面に貼り付けるもの（第12図3・4）であり，近野遺跡（青森県1976）では，完全な壺形土器の底面に貼り付けている（第12図6）。底部の大きさから小形と大形壺の存在が指摘できる。なお，大湯環状列石では出土していないが，口縁部の内側に動物を貼り付けている動物付土器（第12図7），動物を器表面に貼り付ける狩猟文土器（斎野2006）（第12図8）など，種類は多岐にわたっており文化圏の中で動物を利用する信仰が盛んであったことをうかがわせるものである。

キノコ形土製品（第13図）

　形態は，カサと茎をもち，その形態からキノコを思わせるものである。カサの部分は，湾曲のものと直線的の二種の形状がみられる。文様は基本的に施紋せず無文のものであるが，カサ部に施文する例もみられる。

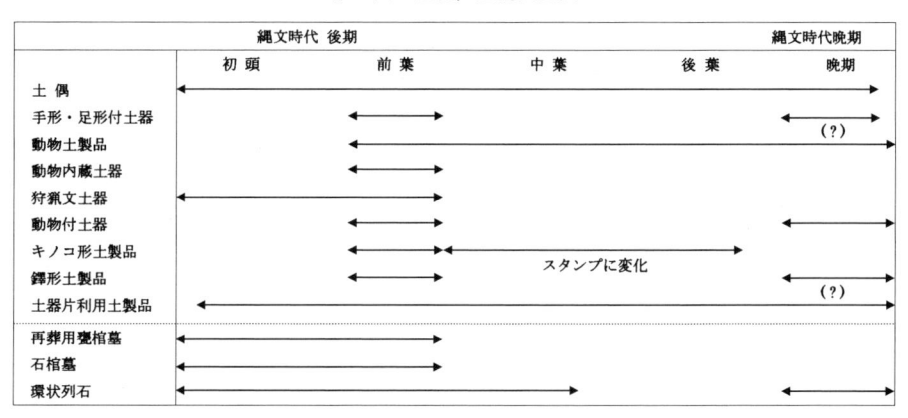

第1表　遺物，遺構変遷表

	縄文時代 後期				縄文時代 晩期
	初頭	前葉	中葉	後葉	晩期
土偶	←――――――――――――――――――――→				
手形・足形付土器		←―――→			(?)
動物土製品		←―――――――――→			
動物内蔵土器		←―――→			
狩猟文土器	←―――――――→				
動物付土器		←―――――――→			←―→
キノコ形土製品		←―→ ←―――	スタンプに変化	―――→	
鐸形土製品		←―→			←―→ (?)
土器片利用土製品	←―――――――――――――――――→				
再葬用甕棺墓	←―――→				
石棺墓	←―――――――→				
環状列石		←―――――――――――→			←―→

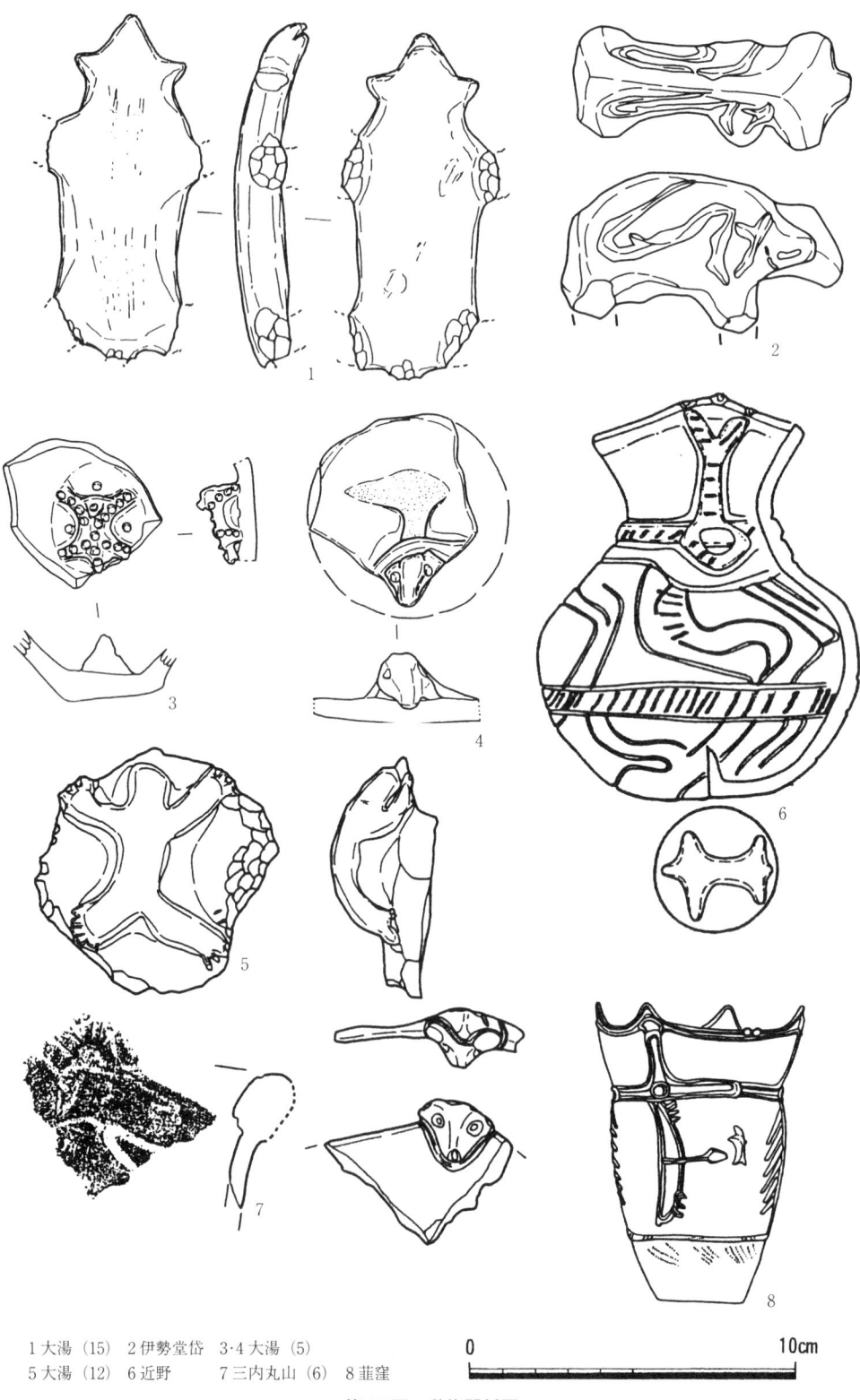

1 大湯（15） 2 伊勢堂岱 3・4 大湯（5）
5 大湯（12） 6 近野 7 三内丸山（6） 8 韮窪

0　　　　　　　10cm

第12図　動物関係図

1〜3 大湯（13）

第13図　キノコ形土製品

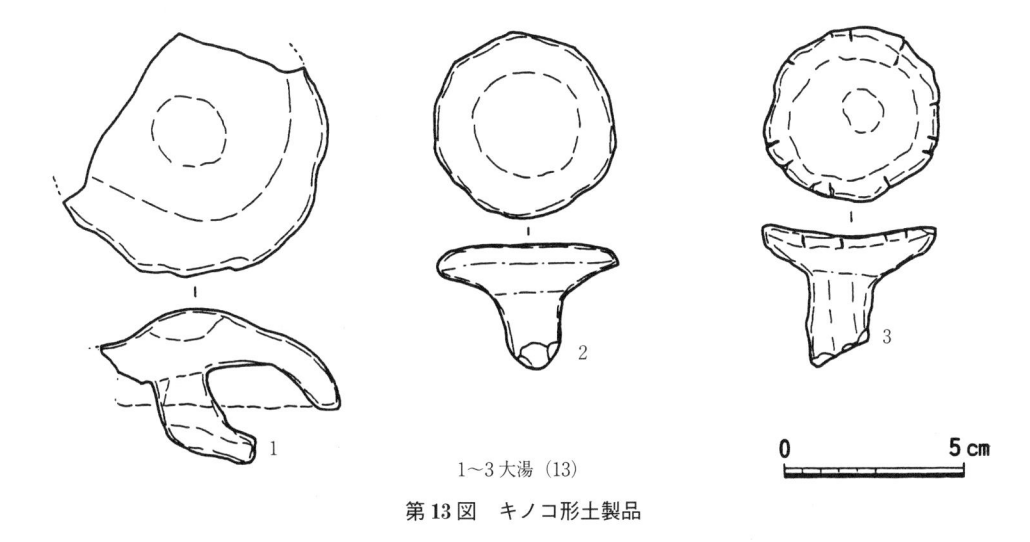

9　遺物の時期的変遷（第1表）

　前記では土偶・土製品の特徴を記載したが，つぎに土偶・土製品を時期的にどう変遷していくのか考えてみたい。縄文時代後・晩期に継続しているもの（土偶・土器片利用土製品），縄文時代後期前葉にみられ，晩期に至って再び利用されるもの（手形足形付土版・鐸形土製品），後期初頭期及び前葉期に限定されるもの（動物内蔵土器・狩猟文土器）。なお，キノコ形土製品は中葉に至ってスタンプ形に変容するものである。このような各期における遺物の消長は，第1表でもわかるように遺構面の特に葬制に関して，遺物と連動した関連が伺えるものである。

10　土偶の用途及び性格

　前記したように，土偶は究極的に破壊（殺す）され廃棄されるものであると筆者は理解した。ここで土偶の用途及び性格に関して単なる土偶破壊のプロセスのみを提示するのでは，本質にふれていないことを感じている。編年派の域を超えて，用途及び性格について若干ではあるが記載することとする。

　土偶用途の前提として，金子昭彦が『遮光器土偶と縄文社会』（金子2001）で，『…土偶が何に使われたのかというような複合的な事象を解釈するには不可能に近いと考える。**むしろ使えるものは何でも使い（たとえば，それが現代社会の知識であろうと）解釈を組み立て，それを証明するにはどうしたらよいか検討するという，演繹的な方法の方が，科学的になり得る可能性が高いと思うのである。**…』（ゴチックは筆者）と記載している。筆者も金子昭彦の考え方に同感である。

　筆者の土偶を解く鍵は，「神話学」及び「民俗学」からのアプローチではないかと思う。自分自身，日本神話と聞いただけで拒絶反応を表すのは何故だろうか。神話教育を受けていないが

「まやかし」的なものであると漠然と把握しており，実践にはほど遠い存在であった。これらの点を反省し，神話から考えていきたいと思う。

土偶は壊され広範囲から出土している。特に大湯環状列石の出土状態を見ると東西 300 m，南北 800 m の範囲から出土している事実および接合するものが少なくない点などを考えると，土偶を殺し集落全体にバラまいたと考えざるをえない。つまり，殺された土偶を大地に帰す行為だったと考えられる。このような行為をどのように理解するのかは，ハイヌウェレ型神話から読みとることができると思う。

吉田敦彦がハイヌウェレ型神話について『…ハイヌウェレ型神話の主人公は一般に，生きている間身体から汚いしかたで分泌物として食物（または財宝）を出した後で，結局は殺される。そして死後には，その屍体の種々の部分から様々な種類の作物を発生させ，その結果，人類はこの殺害を契機として農業を行うことになったのである。…』（吉田 1976）ハイヌウェレ型神話は，体の穴から食物を出しその不気味さから殺されるというストーリーである。この神話は，南太平洋及びミシシッピー川流域の広範囲に広がっている。日本に於いても「古事記」・「日本書紀」の中でも記載されている。古事記の主人公はオオゲツヒメという名の女神であり，日本書紀では神代第五段の第十一の一書に出てくるウケモチなどである。これらのストーリーはハイヌウェレ型神話と類似し，共通性を有するものである。

吉田敦彦は更に縄文時代土偶との関連までふれ『…土偶をわざわざ壊すことによって，縄文時代の人びとは，女神を殺しその身体から作物を生み出させようとしてたのだろうか。もしそうなら土偶が造られ壊された時代にはすでに作物の栽培が，当時の人びとの生活にとって，かなり重要な意味を持っていたことになる…』（吉田 1986）として，狩猟採集民の疑問を啓示している。この論考は真剣に再考する必要があろう。

一方，用途に関して演繹的な手法を使うとしたら，日本民俗学の方法を用いらなければならないと思う。特に，土偶と用途と関連の強いのは，柳田国男が『定本柳田国男全集第十三巻―神送りと人形』（柳田 1969）で記載しているニンギョウオクリが考えられる。常陸国の稲敷郡の例をあげて，『…団子を苞に入れて背に負はせる。夜に入って之を焼棄てるといふ（民俗義和）。霞浦東岸の村では之を人形送りと謂って居る。日はやはり七月九日，人形は二骨豊，眞荻を似て之を作る其一つに小麦団子を詰めた藁苞を負はしめ……部落の境のボサの蔭まで持って行って焼棄てる…』（ゴチック筆者）とし，人形送りを記載しているのである。小麦団子，つまり食料を体内に入れ，最終的に焼く（ころす）などはハイヌウェレ型神話の変容として把握できると思う。柳田国男の人形の系譜の考え方は，『…人形の固有文化はえらい進歩して居る。仮にその最も変化した部分によって，直ちに二千年以前の人形も亦ハリコの胡粉を塗ったものであり…』と記載しており，人形というものは，一系譜の流れの中に存在し，人形独自の変容をしながら現代に至っていると筆者は理解した。このような人形信仰については，『…人の空想の多彩であった時代には，人形などを作り立てる必要が無かった。天然の樹の小枝の陰又は些たる斉串の端にも，是が神だといへば各人は，ありありと神の姿を幻覚し得たからである。…』つまり，人形信仰の時期が存

在しないのは，空想の多彩であって神が多様化して存在した時期であると述べているのは，縄文時代の全体を通しても，土偶の存在が希薄の時期，青森県を例にすると縄文時代中期後葉～後期初頭期や縄文時代後期中葉～後葉の段階で，土偶出土例が極端に少くない時期などを理解する一つのヒントを与えているのではないかと思われる。

11　おわりに

　今回，日本民俗学の柳田国男と神話学の吉田敦彦の両氏の論考を採用し，土偶の用途及び性格について展開した。このプロセスが私の用途論に一歩でも近づけ得たのかについては，今まで編年学にどっぷりとつかっていたものとして，本文を書き終わった今でも自信はありませんが。今後は集成及び分析をスタンスとした基礎的研究（編年学）をおし進めるとともに，柳田国男・吉田敦彦の理論に足を踏み入れたものとして，更に両氏の理論を勉強するとともに，土偶の探求を深めていきたいと思います。

　今回の論考を記載するにあたっては，多くの方々から御協力を得ました。特に大湯環状列石ストーンサークル館の藤井安正氏・三浦貴子氏には資料の閲覧など御世話になりました。文末ではありますが記して感謝いたします。

さいごに―澤田・竹石先生に―

　澤田先生とは，学生時代に横浜市の港北ニュータウンの調査で考古学以外の学問をおそわり，竹石先生とは大学の4年時でおせわになりゼミでは確か「日本農耕文化の生成」？（英文）のテキストだったと思います。すぐに悪友三沢君と訳本をみつけ，三沢いわく『…成田君，そのまま訳したらバレルから…』（山形弁で）と，二人で竹石先生の対策と予習をしたことも約35年前のなつかしい思い出です。両先生も今後，喜寿・傘寿とお二人でお祝いが重なるよう健康に気をつけていただければと思っています。

　生意気ないい方かもしれませんが，**学問に定年は無く，終わりもないと思っています。**

雪降る陸奥で　成田より

註
1)　小杉康は総論の文末で『…「総論」を執筆するにあたって筆者は本巻に寄せられた原稿にあらかじめ目を通すことをいっさいしなかった…』と，ややひらき直った表現をしている。果たして総論を書く総元締めが書く文章でないと筆者は考えている。執筆者に対して失礼な文章ではないでしょうか。また，執筆者をA～Dブロックのどの段階に属するのは，踏み絵的な表現でありいかがなものかと。
2)　大湯環状列石の周辺では，発掘調査が活発に行われていないため，周辺遺跡の性格が不明な点が多い。しかし，大湯環状列石と相関関係をもつ遺跡であることは充分に考えられる。
3)　十腰内文化の認定は，いまだ多くの研究者から認知されていない。筆者の知るところでは葛西励が十

腰内Ⅰ式の時期を十腰内文化としている（葛西1985）。この環状列石が爆発的に増加した時期を多くの研究者は，どう把えているのだろうか不思議でならない。

4）　大湯環状列石の遺物包含層は，どういう状態で出土し分布及び遺構との関連を，報告書で読み取ることができなかった。

5）　筆者は小林克の土偶埋納の見解について，すべてを否定するものではない。ただし亀ヶ岡文化の時期に青森県の土坑墓から土偶が出土しないのは何故なのか理解できない。北からの影響が青森県を飛び越えて影響したのだろうか。

6）　接合の距離は報告書で記載していないので，筆者が報告書を読みとって測ったものであり，誤差があることをおことわりしておく。

7）　土器片利用土製品は，板状土製品・円盤状土製品・円板状土製品などと，大湯環状列石の報告書や他の報告書においても名称が相異する。また土製品と混同するため，土器を用いるものは「土器片利用土製品」と統一したい。

8）　大湯環状列石では，4,000個の土器片利用土製品が出土しているため，投影図は1986年刊行の発掘調査報告書(2)から100個を用いた。

9）　図のうずまき文は，ハイヌウェレ神話にみられる門の文様である「渦巻文」の表現と類似した施文である。『縄文の神話』（吉田1987）の21頁の図から引用した。

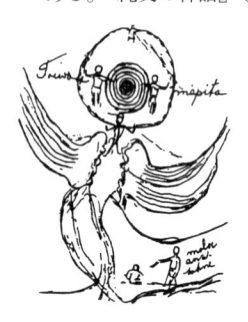

引用・参考文献

青森県教育委員会　1975「近野遺跡発掘調査報告書（Ⅱ）」青森県埋蔵文化財発掘調査報告第22集

青森県教育委員会　1976「近野遺跡発掘調査報告書（Ⅲ）」青森県埋蔵文化財調査報告書第33集

青森県教育委員会　1987「大石平遺跡Ⅲ」青森県埋蔵文化財調査報告書第103集

青森県教育委員会　2002「三内丸山(6)遺跡Ⅳ」青森県埋蔵文化財調査報告書第327集

青森県　2002『青森県史別編　三内丸山遺跡』

青森市　2006『新青森市史　資料編1考古』

秋田県教育委員会　1990「西山地区農免道整備事業に係わる埋蔵文化財発掘調査報告書Ⅵ―高屋館跡―」秋田県文化財調査報告書第198集

秋田県教育委員会　1999『伊勢堂岱遺跡』秋田県文化財調査報告書第293集

秋元信夫　2005「石にこめた縄文人の祈り」　新泉社

鰺ヶ沢町教育委員会　1984「鰺ヶ沢町史第三巻」

鹿角市教育委員会　1986「大湯環状列石発掘調査報告書」(2)～(24)　1986年～2008年の報告書を引用

鹿角市教育委員会　2005『特別史跡　大湯環状列石(1)』

加藤晋平・小林達雄・藤本　強　1983『縄文文化の研究』「第9巻　縄文人の精神文化」
葛西　励　1985「十腰内Ⅰ式土器文化の研究⑴」『撚糸文第14号』　青森山田高等学校考古学研究部
金子昭彦　2001『遮光器土偶と縄文社会』　同成社
小杉　康　2007「縄文文化の宗教的観念と社会秩序」『縄文時代の考古学Ⅱ-心と信仰―』　同成社
斎野祐彦　2006「狩猟文土器と人体文」『原始絵画の研究論考編』（韮窪遺跡の狩猟文土器は展開図のみなので，実測図は斎野報告の239ページから引用した。）
土偶とその情報研究会　1997「土偶とその情報研究論集⑴〜⑷」『土偶研究の地平』　勉誠社（平成9年〜平成12年までの刊行）
成田滋彦　2002「大形土偶の分割について」『市川金丸先生古希記念献呈論文集』
成田滋彦　2007「十腰内文化概説」『三浦圭介氏華甲記念考古論集』
播摩芳紀・小林　克　2008『能代市杉沢台遺跡の土坑埋納土偶―遺体変形と土偶祭祀―』秋田県埋蔵文化財センター研究紀要第22号
平賀町教育委員会　2005『太師森遺跡』平賀町埋蔵文化財報告書第36集
柳田国男　1969「桃太郎の誕生」『定本柳田国男全集　八巻』　筑摩書房
柳田国男　1969「神送りと人形」『定本柳田国男全集　十三巻』　筑摩書房
八雲町教育委員会　1995『浜松5遺跡』
吉田敦彦　1976『小さい子とハイヌウェレ』　みすず書房
吉田敦彦　1986『縄文土偶の神話学』　名著刊行会
吉田敦彦　1987『縄文の神話』　青土社

鳥取県における縄文時代後晩期の精神文化

野﨑 欽五

はじめに

　山陰2県の東側を占める鳥取県は，ここ数年青谷上寺地遺跡や妻木晩田遺跡などの弥生時代に関する情報発信が盛んに行われている。これは遅れてきた大規模調査によってもたらされた成果によるものである。当然のことであるが，他の時代の遺跡からも重要な知見がもたらされている。
　そのひとつに縄文時代の「第2の道具」，すなわち祭祀遺物出土数の増加が挙げられる。そこで今回は土偶を中心に現状の把握と若干の考察を試みる。

1　鳥取県における土偶研究の現状

　まず，近年における研究成果を概観してみたい。
　山陰地方における縄文時代遺跡の調査例は少なく，土偶に関していえば1987年に東伯郡琴浦町森藤第2遺跡報告において分銅形土偶の報告がなされたことを初出とする（米原ほか 1987）。
　つづく1990年代は，土偶研究が大きな転機を迎えた。国立歴史民俗博物館が中心となって全国で出土した土偶のデータベース化が企画され，集成が進められた（国立歴史民俗博物館 1992）。また，1992年から1997年にかけて「土偶とその情報」研究会[1]によるシンポジウムが6回にわたって各地で開催され，その分布状況や研究成果の共有・検証がなされた[2]。鳥取県については森藤第2遺跡資料が全国的に知られ，また土偶の出土数が少ないことが確認されるにとどまった。
　さらに1997年から2000年にかけて『土偶研究の地平「土偶とその情報」研究論集』(1)～(4)が刊行されるなど，資料の集成と研究の深化が図られた。
　鳥取県では1999年に米子市古市河原田遺跡報告[3]において形態を異にする2点が報告された。つづく2000年には程近い米子市古市流田遺跡報告[4]において1点の中実土偶が報告された。共伴土器から晩期に下る資料であり，該期にも土偶が存在することが知られた。2003年には西伯郡大山町妻木法大神遺跡での分銅形土偶の出土が報告され[5]，2005年には東伯郡琴浦町南原千軒遺跡での人形土偶の出土が報告された[6]。報告者は，県内出土土偶の集成と，南原千軒遺跡出土資料の分析を行っている[7]。

2　鳥取県における土偶の概要

　先にも触れたとおり，鳥取県出土の土偶は，わずか6点である。破壊・破損の別は判じがたいが，いずれも破片である。以下概要を示す。なお，土偶の所属時期は報告者の判断に従った。

　鳥取県における土偶の初見は，森藤第2遺跡から出土した分銅形土偶である（第1図2）。くびれ部から折れており，胴部下半の資料である。沈線で正中線が表され，両側面には2列の刺突文が縦位に施されている。時期は後期前葉布勢式期。

　分銅形土偶は，妻木法大神遺跡からも胸部破片が出土している（第1図3）。沈線で正中線が表され，その両脇に粘土粒を貼り付けた乳房が表現されている。後期前葉から中葉に属する。

　古市河原田遺跡から出土した2点の土偶は，趣を異にしている。1点は右半身の破片で，頭・腕・脚の表現はなく分銅形土偶に似るが，臀部は肥厚させ，底部・腕部先端・腰部先端に刺突文が施されている（第1図4）。もっとも特異な点は，括れ部上方の乳房があるべき位置に貫通孔が穿たれている点である。通常の分銅形土偶の範疇から外れている。後期中葉とされる。他に類例がなく，土偶以外の可能性も視野に入れなければならないかもしれないが，分銅形土偶との形態的類似や刺突文の施文などから，後期の土偶として地域の独自性を窺わせるものとして評価したい。もう1点は，土偶胸部破片とされるが，破損が激しく，詳細がわからない（第1図5）。中実の人形土偶であろうか。時期は不明である。

　南原千軒遺跡から出土した資料は中実の人形土偶で，脚部の破片である（第1図1）。膝にあたる部分には隆帯が貼られ，縄文と沈線文および刺突文によって飾られている。全体に丁寧なナデが施され，一部には赤彩も見られる。膝部の表現やくびれによる足首表現など，報告者が分析したとおり「今朝平タイプ」の特徴を備えているといえる[8]。元住吉山1式並行期。

　晩期の土偶は，古市流田遺跡から出土している（第1図6）。流路出土のため表面は荒れているが，中実の人形土偶の脚部の破片で，丁寧な成形で膝と足首が作り出されている。伴出土器から，晩期中葉から後葉の可能性が高いとされている。

　なお，土偶類似の遺物として，岩偶が2点出土している。1点は米子市目久美遺跡から，もう1点は古市河原田遺跡から出土している。ともに脚部破片で，人形を呈する[9]。破壊か破損か判断は付きかねるが，破壊だとすれば，土偶と同様な使用法が考えられ，注意を要する。

　目久美遺跡例は前期羽島下層II式～北白川下層I式の包含層から出土し，細粒花崗岩製。膝と足首が屈曲によって表現されている。この時期，鳥取県では土偶の出土は確認されていない。

　古市河原田遺跡例は，後期中津式～彦崎K2式の包含層から出土し，石英製。足先に向かってやや太さを減じる屈曲のない円柱状の脚部である。

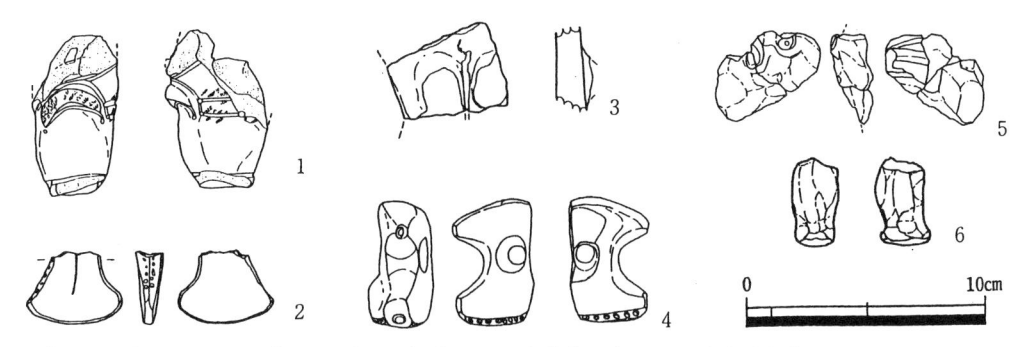

第1図 鳥取県出土の土偶（1. 南原千軒遺跡 2. 森藤第2遺跡 3. 妻木法大神遺跡 4・5. 古市河原田遺跡 6. 古市流田遺跡）（君嶋俊行2005「(3) 土偶について」『南原千軒遺跡』より転載・法量は各報告書を参照願いたい）

第1表 鳥取県出土土偶一覧

No.	遺跡名	所在地	種別	部位	時期
1	森藤第2	東伯郡琴浦町	分銅形土偶	下半	後期前葉
2	南原千軒	東伯郡琴浦町	人形土偶（今朝平タイプ）	脚	後期中葉
3	妻木法大神	西伯郡大山町	分銅形土偶	胸部	後期
4	古市河原田	米子市古市	分銅形土偶？	左半身	後期中葉
5	古市河原田	米子市古市	不明（人形土偶？）	胸部？	後期前半
6	古市流田	米子市古市	人形土偶	脚	晩期中葉〜後葉

3 鳥取県出土土偶の特徴

　鳥取県出土土偶の概要を紹介したが，その特徴を簡単にまとめれば，次のようになる。
1. 時期は，縄文時代後期前葉以降に限られる。
2. 土偶の形態は，分銅形・人形が存在する。分銅形土偶が後期前葉から中葉，人形土偶が後期中葉・晩期中葉から後葉に見られる。
3. 所属時期も考慮すれば，各遺跡からは1点ずつしか出土せず，多数出土した遺跡はない。
4. 分布を見た場合，鳥取県西部大山山麓にあたる地域からのみ出土している。

4 その他の祭祀遺物

　では，鳥取県におけるその他の祭祀遺物との関係はどうだろうか。濱田竜彦による石製品の集成およびその後の報告例を参考に，概要を確認したい[10]。
　まず，祭祀遺物としてあげられるのは，石棒であろう。石棒は，類似の資料も含めれば，17点出土しており，全県に分布している。型式はさまざまであるが，大型のものが多い[11]。
　時期は不明のものが多いが，おおむね縄文時代後期から晩期にかけてのものである。土偶と伴

第2表 その他の祭祀遺物（時期比定されているもの）

No.	遺跡名	所在地	種別	部位	時期
1	栗谷	鳥取市福部町	石棒状石製品	完形	後期前葉
2	栗谷	鳥取市福部町	大型石棒	頭部	後期前葉
3	青島	鳥取市高住	単頭形石棒	完形	後期〜晩期
4	青島	鳥取市高住	石棒	基部	後期〜晩期
5	桂見	鳥取市桂見	石棒（磨製石斧転用）	完形	不明
6	桂見	鳥取市桂見	石棒状石製品	完形	後期末〜晩期前半
7	イヤノ谷	鳥取市佐治町	石棒	完形	後期？
8	円谷	倉吉市円谷	独鈷石	完形	不明
9	島	東伯郡北栄町	大型石棒	胴部	後期前葉
10	島	東伯郡北栄町	独鈷石	完形	後期後葉
11	坪田	西伯郡大山町	石棒	完形？	後期〜晩期
12	長砂第4	米子市長砂町	石棒	完形	晩期末・弥生前期
13	青木	米子市青木	石棒	完形	晩期後葉？
14	印賀	日野郡日南町	石棒	完形	後期？
15	智頭枕田	八頭郡智頭町	大型石棒	完形？	晩期末〜弥生前期
16	智頭枕田	八頭郡智頭町	大型石棒	完形	晩期末〜弥生前期
17	智頭枕田	八頭郡智頭町	石棒（石刀）	上半	晩期末〜弥生前期
18	智頭枕田	八頭郡智頭町	石棒（石刀？）	上半	晩期末〜弥生前期
19	田住	南部町	人面土器	口縁部	晩期後半
20	目久美	米子市目久美	岩偶	脚	前期
21	古市河原田	米子市古市	岩偶	脚	後期前葉

出したものはない。

　その他，独鈷石や人面付土器の出土もあるが，数も少なく，土偶出土遺跡では見られない。

5　若干の考察

　以上，鳥取県から出土した縄文時代の祭祀にかかわると考えられる遺物を概観した。出土数も少なく詳細な検討を行うには時期尚早の感がぬぐえないが，土偶の出現契機・分布について若干の考察を加えてまとめとしたい。

　先にも触れたとおり，鳥取県における土偶の出現は，後期前葉布勢式期，森藤第2遺跡出土分銅形土偶である。今後出土するとしても，周囲の状況から後期初頭を大きくさかのぼることはないであろう。

　中国地方における縄文時代後期の幕開けは，中津式の成立をもって知ることができる。称名寺式との関連が強い中津式の成立と展開は，その後も続く東西交流の活発化をうかがわせる。島根県下山2遺跡出土の屈折土偶のように，遠く東北地方からもたらされたと想定されているものの存在は，東の縄文社会との交流を示している。この時期に西日本に土偶が出現することは，偶然

とはいえないであろう。

　中国地方における土偶の変遷は，深田浩によって考察されている[12]。それによれば，後期初頭に瀬戸内海沿岸に小型人形土偶と分銅形土偶が出現，前葉には小型人形土偶は姿を消して分銅形土偶が山陰にも分布する。中葉には東日本の影響を受けた人形土偶[13]が出現，分銅形土偶は減少する。後葉以降は，山陰西部で頭部表現がある分銅形土偶が出現。晩期以降は，瀬戸内海側では近畿地方の影響を受けた土偶が製作され，山陰地方では分布が希薄になるとされている。

　では，土偶祭祀採用の背景は何であろうか。その一因に，自然環境の変化を挙げたい。

　このころの気候に関しては，縄文時代中期末から後期に相当する4500～3600年前に2度の海水準の低下が確認され，いわゆる「縄文中期の小海退」の影響が及んでいたことが知られている。

　ところで，山陰地方の活火山のひとつ，島根県のほぼ中央部に位置する三瓶山は，約3600年前に噴火したことが明らかになっている。この火山灰は，鳥取県の土偶出土遺跡が分布する地域の東方に位置する東郷池における湖底堆積物の調査でも検出され，堆積物が増加した原因のひとつであることが確認されている（加藤ほか1998）。伯耆地方の遺跡は，島根県東部ほどではないにしても，この噴火による火山灰の降下の影響を受けていると考えられるのである。すなわち，中国地方では，寒冷化による気候や植生や地形の変化という生活環境の変化に加えて，火山災害による環境悪化が起こっていたのである。このような状況に対処するために，東日本的な生活戦略が選択されるようになり，土偶を用いた祭祀が当該地で採用されたと考えたい。

　このような状況は土偶の分布からも読み取れる。

　先に見たように，鳥取県では大山山麓にあたる鳥取県西部伯耆地方からのみ土偶が出土しており，明らかに偏っていることがわかる。東部の因幡地方でも，栗谷遺跡・桂見遺跡・布勢遺跡・智頭枕田遺跡など後期・晩期の遺跡調査例があるにもかかわらず検出されていない。因幡地方では土偶祭祀を受け入れることはなかったと考えるほかない。東隣となる兵庫県の様相を見ても瀬戸内海側を除くとほとんど出土がない。一方西隣の島根県を見ると，近年東部の遺跡からの出土が増加している。東部の山間地域の調査事例の増加に歩調を合わせるように後期に属する資料が増加している。要するに伯耆地方・出雲地方に多く分布しているのである。寒冷化による気候変動のみでは，偏在は説明しがたい。火山灰の降下によって社会構造の変化をきたした地域に導入され，定着したのではないかと考える。

　では，土偶を使用する縄文時代後期の祭祀とはどのようなものなのであろうか。鳥取県では，所属時期も考慮すれば各遺跡1点ずつしか出土せず，多数出土した遺跡はない。このことを積極的に評価すれば，日常の中で繰り返し行われる祭祀というよりは，かなり深刻な事態に直面した時に問題解決を図って行われた祭祀なのであろう。特に縄文時代後期初頭は，先にも見たように縄文時代中期末から後期にかけて寒冷化し，環境が大きく変動したと指摘されている時期である。海退や多雨に起因する自然災害なども増加したと考えられている（吉川2005）。

　その後，後期後葉に分銅形土偶が消滅することは，今朝平タイプの成立・波及以降の社会状況の変革に伴うものであろうが，今回考察を加えるのは筆者には任が重い。

形態を変えた土偶の使用法が同一であったのか，異なっていたのか，判断するに足る資料は管見に触れていない。こと人形土偶に至っては脚部のみの出土であり，顔部・胴部といった土偶分類上の大きな要素が不明であるため，山陰地方東部または伯耆地方の実態を考察することが困難である。しかし，岩偶も含めて破片のみが出土していることは，破壊を伴った祭儀が執り行われたことを示している。

以上，少ない資料を基に山陰地方東部の土偶祭祀について考察を試みた。今後，他の祭祀遺物や未知の遺構などの検討結果を加味することによって，より実態に接近することが必要である。

鳥取県の土偶研究は，その緒に就いたばかりである。今回の論考は，中国山地一帯に分布するはずの縄文時代遺跡に調査の手が伸びた時には，一笑に付されるものになるのかもしれない。しかし，弥生時代の遺跡がクローズアップされている鳥取県において，現在徐々に増加している弥生時代以外の資料を検討し，通史的な地域史を描き出すためのきっかけとなれば幸いと考えている。

本論を執筆するに当たり，伊藤正人氏には文献の収集に当たってご協力いただき，あわせて土偶に関してご教授を賜りました。また，編集に当たられた方々には様々なご苦労をおかけしました。記して感謝の意を表します。

（平成20年師走脱稿）

註
1) 「土偶とその情報研究会」は，1987年に結成されている。
2) 各シンポジウムのテーマと開催県は，次のとおり。
　土偶シンポジウム1（埼玉大会）1992『縄文後・晩期安行文化の土偶』
　土偶シンポジウム2（秋田大会）1994『東北・北海道の土偶Ⅰ（早期から後期)』
　土偶シンポジウム3（栃木大会）1995『関東地方後期の土偶（山形土偶の終焉まで)』
　土偶シンポジウム4（長野大会）1996『中部高地をとりまく中期の土偶』
　土偶シンポジウム5（宮城大会）1996『東北・北海道の土偶Ⅱ（亀ヶ岡文化の土偶)』
　土偶シンポジウム6（奈良大会）1997『西日本をとりまく土偶』
3) 濱田竜彦ほか 1999「古市河原田遺跡の調査」『古市遺跡群』1 (財)鳥取県教育文化財団
4) 濱田竜彦ほか 2000「古市流田遺跡の調査」『古市遺跡群』2 (財)鳥取県教育文化財団
5) 君嶋俊行ほか 2003『妻木法大神遺跡』(財)鳥取県教育文化財団
6) 君嶋俊行ほか 2005『南原千軒遺跡』(財)鳥取県教育文化財団
7) 君嶋俊行 2005「(3) 土偶について」『南原千軒遺跡』(財)鳥取県教育文化財団
　君嶋は，大阪府四条畷市更良岡山遺跡例および兵庫県東浦町佃遺跡例と比較・検討を行い，今朝平タイプであるとしている。
8) 前出6) 参照
9) 両資料とも
10) 今回諸般の都合から図は割愛させていただいた。詳しくは次の文献を参照願いたい。
　濱田竜彦 2000「中国地域（鳥取県・島根県）の概要」『縄文・弥生移行期の石製呪術具1』

岡野雅則ほか 2002『坪田遺跡』（財）鳥取県教育文化財団
木田　真 2004「智頭枕田遺跡」『町内遺跡発掘調査報告書』 智頭町教育委員会
酒井雅代・木田　真・濱田竜彦 2006『智頭枕陀遺跡Ⅰ』 智頭町教育委員会
鳥取県埋蔵文化財センター 1988『旧石器・縄文時代の鳥取県』 鳥取県埋蔵文化財センター

11）ここでの石棒の分類は，報告者の分類によっている。
12）ここでの土偶の分類および時期は深田浩 2000 によった。以下に抜粋する。

土偶の分類
1 類：小型で板状ながら頭部や腕部が明確に表現される「小型人形土偶」
2 類：小型の板状で突起による乳房表現があり，胴部がくびれ四肢が省略される「分銅形土偶」
3 類：ひとがたの意匠を持ち，山形土偶の系譜を引く「人型土偶」（山形系土偶）

時期
1 期：後期初頭（中津〜福田 K2）
2 期：後期前葉（布勢式〜彦崎 K1）
3 期：後期中葉（彦崎 K2〜元住吉山Ⅰ）
4 期：後期後葉（元住吉山Ⅱ〜宮滝）
5 期：晩期前葉（岩田Ⅳ類・滋賀里Ⅰ〜Ⅲa）
6 期：晩期中葉〜後葉（篠原式〜突帯文）

13）「屈折像土偶」「山形土偶」「今朝平タイプ」など。

引用・参考文献

伊藤正人 1998「今朝平タイプ土偶覚書」『三河考古』11
伊藤正人・河合　剛 2000「東海地方の中・後期土偶」『土偶研究の地平』4
伊藤正人 2005「顔の輪廻―土偶と土面の東西」『古代学研究』168
梅原末治 1992「鳥取縣に於ける有史以前の遺蹟」『鳥取縣史蹟勝地調査報告書』第 1 冊　鳥取県
大野　薫 2003「顔のない土偶」『立命館大学考古学論集Ⅲ』
岡野雅則ほか 2002『坪田遺跡』（財）鳥取県教育文化財団
加藤めぐみ・福沢仁之・安田喜憲・藤原　治 1998「鳥取県東郷池湖底堆積物の層序と年縞」『LAGUNA（汽水域研究）』5
亀井熙人 1968「資料紹介　縄文時代の遺物　石棒　佐治村畑出土」『郷土と科学』第 13 巻 2 号　鳥取県立博物館
亀井熙人 1969「日野郡の古代遺跡」『郷土と科学』第 14 巻 1・2 号　鳥取県立博物館
亀井熙人ほか 1983『島遺跡発掘調査報告書』第 1 集　北条町教育委員会
北浦弘人ほか 1986『目久美遺跡』 米子市教育委員会
木田　真 2004「智頭枕田遺跡」『町内遺跡発掘調査報告書』 智頭町教育委員会
君嶋俊行ほか 2003『妻木法大神遺跡』（財）鳥取県教育文化財団
君嶋俊行ほか 2005『南原千軒遺跡』（財）鳥取県教育文化財団
君嶋俊行 2005「(3) 土偶について」『南原千軒遺跡』（財）鳥取県教育文化財団
国立歴史民俗博物館編 1992『国立歴史民俗博物館研究報告　第 37 集　土偶とその情報』 国立歴史民俗博物館

小林青樹 2002『縄文・弥生移行期の石製呪術具 1』
酒井雅代・木田 真・濱田竜彦 2006『智頭枕田遺跡Ⅰ』 智頭町教育委員会
谷岡陽一ほか 1990『栗谷遺跡発掘調査報告書Ⅲ』
鳥取県埋蔵文化財センター 1988『旧石器・縄文時代の鳥取県』
とっとり考古談話会 1965「青島遺跡の調査」『郷土と科学』第 11 巻 1 号
とっとり考古談話会 1967「青島遺跡の調査 第 2 報」『鳥取郷土文化』特集号 No.1 鳥取郷土文化研究会
中村健二 2000「近畿地方における縄文時代後期土偶の成立と展開」『土偶研究の地平』4
濱田竜彦 2000「中国地域(鳥取県・島根県)の概要」『縄文・弥生移行期の石製呪術具 1』 国立歴史民俗博物館春成研究室
濱田竜彦 2000「山陰・縄文時代後期における東日本系文化要素の波及」『縄文・弥生移行期の石製呪術具 1』
濱田竜彦ほか 1999「古市河原田遺跡の調査」『古市遺跡群』1 (財)鳥取県教育文化財団
濱田竜彦ほか 2000「古市流田遺跡の調査」『古市遺跡群』2 (財)鳥取県教育文化財団
原田昌幸 1995『土偶』
平木裕子ほか 1998『長砂第 3・4 遺跡』 米子市教育委員会
深井明比古 2000「兵庫県下の土偶考」『土偶研究の地平 4』
深田 浩 2000「中国・四国地方の後・晩期土偶」『土偶研究の地平 4』
深田 浩 2002「第 2 節 中国地方の土偶について」『下山遺跡(2)』 島根県
福沢仁之・山田和芳・加藤めぐみ 1999「湖沼年縞およびレス―古土壌堆積物による地球環境変動の高精度復元」『国立歴史民俗博物館研究報告』81
山田真宏ほか 1995『平成 6 年度 桂見遺跡発掘調査報告書』 (財)鳥取市教育福祉振興会
吉川昌伸・吉川純子 2005「縄文時代中・後期の環境変化」『日本考古学協会 2005 年度福島大会シンポジウム資料集』
米原公子ほか 1987『森藤第 1・第 2 遺跡発掘調査報告書』 東伯町教育委員会

磨製石斧の普及と弥生時代集落
──房総の出土例から──

古内　茂

1　はじめに

　近年，弥生時代遺跡に関わる調査例は増加し，資料の蓄積とともに調査の成果が発表され積極的な論議が交わされるようになってきた。だが，その内容についてみると土器群や遺構・年代などが主となり，石器について論じられているものは少ない。

　弥生時代の磨製石器は，縄文時代のものと比較すると多様な器種が認められる。いわゆる大陸系石器群と呼称されている一群の石器であり，鉄器が普及する直前の一時期を飾った遺物でもある。なかでも木材加工具とされる片刃石器群は様々な形状を呈したものが作出されており，当時の建築物や木工の細部加工具に使用されてきた。房総半島におけるこれまでの調査では，中期後葉にあたる宮ノ台式土器を伴う集落址で多くの磨製石器群が出土している。そこには出土する石器に数量的な偏りが認められることが少なくない。ここでは出土した石器群から集落内での石器のあり方に着目し，集落との関連について考えてみたい。

2　波及期の様相

　磨製の片刃石斧類が東国へ導入された時期について明確に捉えることはできないが，ほぼ遠賀川系土器の拡散と時を同じくするものと思われる。近年，東北地方にみる遠賀川系土器の出土遺跡は増加の一途を辿り，調査・研究の成果も各誌で発表されている。福島県立博物館（田中1993）による調査や高瀬克範氏の論考（高瀬2000）も東北地方の初期弥生文化を究明するものである。さらに最近の調査によれば，遠賀川系土器の出土は36遺跡で確認（岩見2002）されるまでになっている。

　そこで，東北地方において当該期の石斧が確認されている遺跡を取り上げると，水田址で著名な青森県砂沢遺跡（松本1990），遠賀川系土器を伴う初期弥生集落を検出した秋田県地蔵田B遺跡（菅原ほか1986）集石遺構からの出土品など僅少ではあるが，確実な資料の発見が報告されている。このような事例は西方文化との交流を強く示唆するものとなろう。しかし，これらの磨製石斧類は簡素な作りで広く普及するまでには至らなかったようである。砂沢遺跡の報告でも触れているとおり，出土石器類では縄文晩期にみられる石器群が主体を占めており，当時の生業につ

いても「なお縄文的な要素から完全に脱却し得なかった…後の垂柳遺跡の場合も…中期後半に至ってもなお全面的に稲作に依存できず」(村越 1990) とあり，稲作農耕への転換にはなお紆余曲折を余儀なくされたものと思われる。

そうした中で，より南に位置する関東の状況をみると，遠賀川系土器の出土は群馬・神奈川県にこそ若干認められる (設楽 1991) ものの東北地方と比較すれば総じて資料的には少ないものといえよう。いわゆる弥生時代初期における明確な集落址は発見されておらず，出土土器も断片的なものに限られているようである。しかもそれらの土器群は墓址から出土したものが多く，住居址から出土したものは皆無に近い。こうした傾向は房総半島においても一層顕著に認められ，縄文晩期末葉から弥生初期にかけての遺跡は，小規模で遺構の存在を確認できる遺跡は極めて少ない。これは小規模な集団が短期間の居住によって遺跡が営まれていたものか，あるいは竪穴住居の掘込みが僅かであったため住居そのものを明確に把握するまでに至らなかったということであろう。このため，初期弥生文化の住居址を調査によって検出するということは頗る難しい状況にある。なお，遠賀川系土器に至っては断片的な資料が四街道市御山遺跡の他に 3 遺跡から発見 (渡邉 2006) されているというが，これは東北地方と比較し明らかに僅少である。弥生時代初期の様相は上記のような状況にあるため，当該期の石斧類についても縄文時代的な様相を脱却するようなものではなく，出現する時期についてはさらに次の段階を待たねばならない。

3　磨製石斧の普及と房総の遺跡

(1) 主要遺跡

磨製石斧類の普及という点から房総半島を含めた関東地方という地域をみると，大きな溝によって区画された，いわゆる環濠集落の出現した時点でもそれほど多くの石斧類は検出されていない。神奈川県砂田台遺跡や千葉県大崎台遺跡について触れた論文 (杉山 2004) からも理解できる。また埼玉県池上遺跡 (中島ほか 1984)・小敷田遺跡 (中村 1991) などでも石器類の目立った出土は認められていない。

だが，その後の集落遺跡をみると規模の拡大とともに，各地に環濠によって囲まれた大規模集落が出現し，住居址群中からは多量の磨製石斧類が検出されるようになる。ここに至り磨製石斧類は一時的にせよ，その興隆期を迎えたといっても過言ではなかろう。こうした状況下にあって，房総で調査された遺跡の中にも多数の石斧類を出土した例が確認されている。主要遺跡としては，市原市大厩遺跡・千葉市城の腰遺跡・佐倉市大崎台遺跡・美生遺跡などをあげることができる。そこで，これらの遺跡から多量の石斧群を伴った住居址を抽出し集落内における住居址と磨製石斧群との関係について触れてみたい。

大厩遺跡　市原市に所在する本遺跡 (三森ほか 1974) は村田川下流域に形成された遺跡群のうちの一遺跡で，その東側には村田川によってもたらされた広大な低地が広がる。調査では集落全体を確認したわけではないが，検出された宮ノ台式期の住居址は 36 軒に及び，台地の中央部から

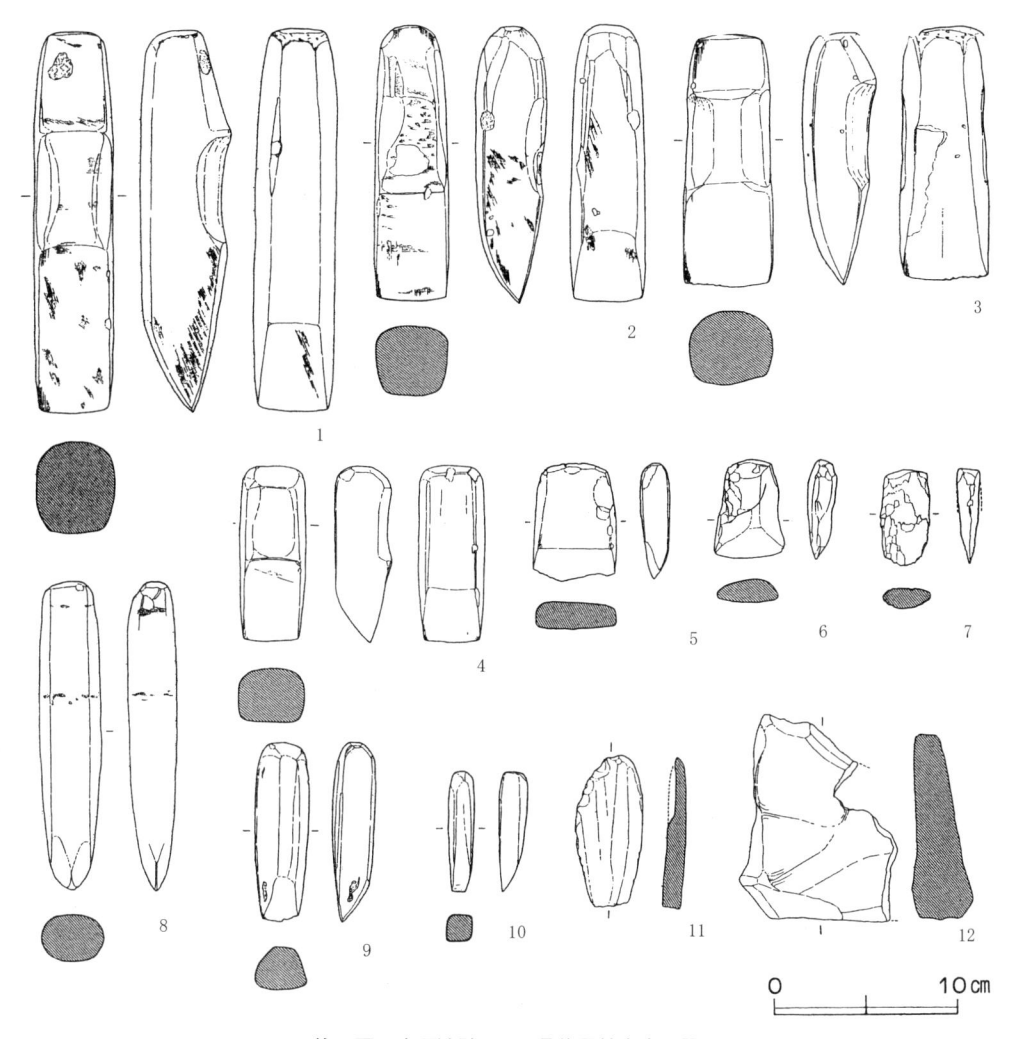

第1図　大厩遺跡 Y-47 号住居址出土石器

先端にかけて濃密な分布が認められた。また環濠も2条が確認され，そのうちの1条は一周することなく集落への出入り口部と考えられる未掘部分を残していた。

　石斧類の出土についてみると，出土した住居は15軒を数え，扁平片刃・柱状片刃・抉入片刃といった石斧類が合計で36点出土している。とりわけ Y-47 号住居址では各種の片刃石斧が認められ，その数は10点に達し突出した出土量を示す（第1図）。そのうちの4点は大きさの異なる抉入片刃石斧であったことが興味を引く。この出土数は単独の住居址から出土したものとして特筆できよう。Y-47 号の位置は，本遺跡で2番目に大きい住居址（Y-43 号）に隣接していることも示唆的である。そして重複する Y-46 号よりも新しい時期のものであり，総体的にみても出土土器から宮ノ台式期の後半期に営まれたものと解釈できる。他に Y-24 号・Y-44 号の2軒の住居址から片刃石斧類が3点ずつ出土している。Y-24 号出土の石器はいずれも丁寧に仕上げられており，土器は宮ノ台式期の終末の様相を呈したものであった。また本址は，Y-47 号とは約

70 m の距離をおいて存在する。

石斧類の他には，砥石・磨石・石皿などが出土しているが，2号墳の墳丘からは石庖丁状の破損品が出土し，Y-24 号住居址でも石庖丁を思わせる石器片が認められる。

城の腰遺跡　千葉市に所在する本遺跡（野村ほか 1979）は都川水系に属する一遺跡で，都川が大きく分岐した結果形成された台地上に営まれた，中期後半を主体とする遺跡である。宮ノ台式期に属する住居址は 50 数軒検出され，重複する住居址も多い。遺跡の東側を除く三方は低地によって囲まれており，稲作農耕には好条件が備わっていたものと思われる。

ここでの石斧類についてみると，出土した住居址は 18 軒にのぼり，合計 56 点が図示されている。ただ，一部には後期に属する住居址からの出土もみられるが，これらも宮ノ台式期の所産と考えて間違いあるまい。この点，数点の石斧を出土する住居址は，すべて宮ノ台式期にあたるため論考を加えるにあたり障害にはなるまい。ここで 3 点以上を出土した住居址を取り上げると，002 号 7 点，087 号 5 点，097 号 4 点となり，006・021・037・111 号の各住居址でも 3 点が出土している。

この報告をもとに集落構成についてみると，中期に属する住居址群は 1～4 期に区分されており，3 期としたものに 037 号，4 期としたものに 002・006・087 号の各住居址が該当する。この 4 期に位置付けられた 3 軒の位置についてみると，002 号から 006 号，さらに 002 号から 087 号

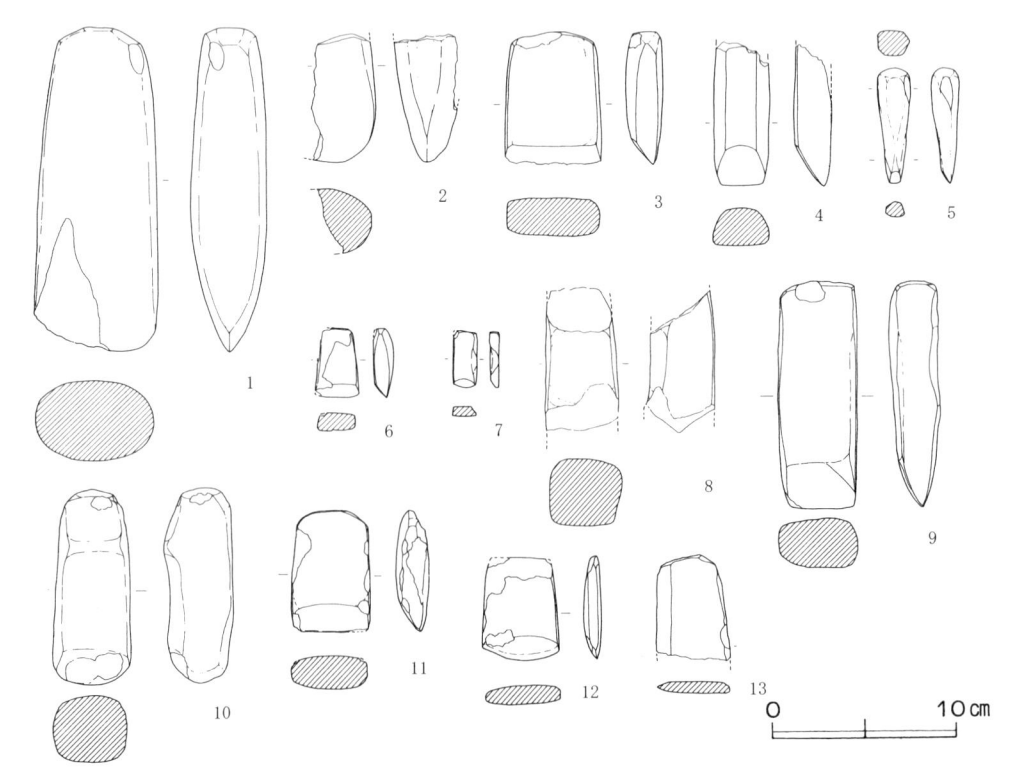

第 2 図　城の腰遺跡出土石器
1～7（002 号住），8～13（087 号住）

までの距離は双方が約40mの間隔を有しており，その周辺では同時期の住居が存在しているようである。

その他に特筆できる事例として，002号から出土した扁平片刃石斧に注目したい。その形状は長さ30mm・幅12.5mm・厚さ5mmの小形品（第2図7）であるが，その刃部は完全に研磨されておらず，報告でも触れているように未成品である。このことは磨製石斧の製作に関して貴重な情報を提供しているものといえよう。つまり本遺跡に居住していた人びとは，交易により扁平な原石を入手し，集落内において必要な石器類を製作していたと考えて間違いあるまい。さらに，087号では側縁を研磨した砂岩質の石庖丁の欠損品が出土している。こうした状況を考えると，都川によって形成された低湿地は稲作農耕に絶好の環境を提供していたものであろう。

大崎台遺跡 佐倉市に所在する本遺跡（柿沼ほか1985）は印旛沼に面した台地上に営まれ，その東西には高崎川と鹿島川という比較的大きな河川が流れる。こうした好条件のもとに成立した本遺跡は広大な広がりをみせ，とりわけB地区では中期に属する遺構が大量に検出された。遺構の内訳を記すと，集落を囲む環濠を中心として住居址150軒余，方形周溝墓，土坑の他に後期に属する住居址が33軒確認されている。いずれにせよ印旛沼周辺域における中期を代表する遺跡であることは言を待たない。

そこで磨製石斧類を出土した住居址についてみると，56軒の住居址（古墳時代以降を除く）から90点，その他の遺構から16点，合わせて106点の石斧類が出土しており，その一部を図示した（第3図）。構成の主体は扁平片刃石斧で，これらを個別住居址からみると，326号7点，256・431号各4点，128・162・269・378・404・408号の各住居址で3点の出土となる。また431号では，これに鉄斧（23）も加わることになる。さらに281・431号の場合，石器の未成品と考えられる石片が出土しており興味深い。報告でも触れているように石片の端部を剝離し，刃部作出を試みている例も存在しているため，規模は別として集落内で石器製作が行われていたことは疑いなかろう。また，267号住居址の床面直上から出土した扁平片刃石斧も注目に値しよう。267号での出土土器は縄文期から弥生期へと移行する過渡的段階の土器群であり，出土石斧が共伴するとなれば，時期的に弥生時代開始期に属する貴重な例となろう。こうした事例は前述した東北地方の弥生時代初期にもみられる。

その後，本遺跡の調査を担当した柿沼修平氏は，これら宮ノ台式期の集落を4期に区分（柿沼1999）し，それぞれの段階を詳述している。ここでの時期区分に従えば，2期には128号，3期には162・269・326・404の各号，4期には256・431号が該当することになる。ここで3期に属する4軒の位置についてみると，いずれも環濠内に位置し，269号と404号の間は35mと近接しているが，162・269・326（1〜7）の各号は約80mとほぼ等間隔に離れて位置している。環濠の中心からみると，それぞれ北・東・西よりとなり，拠点的な集落内での小集団の存在を想起させる。また，4期とした256号（8〜11）は環濠内の東に位置し，431号（12〜22）は南にあり，その間の距離は約100mを計る。なお，431号については未成品の可能性も考えられるため石斧以外についても図示（16〜22）した。

78

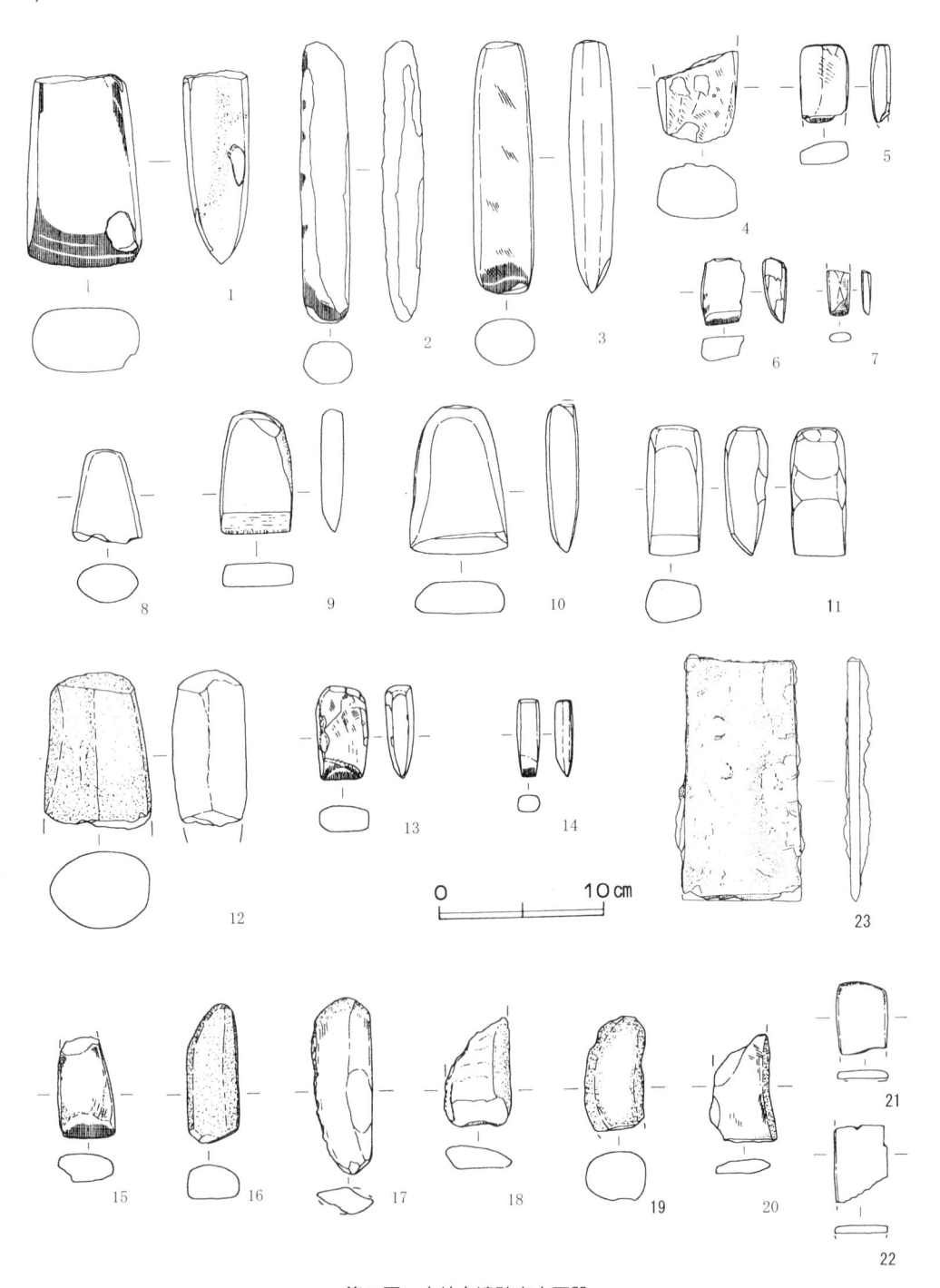

第3図　大崎台遺跡出土石器
1～7（326号住），8～11（256号住），12～23（431号住）

その他に注目できる石器として，177号から出土した有角石斧や102号の石庖丁，354・408号での石庖丁的な石製品にも注目したい。

(2) 小集落址にみる石器群

前述した主要3遺跡の他に，小規模な調査や数軒の集落で構成される遺跡においても住居址等から石器が偏って検出されるという事例が認められる。ここでは，そうした遺跡についても紹介しておきたい。

加村台遺跡 遺跡は西に江戸川を望む舌状台地の先端部を調査（下津谷ほか1978）したもので，遺跡全容の解明までには至っていない。ここでは宮ノ台式期に属する5軒の住居址が検出され，このうちの1軒（Y-1号）から扁平片刃3点と柱状片刃1点が出土している。他の1軒（Y-5号）でも抉入片刃1点と扁平片刃1点がみられた。しかし，その他の住居址では石斧類の出土は認められていない。

国府台遺跡第29地点 東京湾に注ぐ旧河川（現江戸川）の河口部に位置し，隣接して東に須和田遺跡が存在する。広大な遺跡で過去幾度となく調査が実施されてきたが，台地の先端部にあたる第29地点の調査（松岡ほか2002）では，検出された中期6軒の住居のうち1軒（SI54号）から扁平片刃1点と小形柱状片刃2点が出土している。他の5軒での出土は認められていない。

南羽鳥遺跡群・谷津堀A地点 遺跡から明確に中期と思われる住居址は1軒のみしか検出（酒井ほか2000）されていない。だが，この住居址からは太型蛤刃5点・柱状片刃1点・抉入片刃1点の計7点の石斧類が出土している。この他に石庖丁と思われる石器が3点出土しており，同じ根木名川水系に属する関戸遺跡（谷1983）では中期に属する住居址が相当数検出されているが，この時期に伴う磨製石斧では太型蛤刃2点と有角石器1点と総じて少ない。

田原窪遺跡 遺跡は印旛沼の西岸に面した場所に立地し，環濠を伴う中期の集落址で49軒の住居址が検出されている。詳細な報告に触れることはできないが，ここでは「石器は，太型蛤刃石斧や柱状片刃石斧が目につき，特定の住居に偏る傾向がある。」（秋山2003）とされている。

栗谷遺跡 遺跡は新川を挟み田原窪遺跡の対面に位置する。集落全域を調査（宮澤2003）したものではないが，散漫な形で5軒の住居址が検出され，南西に隣接し方形周溝墓群もみられる。このうち1軒の住居址（A051）から太型蛤刃1点・抉入片刃1点・扁平片刃2点が出土しており，他の2軒から扁平片刃各1点が出土しただけであった。

能満寺裏遺跡 遺跡は一宮川の支流である埴生川と長楽寺川の合流地点にほど近く，多年次にわたり調査されてきた。隣接地には著名な能満寺古墳が所在する。本遺跡の詳細を知ることはできないが，「2軒の竪穴住居跡からは……北側住居からは板状鉄斧2点と癒着した5点の鉄器が出土した。……・鉄器以外にも石斧・敲石・石皿・砥石等が出土しており，鉄器・石器類が1軒の住居内からまとまって出土する点が興味深い。」（風間2003）という点に注目したい。

菅生遺跡 小櫃川下流域に形成された著名な遺跡で，戦前から数次にわたり発掘調査（乙益ほか1979）がなされてきた。出土遺物は縄文時代から中世にまで及び，とりわけ弥生時代から古墳時

代に属する木製品の出土がよく知られている。そうした中で弥生時代中期宮ノ台式期の数軒の住居址が検出されている。このうちの1軒（Y2C号住居址）では，抉入片刃5点・太型蛤刃石斧2点・砥石1点の他に鉄斧2点が出土している。他の住居址は土器のみの出土で，住居の遺存度という点を差し引いても明らかに偏った出土量といえよう。

滝ノ口向台遺跡　遺跡は小櫃川とその支流である檜水川の合流点に面する台地上に位置し，台地のほぼ半分程度が調査（小高ほか 1993）されている。その結果，弥生時代の遺構として住居址・環濠・方形周溝墓・土坑墓といった遺構が検出された。中期では方形周溝墓2基を伴う11軒の住居址が確認され，このうちの040住居址では豊富な土器群とともに2点の鉄斧と扁平片刃2点・太型蛤刃1点・環状石斧1点が出土しており注目できる。また064住居址では太型蛤刃1点・扁平片刃1点・柱状片刃2点の石斧が出土している。他の住居址（043・044・052）では1〜2点の出土であり，040住居址出土の鉄器と石器は注目できよう。さらに055壺棺の内部からは短冊状の片刃石斧が伴出しており，埋葬された人との関連を考えるうえでも示唆的である。

　こうした房総半島での事例をみてくると，弥生時代も中期後半になると集落内で明らかに石器の出土量に差異が生じてきているようである。また発掘調査によって出土した石器は，住居の廃絶とともに廃棄された結果として残されたものであり，大厩遺跡を例にとれば当時の一住居で10点以上の石斧類を所持していたものと考えられる。同時代の遺跡をすべて網羅しているわけではないが，房総一円において宮ノ台式期後半では偏った石器の出土が少なからず認められる。このことは各集落間で共通した傾向として認識でき，この時期を境に生業の分化という点を重視すれば社会構造の変化へと結び付くように思われてならない。

(3) 石器の組成と形状

　ここでは主要三遺跡から出土した石器について，その形状や計測値・出土量から集落内における器種への依存度，作業の内容などについて若干考えてみたい。

　図示した計測表（第4図）は，主要器種の太型蛤刃・抉入片刃・扁平片刃・柱状片刃の4種で，全長と刃部を計測したものである。刃部の一部が欠損している場合，刃部に近い部分を計測した。報告された図示からも理解できようが，横幅は刃部で若干減少するため欠損が大きいものは除外した。出土量についてみると，扁平片刃石斧が卓越した量となるが，ここでは細分はせず報告に沿った形で集計してみた。それらの結果を整理してみると，片刃石斧に関しては以下のようなことが推測できる。

　各遺跡で共通して多く出土する扁平片刃は大小様々といえるが，その形状はほぼ長さ3〜10cm，刃部2〜7cmの範囲に収まる。そこで全長と刃長の比率をみるとほぼ10：7の割合で推移しており，この形状が扁平片刃の安定した形であったものと認識できる。さらに，刃部を除き周辺をきれいに研磨している典型的なタイプは，城の腰遺跡に多くみられ，刃部の研磨角度[1]は35°〜45°となる。他の二遺跡でも刃部研磨角度は同様であり，大崎台遺跡の計測値からみれば，扁平片刃の類は集落内では幅広く多種多様な用途のもとに製作・使用されていたものと推測できる。

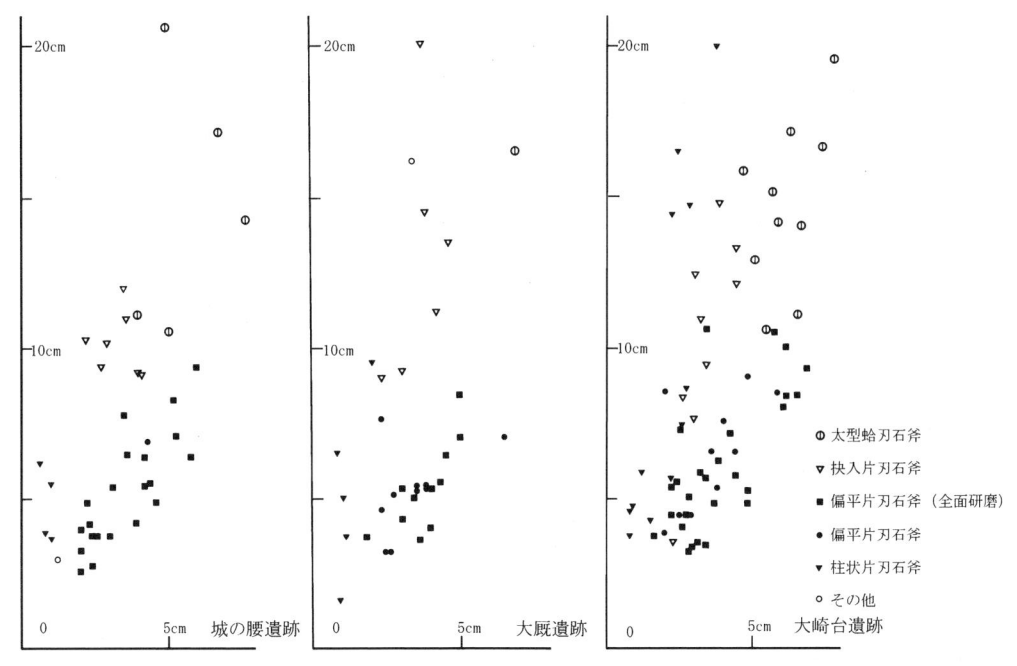

第4図　石器計測図

　一方,柱状片刃の場合,出土量は少ないが,その形状はほぼ長さ5cm前後,刃部1cm内外の小形品となる。この種の石器は「鑿形石斧」として認識されているものであり刃部の研磨角度についてみると,30°〜40°と前者よりもやや鋭利な角度をもたせて成品としている。このことから明らかに用途が限定されるようなものと考えられよう。また大形の柱状片刃については大崎台遺跡で若干認められており,ここでも刃部の大きさに比例するかの如く全長も大きくなってくる。

　抉入片刃についてみると,全長は8〜15cm,刃部は3〜4cmとなり,太型蛤刃をやや小型化したような感を呈する。その研磨角度は概ね50°〜60°を計測し,前二者と比較すると明確に角度は大きくなり,用途の相違を窺わせる。また太型蛤刃の類についてみると,出土量は抉入片刃同様それほど多いものとはいえない。このため集落内におけるこの種の石器の使用頻度は,扁平片刃類ほど高いものではなかったといえよう。つまり集落内での作業は樹木の伐採などよりも細部の加工といった作業が主であったものと推測できよう。

4　石器製作について

　次に石器製作についても触れておきたい。周知のとおり房総の地は良好な石器素材にできるような石材には恵まれず,前述の遺跡等では確たる石器製作を窺わせる痕跡については認められていない。僅かに城の腰遺跡において刃部未作出の小形扁平片刃石斧の出土や大崎台遺跡にみられる若干の未成品が知られる程度であり,石器製作を積極的に肯定するような材料には乏しいといったところが現状であった。しかし,その後調査された袖ヶ浦市に所在する美生遺跡群第4地点

（浜崎1993）で出土した石器群（第5図）をみると，その様相は，これまでみてきた石器群と明確に内容の異なるものである。ここでは時期的には後期が主体となるものの，中期に属する遺構も多数検出され，住居址14軒の他に方形周溝墓・溝・土坑などが確認されている。

　出土石器群に注目すると，完成品としての磨製石斧類の主体は柱状片刃石斧であり，普遍的にみられる扁平片刃類が少なく，さらに抉入片刃や太型蛤刃石斧といった石斧類は皆無である点，他の遺跡とは大きく異なるようである。数量的にみれば中期の住居址から出土した磨製石斧は小形柱状片刃石斧12点のみで，後期の住居址及び墓址・環濠などで小形柱状片刃石斧4点，柱状片刃石斧4点，扁平片刃石斧2点が出土しており，合計で22点とそれほど多くはない。しかし，石斧以外の石器として目立つものが敲石である。14軒中の10軒から出土しており，7号住居址では6点と多い。一方，砥石は6軒7点とそれほど多いとはいえない。また，これらの住居址では，他に加工途中の礫片や石器素材・未成品といった類のものがしばしばみられ，石斧製作址といえるような様相を呈している。加えて自然礫の出土も多く，11号住居址では100点を超える礫が出土している。

　このような礫の出土量と偏った器種の製作は，他の遺跡ではみられず特異な状況を呈しているものと考えられる。しかし一方で，これら柱状片刃石斧類を成品としてみると，前述した3遺跡と比較し製作途中ということもあろうが，仕上げという点では稚拙さを否定できない。図示したように，剝離面を研磨によって消去するまでには至っていない。こうした事例を直視すれば，美

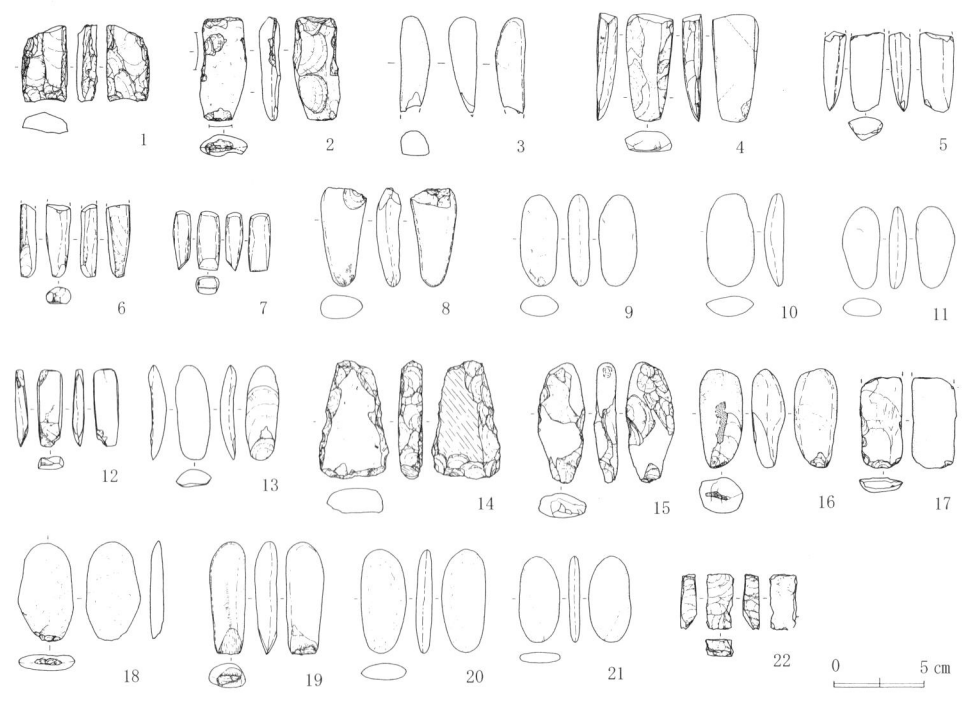

第5図　美生遺跡群第4地点出土石器
1・2（1号住），3（7号住），4～11（9号住），12・13（11号住），14～17（12号住），18～21（14号住）

生遺跡居住の人びとが周辺集落へ石器を供給していた可能性も想定できる。

石器製作 以上，石器の出土という点から4遺跡を取り上げ，各遺跡から出土した磨製石斧類について述べてきたが，ここでは石器製作という点で未成品を多く出土した美生遺跡群第4地点出土の石器群（第5図）に注目し，石器製作の工程についても考えてみたい。

検討材料を出土した遺構として，9・11・12・14号の各住居址に良好な資料をみることができる。これらの住居址から出土した石器について，その製作工程を観察すると以下のような推移が想定できる。

①石材の選択　目的とする石器製作の原材料となり得るような大きさの扁平な原石（9~11）を入手することが理想であるが，必ずしも適当な原石を入手できるとは限らない。分厚い原石については縦方向に分割して素材（13）としている。

②原石の整形　このため整形の第1段階として，研磨する時間を短縮できるよう不必要な部分を大きく剝離して形状を整える（15・22）。次に，刃部の整形（8・16・17）に移行する。第2段階として側面の整形（1・2・14）を行うようである。ここでの剝離は小さく丁寧に施している。

③刃部の研磨　最後に，この工程を経て成品となるわけであるが，全面を隈無く研磨しているもの（7・12）は少なく，概して粗雑な成品が目立ち，形状の整った成品が僅少ということが大きな特徴となろう。他遺跡の出土品と比較した時，本遺跡に残された石器をみると余りにも出来映えが稚拙といえよう。

製作工程については，以上のような諸作業により成品が得られたものと思われるが，残された石器からみると，ここでは明らかに柱状片刃石斧の製作を意図したものが多く器種の偏りが認められる。このことから本遺跡では柱状片刃石斧を主体とした石斧の製作が考えられる。仮に本遺跡を製作址とした場合，残された石器類はいわば不良品であり廃棄されたものが遺存していたとの推測も可能となろう。とりわけ柱状片刃石斧は研磨面が多く，製作に時間を費やすことになり破損する確率も高くなることが予想される。このような推測が成り立つならば，本遺跡で出土した破損品や未成品は，他の集落へ供給できないようなものであったとする見方も成り立つものと考えられる。

また石器の製作という点では，前述の城の腰遺跡002号出土の刃部未成品，大崎台281・431号例にみる数点の未成品を取り上げれば，成品となった石器ばかりを取得するのではなく一部は原石あるいは半成品を集落に持ち込んで石器製作が行われていたことは確実である。これは，とりもなおさず石器使用者が作業内容の要求に沿った形で石器の形状・細部を自在に加工するということであろう。

5　結　語

これまで論じてきたように，房総の弥生時代中期後半では片刃石斧類の普及が広範に認められ，石器群の出土傾向から集落内の特定住居では石器を用いた作業がある程度専業化していたものと

推測できる。つまり宮ノ台式期後半に至っては集落規模の拡大とともに集落内における労働の分化が次第に定着していったものと、出土石器は物語っているかのようである。その端的な例を大厩遺跡にみることができる。前述した同一住居内からの一括出土の石器群である。そうした中にあって若干の出土例ではあるが、鉄器の普及こうした専業化した人びとにもたらされ、労働の分化に一層拍車をかけたものといえよう。こうした事例から特定の住居は、居住を兼ねた木製品の工作場でもあり、そこには専従的となりつつあった労働に携わる人びとの存在が窺える。このような集落内でのいわば専業化が当時の農耕社会を支えた大きな原動力となっていたものと推測できる。さらに、埋葬施設である方形周溝墓に伴う副葬品的な遺物として磨製石器類が出土しており、このことも生前の遺品（古内2006）として考えれば、専業的な裏付けとみることができる。

　一方、石器の製作という点では従来石材に恵まれない房総の地では、成品を他地域から搬入しているものと思われていたが、美生遺跡群第4地点から出土した未成品は石器製作が行われていたことを示す有力な証拠ともいえる。そこで使用されていた石材は房総北部域出土のもの[2]と異なり、蛇紋岩・砂岩・ホルンフェルスなどであった。これらの一部は房総南部の山間部から採取してきた可能性も考えられる。また未成品についてみると、城の腰遺跡や大崎台遺跡においても確認されており、良質な石材を産出しない房総の北部域では原材料を搬入し集落内で石器製作あるいは細部加工が行われていた。こうした未成品の出土から、扁平片刃石斧のように多様な用い方をする石器の加工は基本的には集落内で製作されていたものと考えられる。こうした石器製作の情景を想像すると、集落とそこに居住する人びとの営みを垣間見るかのようである。そこで石器製作とその痕跡について、縄文時代の場合と比較してみると、縄文期の製作址は、剝片石器（石鏃・石錐等）の製作が主であり、不要になった剝片とともに微細な屑片などが大量に出土する。このため製作址の認定はいとも容易になる。だが、弥生時代の石器の大半は磨製石斧であり、研磨が作業主体となるため剝片が多数遺存するような明確な製作址を残すとは考えられない。これは整形のための剝離によって生じる剝片のみで量的は少ないものとなろう。砥石の普遍的な出土もこれを裏付けるものとなろう。つまり良質の石材を産出しない房総の地では、研磨を伴う石器製作においては縄文期のものも含めて研磨に要する時間を考慮すると、素材となり得る原石を採取して集落に持込むか、原石や半成品を他の地域から入手し集落内で加工していたと推測することが妥当となろう。

　以上、房総の地で調査された遺跡を参考に磨製石器が一世を風靡した当時の農耕社会の一端をみてきた。この結果、住居址により偏った石器群の出土は石器を専業的に使用する人びとの存在を予測させるものであり、石器製作という点では素材さえ入手できればいとも容易に製品としてきたものと思われる。この点では土器の製作とも共通するもので、日常的に使用する道具類は原則として地産・地消が基本となっていたようである。

　なお本文を執筆するにあたり袖ヶ浦市郷土博物館の能城秀喜氏には美生遺跡群出土の石器、千葉県立房総のむらの永塚俊司氏には大厩遺跡・城の腰遺跡の石器について実見する機会をいただいた。文末ながら記して感謝申し上げます。

註
1) 刃部の角度については報告で図示されたものから計測してみたが，やや丸味を帯びた刃部となっている。これは使用による刃こぼれを再研磨によって継続的に使用していたことによるものであり，角度については必ずしも正確なものではない。
2) 大厩遺跡・大崎台遺跡において使用されている主な石材として，閃緑岩・安山岩・緑泥岩・砂岩等があげられる。中でも閃緑岩製の太型蛤刃石斧は，東京湾西岸のみならず北関東・中部高地を中心として広く分布（安藤 1997）しているという。

参考・引用文献

三森俊彦ほか 1974『市原市大厩遺跡』（財）千葉県都市公社
下津谷達雄ほか 1978『加村台遺跡』流山市教育委員会
乙益重隆ほか 1979『上総菅生遺跡』千葉県木更津市教育委員会
野村幸希ほか 1979『千葉市城の腰・西屋敷遺跡』（財）千葉県都市公社
谷　旬ほか 1983『関戸遺跡』（財）千葉県文化財センター
中島　宏ほか 1983『池守・池上』埼玉県教育委員会
柿沼修平ほか 1985・1986・1987『大崎台遺跡発掘調査報告』I・II・III　佐倉市大崎台B地区遺跡調査会
菅原俊行ほか 1986「地蔵田B遺跡」『秋田新都市開発整備事業関係埋蔵文化財発掘調査報告書』秋田市教育委員会
松本建速 1990『砂沢遺跡』青森県弘前市教育委員会
村越　潔 1990『砂沢遺跡』青森県弘前市教育委員会
設楽博己 1991「関東地方の遠賀川系土器」『古文化論叢』児嶋隆人先生喜寿記念事業会
中村倉司 1991「石器について」『小敷田遺跡』（財）埼玉県埋蔵文化財調査事業団
浜崎雅仁 1993『美生遺跡群II』（財）君津郡市文化財センター
小高春雄ほか 1993『滝ノ口向台遺跡・大作古墳群』（財）千葉県文化財センター
田中　敏 1993『東北からの弥生文化』福島県立博物館
安藤広道 1997「南関東地方石器～鉄器移行期に関する一考察」『横浜市歴史博物館紀要』第2号　横浜市歴史博物館
柿沼修平 1999「大崎台遺跡の研究VIII」『奈和』第37号　奈和同人会
酒井弘志ほか 2000「谷津堀A地点」『南羽鳥遺跡群IV』（財）印旛郡市文化財センター
高瀬克範 2000「東北地方における弥生土器の形成過程」『国立歴史民俗博物館研究報告』第83集　国立歴史民俗博物館
松岡有希子ほか 2002『国府台遺跡第29地点』国府台遺跡第29地点遺跡調査会
岩見和泰 2002「前期弥生土器成立期の様相」『古代文化』54-10　古代学協会
秋山利光 2003「田原窪遺跡」『千葉県の歴史』資料編　考古2　千葉県
宮澤久史 2003『栗谷遺跡』八千代市遺跡調査会
風間俊人 2003「能満寺裏遺跡」『千葉県の歴史』資料編　考古2　千葉県
杉山浩平 2004「宮ノ台式土器期社会の交流―石器製作システムの比較分析からの様相―」『物質文化』77　物質文化研究会
古内　茂 2006「墓制からみた壺と甕」『物質文化』80　物質文化研究会

渡邉修一 2006「房総における弥生時代前期の地域的特質(1)」『町と村調査研究』第 8 号　千葉県立房総のむら

南関東における弥生集落の基本形態

浜 田 晋 介

1 はじめに

　南関東における弥生時代の集落は，これまで台地や丘陵上などの高位面から確認されてきたこともあり，水稲耕作には不利な条件ではあるが，それを克服して高位面に大規模に展開する，と理解されてきた。しかし，近年の発掘事例や報告によって，新たな研究段階に突入してきたといえるだろう。

　そのきっかけの一つには，昭和50年代以来考えられてきた，本格的な灌漑水田導入時期が宮ノ台式期であるという解釈（岡本1976，石川1985・1992）に対する，明確な反証事例が確認できたことがある。その代表的な調査成果は，神奈川県中里遺跡（戸田1999，かながわ考古学財団2000，小田原市教育委員会2000），埼玉県池上遺跡・小敷田遺跡（横川1983，中島1984），千葉県常代遺跡（甲斐1996，小高1998）などの，宮ノ台期に先行する段階での沖積低地の集落遺跡の確認であった。こうした宮ノ台期に先行する中期中葉の段階に，環壕，住居，墓域と自然流路が大規模に展開する集落が確認されたことによって，南関東での本格的な水稲農耕社会の開始時期に，関西・東海地域を巻き込んだ，複雑な成立様相が展開していることが次第に明らかになってきた（石川2001，設楽2006）。その後に展開する中期後半の宮ノ台期以降の弥生集落研究にあたえる影響が大きいだけに，南関東の新たな弥生時代像の構築が期待できる。

　また別の視点の研究として，南関東の弥生時代集落研究は，これまで台地・丘陵上，いわば高位面に展開する集落を基に分析がされてきたことに対して，河川氾濫原や海岸平野などの低位面に存在する遺跡にも注意を向けて分析する必要性が出され，実際にその確認作業がなされてきた経緯がある（上本・大村1996，浜田1998・2008a，及川1998・1999・2001・2002・2003，石川2000・2002，安藤2004，弥生時代研究プロジェクトチーム2007）。そのなかで筆者が低位面の遺跡を視野にいれる研究姿勢を強調したのは，低位面での縄紋時代以降の活動痕跡が，全国的に確認されていながら，南関東ではそれを考慮しない分析姿勢があり，そこからは偏った社会像しか生まれないという思いがあった。低位面の遺跡の確認が少なかった段階では，こうした高位面の集落を低位面集落と同じように評価することに，矛盾を感じなかったが，低地面遺跡の確認につれ，特に水稲農耕を指向すると解釈する弥生時代にあっては，第一義的な生活の舞台は，沖積低地に代表される低位面であったことを否定することはできなくなってきた。低位面遺跡への評価・分析方法は異なる

が，多くの研究者は低位面に存在する遺跡の研究上の重要性が，今後の大きな課題になると感じているといってよいであろう。

近年の南関東における弥生時代集落研究の流れは，いずれにしろ低位面の遺跡が鍵となることは間違いない。特に中期後半以降の研究においては，低位面に展開した中期中葉から，中期後半以降に展開する集落との継続性や，その関係性の問題を分析する必要がある。また，中期後半以降に顕著な低位面集落と高位面集落との関係や，低位面集落が存在しない場合の高位面集落がもつ性格といった問題の解明が迫られる。本論ではこの二つの研究課題を解決するための基礎的な作業として，南関東における弥生集落の立地に視点をおいた，弥生集落の基本的な形態を確認しておくことを目的とした。

なお，本稿で使う「低位面」「高位面」については，以下の様に概念規定をしておく。弥生時代が，農業生産を基本とする社会ならば，生産耕地に使える水の問題は大きな比重をしめることはまちがいない。したがって，弥生時代の集落を考える場合，水稲耕作ができる場所に集落を構えている場合と，できない場所にある集落とは区別する必要がある[1]。例えば砂丘上や自然堤防など微高地に弥生時代の集落が展開する場合，その周囲の低位部分に水田が展開していることを予想することは合理性があり，実際に水田遺構の多くはこうした場所に存在する。一方，基本的に水利が確保できない台地や丘陵の高位面に展開する集落と同じ面で，水稲耕作を行うことは難しく，谷水田の想定も収穫量という点で安定的ではない[2]。したがって，こうした基準で低位面と高位面の集落と区別する。問題はその中間的な位置にある，段丘面に展開する集落であるが，これも水利の観点からとらえれば，湧水点や河川流域に近接する段丘面に存在する集落は，考古学的に考えるならば，低位面集落と呼び，それ以外を高位面集落として区別していくのが当面の区別になる。そのため，事例ごとに低位面と高位面の解釈はことなる。したがって，基準となる段丘の標高は統一的な数値を示すことは不可能であるが，概ね周辺との比高差が5m以下のものは，低位面集落の可能性が高いといえるであろう。

2 弥生集落の類型化

南関東では近年低位面の集落が確認されてきたが，低位面の集落と高位面の集落の関係が，良好にとらえられる事例は多くない。ここでは東京湾東岸の千葉県木更津市域のうち，小櫃川・矢那川・烏田川流域の遺跡群を分析し，それを基に他地域の事例として，神奈川県内の海岸部，東京都・横浜市の丘陵部の弥生時代集落の分析を行い，弥生集落の基本形態を確認しておく。

千葉県木更津市矢那川流域にある請西遺跡群は，古墳群を除けば大山台遺跡，道上谷遺跡，庚申塚A遺跡，庚申塚B遺跡，野焼A遺跡，野焼B遺跡，鹿島塚A遺跡，鹿島塚B遺跡，東山遺跡，山伏作遺跡，中郷谷遺跡で構成されている。このうち弥生時代の遺跡は，大山台遺跡，庚申塚遺跡，野焼B遺跡，鹿島塚A遺跡，鹿島塚B遺跡，中郷谷遺跡であり，鹿島塚B遺跡・中郷谷遺跡が低位面である以外は，台地上の集落である（第1図）。鹿島塚A・B遺跡より北側の遺

南関東における弥生集落の基本形態　89

地形図は井上 2000、今泉 2002 をもとに合成。明治 15 年測量　迅速測図
○：環濠集落　　●環濠が確認されていない集落

第1図　木更津市内の遺跡分布と請西遺跡群（北半）の遺跡関係（各報告書を基に結合・改変）

跡に注目してみよう。

鹿島塚A遺跡は西に続く馬の背状の尾根筋に展開する庚申塚A・B遺跡で確認された方形周溝墓群とともに環濠集落を形成する。中期後半・宮ノ台期の環濠（内環濠）と後期前半の環濠（外環濠）を持っている。遺跡の南半分が未調査であるが，中期後半の住居が10軒ほど，後期の住居が数10軒確認されている。環濠の全体の規模は分からないが，内環濠は5,700 m²，後期前半の外側環濠は12,400 m²ほどの面積をもつと推定しており，外環濠は横浜市大塚遺跡の17,900 m²，横浜市朝光寺原遺跡の18,000 m²には及ばないものの，横浜市殿屋敷遺跡の4,100 m²や東京都山王遺跡の11,000 m²を超える規模である（岡野1994）。

鹿島塚B遺跡は鹿島塚A遺跡が展開する台地の北東裾段丘上にあり，東側を矢那川が流れる。鹿島塚A遺跡との比高差は30 m以上ある。弥生時代中期後半の竪穴住居10軒・溝1条，弥生時代後期の竪穴住居址13軒が確認されており，宮ノ台式期以前にさかのぼる土器の出土はあるが，本格的な集落形成は宮ノ台式期で，この点は鹿島塚A遺跡と同じである（豊巻1991，當眞2003）。鹿島塚B遺跡は台地の裾部の狭い段丘上に展開しており，その範囲は定かではないが，次に述べる中郷谷遺跡の形態をみれば，台地裾の段丘面にそって，北・南に延びる可能性が考えられる。

中郷谷遺跡は鹿島塚A遺跡を挟んで，鹿島塚B遺跡と反対側の谷部に展開するが，谷は幅が広く傾斜もゆるやかになっているため，斜面上にも住居址が存在する。63軒の弥生時代後期の竪穴住居が確認されており（豊巻1991，松谷1993），その大部分は後期前半と後期中葉の段階である。鹿島塚A遺跡，鹿島塚B遺跡でも同時期の集落が作られているが，中郷谷遺跡出土土器は結節文を持つ壺が目立ち，中郷谷遺跡の方が新しい段階まで集落の場所として利用されたようである。中郷谷遺跡の上方の馬の背状の台地上には，方形周溝墓が展開する庚申塚A遺跡，庚申塚B遺跡があり，これ以外にも野焼A遺跡・野焼B遺跡・大山台遺跡などから中期後半～古墳時代前期までの方形周溝墓が確認されている。大山台遺跡と山伏作遺跡は一応区別されているが，同一の遺跡と考えてもよいであろう。両遺跡を合わせると中期後半3軒，後期末葉以前の後期で，68軒以上の住居が確認されている。また，詳細は不明だが，鹿島塚B遺跡の北方の台地上には東谷遺跡が存在し，弥生時代後期の環濠集落が確認されている（酒巻2007，斉藤2005，大村2005）。

木更津市の小櫃川と矢那川の河口域には沖積地が展開するが，ここには海岸線に並行して数本の砂丘列が形成されている。また小櫃川の自然堤防も発達している（高梨2001）。この砂丘列や自然堤防のいわゆる微高地上に古墳が占地していることは確認されていたが，近年弥生集落も数多く確認されてきた。小櫃川に近い微高地では弥生時代後期の集落である，本郷1丁目遺跡・本郷3丁目遺跡・高砂遺跡・松山遺跡・水深遺跡が隣接して確認されている。また砂丘列には四房遺跡で弥生時代後期前半の集落が確認されている（第1図）。この四房遺跡の南東約200 mに請西遺跡群から続く台地の西端が存在し，その台地上に千束台遺跡がある。千束台遺跡からは後期前半の住居とともに，中期の環濠集落も確認されている（栗田2003）。住居は後期前半の時期でも60軒以上の住居が確認されている（稲葉・浜崎1991）。

請西遺跡群や千束台遺跡と異なり，周辺に水稲耕作地に適した低位面を持たない高位面集落として，マミヤク遺跡がある（小沢1989・1993）。海岸線から急激に立ち上がる，比高差30m以上の台地上に展開し，北から深い谷が入り込む。隣接する俵ヶ谷遺跡と合わせて，弥生時代中期後半の住居3軒，後期中葉から後半の住居158軒が確認されている。また，同じような景観を呈するのが大畑台遺跡で，後期中葉・後半の住居が30軒以上検出されている。谷水田以外は水稲耕作の可耕地はない。谷水田からの収穫が不安定であるならば（浜田2007b），大畑台遺跡もこのタイプの遺跡とすることができる。そして，前述の後期の環濠集落である東谷遺跡や請西遺跡群でも台地奥に形成された，中期後半の住居3軒，後期中葉の住居50軒以上からなる大山台遺跡も，こうしたタイプの集落とすることも可能である。ただし，大畑台遺跡や東谷遺跡・大山台遺跡は，海岸部に面していないことが，マミヤク遺跡と異なる点であるといえるだろう。

　木更津市の遺跡群を概観してきたが，これらの遺跡から導き出されるのは，沖積低地に形成された砂丘上や微高地に弥生時代後期の集落は展開し，海岸部から内陸に入り込んだ台地上には中期後半，後期前半，後期中葉，後期後葉の環濠集落が展開することである。さらに周辺に生活環境・水稲耕作地に適した低位面を持たない，高位面の集落が存在している。従来の見解では集落は台地平坦面のある場所では台地に作り，ない場所では微高地に集中するという分析がなされてきた（安藤2004）。今回見てきた事例を別の視点で考えれば，後期の段階で砂丘など低位面に集落が展開し，その場所は台地に遠い場合もあるし，至近の距離に存在するものもある。また，平坦面を満足にとれない高位面にも集落は展開する。今回例示した鹿島塚A遺跡・鹿島塚B遺跡・中郷谷遺跡・庚申塚A・B遺跡との関係，あるいは四房遺跡・千束台遺跡を参考にすれば，至近の距離にある集落の後方の台地上にも環濠集落や大規模な集落が展開するということはいえる。これがどの段階まで遡るのか，今後の調査成果の公表にもよるが，中期後半の段階の住居数は少ないながら低位面・高位面とも確認されているから，宮ノ台期までこうした集落展開を想定することができるだろう。

　こうした事例から，弥生時代後期の集落は，基本的には台地などの高位面と谷中・段丘・砂丘の低位面の両面に立地している。こうした関係は木更津市の北に隣接する市原市でも認められ，中期後半に低位面に構築された環濠集落である潤井戸西山遺跡（鈴木1986，半田1992，高橋2004，小川2005）や潤井戸鎌之助，潤井戸中横峯遺跡（千葉県教育委員会1998）の周囲に，高位面にある菊間手永遺跡，菊間深道遺跡，菊間遺跡や大厩遺跡（三森・阪田1974），大厩浅間様下（浅川・田所1999），草刈遺跡（三森1983，高田1986，大西・西野2004，大村2005，小林・大谷2006）など，多くの環濠集落が低位面・高位面に存在している。また，木更津市の南に隣接する，君津市の低位面の後期後半の集落である三直中郷遺跡（半澤2005）と高位面にある中期後半の環濠と後期の集落である鹿島台遺跡（千葉県文化財センター2003）。富津市では後期の低位面遺跡である打越遺跡（酒巻1992），川島遺跡（戸倉1991，野口1998），大明神原遺跡（富津市教育委員会1981）と，高位面にある神明山遺跡（酒巻1992），前三舟台遺跡（佐伯1992）などが存在することからみて，台地の形状に関係なく低位面・高位面ともに集落が展開することは確実である。そしてこれが弥生集落の一

般的な姿であった，といえる。すなわち(1)台地や丘陵から離れた低位面の集落(2)低位面の集落と高位面の集落が至近の距離にある集落群(3)周辺に水稲耕地の望めない高位面集落，の3つの集落に大別することができる。

3 他地域の状況

千葉県内の弥生集落の在り方を参考にして，他地域での様相を見ていく。

神奈川県では近年いくつかの低位面集落の調査が行われ，相模湾沿岸地域の分布状態も明らかにされた（弥生時代研究プロジェクトチーム2007）。しかし，それでも神奈川県内における，低位面集落と高位面集落の関係を窺える良好な資料は少ないが，小田原地域と相模川左岸流域の事例を代表に推察しておく（第2図）。

小田原城は丘陵と谷・低地部など自然地形を巧みに利用して築造されているが，その一角に八幡山丘陵，谷津丘陵があり，この間にある谷戸に，香沼姫の屋敷跡と伝えられる香沼屋敷跡と呼称される遺跡がある。幅100m前後のこの谷からは，弥生時代中期中葉の住居址2軒，後期中葉から末葉の住居址33軒が検出している（小林2004）。また，この谷の出口付近，谷津丘陵の先端部上に愛宕山遺跡があり，第Ⅱ地点から弥生時代後期中葉の環壕集落が調査された（浅賀2008）。狭い範囲の調査であったため集落の全体は分からないが，確認された住居址は10軒で，環壕は台地の傾斜に沿うように掘られている。愛宕山遺跡の北には谷を挟んで丘陵が延びているが，その先端に小田原（谷津）遺跡がある。小田原遺跡は丘陵先端部を切り崩した時に出土したもので（杉原1936），高位面の集落である。中期中葉から中期後半の土器を出土している。また，久野川右岸の沖積地に，後期中葉から後半の土器の集中地点が検出した，久野下馬道上遺跡がある。この遺跡は明確な住居施設が確認されていないが，酒匂川の沖積低地・自然堤防に存在する中里遺跡や高田南原遺跡などの存在からみて，後期中葉から後半段階の集落が存在した可能性は高いと考えられる。同様に通称諏訪の原丘陵にある諏訪の原遺跡（第2図1）は，台地上（A地点）とその直下の段丘上（B地点）から，中期中葉と後期中葉以降の土器が出土している。

これらの遺跡は中期中葉の集落である香沼屋敷遺跡と諏訪の原遺跡B地点が低位面（谷底・段丘）に展開し，小田原遺跡と諏訪の原遺跡A地点が，高位面（台地先端部）に展開するという形をとる。また，後期中葉以降も低位面に香沼屋敷遺跡，高位面に環壕集落の愛宕山遺跡が，谷口を共通する立地上に展開し，少しはなれて沖積地に久野下馬道上遺跡，諏訪の原遺跡B地点が存在することとなる。中期中葉段階と後期中葉以降に，低位面と高位面に集落を構える形が見られるのであり，後期中葉以降には台地上に環壕集落も展開するのである。この形は，東京湾東岸の木更津市地域でみられた在り方と，時期はちがうものの類似したものととらえることができる。両地域の地形的な在り方，高位面（丘陵・台地）と低位面（段丘・自然堤防・沖積地）の比高差や高位面の平坦面の在り方などは，一様ではないが，それでも基本的な集落の在り方は，それほど変化がない。低位面と高位面が共存する地域の場合，前述した弥生時代集落の形のなかで(2)とした

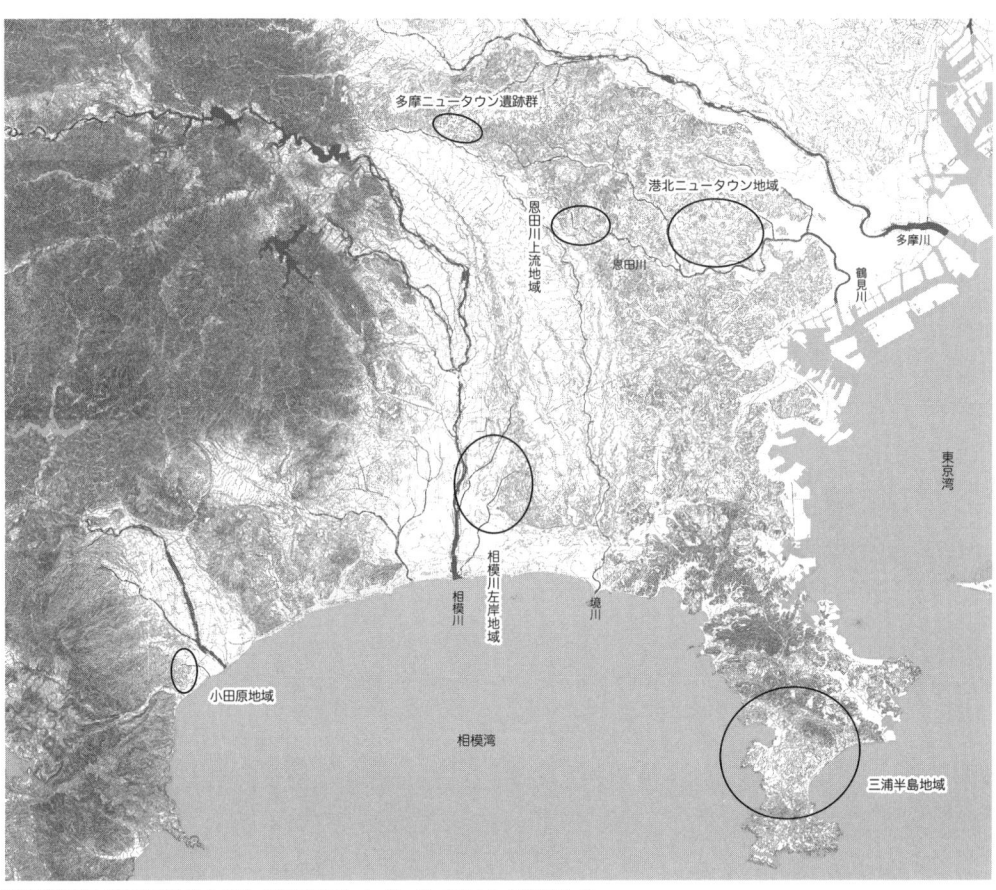

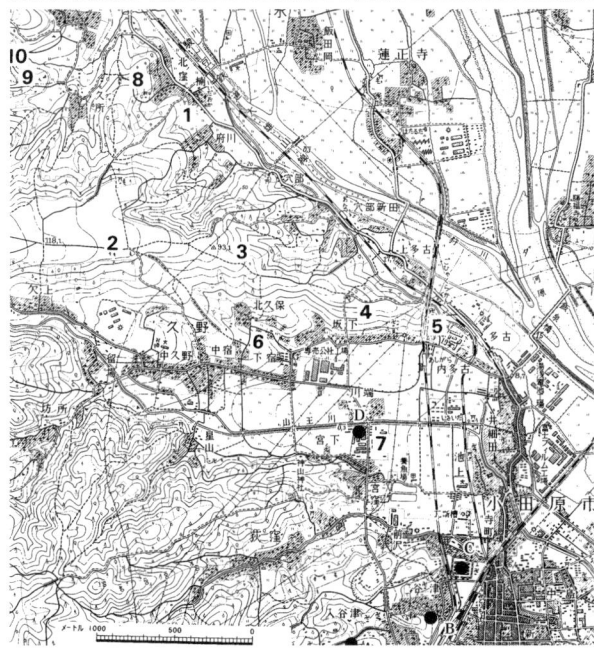

1. 諏訪の前遺跡
   （弥生中期中葉・後期後半）
2. 諏訪の原古墳群（古墳時代）
3. 一本松遺跡（縄文時代中期・後期）
4. 山ノ神遺跡（弥生時代中期後半）
5. 白山遺跡（弥生時代中・後半）
6. 大畑遺跡（古墳時代前期）
7. 市立病院内遺跡（古墳時代前期）
8. 小原遺跡（弥生時代後期）
9. 土師器散布地
10. 北畑の原（縄文時代中・後期）
A. 香沼屋敷遺跡
B. 愛宕山遺跡
C. 小田原（谷津）遺跡
D. 久野下馬道上遺跡

第2図　神奈川県および東京都多摩地区の遺跡の位置と小田原の遺跡

中期後半　　　　地形図は寒川町 2000 原図

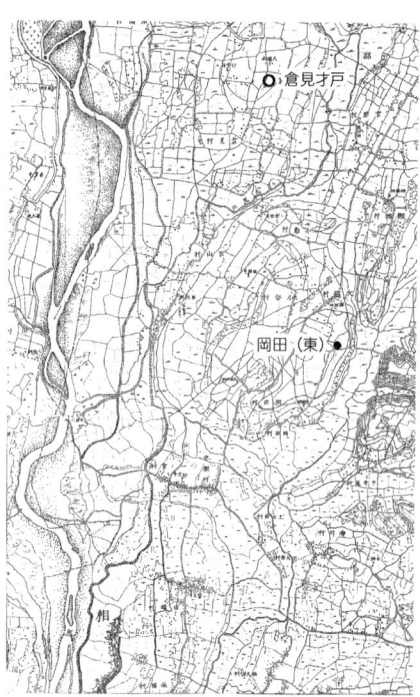

後期前半

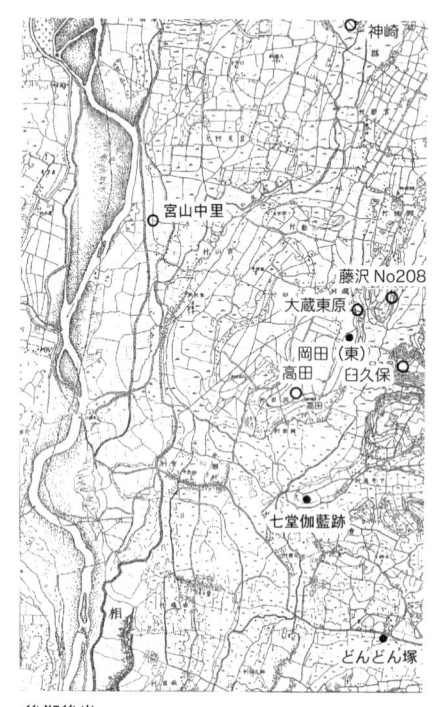

後期後半

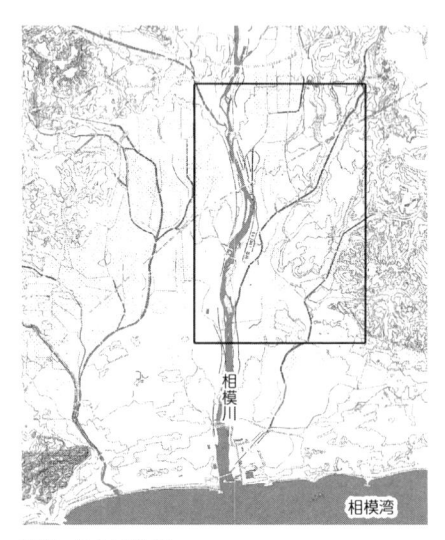

神崎：目久尻川 11m
倉見才戸：相模川沖積面 10m、
藤沢 No208：小出川水田面 5 m、
大蔵東原：小出川 10m、
岡田（東）：小出川 13m、
臼久保：台地下水田面 33m、
岡田地内：直下沖積地 10m？、
下寺尾西方A・B：駒寄川 8m、
宮山中里：自然堤防、
どんどん塚：自然堤防

第 3 図　相模川左岸地域の遺跡

形，つまり低位面と高位面の至近の距離に集落が展開することは，相模湾の遺跡を事例にしても，基本的な形として存在していると考える。そしてその形態は，中期中葉段階にもすでに行われていたことがわかり，中里遺跡に代表される(1)の形もこの段階に存在するのである。

　神奈川県内ではこの他，神奈川県相模川低地の遺跡群（倉見才戸遺跡，倉見川端遺跡，宮山中里遺跡，大蔵東原遺跡，岡田（東）遺跡，高田遺跡，岡田大塚遺跡，藤沢No 208遺跡，臼久保遺跡，下寺尾西方A遺跡・B遺跡，どんどん塚遺跡，居村A遺跡，上ノ町遺跡）にも，こうした類型は存在する（第3図）。中期後半では高位面から離れた砂丘上に展開する環濠と見られる溝が確認された居村A遺跡があり(1)タイプ。また駒寄川との比高差4mの台地上にある，環濠集落である下寺尾西方A・B遺跡を低位面の集落ととらえれば，その上流の台地下水田面との比高差33mの高位面にある臼久保遺跡中期後半の集落とは(2)タイプをとることになる。後期後半の段階でも相模川本流西側の自然堤防上に位置する環濠集落の宮山中里遺跡は(1)タイプであるが，小出川の水田面との比高差5mの台地上に展開する環濠集落の藤沢No 208遺跡が低位面で，狭い谷を挟んで西にある小出川との比高差10mの台地にある環濠集落の大蔵東原遺跡，沖積地との比高差20mある台地上に環濠集落の高田遺跡，小出川との比高差33mの台地上に展開する環濠集落である臼久保遺跡などがあり，これらは(2)のタイプと考えることができるであろう。

　鶴見川とその支流の恩田川は，その下流域に弥生時代中期後半の環濠集落群が多数確認された，港北ニュータウン地域を含むが，上流地域でも環濠集落が形成される（第2図・第4図）。恩田川

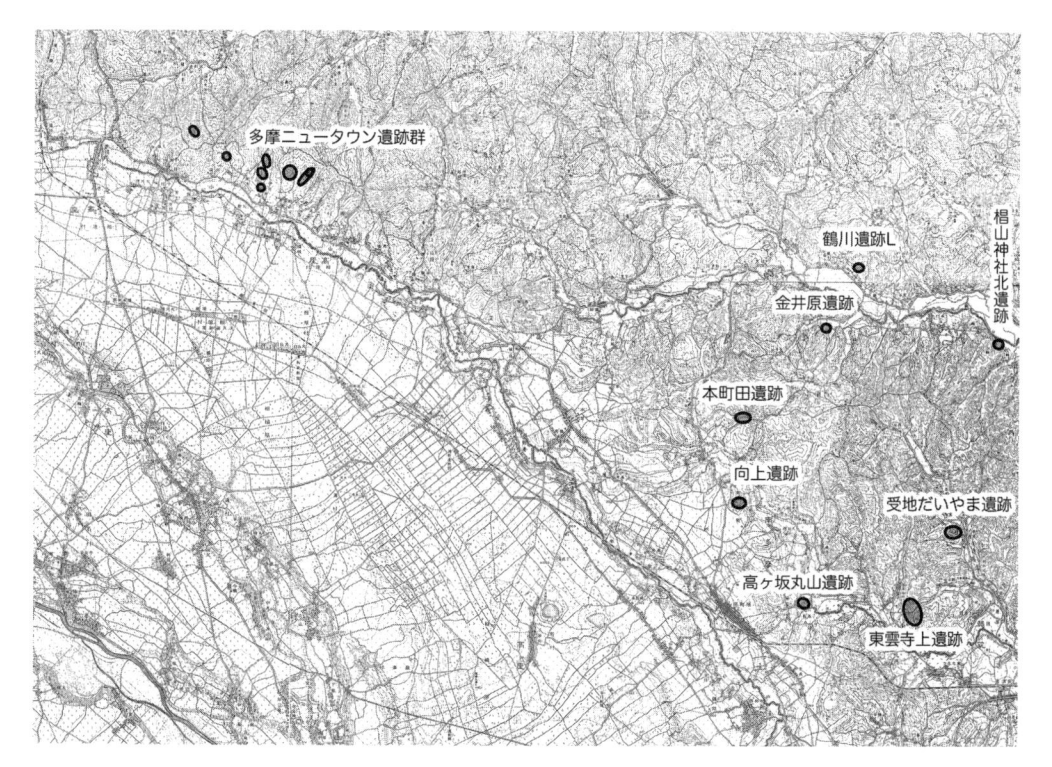

第4図　恩田川・境川流域の遺跡

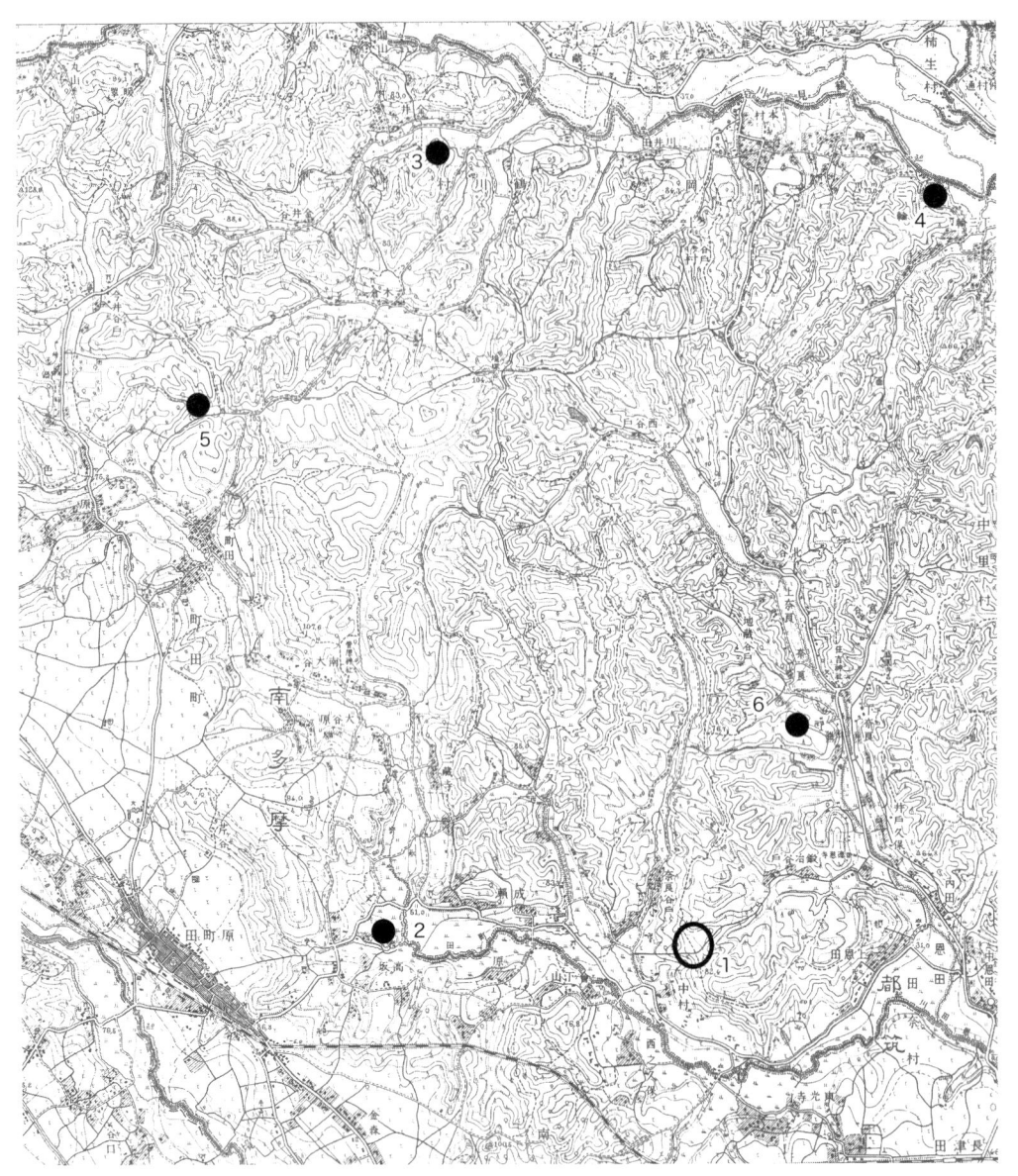

中期後半：1．東雲寺遺跡・西ヶ谷遺跡・大漬遺跡　2．高ヶ坂丸山遺跡　3．金井遺跡　4．椙山神社北遺跡
中期末葉：5．本町田遺跡　6．受地だいやま遺跡

第5図　恩田川流域の遺跡

との比高差 35〜40m の高位面に展開する町田市東雲寺遺跡は中期後半の住居址と環壕が確認されており（相川・若井 2000，阿部・相川・小林 2005），詳細は未公表であるが，同一台地に隣接する横浜市上恩田遺跡群西ヶ谷遺跡・大漬谷遺跡（大川・青木 1986，大川・水野 1986，阿部・相川・小林 2005）でも中期後半の住居址と方形周溝墓が確認されているので，東雲寺上遺跡・西ヶ谷遺跡・大漬谷遺跡は一つの環壕集落を形成しているといえる。この遺跡群の眼下を流れる恩田川の 1.8

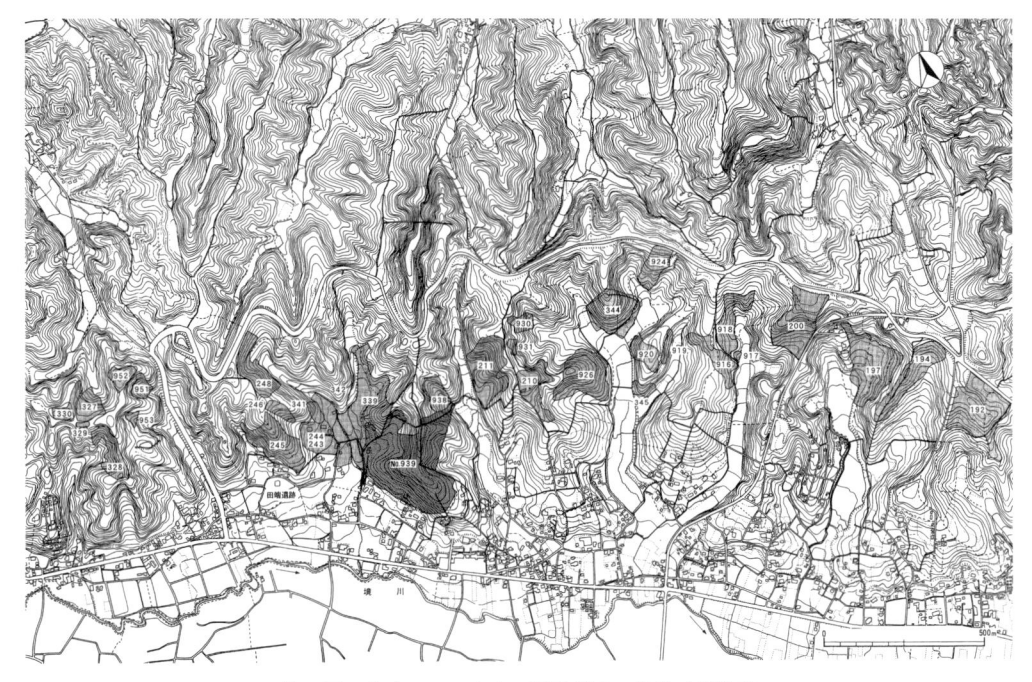

第6図　多摩ニュータウン遺跡群内の弥生時代集落

km 上流には，恩田川との比高差 3 m の低位面にある高ヶ坂丸山遺跡で，宮ノ台式期の集落が存在する（吉田・小林 2006）。この遺跡からは 1 軒の住居と 1 基の方形周溝墓が検出されたが，遺跡がある河成段丘は恩田川に向かって舌状に張出しており，この段丘上に展開する集落と考えられる。高位面の環壕集落である東雲寺上遺跡と低位面の高ヶ坂丸山遺跡の出土土器は多くないが，中期宮ノ台式でも紋様の集約化や羽状縄紋の存在，赤彩の存在などから安藤編年 Si Ⅴ 期に比定できるであろう。同一時期の高位面と低位面の集落の在り方として，木更津市や小田原市，相模川左岸の遺跡群ほど近接して存在してはいないが，(2)タイプの集落として理解することができる。また，出土土器が少なく細分型式は決しがたいが，東雲寺上遺跡と前後する時期に，金井原遺跡で土器を埋設する土坑 1 基，椙山神社北遺跡で住居址 2 軒・土器棺 1 基が存在しており，これらの遺跡は高位面の集落である。高位面と低位面に集落が至近の距離に存在する(2)タイプの集落の在り方は，次の段階の中期終末の段階では明瞭にとらえることはできない。これまでのところ本町田遺跡や受地だいやま遺跡の高位面集落が確認されているにすぎない（第5図）。

東雲寺上遺跡や高ヶ坂丸山遺跡がある恩田川の源流地点周辺は，多摩丘陵と相模野台地を画する境川が隣接するが，この境川の上流には多摩ニュータウン遺跡群が存在し，中期後半の集落が集中する地域がある（第2図・第4図）。この地域は隣接する遺跡も別名称で区別するが，地形的関係や遺構の在り方などから，同じ遺跡として認定できるものがある。地形的なまとまりからみれば，No 920・345 遺跡，No 344 遺跡，No 926 遺跡，No 938 遺跡，No 939 遺跡北側，No 939 遺跡南側，No 245 遺跡の 7 つの中期後半期の集落と後期の No 846 遺跡に整理することができる

(第6図)。後期のNo 846遺跡をのぞく中期後半段階では，それぞれの集落の間に細く急峻な谷を挟んで，1.2kmほどの範囲に集中して存在しており，境川の氾濫原など低位面にはこれまでのところ遺跡は確認されていない。低位面の遺跡については，これから発見される可能性はあり，その場合前述した(2)タイプの集落景観となる。しかし，これまでの考古学的情報から低位面集落の存在は確認できないことから，その可能性は低いと考えられる。むしろこれらの集落は次に述べる神奈川県三浦半島の遺跡群（第2図・第7図）と同じ様に，(3)タイプの集落として理解する必要がある。

神奈川県三浦半島には(3)タイプの遺跡が多く存在する。三浦市赤坂遺跡，（川上1953，岡本1977，中村1992・1994，中村・諸橋・須田2001，中村・諸橋2001・2002・2004・2006）横須賀市佐島の丘遺跡群（横山2003），横須賀市大塚西遺跡（玉口・大坪1997）が代表的な事例であり，ともに周辺に広域な水田の可耕地が存在しないにも関わらず，高位面に重複事例の著しい多数の住居が存在することで知られている（第7図）。

赤坂遺跡は三浦半島の西側，海面から急峻な立ち上がりをもつ標高30m前後の台地上に位置する。この台地は縄文海進によって刻まれた細長く，狭い谷が複雑に入り組んでいる。赤坂遺跡はこの台地上にあり，これまで20次を超える調査によって，弥生時代中期後半，後期前半，後期後半の住居址が密集する，大規模な集落であることが判明している。集落の範囲は確定していないが，台地の形状に規制されながら南北の位置で，狭小な深い谷が切れ込んで，台地がくびれている箇所があり，ここが一つの目安となっている。赤坂遺跡周辺の地形を見ると，集落の範囲と予想される場所から南北へは台地が続いているが，西や南側の一部は深い谷があり，東側も同様の形態を示している。こうした地形に展開する集落は，周辺に河川氾濫原を含めた沖積地がないため，谷水田が営まれてきたと想定されてきた。しかし，谷水田については水温調整に関わる施設や排水のための施設を付設しなければ，仮に谷水田を経営していたとしても，コメの収穫は不安定である（浜田2007b）。すなわち，赤坂遺跡周辺では水田の候補地になる場所はほとんど存在せず，低位面の集落も確認していないにも関わらず，中期後半から後期前半にかけて大規模な集落が展開しているのが一つの特徴といえるであろう。

同様な事例は佐島の丘遺跡群にもあてはめることができる。佐島の丘遺跡群は高原遺跡・高原北遺跡・唐池遺跡・一本松遺跡・深田遺跡・上ノ山A遺跡から構成されるが，高原遺跡・高原北遺跡で，住居が300軒を超える弥生時代後期の環濠集落が確認されている。高原遺跡・高原北遺跡の標高は61m前後で，谷底低地にある深田遺跡の標高が7m前後であるので，比高差50m以上をもつ高位面集落といえる。高原遺跡・高原北遺跡の集落は，周囲を比高差50m以上，急峻な傾斜面をもつ，狭小な谷が迫っている地形であり，赤坂遺跡同様に周囲から低位面の集落はこれまで確認されていない。後期前半・後期中葉・後期後半の段階の土器が出土しており，後期全般にわたって集落が形成されていたことが理解できる。

大塚西遺跡は，標高105mで幅40mほどの尾根状の平坦面をもつ台地上に位置する。遺跡の北側は狭く深い谷があり，この谷底との比高差は50mを計る。南側は北側ほど狭い谷ではない

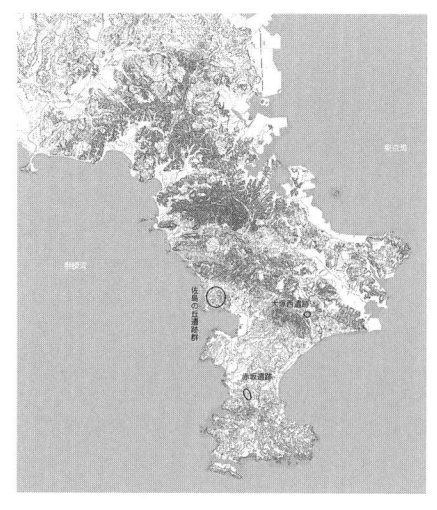

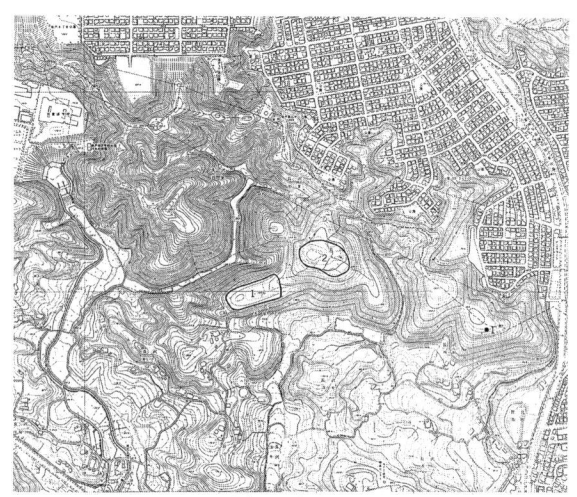

南関東における弥生集落の基本形態 99

1：大塚西遺跡　2：大塚遺跡

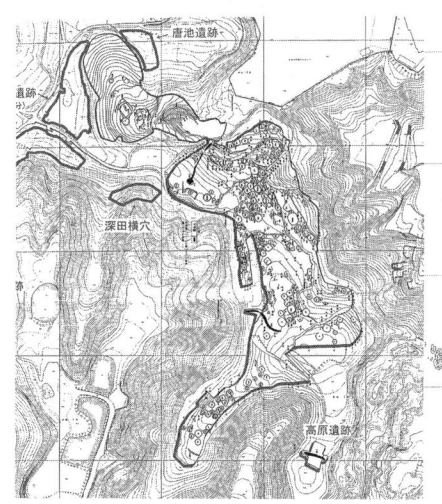

佐島の丘遺跡群

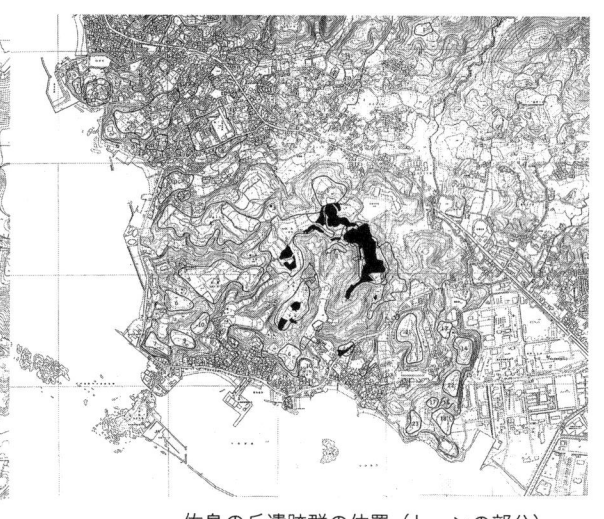

佐島の丘遺跡群の位置（トーンの部分）

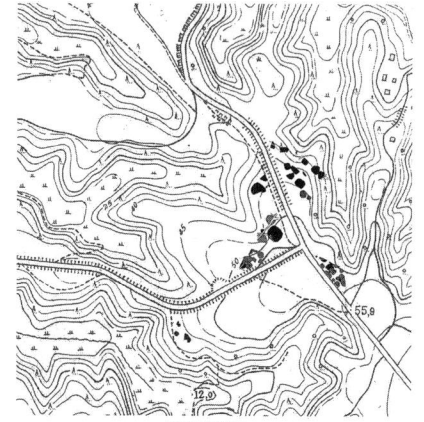

赤坂遺跡

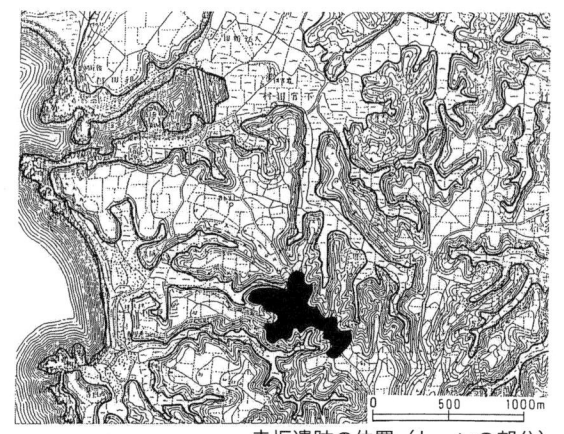

赤坂遺跡の位置（トーンの部分）

第7図　三浦半島の遺跡

が，急峻な崖面を形成している。東側は標高126 mの大塚遺跡と続き，西側は一段低い尾根が約400 m続き，長沢川で台地は分断されている。大塚西遺跡の発掘範囲は尾根筋に沿った中央部分が対象となり，出土遺物が少なく確定的ではないが，弥生時代後期中葉と推定される住居址が4軒確認されている。傾斜面で未調査区域を残すが，住居の広がりは期待できないであろう。赤坂遺跡や佐島の丘遺跡群での複数住居が重複する遺跡ではなく，短期間の利用による集落であったといえる。

4 考察

弥生集落の基本形態に3つのタイプが存在したことを述べてきたが，これは単純化すれば(1)と(3)に大別でき，戦前から指摘されてきたことでもあった（八幡1928，森本1933）南関東では近年それが近接する場所に存在する現象として(2)のタイプが確実性をもって存在することが認められてきた。この(1)(3)，二つのタイプの集落の特徴や関係性については，これまで検討されてきたのは，いわゆる「高地性集落」論としての議論であった。南関東地域では，畿内や瀬戸内地域で確認されるような極端な高地に集落を展開する事例が少ないことから，「高地性集落」として取り上げられる遺跡は多くないものの，その検討は行われている（岡本1994）。また，近年集落規模に見合う農耕地が周辺に存在せず，農耕依存型とは考えにくい集落に対して，西日本の高地性集落と港湾的中継集落の役割を合わせ持つ「臨海型大型集落」として理解しようという仮説が提示されてきた（石川2000）。本論でいう(3)タイプの集落である。これらが南関東における「高地性集落」論という評価をあたえることができるならば，南関東の弥生集落において，低位面と高位面集落の関係を検討する場合，「高地性集落論」の分析は避けることはできないということとなる。また，従来弥生集落を考える際の概念として理解されてきた，「拠点的」と「周辺的」集落についても，この二つのタイプの集落の性格を考える時，検討しなければならない概念となる。しかし，これらの問題については集落の総合的な要素からの検討を有することであり，別稿で取り扱うこととし，ここでは集落類型を行った(1)(3)そしてその複合型の(2)タイプの集落の性格を推測する前提となる，集落の自立性とそれぞれの集落の関係性について述べておきたい。

分析の前提として，食料自給の問題をとりあげる。集落を維持していくために，集落構成員の食料を調達することの必要性は議論の余地がない。この食料調達がその集落で賄えられていれば，その集落は自立していたと考えられる。ただし，食料には農作物以外にもドングリなどの食利用植物や動物性たんぱく質などが存在し，個人の食料消費に占める割合も一様ではないが，食利用植物や動物性たんぱく質については，どのタイプの集落の住人も，同じ割合で消費されていたと仮定し，主に農作物を柱において問題を考えていくこととする。

このことを踏まえ(1)(3)タイプの集落をみると，(1)タイプについては低位面に展開する集落であり，低位面に展開する，埼玉県北島遺跡（吉田2003・2004），静岡県登呂遺跡（岡村2002・2006），千葉県芝野遺跡（神野・加藤・沖松1992，笹生2000）などの集落・生産耕地の関係を参考にすれば，

低位面の集落が，集落と同一低位面にある水田で，水稲耕作を機軸とし畠作も行っていた，とすることは従来の先学の指摘通りと考える。低位面の集落は水稲耕作による生産体制が確立し，他の集団から自立していたと措定できる。(3)タイプは千葉県マミヤク遺跡・俵ケ谷遺跡，大畑台遺跡，大山台遺跡・山伏作遺跡，東谷遺跡，神奈川県赤坂遺跡，佐島の丘遺跡群，大塚西遺跡，多摩ニュータウン遺跡群を典型例とする，水稲耕作を行うことが困難な高位面に存在する集落である。このタイプの集落は海岸部に面した場所だけでなく，海岸部から離れた地域にも存在する。こうした(3)タイプの集落が，水稲耕作が困難な高位面にあることは，必然的に畠作による農業形態を考えざるを得ない。静岡県植出遺跡（羽二生・岩崎1997）や千葉県千束台遺跡（西原2002）の集落内の畠遺構の存在を勘案すれば，集落のある面で耕作地を構えていたことが理解される。弥生集落の類型化あるいは他地域の状況を見る中で述べてきたように，マミヤク遺跡・俵ケ谷遺跡は後期中葉から後期後半の住居158軒，佐島ケ丘遺跡群で後期前半の住居300軒以上と環壕が発見され，赤坂遺跡で中期後半以降，後期後半までの住居の密な分布がある。一方，これら多数の住居が確認された遺跡とは対照的に，大塚西遺跡，多摩ニュータウン遺跡群などは数件の住居からなる集落であった。これは低位面の集落と基本的に変わることのない規模と構造であるといえる。こうした点から高位面集落も畠作による一定の生産体制が自立していたとするべきである。したがって(1)タイプおよび(3)タイプの集落とも，それ自体で自己完結的に集落を展開していたことが措定されるのである。

　ただし，低位面・高位面の集落にはともに，住居群に不連続な重複が見られる。こうした住居の不連続な重複事例の土層の観察から，新旧の住居が廃絶し新たに構築されるまでには，時間的な空白期が存在することを指摘した（浜田2008b）が，不連続な重複住居間で土器型式が連続する土器を出土する事例も多いことから，一土器型式で示される短い時間の中にあって，集落の構成員は周囲の場所へ頻繁な移動を繰り返していたことが理解できるのである。先に述べた多数の住居からなる集落は，本来数軒を単位とした集団が移動を繰り返した結果であることができる。この集落の移動がどのような要因にあるのか，確定的なことは未だ検証できないが，その要因の候補に生産耕地が不安定であることをあげることはできるであろう。このように考えた場合，(1)タイプおよび(3)タイプの集落とも，生産体制が確立されていたことは確実ながら，生産耕地は不安定であり永続的な集落と生産耕地の利用はされていなかった，とすることができる。

　こうした前提にたって，(2)タイプの集落の性格を考えれば，大きく二者に集約できる。一つは集落としては独立している(1)タイプと(3)タイプが，近接した場所に集落を構えた場合。もう一つは同じ集団が季節的な棲み分けなどによる居住地の変更した結果とみる場合である。後者の季節による移動の原因は，住環境と食料生産のいずれかを想定することができるが，移動を促す極端な気候の変動など，住環境要因とすることは，南関東では想定できないのである。食料生産の変化を疑うべきである。また，前者の場合(1)タイプの集落が低位面での移動を繰り返し，(3)タイプの集落が高位面での移動を繰り返していたことを前提とすれば，(2)タイプとしたものは(1)と(3)タイプが見た目上で関連があるような分布をしているにすぎないこととなる。(2)タイプの集落の性

格については，二者のどちらをとるにせよ，その存在は食料生産を介在させて説明することが可能となる。

　(1)タイプと(3)タイプの集落の性格がこのように想定されるならば，両者の関係を農耕による食料生産を軸にして解釈すれば，次のような想定ができるであろう。すなわち，(1)タイプの低位面の集落，(3)タイプの高位面の集落ともに天災や病虫害による農作物の被害を考えた場合，単一作物・単一農法による集中的な農業経営は，経営集団の生命収奪を伴う大きなリスクを抱えることとなる。したがって，そのリスク分散に向けて低位面集落と高位面集落は，互助的なシステムの構築が行われていたことを予想できる。そのシステムの一つが農業生産物の恒常的な交換・市糴システムである。水稲作の集団とは異なる集団の畠作経営によって，水稲作のリスクを補う事が可能であり，水稲作に比較して収穫量の劣る畠作物リスクを，水稲作によって補うことが可能となる。水稲作・畠作いずれにしても，集団が略単一農法を行える背景には緊急時に食料確保が行える体制の存在を，想定しておかなければならない。水稲耕作物と畠作物は，栽培のサイクル・収穫の季節性・耕地，農法などが異なっていることが，こうした生産物の交換や市糴による互助的な関係を築くことが可能になるのであり，一方の存在なくして他方の存在はおぼつかないものになる。そしてこれが集落立地や形態に反映されたと考えるならば，(1)タイプ，(3)タイプの集落はまた，それぞれが独立していながらも不可分の関係として南関東には存在している，と推測することができるであろう。

5　まとめ

　本論では南関東に低位面の(1)タイプと高位面の(3)タイプの集落が形成されるのが普遍的なあり方であることを示すことができた。そして集落を維持していくために必要な，食料自給・食料確保を分析の視点において，両者の集落の立地環境を比較してきた。その結果，立地環境以外に低位面集落，高位面集落とも際立った違いを見出すことができず，両者はそれぞれ水稲作と畠作という確立した生産体制が存在したと推論した。また，両タイプの集落内における住居の不連続な重複事例は，集落の頻繁な移動（浜田2008b）が想定できることから，両タイプの集落は，安定した食料生産を達成していない，と考えた。これらのことを前提に両タイプの集落は，食料自給という点において，相互扶助の対象として不可欠な存在であったことを推論した。

　本論を竹石健二先生・澤田大多郎先生に捧げます。

註
1)　中谷治宇二郎・八幡一郎によって先鞭がつけられた（中谷1927，八幡1928），遺跡の垂直的な移動の実態に，農耕社会への変化が現れているという考えは，こうした集落立地の区別に基づいている。その後森本六爾が唱えた「低地性集落」（森本1933）も，その原因を水稲耕作としている。
2)　台地や丘陵に展開する集落の生産耕地として，これまで谷部での水田が推定されてきた。しかし，谷

部での水田の検出事例は少なく，湧水温や過水排除の問題を超えなければ，経済的に安定的な収穫を得ることは，技術的に不可能である（浜田 2007b）。そうした問題を解決する技術はこれまでほとんど明らかにされていない。

引用・参考文献

相川　薫・若井千佳子 2000『東雲寺上遺跡発掘調査報告書』

浅賀貴広 2008「小田原市愛宕山遺跡第 II 地点」『第 31 回神奈川県遺跡調査・研究発表会発表要旨』 神奈川県考古学会

阿部　真・相川　薫・小林克利 2005「東雲寺遺跡群（東雲寺上遺跡）」『町田市遺跡分布調査報告書』 町田市教育委員会

安藤広道 2004「南関東における弥生時代集落遺跡研究の課題―いわゆる「低地」遺跡の評価をめぐって―」『原始・古代日本の集落』 同成社

石川日出志 1985「関東における弥生時代のはじまり」『〈条痕文系土器〉文化をめぐる諸問題発表要旨』 愛知考古学談話会

石川日出志 1992「関東台地の農村村落」『新版古代の日本』8　角川書店

石川日出志 2000「南関東の弥生社会展開図式・再考」『大塚初重先生頌寿記念考古学論集』 東京堂出版

石川日出志 2001「関東地方弥生時代中期中葉の社会変動」『駿台史学』第 113 号　駿台史学会

石川日出志 2002「南関東の弥生時代後期集落」『弥生の「ムラ」から古墳の「クニ」へ』 学生社

井上哲朗 2000『東関東自動車道（千葉・富津線）埋蔵文化財調査報告書 11 ―木更津市中越遺跡―』千葉県文化財センター調査報告書第 384 集

今泉　潔 2002『東関東自動車道（千葉・富津線）埋蔵文化財調査報告書 6 ―木更津市金二矢台遺跡・堀ノ内台遺跡―』千葉県文化財センター調査報告書第 436 集

稲葉昭智・浜崎雅仁 1991「千束台遺跡群」『君津郡市文化財センター年報 No 8』 君津郡市文化財センター

上本進二・大村浩司 1996『文化資料館特別展　湘南の低地遺跡』 茅ヶ崎市教育委員会

大川　清・青木健二 1986「上恩田遺跡群（西ヶ谷遺跡）」『文化財年報（埋蔵文化財その 4）』 横浜市教育委員会

大川　清・水野順敏 1986「上恩田遺跡群（大潰谷遺跡）」『文化財年報（埋蔵文化財その 4）』 横浜市教育委員会

大村　直 2005「市原市の環壕集落」『市原市文化財センター遺跡発表会要旨　平成 17 年度』 市原市文化財センター

岡村　渉 2002「静岡県登呂遺跡」『静岡県における弥生時代集落の変遷』 静岡県考古学会

岡村　渉 2006「報告 3「登呂遺跡及び周辺における弥生農耕の様相」」『第 6 回考古学研究会東海例会　東海地域における弥生農耕の展開過程』 第 6 回考古学研究会東海例会事務局

岡野祐二 1994『請西遺跡郡 III 鹿島塚 A 遺跡』君津郡市文化財センター発掘調査報告書第 84 集

岡本　勇 1977『赤坂遺跡』 赤坂遺跡調査団

岡本孝之 1976「宮ノ台期弥生文化の意義」『神奈川考古』1　神奈川考古同人会

岡本孝之 1994「大磯丘陵の高地性集落」『考古論叢神奈河』3　神奈川県考古学会

小沢　洋 1989『小浜遺跡群 II マミヤク遺跡』君津郡市文化財センター発掘調査報告書第 44 集

小沢　洋 1993『小浜遺跡群 V』君津郡市文化財センター発掘調査報告書第 80 集

小田原市教育委員会 2000『中里遺跡講演会～東日本弥生時代の幕開けを解明する～発表要旨』

小高幸男 1998『常代遺跡群 II』君津郡市埋蔵文化財センター発掘調査報告書第146集

及川良彦 1998「関東地方の低地遺跡の再検討」『青山考古』第15号　青山考古学会

及川良彦 1999「関東地方の低地遺跡の再検討(2)」『青山考古』第16号　青山考古学会

及川良彦 2001「関東地方の低地遺跡の再検討(3)」『青山考古』第18号　青山考古学会

及川良彦 2002「住居と掘立柱建物跡（関東）」『静岡県における弥生時代集落の変遷』静岡県考古学会シンポジウム資料集　静岡県考古学会

及川良彦 2003「関東地方の低地遺跡の再検討(4)」『西相模考古』第12号　西相模考古学研究会

甲斐博幸 1996『常代遺跡群』　君津郡市考古資料刊行会

神野　信・加藤修司・沖松信隆 1992「木更津市芝野遺跡における水田について」『研究連絡誌』34号　千葉県文化財センター

かながわ考古学財団 2000『公開セミナー　弥生時代の幕開け～縄紋から弥生への移行期の様相を探る～記録集』

川上久夫 1953「神奈川県三浦郡赤坂遺跡」『日本考古学年報』1　日本考古学協会

君津郡市文化財センター 1991「野焼B遺跡」『君津郡市文化財センター年報』No 8

栗田則久 2003『東関東自動車道（千葉・富津線）埋蔵文化財調査報告書12―木更津市山神遺跡・堀ノ内台遺跡(2)―』千葉県文化財センター調査報告第456集

小林義典 2004『小田原城下香沼屋敷第III・IV地点』　小田原市教育委員会　小田原市文化財調査報告書第121集

小山裕之 2002『久野下馬道上遺跡発掘調査報告書』　久野下馬道上遺跡発掘調査団

近藤義郎 1959「共同体と単位集団」『考古学研究』6-1

斉藤礼司郎 2005『中尾遺跡群発掘調査報告書V―東谷遺跡―』　木更津市教育委員会

佐伯秀人 1992『前三舟台遺跡』君津郡市文化財センター発掘調査報告書第82集

酒巻忠史 1992『打越遺跡・神明山遺跡』君津郡市文化財センター発掘調査報告書第64集

酒巻忠史 1995『諸西遺跡群発掘調査報告書VI 野焼A遺跡』　木更津市教育委員会

酒巻忠史 2007『中尾遺跡群発掘調査報告書VI―東谷遺跡III―』　木更津市教育委員会

笹生　衛 2000『東関東自動車道（千葉・富津線）埋蔵文化財調査報告書7』千葉県文化財センター発掘調査報告書第409集

寒川町 2000『寒川町史』15 別編

設楽博己 2006「関東地方における弥生時代農耕集落の形成過程」『国立歴史民俗博物館研究報告』第133集

杉山博久・湯川悦夫 1971『小田原市諏訪の前遺跡』小田原考古学研究会調査報告書2　小田原考古学研究会

杉原荘介 1936「相模小田原出土の弥生式土器に就いて」『人類学雑誌』第51巻1号　東京人類学会

高梨友子 2001『木更津市四房遺跡』千葉県文化財センター調査報告第416集　千葉県教育委員会

田中義昭 1976「南関東における農耕社会の成立をめぐる若干の問題」『考古学研究』22-3

玉口時雄・大坪宣雄 1997『横須賀市リサーチパーク計画基盤整備事業地内埋蔵文化財発掘調査報告書』

千葉県文化財センター 2003『千葉県文化財センター年報』No 27　千葉県文化財センター

都出比呂志 1970「農業共同体と首長権」『講座日本史1』　東京大学出版会

當眞嗣史 2001『諸西遺跡群発掘調査報告書VII 庚申塚A遺跡・庚申塚B遺跡』　木更津市教育委員会

當眞嗣史 2003『請西遺跡群発掘調査報告書Ⅸ鹿島塚B遺跡』 木更津市教育委員会

戸倉茂行 1991『川島遺跡発掘調査報告書』君津郡市文化財センター発掘調査報告書第66集

戸田哲也 1999「東日本弥生農耕成立期の集落」『季刊考古学』第67号　雄山閣

豊巻幸正 1991『請西遺跡群発掘調査報告書Ⅲ野焼遺跡群・野焼古墳群第2号墳・鹿島塚B遺跡・中郷谷遺跡』 木更津市教育委員会

中島　宏 1984『池守・池上』埼玉県教育委員会

中村　勉 1992『赤坂遺跡—第3次調査地点の調査報告書—』 赤坂遺跡調査団

中村　勉 1994『赤坂遺跡』三浦市埋蔵文化財調査報告書第3集　三浦市教育委員会

中村　勉・諸橋千鶴子・須田英一 2001『赤坂遺跡』三浦市埋蔵文化財調査報告書第6集　三浦市教育委員会

中村　勉・諸橋千鶴子 2001『赤坂遺跡』三浦市埋蔵文化財調査報告書第5集　三浦市教育委員会

中村　勉・諸橋千鶴子 2002『赤坂遺跡』三浦市埋蔵文化財調査報告書第7集　三浦市教育委員会

中村　勉・諸橋千鶴子 2004『赤坂遺跡』三浦市埋蔵文化財調査報告書第13集　三浦市教育委員会

中村　勉・諸橋千鶴子 2006『赤坂遺跡』三浦市埋蔵文化財調査報告書第17集　三浦市教育委員会

中谷治宇二郎 1927「上野国吾妻郡の先史考古学的考察」『人類学雑誌』480（42-10）

西原崇浩 2002『高部古墳群Ⅰ』 木更津市教育委員会

野口行雄 1998『富津市川島遺跡』千葉県文化財センター調査報告書第339集

羽二生保・岩崎しのぶ 1997『北神馬土手遺跡他』静岡県埋蔵文化財調査研究所調査報告第74集

浜田晋介 1998「多摩川低地の遺跡について（序説）」『川崎市市民ミュージアム紀要』第10集　川崎市市民ミュージアム

浜田晋介 2003「多摩丘陵・下末吉台地における弥生集落の構造」『川崎市市民ミュージアム紀要』第15集　川崎市市民ミュージアム

浜田晋介 2007a「弥生時代炭化種実の検討」『川崎市市民ミュージアム紀要』第19集　川崎市市民ミュージアム

浜田晋介 2007b「弥生集落と谷」『日本考古学』第24号　日本考古学協会

浜田晋介 2008a「南関東の弥生集落の立地（要旨）」『新神奈川・新弥生論』 神奈川県考古学会

浜田晋介 2008b「弥生時代の重複住居からみる集落の動態」『考古学研究』第55巻第1号（通巻217号）

半澤幹雄 2005『東関東自動車道（木更津・富津線）埋蔵文化財調査報告書4—君津市三直中郷遺跡（沖田地区・中郷地区）—』千葉県文化財センター調査報告書第522集

富津市教育委員会 1981『大明神原遺跡発掘調査報告書』

松谷暁子 1993「中郷谷遺跡の炭化粒について」『君津郡市文化財センター年報』No 10

光江　章 2004『請西遺跡群発掘調査報告書Ⅹ大山台遺跡』 木更津市教育委員会

森本六爾 1933「低地遺跡と農業」『日本原始農業』

八幡一郎 1928『南佐久郡の考古学的調査』 岡書院

弥生時代研究プロジェクトチーム 2007「相模湾沿岸の「低地」に立地する弥生時代遺跡」『研究紀要12かながわの考古学』 かながわ考古学財団

横川好富 1983『一般国道17号熊谷バイパス道路関係埋蔵文化財発掘調査報告書Ⅰ—池上西—』 埼玉県埋蔵文化財調査事業団

横山太郎 2003『佐島の丘遺跡群発掘調査報告書』 佐島の丘埋蔵文化財発掘調査団

吉田　寿・小林貴郎　2006『高ヶ坂丸山遺跡発掘調査報告書』
吉田　稔　2001『小敷田遺跡――一般国道17号熊谷バイパス道路関係埋蔵文化財発掘調査報告』　埼玉県埋蔵文化財調査事業団
吉田　稔　2003『北島遺跡VI』埼玉県埋蔵文化財調査事業団報告書第286集
吉田　稔　2004『北島遺跡VII』埼玉県埋蔵文化財調査事業団報告書第291集
和島誠一・岡本勇　1958「弥生時代」『横浜市史』　横浜市

　脱稿後，東谷遺跡の弥生時代後期の集落が報告された（酒巻忠史2008『中尾遺跡群発掘調査報告書VII―東谷遺跡IV―』木更津市教育委員会）。それによると後期の竪穴住居址356軒が存在している。

朝鮮半島南部の倭系文物再考
——古墳関連資料を中心に——

山 本 孝 文

はじめに

　古代日本の社会や文化を語る上において，中国や朝鮮半島からのいわゆる渡来系文化・文物については盛んに論じられているが，その逆の現象については触れられることが少なかった。中国や朝鮮の文化や制度が古代日本の文化・社会を語る上で重要な位置を占めていることはもちろんであり，思想・文物の流れが西から東へという基本的な方向性を保っていたことは周知の通りである。しかし文化伝達の媒体であった人の移動が常に一方向的であったということはありえず，人の往来に伴って様々な要素が相互の地域にもたらされたと考えるのが自然である。

　本稿では，近年の調査によって資料が増えている朝鮮半島南部地域の，いわゆる「倭系文物」について，資料の内容とその来歴に対する解釈の方法について考えてみたい。古代の日本と朝鮮半島の関係については，文献史料の内容を基礎とした研究が長い歴史を持っているためか，歴史書に主に記述された政治的状況がクローズアップされることが多い。その影響であろうか，朝鮮半島から出土する倭系考古資料についても，それを政治的産物として評価しようとする傾向が強いように見受けられる。この傾向は，日本列島と朝鮮半島に明確な王権が存在し始めた古墳時代（朝鮮半島では三国時代）において特に顕著であり，もちろんそのような解釈が妥当である場合も多いであろう。しかし，本来考古資料はそれ自体の分析から過去の社会の様々な側面を復元できる可能性を秘めた素材である。文献の内容を前提として，そこに当てはめることでしか解釈の道を模索することができない資料ではないはずである。

　以下では，近年の調査で富に増えている朝鮮半島南部地域の資料（第1図）のうち，日本の古墳時代に関連するいくつかの事例を紹介し，その性格や分布，存在様態をもとにまず考古学的な状況から両地域のどのような交流関係が復元できるのか，そのモデルの提示を試みたい。また従来の学説を紹介し，研究の現状と課題を整理することで今後の研究の方向性を展望してみる。

1　朝鮮半島における倭系文物の存在様態

　弥生時代の開始期における稲作とその周辺文化の伝播，古墳時代における騎馬文化や新しい土器生産技術の導入などに代表されるように，朝鮮半島から日本列島に渡って来たとされる文化に

は体系的・総合的なものが多く，考古学的にも判別しやすい。そしてそれが日本国内に定着して生活や社会を変えていく役割を果たしてきたといえる。逆に日本から朝鮮半島に渡ったものは，単発的で一過性のものが多い。従って，調査によって発見されなければ，日本から朝鮮半島へという物や人の移動の構図は描きにくい点は否めない。だが，その実態が近年の発掘資料によって明らかになってきた意義は大きい。弥生土器や早い時期の土師器が朝鮮半島で出土するケースもあるが，以下では特に顕著な出土率を示す5〜6世紀の資料を中心に見ていくことにする。

朝鮮半島の「倭系文物」はまず遺物と遺構に大別できる。持ち運びが可能な「遺物」とそうでない「遺構」では，それが現地にある意味に大きな差があると思われる。さらに，倭系の遺物と呼ばれるものに関しても，日本列島内部で作られて実際に海を渡ったものと，朝鮮半島現地において製作されたものがある。後者の場合，その製作に倭人が関わっていたのか，あるいは現地の人が日本のものを真似て作ったのかという判断如何によって，そのものに含まれる意味が全く異

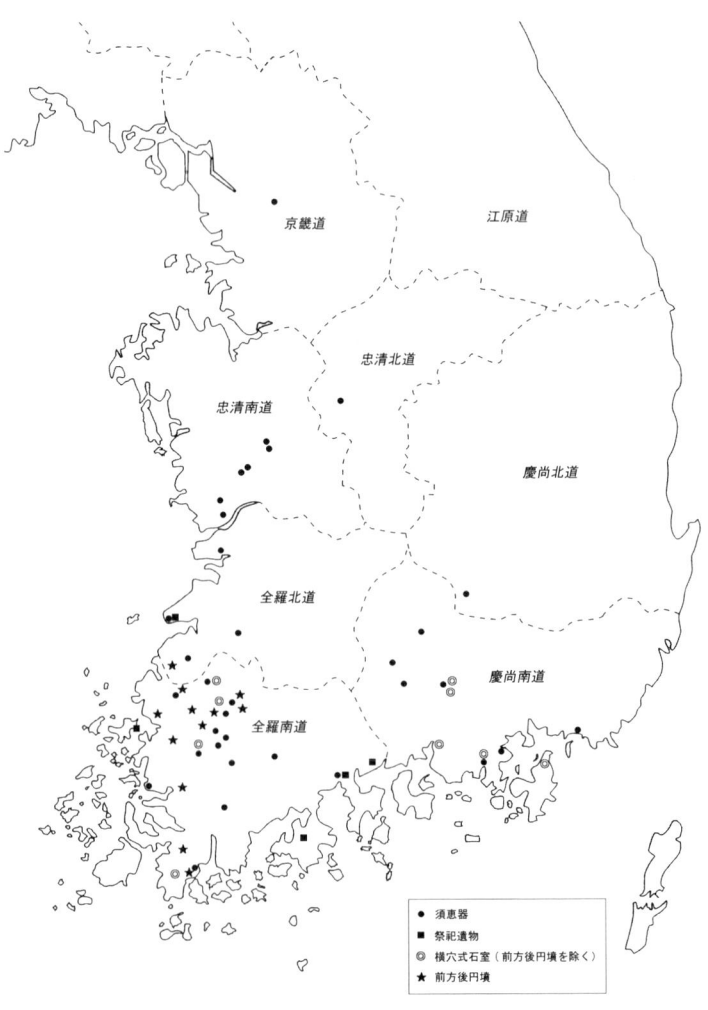

第1図　朝鮮半島の倭系文物分布図（酒井2008に追加作成）

なったものになってくる。

　また，確認される資料が有機的なセット関係を保っているか否かは，その資料の来歴を明確にするうえでさらに重要なポイントとなる。例えば，一つの古墳から在地の土器に混じって日本の土器が一つだけ出土した場合と，大部分が日本の土器であった場合とでは，被葬者の性格に対する解釈が大幅に異なってくる。遺構の場合も同じで，日本式の墳丘と内部施設を持ち，日本の遺物が出る古墳と，墳丘だけが日本式で在地のものが副葬されている古墳を同列に扱うことはできない。同様の議論は日本列島において渡来人の住居や古墳を特定する際にも適用できる部分であり，実際にそういった研究もなされている。また，朝鮮半島で確認される倭系文物が何であるのか，という部分も常に念頭に置かなければならない。例えば，日本の土器が出土した場合と，日本の大刀が出土した場合では，当然その脈絡と背景に対する印象も変わってくる。要するに，日本列島の人や物が海を渡った理由・背景としては，それだけ多様な状況の設定が必要であるということである。それらを正確に把握するのは困難であるが，実際には，文献からしか類推の手立てを持たない現代の我々が想像するより，はるかに多種多様な理由で人と物が往来したのは事実であろう。

　以下では，朝鮮半島において見られる倭系文物の出土状況が何を物語っている可能性があるのかを，具体的事例を挙げながら見ていきたい。

2　モノの移動と模倣製作の意味

　考古学的に明らかにされる「モノの移動」は，必ず人の往来に伴ったものであるが，移動先での人の定着・居住を証明するものではない。それは，何が移動したのかによってある程度明らかになる場合がある。例えば，威信財的なものや特定地方の特産品が下賜されたり贈与されたりした場合には，それを運搬した人物が運搬先で定着する必要はない。しかし，日本の渡来人研究などで一般的に理解されているように，日常生活に使用するようなものが移動する場合には，人や集団の定着・居住がある程度見込まれるとされる。以下では，朝鮮半島において出土する倭系の遺物がどのような性格のものであるのか，という部分に注目しながらモノの移動の実態を考えてみたい。

(1) 須恵器

　まず，近年の調査で資料が増加している須恵器についてみていくことにする。ここで用いる須恵器とは，日本列島内部で製作されたものを指し，朝鮮半島産の陶質土器とは厳然と区別されるものである。古墳時代の日本における須恵器生産の開始が，もともと朝鮮半島の加耶地域などの技術移入によるものであったことは周知の事実であるが，日本列島内で生産された須恵器が朝鮮半島の遺跡で出土するという，いわば「里帰り」的な現象が多く確認されている。もちろん，当時の朝鮮半島において硬質焼成の土器が珍貴なものであったり，製作技術の習得が必要であった

わけではない。にもかかわらず、確実に日本産の須恵器といえるものの他に、須恵器の形や技法を真似て現地で製作されたと思われる須恵器系土器と呼ばれるものもあり、朝鮮半島において須恵器に何らかの意味が付与されていたことも確かである。研究上の利点としては、詳細な型式編年が提示されている日本の須恵器が出土することで、朝鮮半島の遺跡・遺物の年代的参考資料になるとともに、日韓両地域の交差編年を構築する材料となり得る。

朝鮮半島で出土する須恵器については、主に酒井清治氏と木下亘氏によって研究が進められている（酒井 1993・2004・2008，木下 2003）。酒井氏の研究を参考にして出土の状況と傾向を整理すると（酒井 2008），朝鮮半島の須恵器は現在までに 34 遺跡で 110 点以上が確認されているという。その数は今後も増加するであろう。その分布が特定地域に偏らず、百済・加耶そして百済に編入される前の栄山江流域において多く確認されている点は注目すべきである。つまり、特定の政体・勢力と日本との交流の結果もたらされたものではないのである。ただし、新羅の地域でいまだ 1 点も報告されていないことは、少なくとも土器が動くレベルにおいては没交渉的であったことを示す興味深い点である。

須恵器が出土する遺構は、墳墓と集落址（住居址・溝状遺構など）が主であるが、稀に祭祀遺跡や城郭の貯蔵穴などからも確認されることがある。器種は蓋坏が最も多く、その他甕・高坏など小型器種が主である（第 2 図）。年代は、例外的な TK 73 型式と飛鳥 I 型式の段階を除くと、TK 47・TK 23・MT 15 型式の段階にほぼ集中している。年代的に集中する範囲がある点は一つの留意点である。酒井氏は、上のように概観した須恵器の状況において、西部の栄山江流域と、東部の加耶地域の間で違いがあることを指摘する。つまり、栄山江流域では住居址をはじめとする生活遺跡から須恵器が多く出土するのに対し、加耶地域ではほぼ墳墓出土品に限られるのである。また、両地域における須恵器の出現とピークの時期にもずれがあるという。日本において発見される渡来系文物の中にも栄山江流域の生活文化に関わるものが多く、両地域の日常生活レベルでの交流が窺える（酒井 2008）。

ただし、これらの遺跡から出土する須恵器は、一遺構一点であることが多い。また、須恵器が出土した遺跡内において須恵器を模した須恵器系土器が累代流通していた痕跡は見られず、共伴する土器は基本的に在地の土器である。出土する型式が限定的である点からも、日本からの須恵器の搬入および使用を継続的に維持したり広めようとする動きは見られず、散発的に入ったものがすぐに廃棄されたか、短期的な模倣製作がなされた後に放棄されたと考えざるを得ない。

一方、そのような圧倒的多数の状況に比べ、山清生草 9 号墳の出土須恵器はやや異なる事情を表すものとして評価できる（慶尚大学校博物館・山清郡 2006）。慶尚南道西部のやや内陸に位置する山清郡は、もと小加耶の地域に近いが、後に大加耶の勢力範囲に取り込まれたようである。生草古墳群も大加耶の遺物が出土する竪穴式石槨主体の古墳群であるが、その中にあって、9 号墳の出土遺物は異彩を放つ。9 号墳からは大加耶の典型的な長頸壺の類も数点出土しているが、共伴して 12 点もの須恵器が副葬されていた（第 2 図 5）。内訳は坏身 6・坏蓋 2・無蓋高坏 3・蓋付小型短頸壺 1 で、一時期にセットで持ち込まれたことを窺わせる。のみならず、この 9 号墳では小

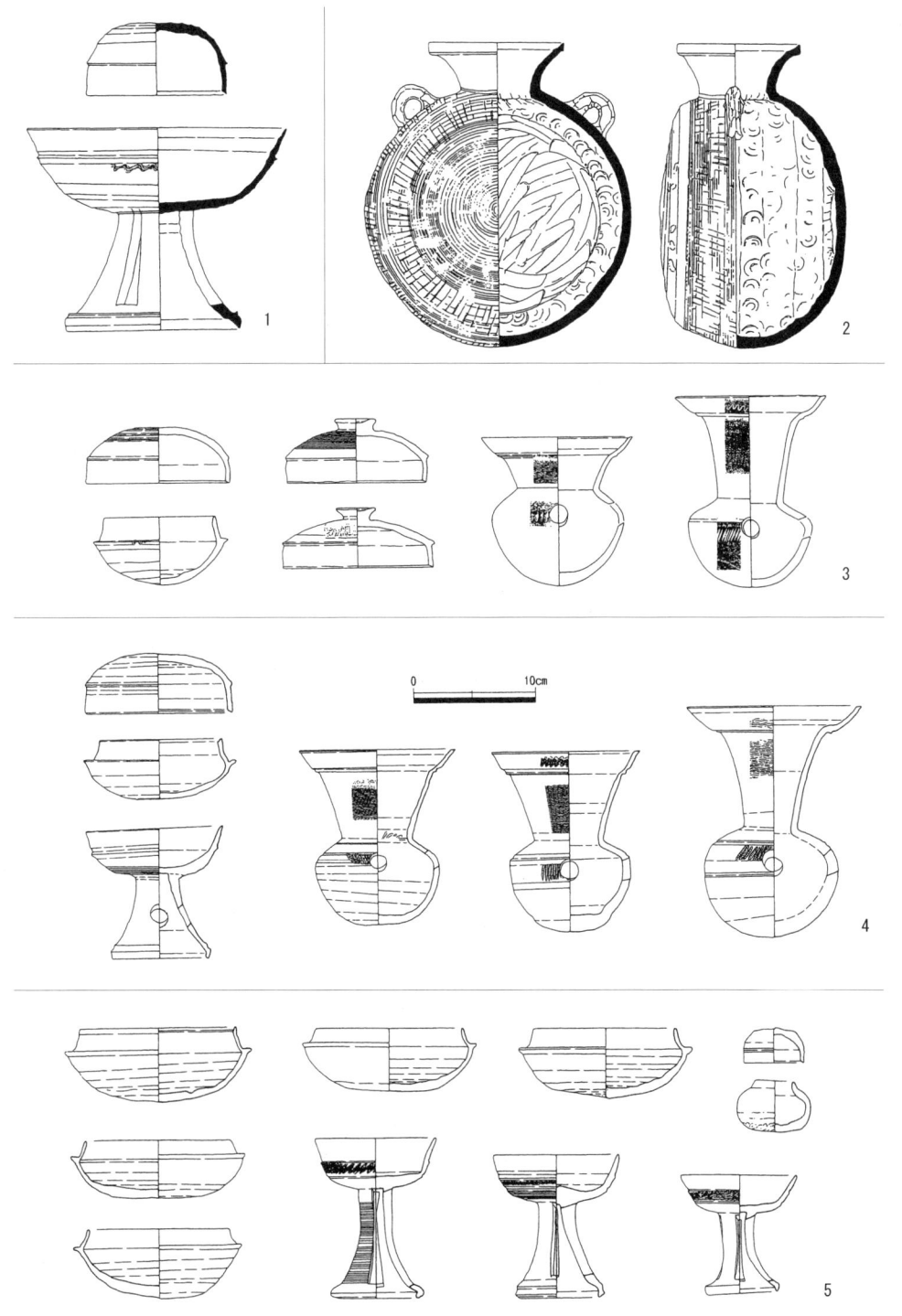

第2図　朝鮮半島出土須恵器（木下 2003，酒井 2008）
1. 扶安竹幕洞祭祀遺跡　2. 宜寧泉谷里 21 号墳　3. 羅州伏岩里古墳群　4. 固城松鶴洞 1 号墳　5. 山清生草 9 号墳

型仿製鏡も1点出土している。朝鮮半島では鏡の副葬は一般的でなく，これもやはり日本から搬入されたものである。このことから，生草9号墳の被葬者は，日本から渡って現地に埋葬された人物か，あるいは少なくとも日本と極めて密接な関係を持っていた人物であることがわかる。これを須恵器1点ずつしか出土しない状況と同じ視点で解釈するのは問題があろう。ただし，その古墳が在地の古墳群に混じって1基だけ存在しており，しかも古墳の型式も現地のものと何ら変わらず，小型に属するものであることは，被葬者像の解明を二重三重に複雑にしている。須恵器のセットと小型仿製鏡が有機的につながって一つの古墳から出土している状況からして，単なる「日本かぶれ」の加耶人であったとは考え難い。大加耶の一地方集団に所属していながらも，「倭人」としてのアイデンティティを持ち続けた人物であったと考えるのが無難なようである。ただし，それが第何世代であったのかなどの議論は結論が期待できない問題である。

(2) 祭祀遺物

　朝鮮半島から日本の祭祀関連遺物が出土する現象は，日常生活に使用する什器とは若干異なる意味付けが必要である。古代における祭祀の種類と道具にどのようなものがあったのかを解明できない限りにおいては詳細な把握は不可能であるが，時と場所に応じた様々な祭祀があったであろうことは想像できる。日本とは異なる習俗を保有していた朝鮮半島の地において日本の祭祀遺物が出土する理由としては，主に二通りの解釈が可能である。一つは，形態的・材質的に現地では見られない珍しいものを，その本来の用途を理解していなくても入手・保有していた場合であり，またもう一方は，本来の祭祀を行なうために保有し・使用していた場合である。つまり，祭祀遺物を持っていた集団ないし個人が，その本来の意味を理解していたかどうかという点は，遺物の来歴を知る上でのポイントとなろう。

　朝鮮半島において出土する倭系の祭祀遺物としては，滑石製模造品と子持勾玉が挙げられる。日本の古墳時代の祭祀遺跡でしばしば見られる鏡・剣・鎌・甲冑など様々な器財を象った滑石製模造品は，朝鮮半島では唯一，西海岸に面した扶安の竹幕洞祭祀遺跡において確認されている。

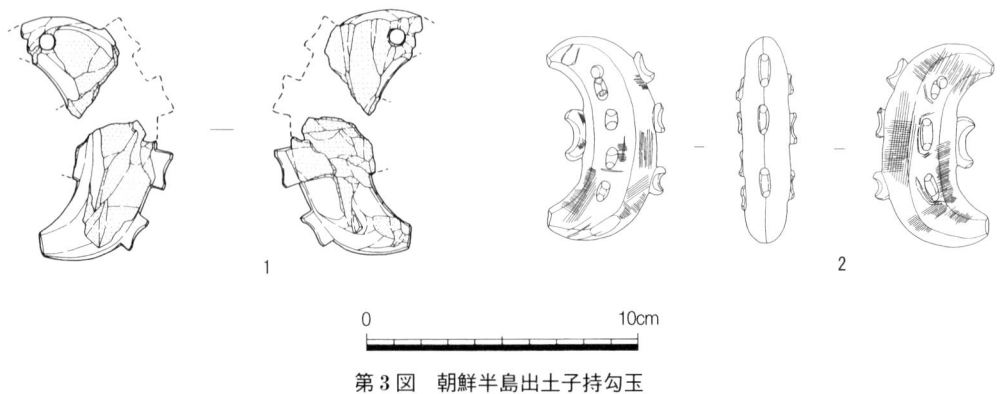

第3図　朝鮮半島出土子持勾玉
1. 光陽龍江里遺跡　2. 高興訪士遺跡

海を臨む崖の上に立地するこの遺跡は，5世紀代に沖を運行する船の航海の安全を祈願するために祭祀が行なわれた場所と考えられている（国立全州博物館1994）。日本の沖ノ島遺跡の性格や位置を語る際にしばしば対比される遺跡である。明確な遺構はなく，中国・百済・加耶・日本など様々な地域の遺物が出土しており，高坏・坏などの須恵器も見つかっている。ここで発見された滑石製模造品は，明らかに祭祀という本来の目的のために日本から持ち込まれ，その用途で使用され廃棄されたと判断できる。

　子持勾玉については，日本においてもその用途がはっきりとわかっているわけではないが，ここでは祭祀に関連するものとして扱っておく。朝鮮半島における子持勾玉は，現在のところ9点が知られている。ただし，このうち4点は博物館や個人の所蔵であり，来歴は不明である。また，別の3点は明確な遺構に伴ったものではなく，出土状況が明らかなのは高興訪士遺跡（湖南文化財研究院・益山地方国土管理庁2006）と光陽龍江里遺跡（順天大学校博物館2002）出土品の2点に過ぎない（第3図）。この2遺跡の出土品は両者とも一般の住居址から見つかっているため，実際のところ祭祀に用いられたものなのか，また所有者が本来の意味を理解していたのかといった部分は知り得ない。ただし，訪士遺跡では須恵器とみられる土器や加耶系の土器など，複数の地域の遺物が確認されており，子持勾玉だけが単独で搬入されたわけではないと思われるので，あるいは竹幕洞のように，何らかの共同祭祀が執り行われていた可能性もある。地表収拾の資料も含め，朝鮮半島の子持勾玉が海岸部ないし島嶼部において主に確認されている点も，使途や来歴を考える上で参考になるかもしれない。

　祭祀遺物との関連で注目しておく必要があるのは，上に見た須恵器である。竹幕洞祭祀遺跡や古墳などからも出土するように，朝鮮半島の須恵器は，必ずしも一般的な生活容器としてのみ使われていたとは考えない方がよさそうである。むしろ，小型品だけが多く確認されている点は，什器としてよりも祭祀の器としての機能の方が重視されていた可能性がある。実際に朝鮮半島の須恵器の中で高い出土比率を占める高坏や𤭯などは，生活容器というよりは祭器である。壺や甕のように，内容物の運搬に伴って運び込まれた例とは一線を画す必要がある。祭器としての利用に日本製品へのこだわりがあったと考えるならば，須恵器が朝鮮半島に渡った理由付けにも新しい解釈が生まれるのではないだろうか。朝鮮半島産の同器種ではだめで，須恵器でなければならなかった理由が必ずあったはずである。これまで，朝鮮半島で日本列島の製品が出土するという現象面のみが注目されてきたが，今後は用途に対する検討も行なわれ，その使われ方を日本の在り方と比較することで，物だけでない人の動きも見えてくると思われる。

　上に見た遺物のほかにも，朝鮮半島南部地域では各種大刀や短甲，眉庇付冑などの武器・武具類，直弧文鹿角柄刀子などの倭系遺物が出土しており，遺物の性格から，朝鮮半島の勢力が倭の軍事力を利用していたことを説く説もある（朴天秀2007）。武器・武具の資料としての性格からして，このような解釈に至るのも理解できるが，もともと武具副葬の風習の薄い在地の墳墓にそれが副葬されたり，発見される量が少ない点は，軍事力の動員を語るにあたって説明されなければ

ならない部分である。また，高霊池山洞44号墳からは南島産の夜光貝製の杓子なども出土しているが，このように材質的に稀少価値のあるものが高位相の古墳から出土する場合は，特定階層の奢侈品として持ち込まれたのであろう。威信財的な性格を持つ遺物は，人の移動を伴うというよりは，交易によってもたらされたのであろう。

(3) 埴輪

　埴輪は，言うまでもなく日本の古墳時代において，古墳の築造から被葬者を埋葬し儀礼を執り行う一連の流れの中で製作され発展していったものである。日常生活に即した実用品ではないため，同質の埋葬習俗を共有しない社会では当然作られる必要はない。加えて，その製作自体かなりの労力を要するため，その習俗をもたない地域であえて埴輪を準備することはしなかったであろう。その意味において，朝鮮半島で埴輪といえる形態と用途を持ったものが確認されていることは，古墳時代の日本と共通した埋葬上の通念があったことを想起させる[1]。朝鮮半島の埴輪も，主として古墳の墳丘上や周囲で確認されることが多く，古墳を構成する遺構的要素として言及する必要があるが，古墳以外の遺跡から出土する例もあるため，ここでは一つの遺物として触れておく。

　朝鮮半島の埴輪は現在までに一部加耶地域の類似例を除くと全羅道地域で多く確認されており，特に後述する前方後円墳との関わりで発見されることが多い（第4図）。朝顔形埴輪や壺形埴輪も含めた広義の円筒埴輪だけが確認されており，形象埴輪は未発見であるが，光州月桂洞の前方後円墳では蓋形の木製品やいわゆる石見型盾形木製品などが出土しており，器財埴輪の類も今後出土しないとは断言できない。また，埴輪の変型には前方後円墳でない在地の古墳に立て並べられたものもあり，必ずしも倭系の墓制とだけ結び付いているものではない。円筒形の土器を古墳上に立てるという，埴輪的な要素だけが他の倭系要素と切り離されて現地に浸透したのであろうか。

　このことは，単なる日本的な風習の模倣にとどまらない重要な意味を持っている。埴輪に類似した形態と機能を持つ土製品の出土は，前述のように全羅道のいわゆる栄山江流域に集中する。この地方は他の地方に比べると古墳の墳丘を大きく造り，埋葬施設を盛土した墳丘の中に置くという点において日本の古墳に近いものがあるが[2]，それでも墳丘の形や外表施設には基本的にこだわらない。その地域において，埴輪のような墳丘に立て並べる目的の道具が在地の古墳にも受け入れられるということは，墳丘に対する概念が他の地域とはやや異なっていたことを表すのではないだろうか。朝鮮半島の埴輪類似品の中には，日本の埴輪とは形態的に大きく異なるものも含まれており，その系譜は日本の一般的な埴輪とは異なるのかもしれない。しかし，前述のように墳丘に円筒形の土製品を立て並べるという風習は，古墳築造から被葬者の埋葬行為，そしてそのための儀礼という一連の流れの中で理解すべきものであり，埴輪の樹立のみを切り離して考えることはできない。従って，在地の風習として伝統的にみとめられない限りにおいては，本質はどうであれ，日本の風習の影響を何らかの形で受けたものと判断すべきであろう。

　朝鮮半島で形態的・機能的に最も日本的な埴輪を出土する遺跡はやはり前方後円墳である。光

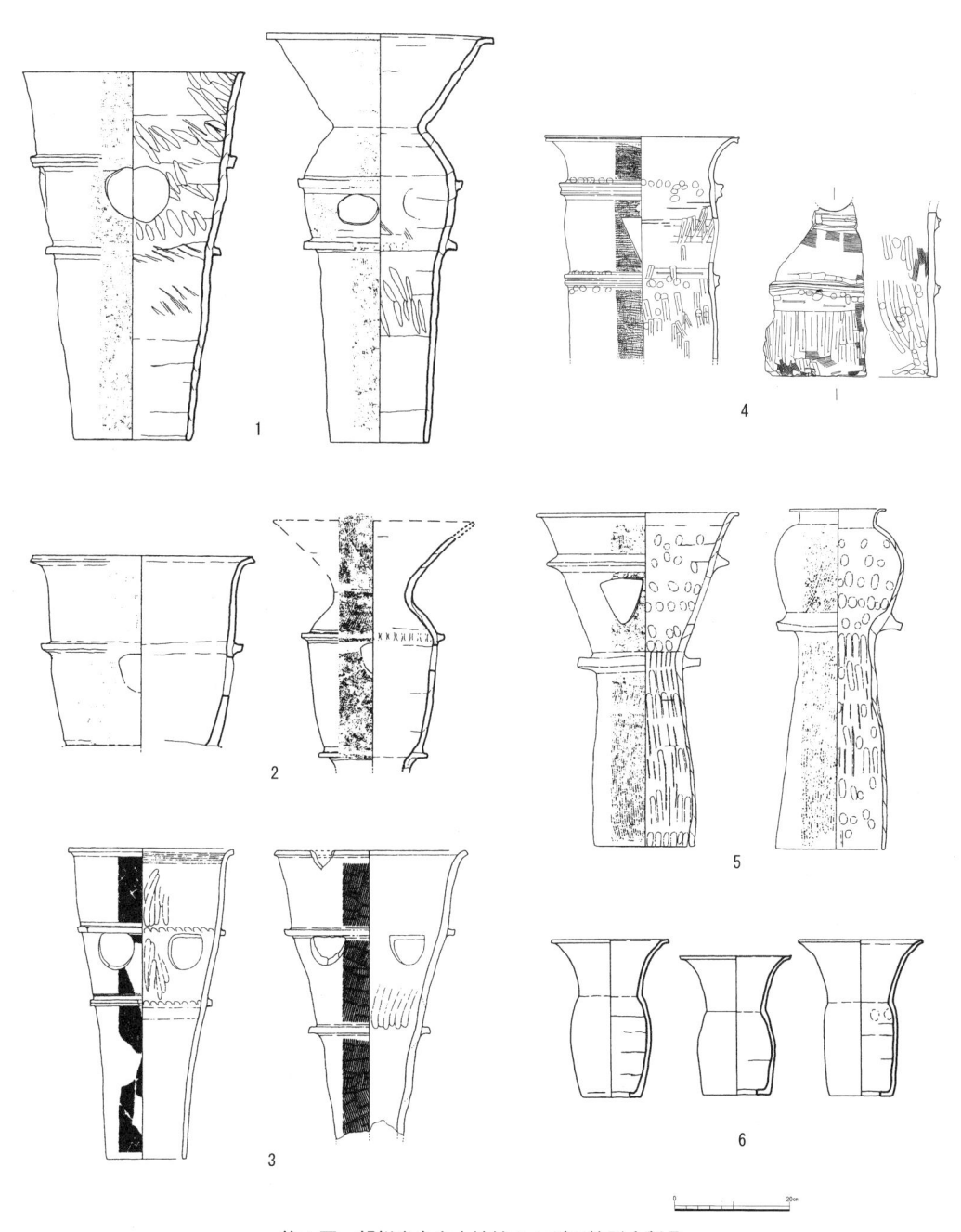

第4図　朝鮮半島出土埴輪および円筒形土製品
1. 光州月桂洞1号墳　2. 光州月桂洞2号墳　3. 光州明花洞古墳　4. 咸平老迪遺跡　5. 羅州新村里9号墳
6. 咸平中浪遺跡

州の月桂洞や明花洞では，形態的には日本列島のものと何ら変わりない円筒埴輪や朝顔形埴輪が出土している。器面の調整がタタキである点において日本の一般的な埴輪とはやや異なっており，これが在地の土器製作技術に多い調整法であることから，製作者自体は在地の工人であることが早くから想定されている[3]。日本における埴輪の形態を十分に熟知した上で，現地の方法で製作したということであろう。この際に埴輪の製作を注文したのは，古墳の被葬者かそれに関わる人物であると思われるので，工人よりもむしろ被葬者側が日本の埴輪の形態やその意味を理解していたとみられる。

咸平の老迪遺跡などでは，集落の住居址から埴輪が出土している（湖南文化財研究院・益山地方国土管理庁2005）。埴輪の消費地は古墳以外には考えられないため，この集落は埴輪の生産にも関与していたと思われる。近い位置に前方後円墳である咸平竹岩里古墳があり，ここに埴輪を供給していた集落である可能性がある。朝鮮半島の埴輪の製作者および消費者（古墳の被葬者）がどのような人物であったのかについては，その埴輪を樹立した古墳全体に対する検討から導き出す必要があるが，古墳とそれを取り巻く集落・階層の関係を窺う上で興味深い資料である。

3　倭系墓制の築造と背景

朝鮮半島に残る遺構としての倭系要素は，主に墓制に関わるものである。墓が造られるということは，その被葬者に関わる生活の場もあったはずであり，その生活の跡にも倭的要素が反映されている可能性は高い。しかし，現在までに住居址など生活に関わる遺構自体から倭系要素が判別ないし想定された例はなく，その判断は出土遺物に委ねられてきた。今後，日本と朝鮮半島の集落構造や住居構造の違いなども論じられるべき課題であるが，現時点では生活の痕跡から倭人の存在を追うのは困難な状況である。逆に，生活の場よりも墓制により顕著に集団のアイデンティティが現れる現象から解明すべき事柄は多い。本稿でも墓制に現れた倭人の痕跡を主にみていくことにする。

(1) 横穴式石室

竪穴系から横穴系へという埋葬施設の変化は東アジア全体で共通的に見られる現象であるが，それは地域ごと独立的に起こった変化ではなく，「文化の拡散」「技術の伝達」「思想の転換」などの名目のもとに，徐々に伝播していったと理解される傾向にある。伝播に関わる横穴式石室の系統論では，玄室や羨道の平面形態や天井の形態，石積み構造などの類似性から複数の地域間を結び付けて関連付けようとする場合が多い。この場合，前提とならなければならないのは，実際に人の移動が伴わなくとも，石室の形態や構築方法に関する技術，新しい埋葬法に関する知識や思想が伝わっただけの場合でも，離れた地域同士で類似した石室が造られ得るであろうという点である。東アジアにおける横穴系墓制の普及をすべて人の移動によるものと考えるのは困難であり，実際に各地域・国ごとの在地的な特色ある横穴式石室が築造されることが多い点からも，上

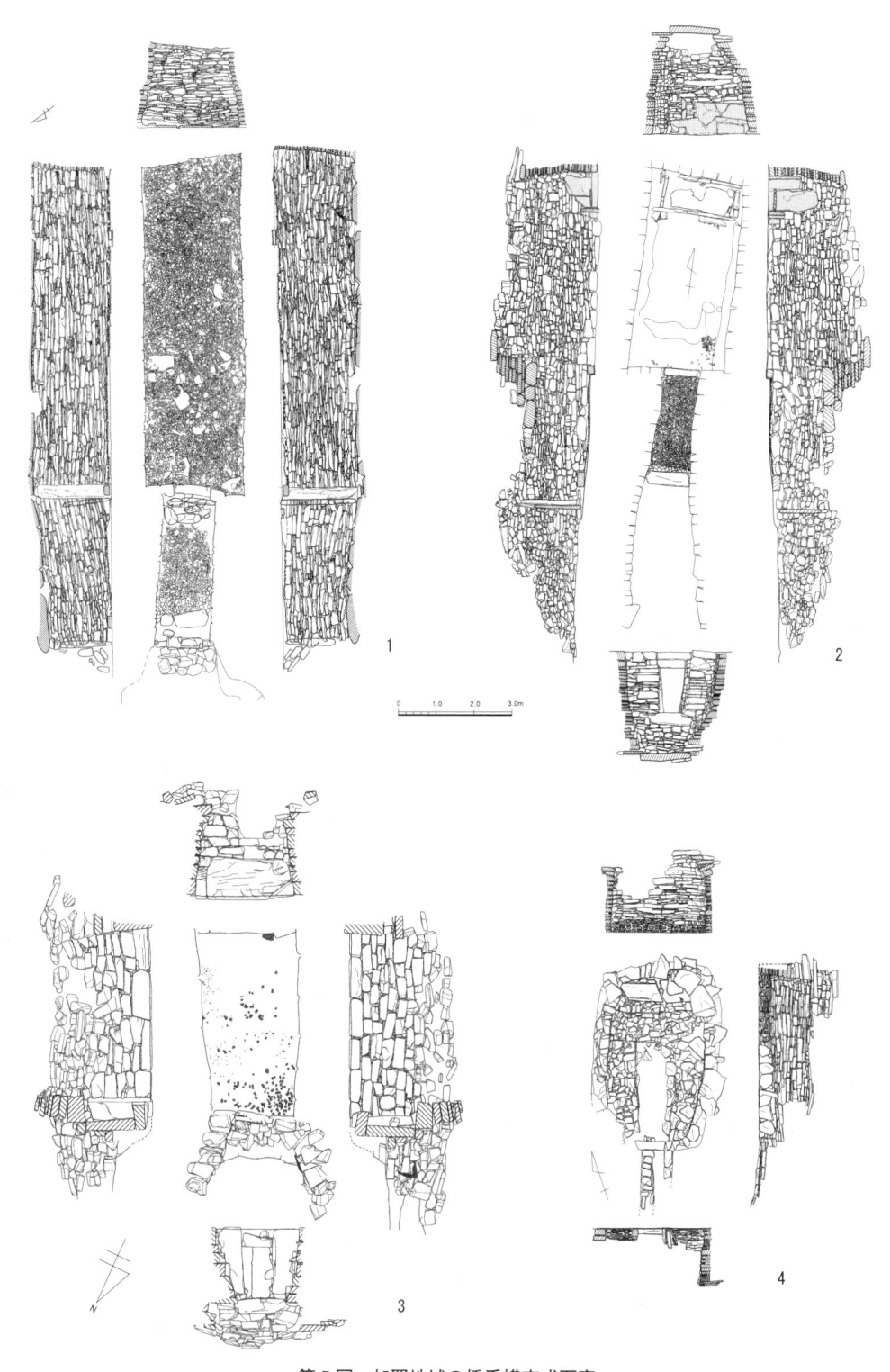

第 5 図　加耶地域の倭系横穴式石室
1. 固城松鶴洞 1B-1 号墳　2. 宜寧景山里 1 号墳　3. 巨済長木古墳　4. 宜寧景山里 1 号墳

の前提はある程度首肯できる[4]（山本2001）。

　一方，朝鮮半島南部で発見される倭系とされる横穴式石室の出現は，この東アジアにおける一連の横穴系墓制の波及過程とは一線を画すものである。倭系の石室が確認されるのはやはり加耶と栄山江流域に多いが，これらの地域では倭系の石室が現れる以前にすでに在地で受容された石室があるため，新来の墓制を受け入れるという次元で日本のものを取り入れたわけではない。では，現地に独自の形態と構造を有する横穴式石室を持ちながら，なぜ日本のものと類似した形態の石室を受け入れたのであろうか。しかもその形態の石室が現地で定着をみなかったのはなぜであろうか。この場合，やはり人の移動を念頭に置かなければならないようである。

　ここで問題となるのが，横穴式石室の形態や構造を決定するのが被葬者の意思であったのか，あるいは石室の造り手（造墓工人？）の習熟性であったのかという点である。一人の被葬者が2つ以上の墓を残すことは基本的には考えられないので，類似した石室の拡散は同じ石室築造文化を持っていた（被葬者）集団の一部が移動するか，同じ技術を保有していた造墓集団の移動ないし派遣，もしくは設計図の伝達を想定する必要がある。朝鮮半島の倭系石室がいずれの場合に該当するのかは，具体的事例の様々な状況を勘案する必要がある。

　朝鮮半島の倭系横穴式石室とされるものには，大きく加耶地域に造られたものと栄山江流域に造られたものがある。まず，加耶地域に造られたものは数的には多くなく，分布する範囲も分散している。また，石室の形態以外には在地の古墳群との違いを見出せないものもあり，上述の事情を考えると倭人とのどのような関係のもとでそのような石室が造られるに至ったのか，判然としないものも多い。具体例を挙げると，宜寧景山里1号墳・雲谷里1号墳，固城松鶴洞1号墳，泗川船津里古墳，巨済長木古墳などがある（第5図）。

　宜寧では景山里1号墳・雲谷里1号墳の2つの古墳において倭系の要素が認められるが，両者とも在地の古墳群中に含まれるという特徴を持つ。また，出土土器類など副葬品も在地のものが多く，古墳が位置する地域も日本との関連がもともと特別強かったとはいえないやや内陸に入った場所で，加耶諸地域の中ではさほど大きくない勢力があったとされる地域である。この2基の古墳では，石室の構造面において現地では見られない特徴がある。景山里1号墳では中部九州に多く見られる石屋形を持つ石室が，雲谷里1号墳では石棚を持ち，胴張の平面形を持つ石室が確認されており，いずれも現地の石室の中からは派生しない要素といえる。なぜこの地域に倭系の要素を持つ古墳が現れたのかが問題となる。

　もと小加耶の中心であったとされる固城に松鶴洞古墳群がある。丘陵の最も高い場所に位置する1号墳は，かつて韓国の前方後円墳論争が再燃する契機となった古墳である。2000年からの全面調査により，前方後円形にみえた墳丘は3つの円墳が連接して築造されたもので，後世の改変を受けた結果，前方後円墳のように見えるようになったとする結論が出された[5]（東亜大学校博物館2005）。ただし，この古墳の日本との関係は，発掘調査によりさらに明確になった。松鶴洞1号墳には，合わせて17基の埋葬施設が作られており，このうち比較的小型のものは在地的な竪穴式石槨である。中心埋葬施設となる横穴式石室は2基あるが，そのうちの1B-1号石室は形

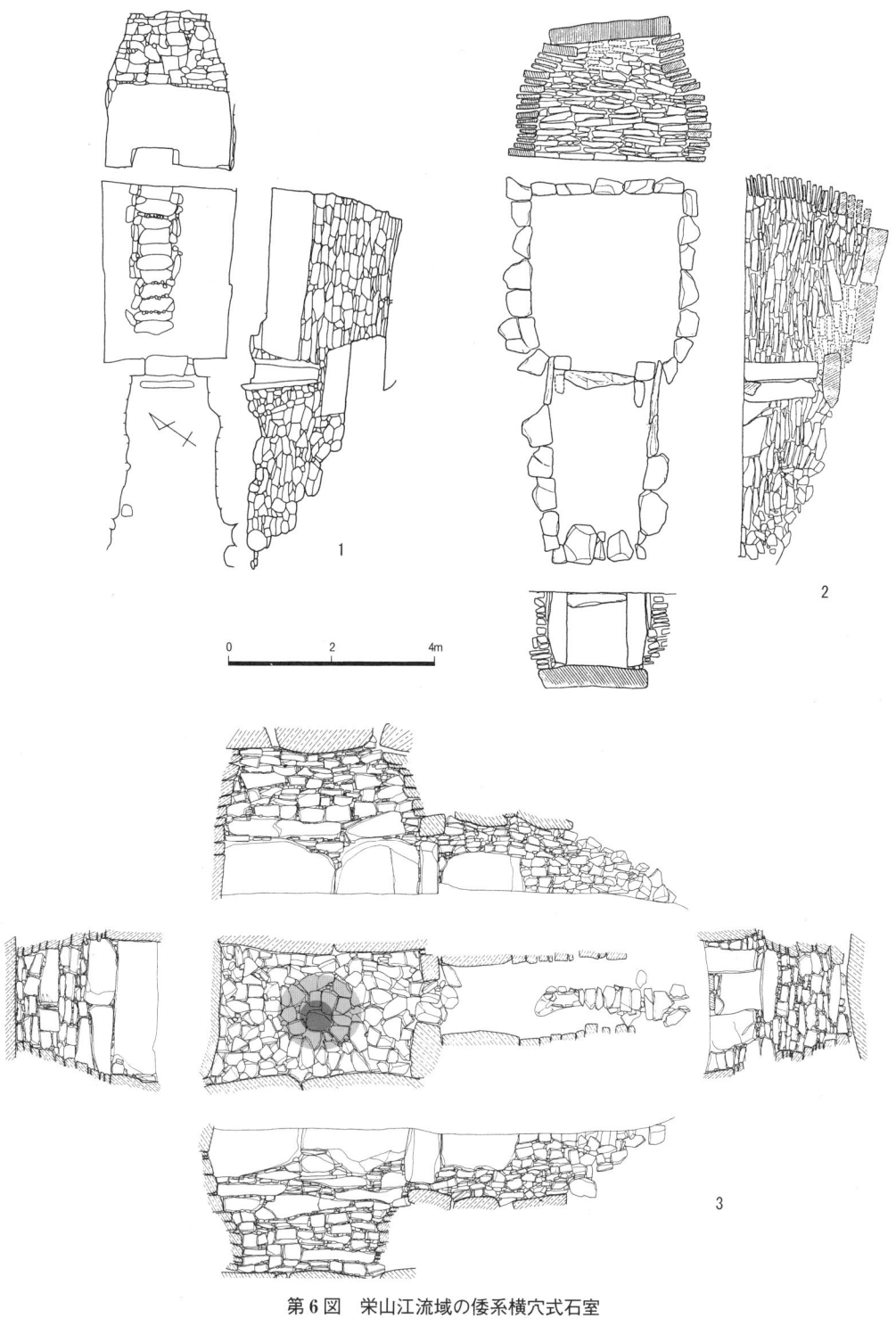

第6図　栄山江流域の倭系横穴式石室
1. 咸平新徳1号墳　2. 長城鈴泉里古墳　3. 羅州伏岩里3号墳96石室

態・構造だけでなく，内部に朱を塗るなど，朝鮮半島では見られない風習的要素を施している点で極めて日本的であるといえる。しかもこの古墳からは須恵器も複数個が出土し，埴輪のように用いられた円筒形土器も確認されている。古墳を構成する複合的な属性の特色からみると，この古墳の被葬者を倭人とする説にも首肯できる（朴天秀2007a）。特に，石室内を赤く塗る行為は葬送に伴う儀礼や死後の世界観などに関連するもので，埋葬文化を共有しない集団には容易に理解されにくい部分であると考えられるため，伝統的な精神文化を受け継いでいるという意味で倭人的であるといえる。ただ考慮しなければならないのは，そういった特徴を持つ古墳がなぜ在地の古墳と連接して造られることになったのか，という点である。松鶴洞1号墳では倭系・在地系の他に新羅系・百済系の文物も確認されている。様々な状況を取り合わせてこのような古墳がこの地に造られた背景を考える必要がある。

栄山江流域にも倭系の横穴式石室が分布していることが知られているが，こちらは数量的にも多く，出土遺物も合わせて倭系である場合が多い（第6図）。後述する栄山江流域に分布する前方後円墳のうち，調査が行なわれたものは倭系の横穴式石室を持つ。この地域の石室をまとめて考察した柳沢一男氏によると，いわゆる栄山江型石室は，代表的な古墳の名称をとって造山類型・長鼓峯類型・新徳類型・鈴泉里類型・月桂洞類型の5類型に分けられ，この順に推移しながら5世紀末から6世紀前半の間に築造されたという（柳沢2002）。これらの石室は形態・構造上から日本の九州系横穴式石室との関連が深く，出土遺物や石室内部に朱を塗布するものがある点においても，単なる形態の模倣にとどまらない日本との深い関連を窺わせる。上の類型のうち，形態的に九州のものに酷似した造山・新徳類型は直接関連型とされ，九州中北部の首長層からの工人集団の派遣を想定しており，やや改変を経た長鼓峯・月桂洞類型などを在地における発展形としている点は注目される（柳沢2002）。

このように，上の各類型の石室は，形態・構造・築造方式の面で最も近いものを北部九州型および肥後型の横穴式石室に求めることができるが，再度問題となるのは，やはり彼我の関係により造墓工人が派遣され，それによって同型の石室が両地域に現出したのか，あるいは被葬者自身の意思であるのか，という点である。これは，現在も紛糾している前方後円墳の被葬者像をめぐる論争とも関連する重大な問題である。

(2) 前方後円墳

かつて議論された韓国における前方後円墳の存否論争は，栄山江流域において10基を超える前方後円墳が確認され，その中のいくつかが発掘されるに至って，その存在自体を否定する見解はなくなった。韓国の研究者の中には，日本列島のそれとは区別するべきであるという立場から，あえて「前方後円形古墳」または「長鼓墳[6]」などと呼ぶことを提唱する意見もある。ただし，これらが日本からの何らかの影響によって築造されたものであることは認められており，その関係がどのようなものであったのかという部分に議論の比重が移っている。以前には日本の前方後円墳の祖形を朝鮮半島に求めようとする見解もあったが，栄山江流域に分布する前方後円墳は5

世紀末から6世紀前半の極限られた時期に造られたとみる説が一般的に受け入れられており，日本列島における古墳の出現に先立つものではない[7]。

　現在，栄山江流域の前方後円墳に関連して最も盛んに議論されているのは被葬者の出自問題であるが，前方後円墳の築造が当時の地域間における政治的事情によるものであるとみる見解が大部分である。この傾向は，日本の古墳時代研究が，前方後円墳を政治相を色濃く反映する遺跡と捉える傾向が強いことに起因するのかもしれない。まず，この被葬者論争の概要を朴天秀氏の著書によりつつ概観し，各説の論拠と克服すべき点を整理してみる。各論を主張する研究者とその論著については朴天秀氏の著作（朴天秀2007a）に詳しいので本稿では省略する。

　前方後円墳の被葬者の出自については，栄山江流域の在地勢力とみる説（在地首長説）と，海を渡った倭人とみる説（倭人説）に大きく分けられる。そのうち，後者には倭からの移住者とみる見解と倭系百済官人とみる見解がある。

　栄山江流域の在地首長が前方後円墳を築造し，そこに葬られたとみる説では，もともと独自の文化と社会を形成していた栄山江流域の勢力が，百済の南方進出による圧迫に対抗するために，一時的に倭と結んでその墓制を導入し，背後に倭がいることをアピールしたと理解する。前方後円墳の墳丘が日本の古墳に比べて急勾配であり，現地の古墳築造技術で造られていると思われる点，出土する副葬品に在地のものが圧倒的に多い点，埴輪などの古墳付属品も在地の技術で作られている点などは，古墳を「造る」という側面において在地の勢力の全面的な協力や理解がなくては成し得なかったことを物語っており，それを達成できる位置にあったのは在地でもともと力を持っていた勢力であろう。問題は，在地勢力が倭とのつながりをアピールするための可視的表現として前方後円形の古墳を造ったのだとすると，実質的に外部から見えない横穴式石室の形を模倣したり，その内部に朱を塗るなどの風習まで取り入れる必要があったのかという部分である。単なる文化現象として在地勢力が前方後円墳を導入したとみる場合でも，伝統的な葬送を取りやめてまで他地の埋葬風習を受け入れた理由が説明される必要がある。前方後円墳が築造される時期の前後に，それと系譜がつながる在地勢力の墓が周囲に築造されていないという指摘（朴天秀2007a）も重要である。

　渡海した倭人が栄山江流域に定着し，前方後円墳を築造したとする説では，日本列島内外で政治的・経済的変革があった5世紀後半に九州の勢力がまとまって朝鮮半島に移住し，死に際して前方後円墳を残したという背景を提示する。栄山江流域を『宋書』倭国伝に見られる慕韓とし，倭との深い関係を想定する見解もある。何よりも前方後円墳という墳形，内部主体である横穴式石室の形態，埴輪や石室に朱を塗布する埋葬風習的要素などは倭人の墓制そのものであり，埋葬風習自体を総体として受け入れている点からすると，被葬者を倭人とする説には首肯できる部分が多い。問題は，やはり古墳や埴輪の製作が在地の技術で行なわれていることである。1～2世代で系譜が途切れる倭からの移住者が，現地でそれだけの労働力を動員できる立場にあったのかという点は甚だ疑問である。前方後円墳に埴輪を供給したと考えられる咸平老迪遺跡などは，埴輪が出土する点を除けば一般的な在地的集落であり，やはり前方後円墳造営を支えた勢力は在地

の集団であった可能性が高い。また，前方後円墳に百済との関係を想定させる威信財が副葬されていたとする指摘に対しても説明が必要となろう。

　倭系百済官人説というのがある。この説は，栄山江流域の前方後円墳が百済熊津期の後半である6世紀前半に集中して1世代に限って築造されていたことから，当時急激な情勢変化を迎えていた百済と加耶，そして倭をめぐる政治的関係の中で築造されたものとみる。また，百済系の威信財を副葬している点と，栄山江流域の土着勢力（甕棺古墳築造勢力）の中心地周辺に分散的に分布している点から，土着勢力を牽制するために百済王権によって一時的に派遣・配置された倭系百済官人であるとする[8]。被葬者が倭人ではあるが，百済に従属していたとみることで，単純な倭人説と在地首長説が内包する両者の脆弱な論拠を補強し，複雑に交錯する考古学的現象を合理的に説明しようと，政治的状況を想定して当てはめた折衷的な説といえるかもしれない。また，日本に分布する朝鮮系遺物に対する検討から，栄山江流域の前方後円墳を築造した被葬者の出自を九州の複数の地域に特定し，栄山江流域に配された集団の対外的役割をも想像する精力的で魅力に富んだ見解である。問題となるのは，配属された地に埋葬されなければならなかった理由と，百済王権に従属していた「官人」が，百済の中央では考えられないほどの大きな墳丘や石室を持った墳墓を築造することが果たして許されたのか，という点である。栄山江流域の前方後円墳の規模は，最大の海南方山里長鼓峯古墳が全長80m近くになる。日本列島のものと比べると中・小型に属するが，同時期の朝鮮半島でこれだけの大きさの単独墳を造った地域は他にない。その大きさと投入された労働力から，権力の象徴とも受け取られ得る墳丘を持つ墓の築造を，百済王権が黙認したであろうかという点は大きな疑問として残る。

　上のように，すべて長所と克服すべき点を備えた各説が提示されており，容易に結論が導き出される状況ではない。もとより筆者はこれを判定する手段も，代案を提示する能力もないため，ここでは論争に対する印象を述べるにとどめざるを得ない。

　この前方後円墳に関する論争は，被葬者の出自を明らかにすることに主力が注がれている。また，その築造背景については，完全に地域間の政治的関係の産物と前提して論を展開している。日本列島のある地方で前方後円墳が発見されたとして，このような議論に終始することはまずあるまい。これは朝鮮半島という分布地域の特異性のためであろう。また，その築造背景に対する説明では，どの説においても，考古学的現象に最も合理的な政治的状況と歴史的事実を当てはめることに腐心している。それ自体は資料の解釈という点において必ず必要な手続きであるが，同一の考古学的現象に対して相反する解釈が与えられるようであれば，それは研究者の都合のいい推測の域を出るものではない。

　もう一つは，対象となる資料の本質がやや置き去りにされているような印象を受けることがある。議論の中には，栄山江流域で倭人の造った城郭か要塞が発見され，それについて論じているかのような錯覚を覚えるものもある。前方後円墳は，政治的色彩を帯びてはいるが，墓である。軍事施設の配置と墓の分布を同じ観点で論じられるものではない。被葬者の出自や築造に関わる政治的背景を論じる前に，前方後円墳の「墓」としての性格をもう少し掘り下げて検討する必要

があろう。従来，特別な前提なしに一括して論じられていた十数基の前方後円墳が，果たして本当に同じ脈絡で造られたものなのか，それぞれの古墳が立地する地域と被葬者の関わりはどのようなものであったのか，考えてみるべき課題は多い。王権による意図的な分散配置や，在地勢力を包囲するような分布といった解釈だけで済む問題でないことだけは確かなように思われる[9]。

4 祭祀の伝統性から見た倭系文物

朝鮮半島の倭系文物には，朝鮮半島側の集団の日常的な必要・便宜のために導入されたものはほとんどないといえる。日本列島に伝わって完全に定着した陶質土器製作技術や馬の文化，鉄関連の文化などとは状況が異なる。敢えて現地になくてもよいものがなぜ入ったのかという部分に注目したい。

想像を膨らませて考えると，たとえ日本列島から朝鮮半島へ人や集団が移動し，現地に定着したとしても，海を渡って長距離を移動する際に，持って行く物と行かない物がある。あるいは持って行ける物と不可能なものがある。日常的に使用するものは，似たものを朝鮮半島でも調達したり製作するのは可能であり，基本的に持っていく必要はない。特に，食器・調理器・貯蔵器のように，主に土器で作るような道具は，運搬中に破損する危険もあり，重くかさばるものであるため，わざわざ持って行く必然性は感じられない。

しかし，ここに人間の非合理的でやや不可解な心象が働くと，状況は異なることが予想される。従来から使用していたり伝統的由縁のある物に対する「こだわり」や「愛着」といった心象が，運搬に係る労働力や手間よりも強く働くようになったとき，物は移動すると考えられる。この心象が最も強く働いたのが，生活や旅などに関わる特定の儀礼や祖先祭祀など，人の思想・理念に深く根付いた宗教的行為を行なうときに用いられた道具であろうと考える。どの時代においても，特定の祭祀や儀礼には決められた道具を使う，といった規則や想いがあったことは現代の我々にも十分推測できる部分である。上述したように，朝鮮半島出土の倭系文物に祭祀関連のものが多いのも，このような理由ではなかろうか。須恵器も，小型で非日常的な場面で用いられたと考えられる器種が多い点から，基本的にはその多くが祭祀に用いられたことを想定しておきたい。

同じことは遺構にもいえる。朝鮮半島で確認される倭系の遺構はほとんど古墳関連のものであり，これは特定人物の死後にどのように葬礼を執り行い，埋葬したのかという，人間の思想・観念的側面を最も強く映し出した遺産である。政略的事情のみによって，その埋葬風習を持たない人物や集団が，全く未知の墓制を目にとまらない細部に至るまで模倣することがあり得たであろうか。

墓制は伝統性・保守性の根強い文化要素であることがよく言われるが，実際には様々な要因によって常に変化してきた。その意味では，外来の墓制がある地域に導入されるのを否定するものではない。ただしその場合には，外表的要素である新しい墓形式とともに，埋葬風習や社会的必要性などの内面的諸要素が同時に浸透していったとみなければならない。墓の形は模倣できるが，

埋葬に伴う葬制は一時的に模倣できるものではないと考える。

このような観点から朝鮮半島の倭系横穴式石室や前方後円墳をもう一度概観すると，その築造の系譜が前後の時期につながらないという状況が改めて注目される。つまり，倭系の墓制は彼地において全く浸透しなかったのである。その理由は，その埋葬風習・思想や文化・社会的必要性が理解されず，浸透しなかったからに他ならない。

前方後円墳を構成する諸要素を築造・製作した技術が在地のものであったとすると，前方後円墳を築造し，被葬者を葬った集団はその地に残されたとみるべきであるが，その集団が倭式の墓葬制を引き継いでいない点は看過できない。前方後円墳の被葬者と葬者（葬礼を執り行い，埋葬を主導した人物・集団）の関係を明らかにすることは，倭系の墓制が限定された一時期に朝鮮半島に現れて消えた背景を考察する上で重要な鍵となろう。それを検討する際に優先されるべきは，儀礼・祭祀の伝統がどの部分で引き継がれ，どこで断絶したのかという，遺構・遺物の性格に即した観点であると考える。

おわりに

本稿では，朝鮮半島で出土する倭系文物といわれるものを，その遺構・遺物本来の性格に注目しながら再確認し，まず個別考古資料として解釈する必要性を提示した。多様な資料を対象にそれぞれを概観するにとどまったため，各資料の出土・築造背景を明らかにできたわけではない。個別資料に対する詳細な考察は今後の課題である。

朝鮮半島の倭系文物は，現在のところ南海岸および西南海岸沿いに集中して分布する傾向を見せるが，朝鮮半島と日本列島の地理条件から見れば，これは極自然なことであるといえる。新石器時代以来，日本列島と交流を持ち続けてきたことがわかっている朝鮮半島南部地域で倭系の遺跡が発見されることについて，これほど複雑に議論されるのはなぜか。それは，この時期の遺跡が，両地域に明確な政体が出現しそれぞれの地域内における国家形成と国際情勢の中の主導権をめぐる葛藤が生まれた時期の産物であり，それが現代社会の国境や国家観，アイデンティティにもある程度根を張っているからである。

その時代背景を考えると，この時期の考古資料に政治的意味を付加するのは当然であり，その観点なくしては正確な歴史解釈は生まれない。問題とするのは，すべての遺構・遺物に関して，その持つ意味を正確に検討・把握することを省いてすべて政治的交流を物語るものとして同列に判断してしまう傾向である。たとえ時期的に集中していても，各地に流入する様々な文物にはそれぞれ固有の意味があったはずである。個々の資料を一旦解きほぐして個別に考察し，各々の事情を把握した上で，それらを総合して交流の歴史像を作り上げるべきであろう。そこから浮かび上がるのは，政治的事情だけではない，様々な理由で動いていた人々の姿であり，多種多様なレベルで行なわれていた交流の実態である。

註
1) 研究者によっては埴輪と呼ばずに形態的特徴や用途をもとに「円筒形土器」「墳周土器」などの呼称を用いる場合もある。資料によってはそれらの名称の方が適当である場合もあるが，ここでは曖昧さを避けるために一括して「埴輪」としておく。
2) 百済・新羅・加耶など朝鮮半島の他地域では，まず地山を掘り込んで墓壙を設け，そこに埋葬施設を設置してから封土で覆うという，いわゆる半地下式の構造を基本的に共有している。
3) 日本でもタタキの器面調整を施した埴輪は存在する。また，全羅道地域の埴輪がいわゆる倒立技法で製作されている点を根拠に，日本の特定地域の埴輪と結び付ける説もある。ただし，全羅道の埴輪自体を現地の工人が製作したものと考えるならば，あえて技法的な側面を根拠に日本の特定地域と関連付けなくともよいように思われる。
4) ただし，石室は墳丘とは異なり，外からの目に常にさらされるものではない。外部の人間が構造を実見できるのは実際に石室を築造している時に限られ，古墳が完成して埋葬が終わると他者の目には触れられない。従って目視による模倣築造は容易でなく，類似した石室の波及には構造に対する知識を持った人間あるいは設計図の介在が必要であったと思われる（山本2007）。この点において墳丘の持つ可視的な効果とは異なっており，その解釈も墳形やその規模に対する解釈とは切り離して考えなければならない。
5) この結論は直接発掘調査に携わった立場からの意見として尊重すべきである。だが，調査後に復元された古墳は調査前の姿を全くとどめておらず，なぜか古墳3基の連接であることだけを強調した異様なものになってしまった。この整備された山を見て，ここがかつて学史上著名な学術論争の舞台であったことを想像できる者はいないであろう。貴重な韓国考古学の歴史と成果を全く無視した形に変えられてしまったことは極めて残念である。
6) 朝鮮の伝統楽器である長鼓にその形が似ていることに由来する。前方後円墳の通称に「長鼓山」「長鼓峯」などの名称が用いられているのも同様である。
7) かつて民間の機関が百済の中心地域において日本の古墳の源流となる巨大前方後円墳を発見したとの報道がなされたことがあるが，誤認であったことが明らかになっている。社会的背景や墳墓の墳丘に対する当時の人々の認識，葬送儀礼の違いなどを考え合わせると，百済の中央で巨大な墳丘を持つ前方後円墳が発見される可能性は希薄であると考える。
8) 前方後円墳である咸平の新徳古墳に隣接して，次の段階に，官人の墓と推定される百済中央の規格で造られた純百済式の横穴式石室を持つ新徳2号墳が築造されている点は，前方後円墳と百済との関係の一端を示す重要な資料である。
9) その被葬者が活動していた地域は政治的に意味のある場所であった可能性は高いが，海南方山里長鼓峯古墳や咸平竹岩里長鼓山古墳などは当時の海岸線近くに造られており，明らかに海からの眺望を意識している。対内的な政治状況だけでの解釈には限界があろう。

引用・参考文献（特に引用したもの以外，発掘報告書は省略）
東　潮　1995「栄山江流域と慕韓」『展望考古学』　考古学研究会
大竹弘之　2002「韓国全羅南道の円筒形土器」『前方後円墳と古代日朝関係』　同成社
木下　亘　2003「韓半島出土の須恵器（系）土器について」『百済研究』37　忠南大学校百済研究所
慶尚大学校博物館・山清郡　2006『山清生草古墳群』
国立全州博物館　1994『扶安竹幕洞祭祀遺蹟』

湖南文化財研究院・益山地方国土管理庁 2005『咸平老迪遺蹟』
湖南文化財研究院・益山地方国土管理庁 2006『高興訪士遺蹟』
酒井清治 1993「韓国出土の須恵器類似品」『古文化談叢』30（中） 九州古文化研究会
酒井清治 2004「5・6世紀の土器から見た羅州勢力」『百済研究』39 忠南大学校百済研究所
酒井清治 2008「韓国出土の須恵器」『生産の考古学 II』（倉田芳郎先生追悼論文集） 同成社
順天大学校博物館 2002『光陽龍江里遺蹟 I』
趙栄済・柳昌煥 2004『宜寧景山里古墳群』 慶尚大学校博物館
趙栄済他 2000『宜寧雲谷里古墳群』 慶尚大学校博物館
辻　秀人 2006「栄山江流域の前方後円墳と倭国周縁地域の前方後円墳」『百済研究』44　忠南大学校百済研究所
東亜大学校博物館 2005『固城松鶴洞古墳群 第1号墳発掘調査報告書』
朴淳發 2000「百済の南遷と栄山江流域政治体の再編」『韓国の前方後円墳』 忠南大学出版部
朴天秀 2007a『加耶と倭　韓半島と日本列島の考古学』 講談社
朴天秀 2007b『新たに書く古代韓日交渉史』 社会評論
柳沢一男 2002「全南地方の栄山江型横穴式石室の系譜と前方後円墳」『前方後円墳と古代日朝関係』 同成社
山本孝文 2001「伽耶地域横穴式石室の出現背景」『百済研究』34　忠南大学校百済研究所
山本孝文 2007「百済泗沘期石室の設計と構造系統論」『韓国考古学報』63　韓国考古学会
吉井秀夫 2005「栄山江流域の「前方後円墳」を視る目」『歴博』129　国立歴史民俗博物館
林永珍 2004「韓国墳周土器の起源と変遷」『古代学研究』164

武蔵国府の大溝・国司館
——プラウドシティ府中地区の調査成果を中心として——

浅 賀 貴 広

1 はじめに

　今回検討するものは，筆者が調査に参加した武蔵国府関連遺跡プラウドシティ地区で検出した遺構を検討するものである。当地区の報告書は 2008 年 3 月に刊行済みである（滝澤友子ほか 2007）。しかし紙幅・整理期間等の関係で考察など充分に検討できなかった部分があった。推定「国司館」[1]や運河と推定される大溝など重要な遺構が検出された調査であり，この機会にそれら遺構の性格などの検討を行ない，その上でこれらの歴史的な意義にも言及できればと考えている。

2 遺跡の概要及び調査区周辺の状況

　武蔵国府関連遺跡は東京都府中市に所在し，市域の南側を横切っている府中崖線を中心に東西 6 km，南北最大 1.8 km の広がりをもつ遺跡で，古代においてはその名の通り武蔵国府の所在地であり，国衙とその周辺の一連の施設が所在している地域を含んでいる。本遺跡の発掘調査は 1975 年以降 30 年以上，1400 回近い発掘調査が府中市教育委員会・府中市遺跡調査会などにより悉皆的に行なわれている。国府の中心である国庁を含む国衙[2]は，発掘調査の成果から現在の大國魂神社境内東部からその東側に展開していることが確実となっており，その一部が 2008 年に「武蔵国衙跡」として史跡に登録された。国衙だけではなくその周辺の国府の状況も荒井健治氏・江口桂氏・深澤靖幸氏らの研究があり，整理されてきている（荒井 1993・1994・1995・1998・2005・2006・2008，江口 1995・2006a・b，深澤 1995・2003・2005，府中市教育委員会 2006）。国府域内を縦横に通り他地域ともつながる幅員が 6 m，9 m といった大型の道路址や涯線上の立川段丘に分布する漏斗状の掘り込みをもつ大型の井戸址の存在は特筆され，国府が水の得にくい立川段丘上に広がるための重要な施設であるとともに，国府展開の基準となっていると考えられている。その他にも国衙の北西の方向に位置し，二重の区画溝に囲繞され「社」と推定される掘立柱建物址や国府域各地に分布する大型の掘立柱建物址群などに混じり多数の竪穴住居址[3]が存在することなど武蔵国府の特殊性が明らかになってきている。国衙域については 2 条の溝に方形に囲繞される数棟の大型掘立柱建物址が確認されており，それらに壊されている竪穴住居址のうち新しい時期のものが 8 世紀初頭のものであることから，国衙の初現は 8 世紀中頃と推定され（塚原 2008），

その終焉は国衙域に竪穴住居址が構築され，さらに国庁に敷かれていたと推定されている塼が竪穴住居址のカマド芯材などに転用されている例がみられる10世紀後半頃であると考えられている（江口・深澤2006）。遺構の分布状況から，国衙を中心とした東西1.8km，南北1kmが国府の主要な施設が分布している地域であったと考えられている（荒井2008）。国府集落跡では，7世紀末から8世紀初頭に竪穴住居址の数が多くなり，前述した大型井戸址もこの時期には掘削されていることから，この時期から8世紀前半にかけて国府（国衙）建設のための集落が営まれるようになったと考えられている（荒井2008・江口2006b）。

　今回検討するプラウドシティ地区（以下，本地区とする）は，武蔵国府関連遺跡の調査では1347.T次調査とされ[4]，国衙域西側約500mに位置し，府中崖線（立川段丘崖）下の多摩川沖積低地に立地している。本地区の西・南側には市川用水が流れており，本遺跡の境界線となっているため，本地区は広大な武蔵国府関連遺跡の端に位置していることになっている（第1・2図）。

　本地区周辺の多摩川沖積低地では発掘調査例が少なく，かつ調査面積の狭いものが大半であるため，涯線上のように明確となっているとは言いがたい（第2図）。古代の遺構としては404次調査で9世紀末から10世紀初頭の竪穴住居址が2軒調査され[5]，858次調査で同軸の掘立柱建物址2棟とそれを区画すると考えられる柵列が検出されているが時期は不明である[6]。1010次調査でも時期不明であるが掘立柱建物址が調査されている[7]。それに今回検討する702[8]・830次調査[9]が行なわれているのみである。周辺の調査地区の中で目立つ遺構は古代末から中世の所産と考えられる「土師質土器」[10]やカワラケ・常滑甕などが多量に出土する廃棄土坑である。この廃棄土坑は796次[11]・858次・1010次調査で調査されている。特に796次調査では「土師質土器」が出土した土坑が21基確認されている。本地区でも「土師質土器」・カワラケが26口，11口と出土した土坑を検出した。滝澤亮氏は饗宴に伴う廃棄土坑と考えている。本地点付近で饗宴が行われたと考えるのか，本地区付近を廃棄の場として捉えるのかは判断ができない[12]。その他にも435次調査で検出されたM87-SX1は中世の所産と考えられ[13]，594次調査で検出されている井戸址（M87-SE1）は時期不明とされているが形態から中世以降の所産と考えられる[14]。また，1014次調査では建物の掘削深度が遺構確認面に届いていないが，常滑産陶器や土師器，須恵器片とともに白磁片・瓦片が出土している。位置的に今回検討する大溝が調査区内を横切ると考えられ，出土した瓦・白磁片などは関係するものと考えられる[15]。

　その他に現在，本地点の北側を東西方向に走る通称鎌倉街道は，荒井健治氏によって中世まで遡ることが指摘されており，この道路とまったく同じ路線でなくともほぼ重複して古代にまで遡る道路址が付近に存在していると考えられている（荒井1998）。本地区から約800m西側ではこの道路の延長下より幅5mの硬化面と波板状の凹凸面が調査されている（藤木2007）[16]。本地区の南約400mには史跡三千人塚が所在し，本地区の北西約100mには武蔵国造を祭っている大國魂神社の摂社である坪宮が所在している。

　本地区以西約330m間は沖積低地での調査事例はなく，大面積となる471・590・704次調査が行なわれ，古代の集落跡が確認されている（府中市教育委員会ほか1999）。

武蔵国府の大溝・国司館　129

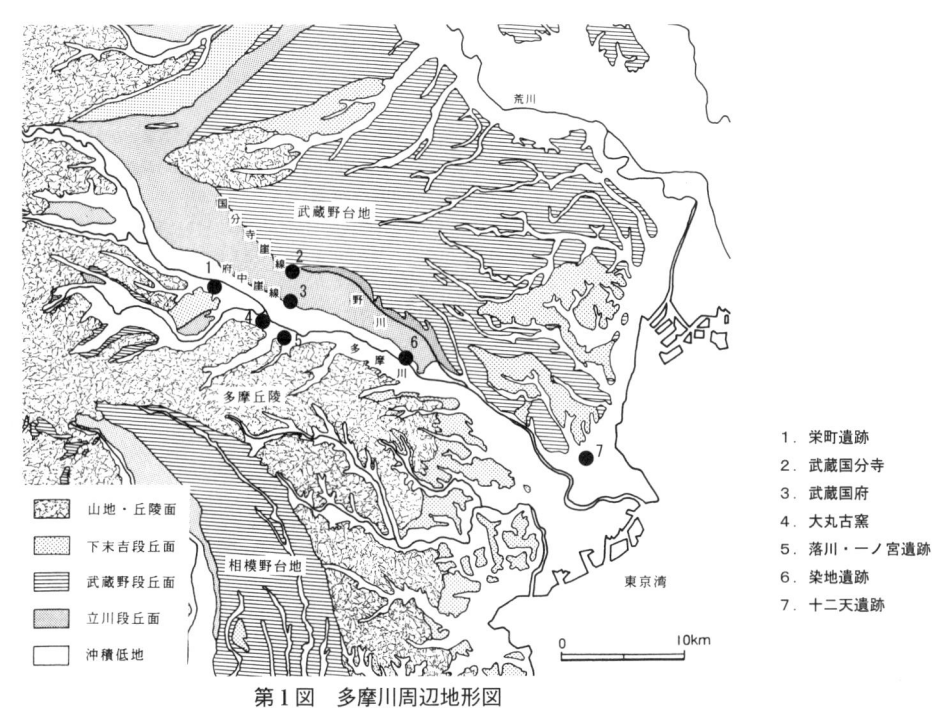

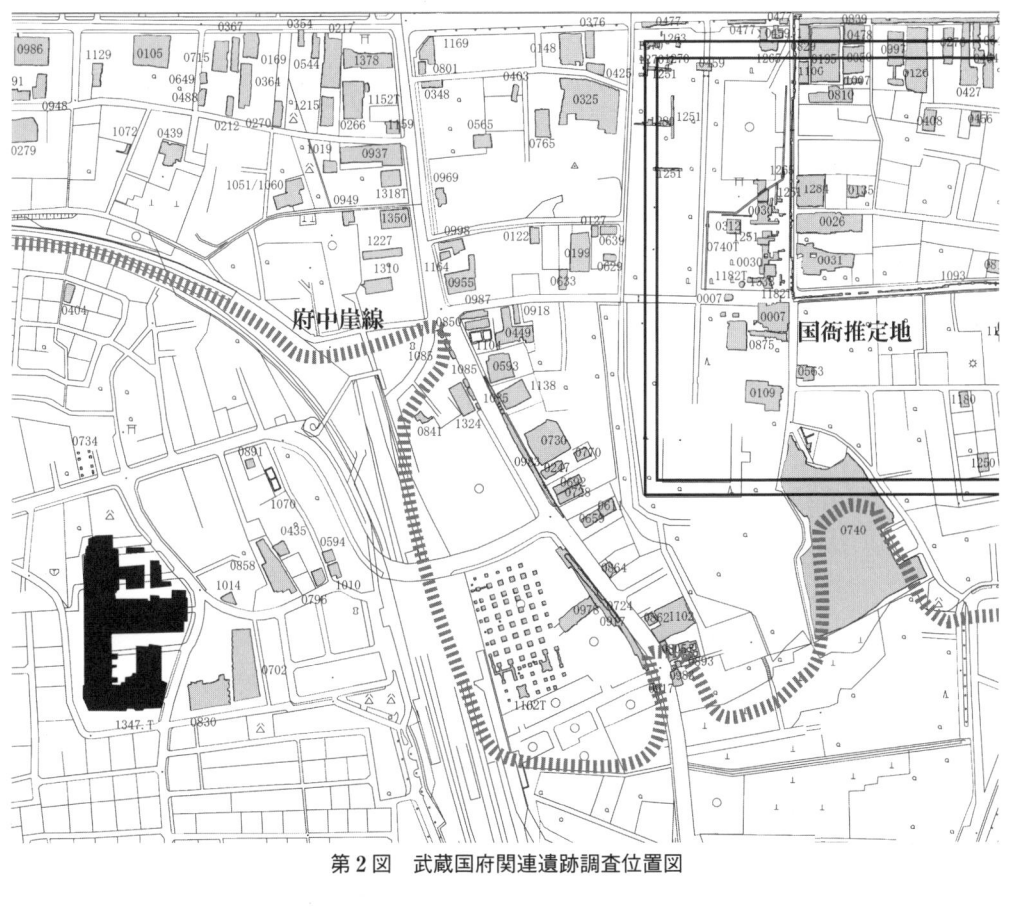

第1図　多摩川周辺地形図

凡例:
- 山地・丘陵面
- 下末吉段丘面
- 武蔵野段丘面
- 立川段丘面
- 沖積低地

1. 栄町遺跡
2. 武蔵国分寺
3. 武蔵国府
4. 大丸古窯
5. 落川・一ノ宮遺跡
6. 染地遺跡
7. 十二天遺跡

第2図　武蔵国府関連遺跡調査位置図

本地区は 4957 m²を調査し，竪穴式住居址 24 軒，掘立柱建物址 5 棟，溝状遺構 19 条などを調査した（第 3 図）。多摩川沖積低地に立地しているため地山層は拳大から人頭大の礫を含むシルト質の土が主体で，粗い砂の部分もあった。南へいくほど礫が大きくなっていき，竪穴住居址などの遺構でも壁面，底面に礫が露出している状態であり，国司館が築かれている部分も同様である。

主要な遺構としては今回検討する M86-SD5 と呼称した大型の溝及び調査地区の南東側の国司館の他に，ほぼ南北方向に直線的に掘削されている大溝 M86-SD2＝M96-SD4 がある。この溝は覆土に砂がラミナ堆積していることや粘土層が堆積していることなどから北から南へ流水があったものと考えている。性格としては直線的であることや流水があったことから用水路としての機能が考えられる。前述した市川用水が本地区の西側を北から南へ流れており，この遺構との関連が窺われる（深澤 2008）。出土遺物は「土師質土器」，龍泉系の青磁などが出土しているほか，漆椀・曲物・板材をはじめとした木製品が多数出土した。本遺構の年代は報告書では 11 世紀後半から 13 世紀までとした[17]。この遺構は深澤氏によって，中世の条里の復元ですでに取り上げられているが推定条里と合致していない（江口 2006・深澤 2008）。基準とした条里痕との時期的な違いであるのか，合わないように配された用水であるのかは今後明らかにすべきであると考える[18]。

本地点において人の活動が見られるのは，出土遺物から言えば，M86-SD5 から出土した須恵器杯身・杯蓋でおおむね 7 世紀中葉の年代が考えられる。その他の遺構では 8 世紀初頭と考えられる M86-SI4・M86-SI9 などの竪穴住居址が構築されており以後遺構が継続的に構築されており土地利用が行なわれていく地である。

本地点と同じく多摩川沖積低地に営まれた遺跡は数多く調査されていて，福田健司氏・服部敬史氏により検討が行なわれている（福田 1996・服部 2004）。同じ武蔵国府関連遺跡内の府中競馬場地区では弥生時代前期末の土器が出土しており離水した時期が早いことを物語っているが，その後は 6 世紀中葉まで遺構が確認されていない。それ以後は継続的に遺構が営まれているが，今回検討する 1347.T 次調査とは JR 南武線が走行する付近を境として土地の傾斜方向が異なるため，同じ府中市内の多摩川沖積低地といっても別の堆積運動によって形成されたと推定されている（府中市教育委員会ほか 2004）。多摩川を下った調布市域では沖積微高地上に染地遺跡が所在している。遺構は古墳時代中期に構築され，奈良時代に竪穴式住居址数が急増する。この遺跡からは剣菱状単弁八葉蓮華文の軒丸瓦を初め古代瓦が出土しているほか，銙帯なども出土しており，古代において有力な集落であったと考えられる（福田 1996）。多摩川の対岸となる南側の日野市域では，落川・一ノ宮遺跡，栄町遺跡など多摩川の支流の低地でも遺跡が営まれている。落川・一ノ宮遺跡は約 58,000 m²を調査した，古墳時代前期から中世までの複合遺跡であり，古代においては，大型の掘立柱建物が構築されるなど拠点的な集落と見られ，調査者の福田健司氏によって詳細な歴史が語られる遺跡である（福田 2004・福田ほか 2004）。この遺跡は武蔵国府の対岸に位置し，国府と密接な関係が想定されている（服部 2004）。

多摩川流域ではないが，大田区の呑川流域の低地に所在する十二天遺跡では 9 世紀代の掘立柱建物群が調査されており，現在も付近に所在している薭田神社と同名の神社が延喜式に記載され

武蔵国府の大溝・国司館　131

M86-SD5

M86-SD2＝
M96-SD4

M86-SD12

M96-SD5

M96-SB7

0　　10m

第3図　武蔵国府関連遺跡プラウドシティ府中地区全体図

ていることから武蔵国荏原郡蒲田郷に関わる官衙遺跡との性格が考えられている（福田1999）。その帰属はともかく，所在地・立地より東京湾の水運に関わる遺跡であったと考えられる。

　これらの遺構はそれぞれの地で離水した時期やその後の環境は異なっていたことは当然と考えるが，微高地上や自然堤防上に位置し水害が起こりにくい地域に位置する等，その周囲でも環境の良い土地であったと考えられる[19]。これらの遺跡は多摩川を利用した活動もしくは低地の土地利用を考える上での重要な資料である。

3　大溝

　本地区のほぼ中央の東西方向の溝状遺構で，M86-SD5と呼称した。規模は上端幅最大約11m，底面幅最大約7.7m，確認面からの深さは約1.4mを測る（第4・6図）。調査区内で約70mを測り，東西共に調査区外に延びている。本遺構の覆土を珪藻分析した結果，陸生と湿地や河川の中下流域などに生息する珪藻が検出されたことから，本遺構が滞水していて，水の流れは緩やかであったことが推測されている[20]。また本遺構は出土遺物の量が多いことが特徴の一つである。図示しえた遺物のみで596点を数え，現地で取り上げ番号を付けた遺物は2700点を超える。量的には須恵器が主体で土師器，瓦，塼，石製品，土製品などが出土した。須恵器は坏・蓋などの供膳具が多量に出土していることと須恵器大甕が複数個体出土していることが特色と言える[21]。出土状態は調査区内の東側の約50m間で拳から人頭大の礫と共に出土していて，西側では分布が希薄である。本遺構が滞水していたことからすると出土遺物は流水で磨耗していると考えられるが，極端に磨耗しているものは確認できなかった。そのため本遺構を埋め戻す際に一緒に廃棄されたものと考えている。出土遺物の接合状況をみると多くは1.5m未満の近距離間であり，3mを超えるものは6例でそのうち10mを超える接合は2例のみであることから，廃棄時に割れたものであると考えている。垂直方向では上層出土遺物と下層出土遺物の接合例があることから埋め戻しの可能性を後押しするものと考えている。

　本遺構の底面近くから須恵器坏身・坏蓋（1137・1319）・蓋（1320）が出土していることからTK217窯式併行期と考えられ[22]，掘削は7世紀中葉には行なわれていたものと考えられる（第5図）。図示した須恵器坏173点のうち，底部を外周へラケズリしているものが105点と大部分を占めている。また，胎土に白色針状物質を含む須恵器は224点中75点を占めていることと胎土に白色針状物質を含む須恵器が多いことから南多摩窯跡群が操業する前の南比企産の須恵器が主体として流通していた時期であることを示し，8世紀後半には前述したような出土状況から埋め戻されていることが考えられる。

　他の国の国府・国分寺でも本遺構と同様な大溝が調査されている。本遺構の性格を推定するために類例として挙げる。

武蔵国府の大溝・国司館　133

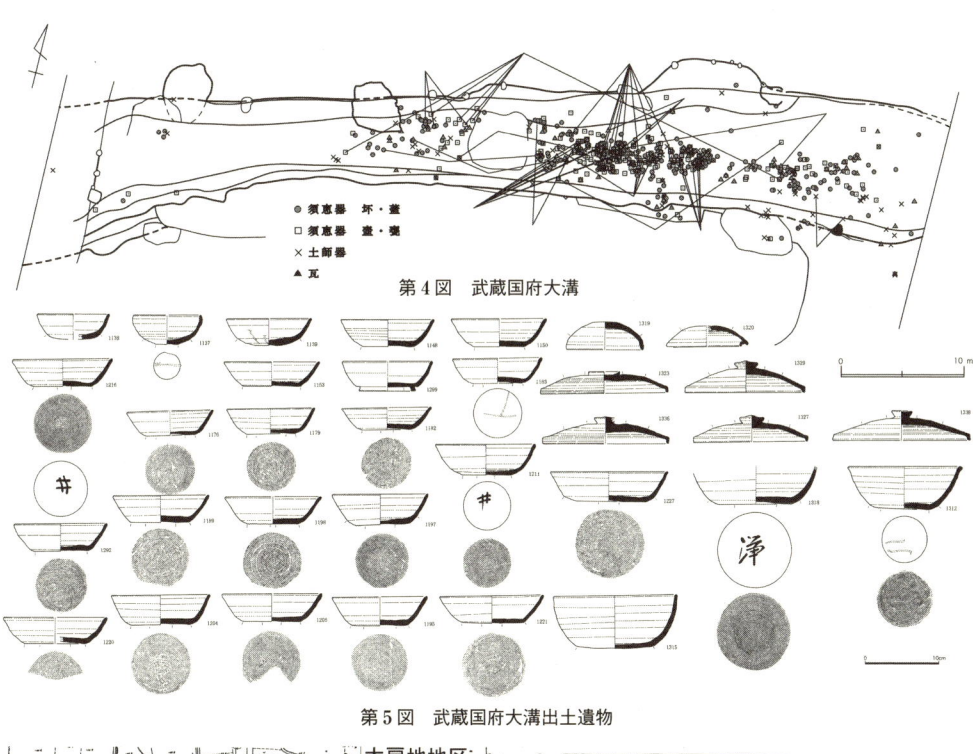

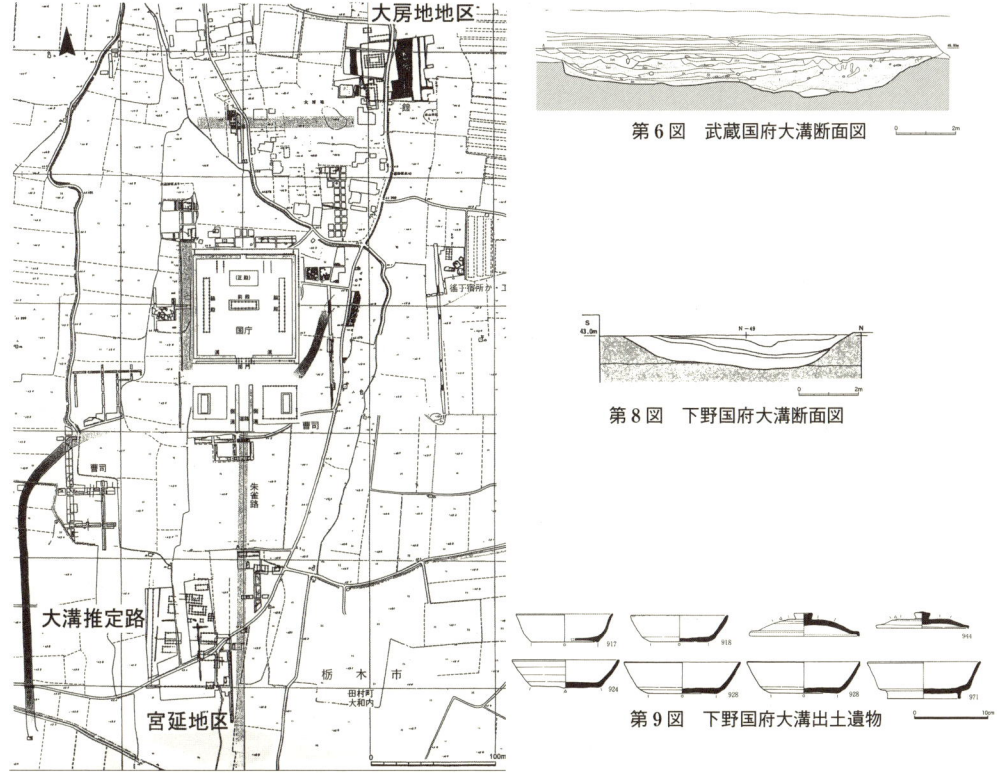

第4図　武蔵国府大溝

● 須恵器　坏・蓋
□ 須恵器　壺・甕
× 土師器
▲ 瓦

第5図　武蔵国府大溝出土遺物

第6図　武蔵国府大溝断面図

第8図　下野国府大溝断面図

第9図　下野国府大溝出土遺物

第7図　下野国府全体図

下野国府（第17・19・23次調査）（第7〜9図）（栃木県文化財事業団 1983）

　下野国府は栃木県栃木市田村町に所在し、関東平野を南流する思川西岸の沖積低地に立地している。過去数十次にわたって発掘調査が行なわれている。現在、国庁正殿推定地には宮目神社が鎮座しているため未調査であるが、その南では左右脇殿、国庁区画施設が調査されているほか、その周辺の諸官衙や道路址などが調査されている[23]。国衙から南へ延びる「南大道」を中心に溝状遺構、道路址、諸区画が方形地割りに沿うように配置されていることが特徴である。遺構の重複関係その他からI〜VI時期に分類され、8世紀から11世紀まで遺構が構築されている。国衙は8世紀中葉のII期からIV期とした9世紀末まで存続している。大溝は国衙の南西でのトレンチ調査で確認され、SD-110・111・130と調査次数によって呼称されている。上端幅約8m、底面幅4m、確認面からの深さ約1.15mを測る。調査位置をつなぐと270m以上を測る。19次調査では「□里正徳」と釈読できる木簡削屑が出土していることから里制が行われていた740年以前には機能していたと考えられ、出土遺物からもI期とされた8世紀前半の遺物が出土している（第9図）。覆土は3層に分けられ、中層は砂と暗褐色土の互層、下層は砂混じりの暗褐色泥質土であることから滞水していたものと考えられる（第8図）。

　また国衙の東側に位置する大溝の5次調査のSD-4及び13次調査のSD-82とつながるとの見解もあるが、未確認である（栃木県文化振興事業団 1987）。SD-4・82の図示されている出土遺物からは9世紀代の所産と考えられ、別の大溝である可能性が高い（第7図）。

　本遺構は、国府成立の時期の遺物が出土し、それ以後は続かないことから武蔵国府関連遺跡の例と同様の性格が想定できる。

相模国府（東中原G遺跡第1地点、新町遺跡第3地点）（第10〜12図）（明石 1993・押木ほか 2007）

　相模国府は神奈川県平塚市に所在し、縄文海退以来の海生・風成による12列の砂州・砂丘が堆積し、その間の窪地が発達する地形の北から3・4番目の砂丘上に立地している（第10図）。国府所在地としては考古学的な成果が挙がってきた約30年前から推定されてきたものの、文献史学や歴史地理学では古代末以降の国府は現大磯町に所在地が移動することや約30kmはなれた海老名市に国分二寺が所在していることなどから、推定地が乱立し二遷説・三遷説が唱えられてきた[24]。明石新氏は考古学的な成果から奈良時代から平安時代まで平塚に国府が所在している説を唱えて来たが、他説を退けるまでにはいたらなかった（明石 1995a・b）。近年平塚市坪ノ内遺跡から国庁脇殿と推定される大型の南北棟が確認され、出土遺物や遺構の重複関係から8世紀代から9世紀代までの国府が所在していることが判明してきた。

　東中原G遺跡・新町遺跡は明石氏が推定する相模国府推定域[25]の西側に位置し、北から3列目の砂州・砂丘上に立地している。

　東中原G遺跡第1地点では上端幅最大約8.2m・底面最大1.4mを測る。調査区内で約31.2m間が調査されている。図示されている遺物からは7世紀後半から8世紀代に機能していたと考えられ、時期不明であるが、竪穴住居址によって壊されている。

武蔵国府の大溝・国司館　135

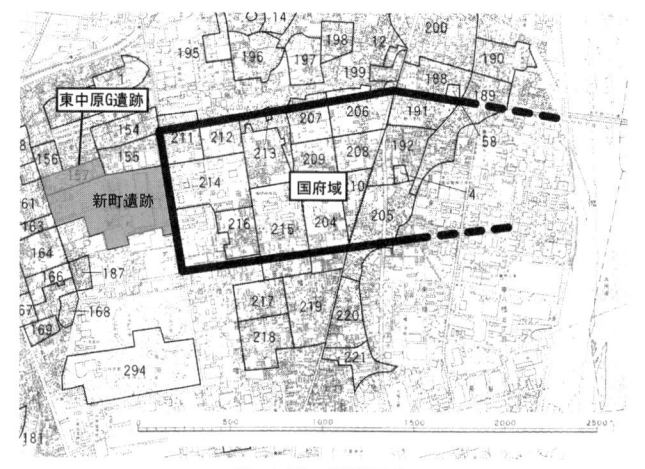

第10図　相模国府

第13図　逆川位置図

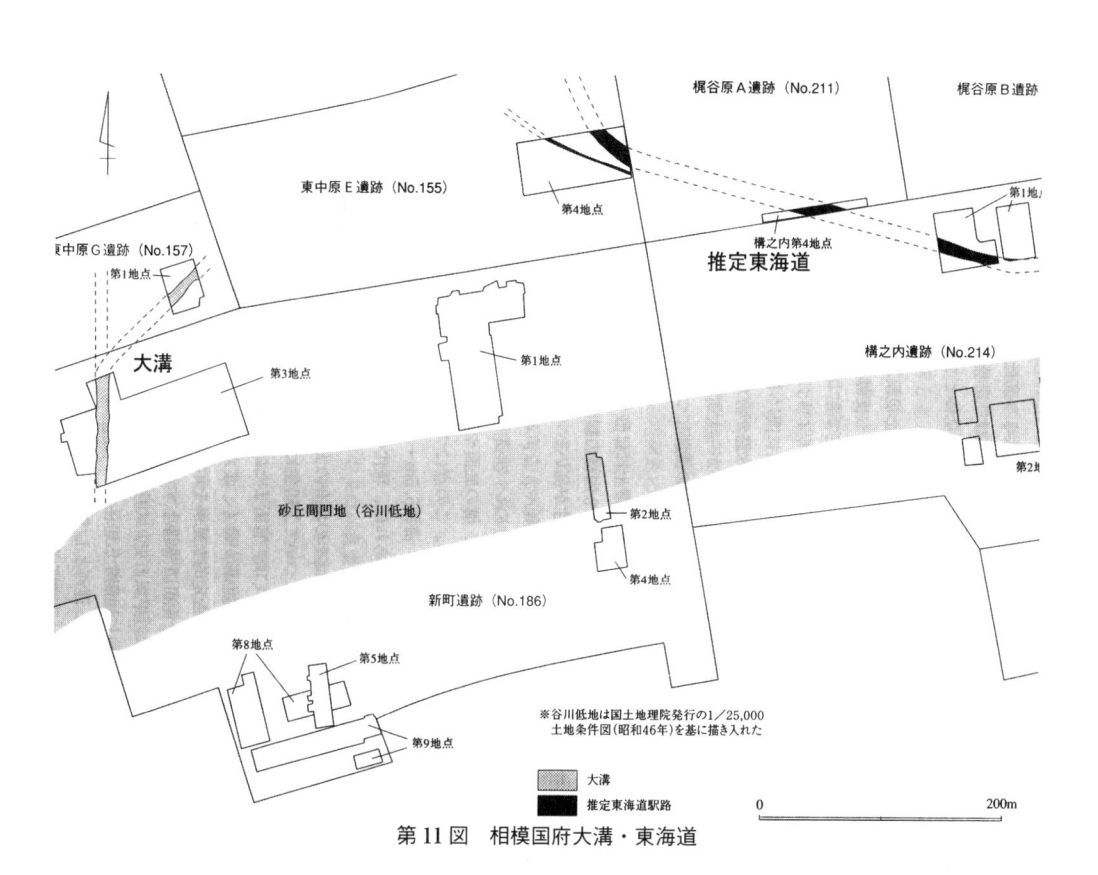

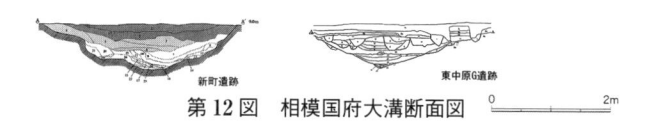

第11図　相模国府大溝・東海道

第12図　相模国府大溝断面図

新町遺跡第3地点では，上端幅最大11m，底面幅最大1.8mを測る。ほぼ南北方向に掘削されており，調査区内で約79m間が調査されている。中層以下では酸化鉄の混入がみられ滞水していた可能性が指摘される。覆土のテフラ分析ではテフラの円磨度が低いことから，早い流水はなかったと報告されている。出土遺物からは7世紀末から10世紀前半まで機能していたと考えられる。調査区内では8世紀前葉から10世紀前半までの竪穴住居址・掘立柱建物址が調査されているが，常に本遺構から約6〜7mの空閑地をとって展開していることから，この溝が公的な性格のもので，竪穴住居址の構築に規制があった可能性が考えられる。しかし東中原G遺跡の大溝は時期不明であるが竪穴住居址に壊され，付近に8世紀から9世紀の竪穴住居址が構築されていることから，様相が少し異なっている。新町遺跡の大溝は南側で西へ開ける砂丘間窪地があり，金目川へ続いていると考えられている。

　両遺跡で確認された大溝は南北に約75mの未調査部分があり，走行方位も異なっているが，押木弘己氏は底面高・断面形状が似ていることから同一の遺構であると指摘している（押木2007）。その場合の検出総延長は200m以上を測る（第11・12図）。

　大溝は国府の西端に位置することから，国衙建設とは別の用途とも考えられ，武蔵国府・下野国府例と異なって存続期間が長いことがそれを示している。隣接する東中原E遺跡・構之内遺跡で東海道と推定される幅9mの道路址が検出されていることから，国衙よりも東海道との関連で考えるべきかも知れない。また明石氏は相模川に津があった可能性があることを指摘している（明石1995b）。確認された推定国庁脇殿は相模川低地側の砂州の縁辺に立地している（No.189遺跡）（柏木2005）ためこの可能性も高い。

相模国分寺（逆川）（第13図）（樋口1953・滝澤ほか1990・須田編1995・滝澤1996）

　神奈川県海老名市に所在する相模国分寺に関わると考えられ，南から北へと現在でも流れている。目久尻川より分水して，国分寺南東の丘陵を掘割し，南東から北西へ流れる用水路である。過去に数回発掘調査が行なわれ，相模国分寺北方の倉庫群付近に階段状遺構が付属し幅が広くなる「船着場」と考えられる部分が調査されていて，国分寺に関わる人工運河であるとされている（樋口1953）。出土遺物は瓦が多量に出土し，完形品も出土したようである（樋口1953）。その他は部分的にトレンチ状の調査であるため詳細は不明であるが，階段状の落ち込みが各調査で確認されている。

　出土している遺物は縄目叩きの瓦片が出土している。現在も用水として機能しており，上層からは陶磁器類が出土しているため，長期に渡っていることが考えられる。

小結

　以上類例を挙げて古代の国家的事業である国府・国分寺に大溝が掘削されていることを挙げた。武蔵国府・下野国府・相模国府ともに国府・国衙が建設される時期かその直前の時期である7世紀中葉から8世紀前半には機能していたことが考えられる。さらに各々異なった要素からだが滞

水していることが確認されている。このような大規模な溝状遺構は運河の他に区画のためや農業用水の基幹水路・自然流路などの性格が想定されてきているが，本遺構は国府近辺もしくは国衙直近に位置することと前述した時期から運河としての機能が推定される。武蔵国府例は終焉が国衙の建設が一段落したと考えられる8世紀後半であることと，多摩川の対岸には国衙の瓦・塼を焼成していた大丸窯が存在していることも運河としての推定を裏付けるものと考えられ，国衙（国府）建設のためという公的な性格の運河であれば廃絶に伴って何かしらの行為があり，それに使用したものを埋め戻しとともに廃棄したと考えた。藤原京でも造営に関わる運河（大溝）が調査されており（田中1984）[26]，古代の国家的な官衙の造営計画には運河，水運が大きな比重を占めていたと考えられる。

武蔵国府では藤原京のように国衙を中心に国府建設のための物資を搬入するための運河と考えるが，相模国府では国府が機能していたと考えられる時間幅で開口していた可能性が大きい。相模国分寺の逆川例も考えると，建設のためのみでなく，その他の物資の流通にも用いられたものもあると考えられる。従来国府は水上交通と陸上交通の結節点に造営されたとの考えがあるが，大溝の存在はさらに密接に両者を繋げるために掘削されたのであろう。大溝が埋め戻されるか否かの違いは掘削される位置がその京なり国府なりの土地利用との関係において変わるものと考えられるし，また一条のみとは決め付ける必要はなく，複数あってもよいと考えているが，労働力等を考慮すると頻繁に掘ったり埋めたりはしていないものと考えられる。

4　国司館

国司館については，文献史学・考古学ともすでに研究蓄積がある。文献史学側では，館の構成や饗宴・私的経営の場であることなどが指摘されている（鬼頭1987）。一方考古学側では，曹司と比較して国司館と決定する決め手が少なく，墨書土器多量の中国製陶磁器・施釉陶器や腰帯具の出土や庭園にかかわると考えられる遣り水状遺構（溝状遺構）の検出などを指標としているが，これらでも必要十分条件とは言えないため国司館に比定されているものは数少なく研究が進んでいない（山中2004）[27]。

本地区で検出した国司館は本地区の南東の一角と過去に調査された702次・830次の調査地区にまたがって調査されている（第14図）。830次調査のM96-SI2から底面に「大館」と墨書された須恵器坏が出土し，702次調査でM97-SI3から5点の京都産緑釉陶器が出土している。そのほか，702次調査では石銙巡方が，本地区から蛇尾の裏金具が出土している。さらに円面硯・猿面硯も出土している。区画施設としてはM96-SD5・M86-SD12・M87-SD3＝M97-SD4の溝により囲繞されており，南側の区画溝は未調査であるため南北規模は不明であるが，東西規模は内側上場の距離は約71〜72mを測り，溝外側上端間では約76〜78mを測る。その他の塀などの区画施設は確認されていない。本来なかったか考古学的に痕跡を探りだせないような施設であったと考えられる。出入り口と考えられる門・橋・土橋等も確認されていない。これらの施設は未調査区

に存在しているものと考えられる。この区画溝の内部には大型の掘立柱建物址群が検出されている。各建物址の柱穴は円形基調の掘方である。中心棟としては2×3間の側柱建物に四面庇がつく東西建物と推定されるM96-SB1・SB7と3×4間以上の南北棟であるM96-SB6が該当すると考えられ、そのほかにM96-SB2・3・4・5の4棟の建物が調査されている。830次調査の図面からは遺構の重複関係から3期以上の変遷があると考えられる。他の建物は不明であるが本地点のM96-SB7では、柱痕跡が確認でき、掘方底面まで達していない。これは沖積地に立地しているため、底面まで地業しなくてはならなかったためと考えられる。区画溝もM86-SD12では上面が既存建物により削平されていたため不明であるが、M96-SD5では断面観察・底面形状より掘り直しが行われていることが確認できる。

　この「大館」は出土遺物から9世紀中葉から後葉にかけて機能していると考えられる。この時期の竪穴住居址が区画の内や至近距離に構築されている。区画内にはM96-SI2・6・11・16・17があり、M86-SI1・M96-SI3・4は出土遺物が公表されていないため時期的に並行するのか否かは不明である。区画外にはM87-SI2・3・M96-7・9・13・18・M97-SI3が存在している。これらの竪穴住居址は国司館が機能していた時期にも機能していたものと考えられる。その根拠としては区画内のM96-SI2は全体図を見る限り四面庇の掘立柱建物址であるM96-SB3の柱穴を壊して構築されていると考えられること、竪穴住居址のカマドが構築されている方向が本地区では西壁にあり、830次調査では東壁となっており、両者ともに館の外側を向いていることが挙げられる。国司館の外側に位置する702次調査の竪穴住居址のカマドも国司館とは反対側の方向に構築されている。また区画内のM96-SI11・16・17は出土遺物からいずれも8世紀末から9世紀前半の年代幅が考えられるが、重複しながらほぼ同一の場所に構築されている。半世紀弱ほどの時間幅で3軒の竪穴住居址が重複して構築されていることとなる。中心部は掘立柱建物を構築する場であるため、竪穴住居址はこの位置にしか構築できなかったのではないかと考えている。このためこの時期から館が構築されていたか、館を建設する計画があったものと考えられる。

　区画外のM87-SI2は中央部に粘土を充塡した炉が確認されているため、特殊な使用があったと考えられ、M87-SI3のカマドから2点のM97-SI3からは3点の礫支脚が出土しているため、国司館に伴う厨として考えられている[28]。

　前述したように国司館と比定されているものは数少ないが、関東内[29]では武蔵国府関連遺跡で田中広明氏が指摘している1例がある他は下野国府で2例が調査されているのみである。

武蔵国府関連遺跡府中駅南口第二地区（府中市教育委員会ほか1996)[30]

　調査区全体に撹乱が入り、中世以降の遺構も数多く構築されているため、古代の遺構の依存状況は良くない。施釉陶器や「多研」銘墨書硯、鍍金腰帯具が出土した事により推定されたものである（田中2003)。武蔵国府の推定国衙の直ぐ北に隣接するものと考えられ、国庁から北へ延びる南北道路の西に接し四脚門とされる1×1間の掘立柱建物があり、内側に四面庇掘立柱建物址を含む掘立柱建物址群が分布している。その東隣の調査区では「守」「目」銘墨書土器が出土し

第 14 図　武蔵国府国司館全体図

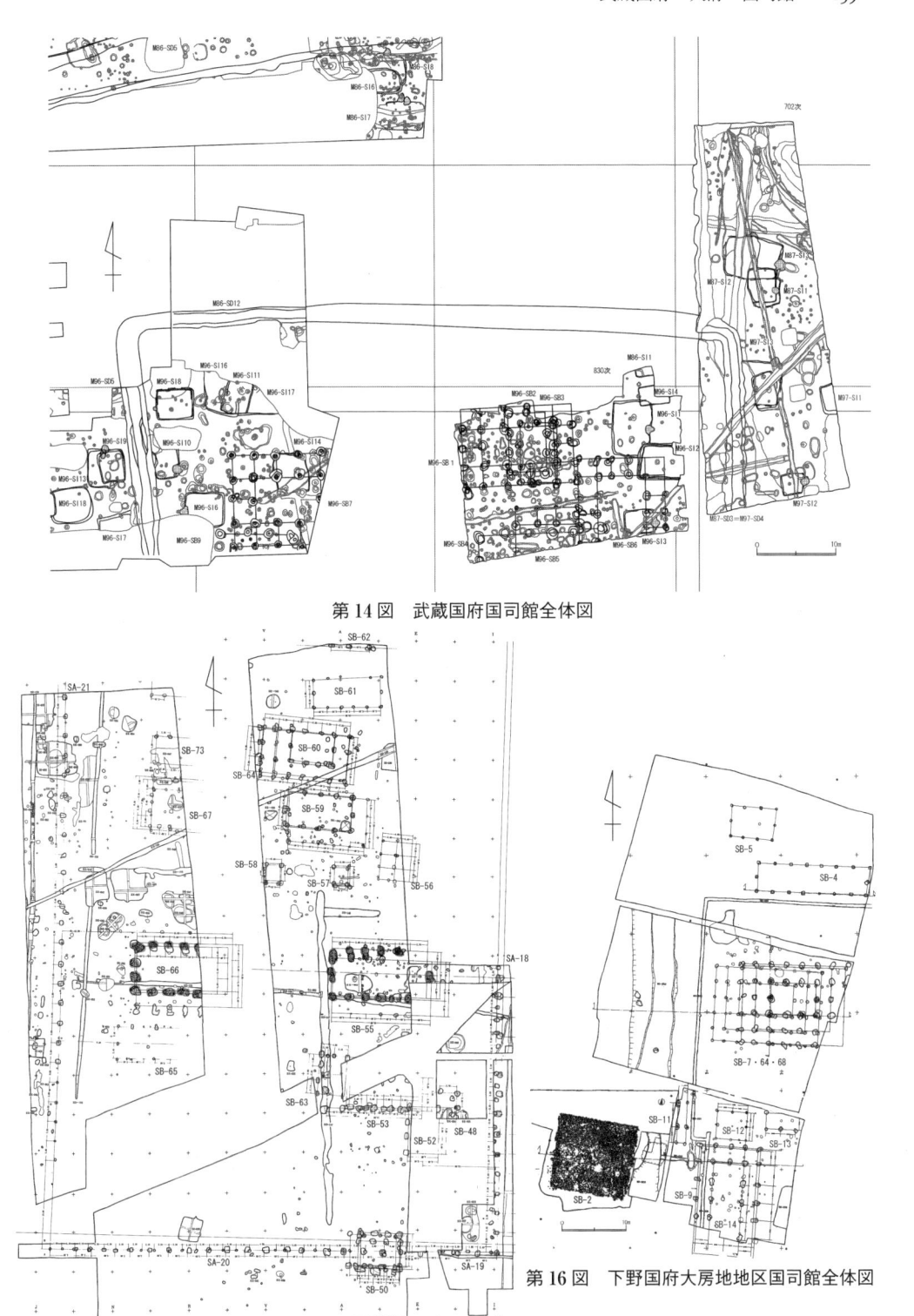

第 15 図　下野国府宮延地区国司館全体図

第 16 図　下野国府大房地区国司館全体図

ているが,「南曹」銘墨書土器も同地点から出土しているため，曹司の可能性も考えられる。国衙の直北という位置からも注目すべき位置である。

下野国府跡宮延地区（第15図）（栃木県文化振興事業団1985）
　下野国庁から南へ延びる南北道路の西側に隣接して南北約100m東西約70mを掘立柱塀で囲繞した内に三面庇の大型建物址を中心とした建物址群が下野国府跡の第22・25～27次調査として調査されている。「介」墨書土器が出土しており、国司館に比定されている。国庁からは約280m南に位置している。館の存続期間は4期の変遷が捉えられており、8世紀後半から10世紀初頭まで機能していたと考えられる。中心建物と考えられるSB55・66で4回の重複があり、掘立柱建物から礎石建物への変化が確認されている。その他の建物址でもほぼ同位置で建て替えが認められる。終焉の時期である10世紀初頭は下野国庁の終焉時期とほぼ同時期であるのは興味深い。

下野国府跡大房地区（第16図）（栃木県教育委員会ほか1981）
　下野国庁の北東に位置する。下野国府跡の2・3次調査として調査されている。多量の施釉陶器や鑓水状の溝状遺構などが調査されており、四面庇に南側に孫庇を設けた建物が調査されている。この建物は2回の変遷があり、掘立柱建物から礎石建物へと建て替えられている。西側の石敷き遺構はこの中心建物がなくなったあとに出現すると考えられ、報告書では建物の基礎と考えられ、田中氏は祭祀的な施設と考えている（田中2003）。存続期間は10世紀以降で、国庁が終焉したのちに出現している。そのため、国衙が移動したとも考えられており、9世紀代までの国司館とは性格がことなるものと考えられる。

小結
　内容が比較的判明している武蔵国府内の本地区周辺（以下「大館」）と下野国府宮延地区（以下「介館」）とを比較してみると、施設自体が違うことは当然であるが、「介館」では長期に渡りほぼ同じ建物配置で4回変遷するのに対し、「大館」では別の位置に建て替えている。また「大館」では館の内部および至近距離に竪穴式住居址が構築され、一定の機能を分掌しているものと考えられるのに対し、「介館」では未調査区にある可能性は否定できないが、竪穴住居址は見られない[31]。この点は国府全体でも方形の地割りが認められ、竪穴住居址がほとんど調査されていない下野国府と竪穴住居址が数多く調査され、方形地割りは認められない武蔵国府といった特徴を反映しているものとも考えられる。
　「大館」の位置を違えた変遷や短期間で廃止されることは『続日本紀』及び『類聚三代格』でみられるような新任国司による館内の改築・新築などが行なわれていたとも考えられる。
　館は機能としては国司が任期中に滞在する宿舎であり、饗宴の場としても良く知られるほか国司の私的経営の場としての機能が言われている。しかし、いずれの例も内部に倉庫と推定される

ような総柱の建物址は確認できていないが，1×1 間の掘立柱建物址は小型の倉庫として想定されるが，鬼頭氏が述べるような大規模な私的経営はこの場所では行なわれていないと考える。また，館の中に構築された竪穴住居址の性格としては，国司館の機能の一部を担っていたものか，館の造営・修造に関わるものであったと考えられる。造営・修造に関わるものであった場合は，沖積低地であることから，この付近以外に竪穴住居址を構築できなかった可能性も考えられるが，それぞれの国司館の利用の違い・認識の違いを示すものと考えられる。国府域でも武蔵国府では竪穴住居址が数多く調査されているのに引き換え下野国府では数十棟調査されているのみである。調査面積の問題もあるが，総体として下野国府では竪穴住居址が少ないのではないかと考えている。国府の地割りも下野国府では 108 m 毎に方形に組まれていることから，国によっての違いが国司館にも反映しているものと考えられる。

　国司館の様相は各国の様相と任命された国司が受領であるのか遙任であるのかにも関わるものであると考えられる。国毎に様相が違っているのであれば平安時代に在庁官人と呼ばれるような在地の人々の「「国」の世界の秩序」により変わるものと考えられる（鐘江 1994）。

5　まとめ

　古代においては水上交通を用いていることは指摘されていたが，律令などにおいて規定はなく，陸上交通の補助的なものであるとされてきた（中村太一 1994・1995）。諸氏が唱えるように物資の輸送などには，人力・畜力による陸上交通よりも船などによる水運が有利なのはいうまでもない。国府の立地，選定にも陸上交通だけではなく，水上交通も加味されているとの指摘もあるが，あくまでも推定の域を脱し得なかった。それは考古学的な遺構によって立証されたものではなく，国府が海・河川に近いと言った地理的なことや「コウヅ（国府津）」といった地名から想定されているからである。本論で述べたように国府付近で古代の大溝が確認されることにより，水上交通を積極的に認められるものと考えられる。武蔵国府では大溝の成立が東山道武蔵路とほぼ同時期であることと，相模国府での東海道との距離的な関係から東海道・東山道との関係が窺われ，水上交通もこれら駅路，陸上交通との関係で捉えていくべきものと考えられる。今後本地区の周辺で物資の集積を示すような遺構が調査されることになれば運河としての機能を確実視できるものと考えられる。

　武蔵国府の大溝で問題となるのは掘削時期が 7 世紀中葉以前まで遡ることである。武蔵国府では国府建設のためと考えられる竪穴住居址すら構築されておらず，この時期に建築されたのは「東山道武蔵路」のみとなる（荒井 1995・江口 2006a・b）。この「東山道武蔵路」は埼玉県所沢市に所在する東の上遺跡で西側側溝から人為的に埋められたような状態で出土した須恵器より 7 世紀第 3 四半期に開通していたのと調査成果があり（根本 2002）[32]，本遺構とほぼ同時期に開通していた「東山道武蔵路」は国分寺市・府中市内でも発掘調査で確認されており 4 期の変遷が捉えられている。第 1 期は 12 m 幅で両側溝が掘削され，一番規模の大きな時期であり，7 世紀第 3

四半期には掘削されていたと考えられている。この側溝は埋没し掘り返しも行なわれていないようで，8世紀後半の竪穴住居址に壊されていることが確認されている（塚原1997）。しかし側溝上面でも硬化面が確認されているので道路として機能していたものと考えられる（第2期)[33]。再び道路の両側に幅9mの側溝が掘られる（第3期）。この第3期の側溝は国分寺市の日影山遺跡で第1期の両側溝を逸脱しないように掘削されていることが判明しているので，引き続いて道路として認識されていたことが窺える。第4期の終焉は，10世紀末から11世紀代と考えられている。大溝と「東山道武蔵路」は初現が同じ時期で，片方は埋め戻され，片方は道路範囲内に竪穴住居址が進出してくるなど8世紀後半にその機能が衰退するという共通点が挙げられる。8世紀後半と言えば，文献的には宝亀二（771）年の武蔵国の東海道への編入が一致するが，「東山道武蔵路」は側溝が再び掘り直され機能するので，実際の交通路がどの程度変わったかは不明であるため，大溝の廃絶をこれと安易に結びつける必要はないと考えられるが，相模国との交通を考えれば多摩川を渡る必要があるため渡河地点が変わったためともと考えられる。ここではその廃絶の理由については明らかにできないが，やはり国府建設が一段落し，国衙周辺に大溝が必要なくなったために埋め戻されたのではないかと考えられる。

　武蔵国府で7世紀中葉といえば上円下方墳である武蔵府中熊野神社古墳が築造された時期と重なり興味深い。荒井氏は古墳の被葬者を「国府をこの地へ導いた方」と推定している（荒井2005）。しかし，古墳・道路・運河の3種の土木工事を行った人々や古墳の被葬者はどこに居住していたのであろうか。今後の調査成果に期待したい。

　国司館については類例が少ないため断定的なことは言及できなかったが，武蔵国府の特徴として館内部もしくは至近距離に構築された竪穴住居址が一定の機能を有していた可能性があることを指摘した。国司館が本地区周辺に所在した意味について荒井健治氏は大溝の性格を運河とし，本地区での埋め戻しの後も付近に流通のための施設があったと推定し，後代の国司館が関わっているとの推定をしている（荒井2008）。しかし国司の「仮の住まい」である国司館に恒常的に付属するとは考えにくく，それよりも氏が指摘するように，低地を活かした景観や国衙や多摩川を利用した交通の便との関わりの方が本地区周辺に国司館が構築された理由として大きいと考えられる。しかし，建物が同位置で建替えられないことや出土遺物からは9世紀半ばから後半との短期性が窺われる。その前後の時期の国司館やその他の国司館の位置が気になるところである。

　今後残存部分の発掘調査及び既調査でも正式報告書が刊行されることにより異なった考えができるかも知れないが，現段階での成果である。国府が一様に捉えられないことはいくども指摘がなされてきていたが，ひとつの要素においてもそれがより明らかになったものと考えている。

　本論を書くにあたって滝澤　亮氏には，多くのご助言と文献を紹介していただいた。押木弘己氏には新町遺跡の報告書をお送りいただいた。また文献探査に伊藤貴宏氏のお手を煩わせた。現地調査・資料整理中および本論を執筆時に多くの方々にご教示・ご指導いただいた。お名前は省略させていただくが感謝いたします。

本論に誤りがあるとすれば私の勉強不足のためであり学兄・先学の皆様のご叱正をいただければ幸いです。

竹石先生・澤田先生，両先生の益々のご健康とご活躍を祈念いたしまして本論を捧げさせていただきます。澤田先生には本地点の現地調査の際に数回に渡って現場でご指導いただいた。今後ともご指導お願いいたします。

註

1) 区画をもつ「国司館」と推定される遺構群である。(以後は「 」抜きで国司館と標記する。)
2) 国府・国衙・国庁の語は様々な定義があるが，山中敏史氏の定義に則る。(山中 1994)
3) 近年「竪穴建物址」という呼び方が出てきているが，従来から使用されている「竪穴住居址」を用いる。
4) 武蔵国府で行なわれる調査には，建築予定建物に因んだ地区名のほか，調査次数が付されている。本来ならば地区名で呼称することが適当と考えられるが，煩雑となるため，調査次数で呼称する。
5) 府中市教育委員会・府中市遺跡調査会 2004「1. 本町住宅地区（404 次調査）」『武蔵国府の調査』27
6) 府中市教育委員会・府中市遺跡調査会 2004「38. ボニータ府中地区（第 858 次）」『武蔵国府の調査』25
7) 府中市教育委員会・遺跡調査会 2001「17. CUBE 103 地区（1010 次調査）」『武蔵国府の調査』19
8) 府中市教育委員会・府中市遺跡調査会 2007「38. 朝日シティパレス府中地区（第 702 次）」『武蔵国府の調査』36
9) 府中市教育委員会・府中市遺跡調査会 2004「6. 都民住宅ヴェルドミール府中地区（第 830 次）」『武蔵国府の調査』25
10) いわゆるロクロ土師器・(須恵系)土師質須恵器などと呼ばれている古代末から出現する土器群である。
11) 府中市教育委員会・府中市遺跡調査会 2005「19. サンスリー・本町地区（第 796 次調査）」『武蔵国府の調査』35
12) 本地区の西側約 700 m の 671 次調査などでもこの種の廃棄土坑は調査されており，多摩川沖積低地での特徴といえよう。
13) 府中市教育委員会・府中市遺跡調査会 2004「27. Casa de La Esperanza 地区（435 次調査）」『武蔵国府の調査』27
14) 府中市教育委員会・府中市遺跡調査会 2005「69. 本町接骨院地区（594 次調査）」『武蔵国府の調査』31
15) 府中市教育委員会 2001「21. 和田　孝充宅地区（1014 次調査）」『武蔵国府の調査』19
16) 本文献及び（荒井 2008）ではこの道路は直線的で，国衙の南へいたる道と推定されているようである。
17) この時期幅は大きいと考えられるが，底面からの良好な出土遺物がなかったこととこの時期の「土師質土器」の年代比定がまだ不安定であり，あえて時期幅を持たせている。実際にはここで述べるような 250 年以上という長期に渡って機能していたとは考えていない。
18) 深澤靖幸 2008 の第 2・8 図では条理の中心を通っているようにもみられる。
19) 福田健司氏は落川・一ノ宮遺跡において自然堤防に人工的な盛土を行ない補強していることを指摘している。(福田健司 1996・福田 2008 に再録)

20) 分析した資料は本文で述べているように埋め戻しに使われた土である可能性も考えられる。その場合は，周辺の多摩川沖積低地の土の特徴がでている可能性も考えられる。しかし，立地しているのが多摩川沖積地であることや，調査中の雨の時は水が溜まる状況であったので滞水していたものと考えられる。また流れが緩かったことは調査区東西での底面の比高差がほとんどないことが挙げられる。周辺の地形の状況やわずかに西側の底面が低いことから東から西へ流れがあったと考えられる。多摩川とも本地区の西側で合流するものと考えている。

21) 整理作業を行い，定性的なカウントは行なえなかったが十数個体以上は出土していると考えられる。報告書で図示したものは紙幅の関係で完形率の高いもののみを行なった。

22) 1137 は蓋であった可能性も考えられる。しかし法量的には坏 H と坏 G が出土する時期にあたるものであると考えられる。

23) 深澤氏は「ミヤノメ」に近い音の神社が国庁推定地に鎮座していることを指摘している。武蔵国府宮之咩神社，上野国府宮鍋神社などが挙げられる。(深澤靖幸 2002)

24) この相模国府の研究史については岡本孝之氏が整理している。(岡本 2005a・b)

25) 岡本孝之氏はもっと広い範囲を想定すべきだと提言している。(岡本 2005a)

26) 本論執筆中の 2007 年 9 月に藤原京で 2 本目の運河跡が調査されている。

27) 主な研究に坂井秀弥氏，田中広明氏の研究がある。

28) なお M87-SI3 は支脚の配置から 4 つあった可能性が指摘されている。(府中市教育委員会・遺跡調査会 2007)

29) 林陸朗氏は「坂東」という語が「東海道・東山道という官道に基づく区分をこえて，足柄坂より東と碓氷峠より東の地域的まとまりを指す語であり，征夷の兵站基地的な地域として把握されていた」ということを指摘し古代においても文化的にまとまりがあると考えられている (林陸朗 1999「国府と国庁・国衙・館」『幻の国府を掘る』P17)。とともに国司館と推定されている例として宮城県多賀城山王遺跡千刈田地区や多賀城館前遺跡，多賀城市川遺跡，肥前国府，筑前国府などであるが蝦夷や朝鮮・隼人とのかかわりが濃い地域であるため，築造の目的が異なる可能性があるため今回は取り上げなかった。

30) 武蔵国府内の調査では 313・389・465・494・508・510・711 次調査に当たる。

31) 「介館」の調査で竪穴住居址は 3 軒調査されている。時期的には「介館」が成立する直前の時期のもので，館を建設するものと推定されている。また覆土の断面観察により，埋め戻されているとの指摘もされている。

32) 早川　泉氏は「一遺跡一地点の資料だけでこの道路遺構の年代を決めてしまうには派生する問題が大きすぎる」と警鐘を鳴らしている。(早川　泉 1997)

33) 早川氏は II 期道路は踏み分け道とかわりなく，直線的痕跡を残した側溝上を歩いたものと考えている (早川 2006)。しかし，III 期に再び側溝が構築されることなどを考えると継続して主要道路として機能していたと考えたい。

引用・参考文献

明石　新 1993「第 5 章　東中原遺跡第 1 地点の調査成果」『新町遺跡他発掘調査報告書』　三共株式会社・平塚市教育委員会

明石　新 1995a「発掘から見た相模国府」『国史學』156 号　国史学会

明石　新 1995b「相模国府域の様相」『考古論叢神奈河』第 4 集

明石　新　2002「相模国府関連遺跡群」『坂東の古代官衙と人々の交流』　埼玉考古学会
明石　新　2003「相模国府と古代寺院」『平塚市史11下　別編考古(2)』　平塚市
荒井健治　1993「国府（集落）"域"存在の可能性について―武蔵国府西側部分の事例から―」『東京考古』
　　11　東京考古談話会
荒井健治　1994「武蔵国府にみられる国分寺造営の影響」『古代王権と交流2古代東国の民衆と社会』　名著
　　出版
荒井健治　1995「武蔵国庁周辺に広がる集落」『国史學』156号　国史学会
荒井健治　1998「国府周辺の交通路―武蔵国府の古代・中世―」『東京考古』16　東京考古談話会
荒井健治　2005「武蔵国府の集落構造」『古代東国の考古学』　大金宣亮氏追悼論文集刊行会
荒井健治　2006「竪穴建物と「刀筆の吏」」『考古学の諸相II』　坂詰秀一先生古稀記念会
荒井健治　2008「古代武蔵国府を復元する」『文化財の保護』第40号　東京都教育委員会
板野晋鏡　1997「西国分寺地区の道路遺構―武蔵国分寺跡北西地区の遺跡―」『古代文化』第49巻第8号
　　古代學協會
板橋正幸　2007「下野国府跡」『上神主・茂原官衙遺跡の諸問題』　栃木県考古学会
今井　堯　1997「入間地域の幹線道路・駅家・郡家」『多摩のあゆみ』第88号　財団法人たましん地域文化
　　財団
江口　桂　1995「古代武蔵国府跡研究の成果と課題」『国史學』156号　国史学会
江口　桂　2002「武蔵国府の景観と人々の交流」『坂東の古代官衙と人々の交流』　埼玉考古学会
江口　桂　2006a「武蔵国府の景観と国府の民」『新編　武蔵国府のまち　府中市の歴史』　府中市教育委員会
江口　桂　2006b「武蔵国府・国分寺の景観と人的構成―竪穴建物群の検討を中心に―」『考古学の諸相II』
　　坂詰秀一先生古稀記念会
海老名市教育委員会・相模国分寺遺跡調査会　1990『相模国分寺関連遺跡　2』
押木弘己ほか　2007『新町遺跡第3地点B地区発掘調査報告書』　有限会社鎌倉遺跡調査会
岡本孝之　2005a「相模国府研究史の諸問題」『論叢古代相模』　相模の古代を考える会
岡本孝之　2005b「相模伊勢原説とその周辺」『古代東国の考古学』　大金宣亮氏追悼論文集刊行会
小野一之　2008「武蔵国の東歌について」『府中市郷土の森博物館紀要』第21号　府中市郷土の森博物館
柏木善治　2005「平塚市湘南新道関連遺跡」『第29回神奈川県遺跡調査・研究発表会発表要旨』　神奈川県
　　考古学会
鐘江宏之　1994「平安時代の「国」と「館」―地方における権威をめぐって―」『城と館を掘る・読む―古
　　代から中世へ―』　山川出版社
鬼頭清明　1987「国司の館について」『国立歴史民俗博物館研究報告　第10集』　国立歴史民俗博物館
木村　等　1987「下野国府跡の発掘調査について」『古代を考える45下野国府跡の検討』　古代を考える會
国立歴史民俗博物館　1987『国立歴史民俗博物館研究報告第10集　共同研究「古代の国府の研究」』
国立歴史民俗博物館　1989『国立歴史民俗博物館研究報告第20集　共同研究「古代の国府の研究」(続)』
古代學協會　1997「特輯　東山道をさぐる」『古代文化』第49巻第8号
古代を考える會　1987『古代を考える45下野国府跡の検討』
埼玉県県民部県史編さん室　1987『坂東八箇国国司表』
埼玉県考古学会　2002『埼玉考古学会シンポジウム　坂東の古代官衙と人々の交流』　埼玉考古別冊6
坂井秀弥　1994「庁と館，集落と屋敷―東国古代遺跡にみる館の形成―」『城と館を掘る・読む―古代から中

世へ―』 山川出版社
杉浦由恵 1997「武蔵国分寺と国府の間」『古代文化』第49巻第8号　古代學協會
須田　誠編 1995『相模国分寺関連遺跡3』 海老名市教育委員会
滝澤友子ほか 2008『武蔵国府関連遺跡調査報告　プラウドシティ府中建設に伴う事前調査』 野村不動産株式会社・株式会社盤古堂
滝澤　亮 1996「逆川と相模国府の謎」『水辺からのレポートⅢ 相模川水の旅』 川とみず文化研究会
滝澤　亮ほか 1990『相模国分寺関連遺跡2』 海老名市教育委員会・相模国分寺遺跡調査会
田熊清彦 1987「下野国府跡出土の遺物について」『古代を考える45 下野国府跡の検討』 古代を考える會
田熊清彦 1988「下野国府小考」『考古学叢考　中巻』 吉川弘文館
田中広明 1992「郡家造営事始め」『研究紀要』第9号　埼玉県埋蔵文化財調査事業団
田中広明 2003『地方の豪族と古代の官人―考古学が解く古代社会の権力構造―』 柏書房
田中広明 2006『国司の館―古代の地方官人たち―』 学生社
田中広明 2007「地方官衙の「館」と豪族の居宅」『古代豪族居宅の構造と機能』 奈良文化財研究所
田中　琢 1984『古代日本を発掘する3 平城京』 岩波書店
塚原二郎 1997「武蔵国府と古代道路」『古代文化』第49巻第8号　古代學協會
塚原二郎 2008「武蔵国衙跡発掘調査の現状と成果」『文化財の保護』第40号　東京都教育委員会
寺村光晴ほか編 1999『幻の国府を掘る　東国の歩みから』 雄山閣
栃木県教育委員会編 1981『下野国府跡Ⅰ・Ⅱ』 財団法人栃木県埋蔵分化振興事業団
栃木県教育委員会 1983『下野国府跡Ⅴ』
栃木県文化振興事業団 1985『下野国府跡Ⅵ』
栃木県文化振興事業団 1987『下野国府跡Ⅶ 木簡・漆紙文書報告』
栃木県文化振興事業団 1988『下野国府跡Ⅷ 土器類調査報告』
中村太一 1994「古代東国の水上交通―その構造と特質―」『古代王権と交流2 古代東国の民衆と社会』 名著出版
中村太一 1995「東国国府の立地と交通路」『国史學』156号　国史学会
中村順昭 1995「律令制下の国府とその職員」『国史學』156号　国史学会
中村順昭 2006「八世紀の武蔵国府と在地社会」『史叢』第74号　日本大学史学会
中山毎吉・矢後駒吉 1924『相模國分寺志』 海老名村（1980年に名著出版より再版）
根本　靖 2002「東山道武蔵路と交通施設」『坂東の古代官衙と人々の交流』 埼玉考古学会
服部敬史 2004「古代多摩地域の低地集落とその背景」『古代文化』第56巻第7号　古代學協會
鳩山窯跡群調査会・鳩山町教育委員会　1989『鳩山古窯群』Ⅰ・Ⅱ
浜田晋介 1997「多摩川低地の遺跡について（序説）」『川崎市市民ミュージアム紀要』第10集　川崎市市民ミュージアム
早川　泉 1997「武蔵路の素顔―遺構はなにをおしえてくれるか―」『多摩のあゆみ』第88号　財団法人たましん地域文化財団
早川　泉 2006「古代道路二題」『考古学の諸相Ⅱ』 坂詰秀一先生古稀記念会
樋口清之 1953「「さかさ川」の謎」『発掘』 學生社
深澤靖幸 1995「国府のなかの多磨寺と多磨郡家」『国史學』156号　国史学会
深澤靖幸 2002「国庁跡に建てられた社―ミヤノメ神社小考―」『府中市郷土の森紀要』第15号　府中市郷

土の森博物館

深澤靖幸 2005『古代武蔵国府』 府中市郷土の森博物館

深澤靖幸 2008「武蔵府中における条里地割の基礎的研究」『府中市郷土の森博物館紀要』第21号 府中市郷土の森博物館

福田健司 1996「多摩川中流域における沖積地の開発」『帝京大学山梨文化財研究所研究報告』第1集 帝京大学山梨文化財研究所

福田健司 2004「落川・一ノ宮遺跡の集落変遷―東国古代集落の形成と解体過程の一側面―」『古代文化』第56巻第7号 古代學協會

福田健司 2008『南武蔵の考古学』 六一書房

福田健司ほか 2004「落川・一ノ宮遺跡を考える―多摩の古代～中世をめぐって―」『東京考古』22 東京考古談話会

福田信夫 1997「武蔵国分寺と古代道路」『古代文化』第49巻第8号 古代學協會

福田 良 1999『十二天遺跡発掘調査報告書』 十二天遺跡発掘調査団

藤木 海 2007「東京都府中市武蔵国府関連遺跡の道路遺構」『考古学ジャーナル』566 ニュー・サイエンス社

府中市教育委員会 2006『新編武蔵国府のまち 府中市の歴史』

府中市教育委員会・府中市遺跡調査会 1999『武蔵国府関連遺跡調査報告書16 府中東芝ビル建設に伴う事前調査』

府中市教育委員会・府中市遺跡調査解 2001『武蔵国府の調査19』

府中市教育委員会・府中市遺跡調査会 2002『都営府中宮町三丁目団地発掘調査概報』

府中市教育委員会・府中市遺跡調査会 2004『武蔵国府の調査25』

府中市教育委員会・府中市遺跡調査会 2005『武蔵国府関連遺跡調査報告35』

府中市教育委員会・府中市遺跡調査会 2007『武蔵国府の調査36』

府中市教育委員会・府中市遺跡調査会 2006『武蔵国府関連遺跡調査報告37』

ふるさと歴史シンポジウム 2007『復原！古代都市平塚～相模国府を探る～記録集』

持田友宏 1997「東山道調査の現状と課題」『古代文化』第49巻第8号，古代學協會

山口英男 1995「平安時代の国衙と在地勢力―九・十世紀の国衙・国府―」『国史學』156号 国史学会

山中敏史 1994『古代地方官衙遺跡の研究』 塙書房

山中敏史 2004「国司館」『古代の官衙遺跡 II遺物・遺跡編』 奈良文化財研究所

山中敏史編 2003・2004『古代の官衙遺跡』I・II 奈良文化財研究所

湯瀬禎彦 2006「第3章 農耕集落の成り立ち」『新編府中市の歴史』 府中市教育委員会

図版出典

第1図 調布市原山遺跡調査会 1993『はらやま』より転載・改変

第2図 滝澤友子ほか 2008 より転載・一部改変

第3図 滝澤友子ほか 2008 より転載・一部改変

第4図 滝澤友子ほか 2008 より転載・一部改変

第5図 滝澤友子ほか 2008 より転載

第6図 滝澤友子ほか 2008 より転載

第 7 図　板橋 2007 より転載・一部改変
第 8 図　栃木県文化振興事業団 1987 より転載
第 9 図　栃木県分化振興事業団 1987 より転載
第 10 図　押木ほか 2007 より転載・一部改変
第 11 図　押木ほか 2007 より転載
第 12 図　押木ほか 2007・明石 1993 より転載
第 13 図　滝澤 1990 より転載
第 14 図　滝澤友子ほか 2008『武蔵国府関連遺跡　プラウドシティ府中建設に伴う事前調査』
　　　　　府中市教育委員会・府中市遺跡調査会 2007「38．朝日シティパレス府中地区（第 702 次）」
　　　　　『武蔵国府の調査 36』
　　　　　府中市教育委員会・府中市遺跡調査会 2004「6・都民住宅ヴェルドミール府中地区（第 830 次）」
　　　　　『武蔵国府の調査 25』の各調査区全体図を基に作成
第 15 図　栃木県文化振興事業団 1985 より転載
第 16 図　栃木県教育委員会 1981 より転載

もうひとつの「凹石」

小 池　聡

はじめに

　人類史における道具の歴史を紐解くとき，「石器」もしくは「石製品」とされる道具類が占めてきた位置は大きく，また永いものである。石器・石製品は比較的型式変化の少ない道具類であり，それらは恰も完成された道具として登場・普及し，大きくは型式変化せず使用され続けるかあるいは消滅していることが伺えよう。このように石の道具の消長は緩やかで永いものであるが，時代を隔てて登場する石器や石製品が存在するようである。この道具の消長は，同一機能や類似機能に道具を適合させる意識と選択が繰り返された結果と判断されよう。すなわち，ある作業に適合する道具の選択は同時多発的または時代・場所を越え，繰り返される可能性がある。一方，形態は類似するが，その機能と作業における使用方法は「似て非なるもの」ということもあり得る。ここでは，そのような道具の消長と系譜に迫れればと考えている。

　筆者は神奈川県を中心として中世から近世遺跡から出土する石製品に注目し，石臼（小池2000,2004, 2005），石鉢（小池2002）を研究俎上に挙げ，その様相をまとめた。これらは，筆者自身が担当して調査した神奈川県内遺跡の出土例に触れ，比較的新しい時代まで使用される石製品が，どのような性格を持つ石の道具なのかという疑問から発展したテーマである。

　さて，本論で触れる凹石も同様に，筆者が担当し調査した小田原市小船森遺跡での出土を確認して報告した石製品資料（小田原市教育委員会2002）である。この凹石は，中世井戸址や溝状遺構から石臼や敲石などと出土した資料であり，その出土状況や形態が縄文期凹石とは異なるように観察され，中世期にも凹石が存在する可能性を示していると予想させた。本論では小船森遺跡出土資料のほか神奈川県出土類似資料を中心として検討し，これらの凹石について理解するための考察を展開したい。

1　小船森遺跡の凹石

(1) 小船森遺跡の概要

　小船森遺跡は神奈川県小田原市小船字森に所在する遺跡である。筆者らは，平成7年から平成10年まで土地区画整理事業に伴い発掘調査を断続的に行った。小船森遺跡は小田原市域の東部

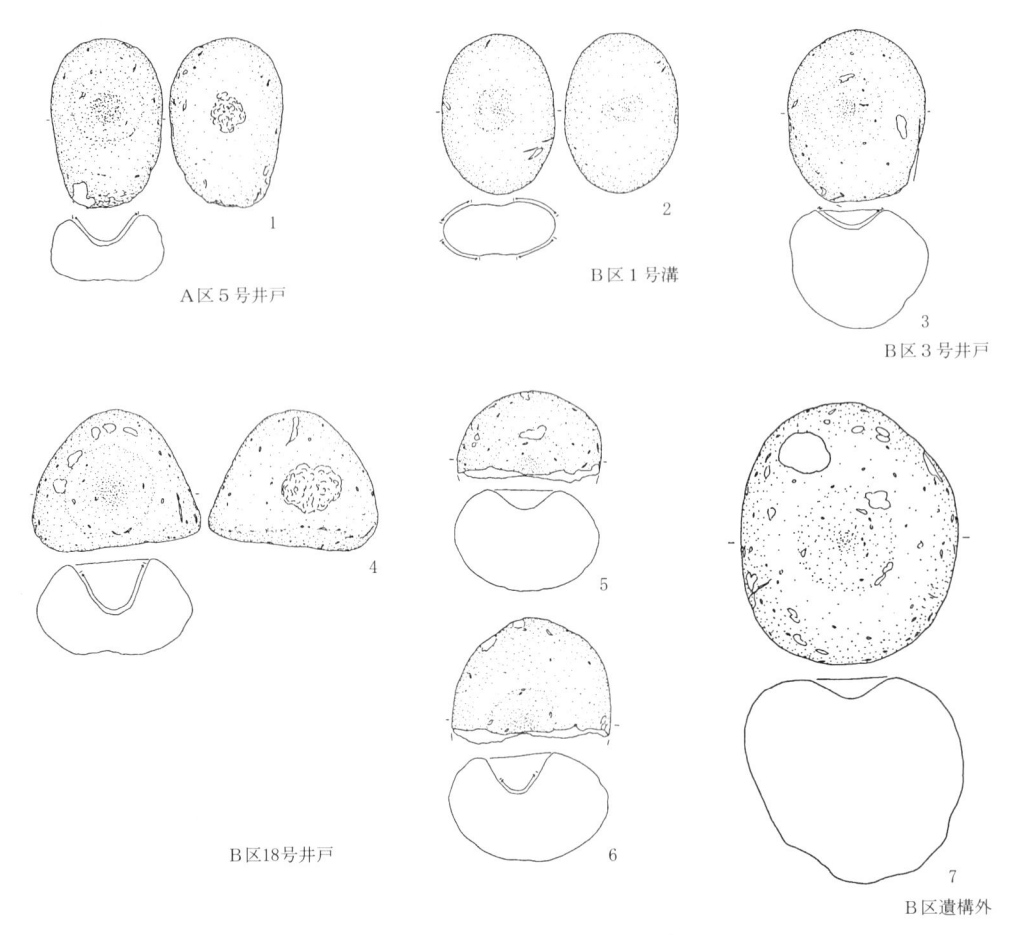

第1図 小船森遺跡の凹石 (S=1/6)

に位置し，東側には大磯丘陵が立地する。遺跡は中村川の右岸低位台地上にあたる。周辺は「中村郷」と呼ばれ，中世武士の中村氏と関連深い地域として伝承等のある地域であった。

　この調査では，A地区とした調査範囲では，古墳時代前期竪穴住居址や中世～近世の井戸址，土坑，柱穴が検出された。B地区とした調査範囲からは，中・近世溝状遺構，井戸址，竪穴状遺構，土坑，柱穴が検出され，12世紀後半から14世紀代の舶載磁器類などの陶磁器類や土器が出土した。それらの遺構群を囲むように，方形の区画溝状遺構が検出され，相模国中世武士団である中村氏の居館址と推定される区画溝と遺構群・遺物群が検出され，12世紀後半から16世紀を中心として15世紀中葉ころまでの年代を持つ居館址と推定される。そのほか，6世紀代古墳址，古墳時代前期土器廃棄址，方形周溝墓などが検出された。

　なお，B地区からは小田原市域ではじめてとなる備蓄銭4,843枚が出土し，中世を通して遺構が構築されていることが確認された。この備蓄銭の年代は15世紀第3四半期から16世紀第1四半期の年代（小池1996・2003）である。

(2) 小船森遺跡凹石の様相

　小船森遺跡の調査で出土した凹石は7点である。これらの凹石は，遺構外から出土した1点を除いてほか6点が遺構内から出土した資料である。遺構出土凹石は，A地区第5号井戸址1点（第1図1），B地区第1号溝状遺構1点（第1図2），第3号井戸址1点（第1図3），第18号井戸址は3点（第1図4〜6）である。遺構外出土凹石は1点（第1図7）である。これらの凹石の法量は10cm前後の小型品と20cmを超える大型品の2種がある。凹部は一面のものと表裏両面のものがあり，B区1号溝資料2のように，浅い凹部でも表裏面にあり，使用により片面使用から両面使用に替えられる訳ではないようである。ほぼ半分に欠損している資料がある。

　遺構出土凹石の供伴資料は第2図に示した。A地区第5号井戸址の供伴資料（第2図上段）は，龍泉窯青磁鉢（1）と瀬戸系陶器鉄釉内禿皿である。鉄釉内禿皿は瀬戸大窯第Ⅲ期の製品であり，1560〜1590年代が想定され，下限年代として16世紀第3〜4四半の年代を想定できる。

　B地区第1号溝状遺構出土資料（第2図中段）は，龍泉窯系青磁碗Ⅰ-5類（1），青磁碗Ⅳ-2a類（2），華南系白磁碗Ⅳ類（5），白磁碗Ⅶ-2類（3），白磁皿Ⅸ類（4），山茶碗系窯片口鉢（6・7），瀬戸おろし皿（8），常滑窯系片口鉢（9），渥美窯系甕（10）が供伴する。華南系窯白磁碗Ⅶ-2類の年代から12世紀中葉〜後葉を上限年代とし，常滑窯片口鉢の年代14世紀後半を下限とする資料であると推定されよう。本遺構は居館址の区画溝として機能していたと推定される溝状遺構であり，12世紀中葉〜14世紀後半まで機能する想定されるが，廃棄時の14世紀後半代を出土凹石の年代と考えておく。

　第18号井戸址出土資料（第2図下段）は常滑系甕（1）と石鉢（2），粉挽き臼（3・4・6・7），茶臼（5），磨石類（8〜11），敲石（12・13）などの大量の石製品が供伴する。これらは井戸址覆土上部に一括廃棄資料であろうと推定され，常滑甕口縁部の形態から15世紀前半代の年代と推定される。

　小船森遺跡出土凹石の形態的特徴と様相をまとめる。これらの凹石は自然礫を素材とし，一面もしくは両面に機能部であると思われる凹部を持つ形態が特徴であり，石材は在地系石材である伊豆箱根系安山岩のうち，多孔質の安山岩を用いている。大きさは10cm前後と20cm前後の2種がある。主たる機能部である凹部は敲打痕状の浅い形状と明確に凹む深い円錐形で，凹部は光沢を持つほどに磨滅痕が著しい。このことから，乳鉢のように対象物の粉砕作業に繰り返し機能していたと推定される。

　遺構出土資料の供伴例から，これらの凹石の年代は，上限は14世紀代で下限は16世紀後半までと想定される。

2　類似資料の検討

(1) 神奈川出土中世・近世の凹石

　神奈川県内の中世・近世遺跡では，小船森遺跡同様に中世頃の所産と推定される凹石が出土し

A区5号井戸

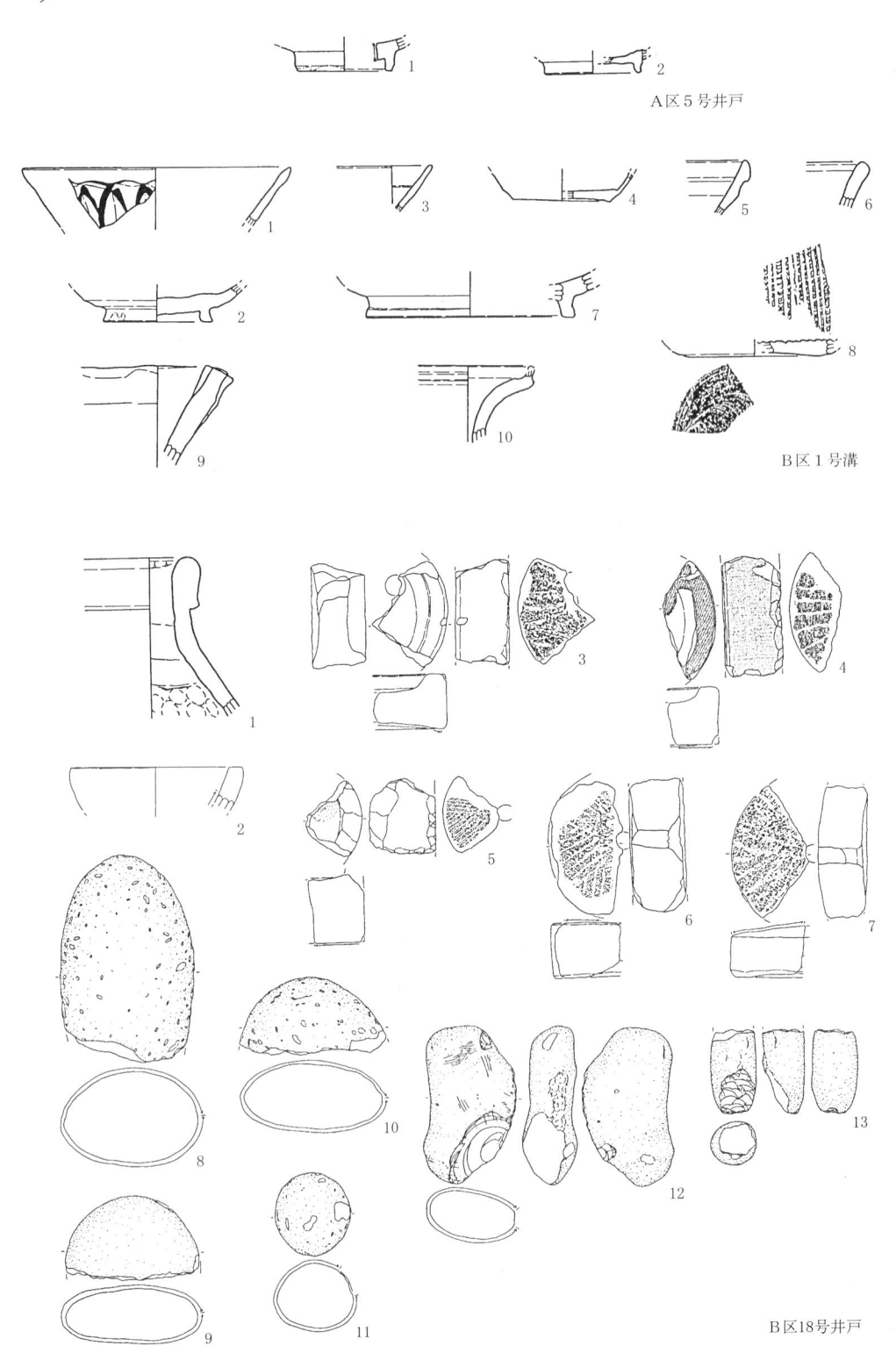

B区1号溝

B区18号井戸

第2図　小船森遺跡の凹石共伴資料（陶磁器 S＝1/3・石器 S＝1/6）

ている遺跡が複数存在している。本章ではこれらの遺跡出土資料を概観し，周辺地域資料と比較を行いたい。神奈川県内では，管見の限りでは，小船森遺跡を含め13遺跡で，凹石の総点数は59点（第1表）である。出土事例が最も多いのは小田原市域で，次いで茅ヶ崎市域であろう。

出土事例の多い小田原市の諸遺跡資料から検討しよう。小田原城内の三の丸藩校集成館跡第III地点（小田原市教育委員会 2002）では，前期大久保時代大久保忠隣改易により小田原城が破却された慶長19年（1614）に廃絶されたと推定される箱根口3号堀内から，五輪塔水輪を転用した凹石が1点（第4図36），16世紀中葉から末の4号玉石敷遺構から凹石2点（第3図37・38）が出土している。

小田原城御組長屋遺跡第I・II・V地点（都市計画道路小田原早川線改良工事遺跡調査団 2001）・（玉川文化財研究所 2005）では，第I地点で27点（第3図8〜27），第II地点では3点（第4図28〜30），第V地点では1点（第4図31）が出土し，1遺跡で凹石が最も多く出土した遺跡である。

第I地点の凹石は，3号玉石積水路3点（第3図8・9・14），1号溝3点（第3図16・18・20），3号溝1点（第3図17），9号溝1点（第3図13），1号配石1点（第3図10），2号井戸址1点（第3図15・19），包含層9点（第3図11・12・21〜27）である。年代的には，3号玉石積水路は15世紀から17世紀後半とされているが，構築時期を16世紀初頭前後，機能停止時期を16世紀末から17世紀前半を想定しており，16世紀代であろう。1号溝は16世紀中葉から後葉，3・9号溝は16世紀初頭，1号配石は18世紀後半以前の江戸期，2号井戸址は18世紀後半から19世紀前半である。第I地点凹石の年代は，16世紀代の戦国期と18世紀後半から19世紀前半の江戸後期と考えられよう。特に2号井戸址は石臼，石塔類，石塔類未製品とともに凹石が出土している。

第II地点の凹石は，2号井戸址2点（第4図28・29），1号石垣1点（第4図30）である。年代的には，2号井戸址が18世紀後半から19世紀前半で，1号石垣が17世紀中葉から19世紀前半である。第II地点の凹石は供伴遺物の年代観から，近世江戸期の凹石である可能性が高い。

第V地点の凹石は，133号ピット1点（第4図31）である。年代は，中世後半であろう。

御組長屋遺跡の凹石は，素材形状がバラエティーに富み，周縁未加工の円礫素材，周縁加工鉢状，板状素材の3種がある。これらの内，側面や周縁部を加工している鉢状の形態を持つ16〜24は，石製鉢の未製品とも捉えられ，これらの一群と凹石との検討が必要になろう。周縁未加工の円礫素材には，1面に凹部を持つ形態，表・裏面に凹部を持つ形態があり，凹部が1ヶ所のものと多孔のものがある。石材はいずれも多孔質安山岩である。

小田原城下の宿場町で，凹石が出土した遺跡は，小田原城下本町遺跡第I地点，同山角町遺跡第IV地点，瓦長屋遺跡第I地点（小田原市教育委員会 2000）である。本町遺跡第I地点（小田原市教育委員会 2003）では，56号遺構とした柱穴内から凹石1点（第4図35）が出土している。明確な供伴遺物はないが，同一地業面で検出された遺構との関係から，19世紀以前の近世段階の遺構であろうと推定されている。本町遺跡は東海道に面する宿場町の中心部分となる。

瓦長屋遺跡第I地点では，小田原編年第IIa期の2号遺構から，かわらけに伴い凹石2点（第4図32・33）と羽口と鉄滓が出土している。この遺跡は16世紀第3四半期の鍛冶場とされている。

3号玉石積水路　　　　　　　　　　　　　　　　　　　　　　　　　　　　1号配石

8　　　　　　　　　　　　　9　　　　10

11　　12　　　　　　　　13　　　　14
　　包含層　　　　　　9号溝　　　3号玉石積水路

15　　　　16　　　　17　　　　18　　　　19
2号井戸　　1号溝　　3号溝　　1号溝　　2号井戸

20　　　21　　　22　　　23　　　24
1号溝

25　　　　　　　　　　　26　　　　　27
御組長屋I　　包含層

第3図　神奈川の類例資料（1）（S=1/6）

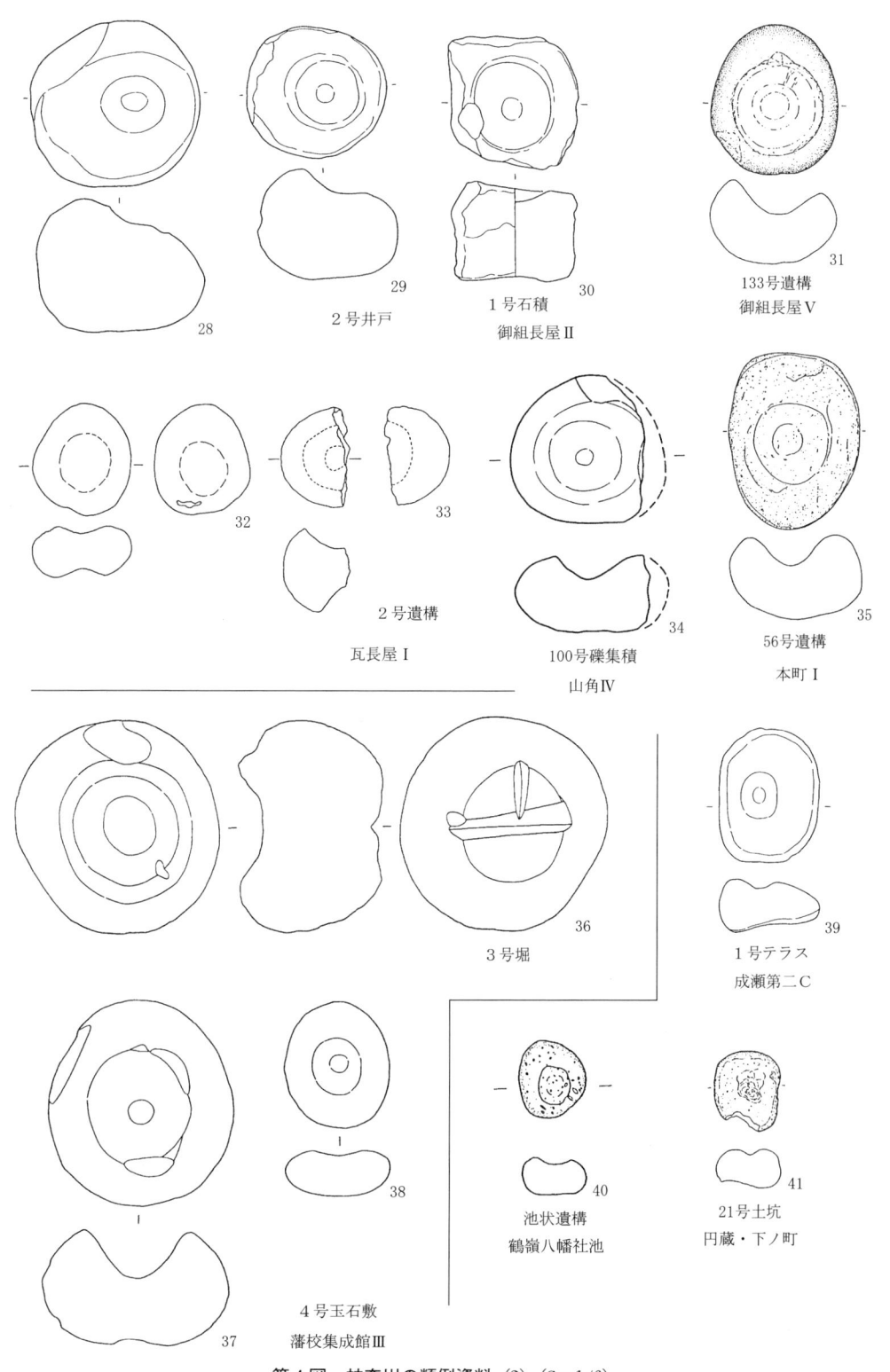

もうひとつの「凹石」 155

図番号	遺構	遺跡
28		
29	2号井戸	
30	1号石積	御組長屋Ⅱ
31	133号遺構	御組長屋Ⅴ
32, 33	2号遺構	瓦長屋Ⅰ
34	100号礫集積	山角Ⅳ
35	56号遺構	本町Ⅰ
36	3号堀	
37	4号玉石敷	藩校集成館Ⅲ
38		
39	1号テラス	成瀬第二Ｃ
40	池状遺構	鶴嶺八幡社池
41	21号土坑	円蔵・下ノ町

第4図　神奈川の類例資料（2）（S＝1/6）

山角町遺跡第Ⅳ地点（玉川文化財研究所2006）では，15世紀末から16世紀初頭頃と推定される100号礫集積内から瀬戸・美濃大窯1～2段階の陶器類とロクロ成形かわらけと伴に大量の五輪塔，宝篋印塔，粉挽き臼とそれらの未製品などに供伴している。山角町遺跡の報文ではこのような凹石について，「縄文時代の凹石と類似するが凹部形状が円錐形を呈し，凹面は光沢を帯びて平滑である。小田原市域の中世遺跡からはしばしば鞴羽口，鉄滓といった遺物との供伴例があり，この手の凹石に対して縄文時代凹石と区別する意味で鍛冶用凹石と呼称することがある。」として，機能を含めた名称を提唱している。供伴資料の状況のみから機能を提起しているが，具体的機能を述べた例として評価できよう。

茅ヶ崎市域では，上ノ町遺跡，上ノ町・広町遺跡，鶴嶺八幡社池，円蔵・下ケ町遺跡（茅ヶ崎市文化振興財団2003）の4遺跡がある。上ノ町遺跡と広町遺跡は隣接する遺跡であり，同一遺跡群を形成すると考えられる遺跡であり，両遺跡の凹石出土点数は18点で小田原市御組長屋遺跡に次いで1遺跡からの出土量が多い遺跡である。

上ノ町・広町遺跡（茅ヶ崎市埋蔵文化財調査会1997）では7点の凹石（第5図42～48）が出土している。凹石が出土しているのは，第2区第8号溝状遺構（第5図42），同第2号溝状遺構（第5図43），同ピット88出土（第5図48），第3区第2号溝状遺構出土（第5図45），同第3号井戸址出土（第5図44），第6区第1号溝状遺構出土（第5図46），第7区第1号溝状遺構（第5図47）である。溝状遺構は居館址の区画溝と考えられている。

これらの遺構出土資料で年代の確定できる資料を挙げると，第2区では，8号溝状遺構は出土陶磁器が上限は17世紀後半で，下限は明治30年代までとなりかなり年代幅があるが，図示されている陶磁器では19世紀代であろう。2号溝状遺構は江戸後期以降の年代であろう。第3区第2号溝状遺構・3号井戸は中世の所産と考えられている。第6区第1号溝状遺構は中世から近・現代に至る長期の存続が想定され，明確に年代決定できないが宝永火山灰が底に堆積しており，江戸中期には構築されていた可能性が示されている。第7区第1号溝状遺構は古代末から中世の年代が示されている。素材は円礫で，石材は玄武岩を含むが多くは安山岩である。凹部が比較的深い形状で，凹部が両面にあるものも認められる。

上ノ町遺跡（かながわ考古学財団2003）では11点の凹石（第5図49～59）が出土している。11号井戸（第5図59），17号井戸（第5図50），20号井戸（第5図57），50号井戸（第5図55），1号溝（第5図51），129号溝（第5図58），176号溝（第5図49），9区遺構外（第5図53），13区遺構外（第5図52・56），10区遺構外（第5図54）である。

遺構外出土資料3点を除く遺構出土資料の年代は，1号溝は15世紀代，17号井戸・129号溝は15世紀末から16世紀初頭，20号井戸が15～16世紀代と報告されている。そのほか，11号井戸と50号井戸が中世の井戸址であると報告されている。出土凹石の年代は，15世紀から16世紀代が主体となっている。形態的には礫核素材で，円礫素材が大半であるが，59は棒状礫を素材とする。作業面の凹部が深い49～52・54と浅い53・55～59がある。浅いものは表裏面に凹部を持つものが多く，浅い凹部には敲打痕が残っているものが多いようである。石材は不明である

もうひとつの「凹石」 157

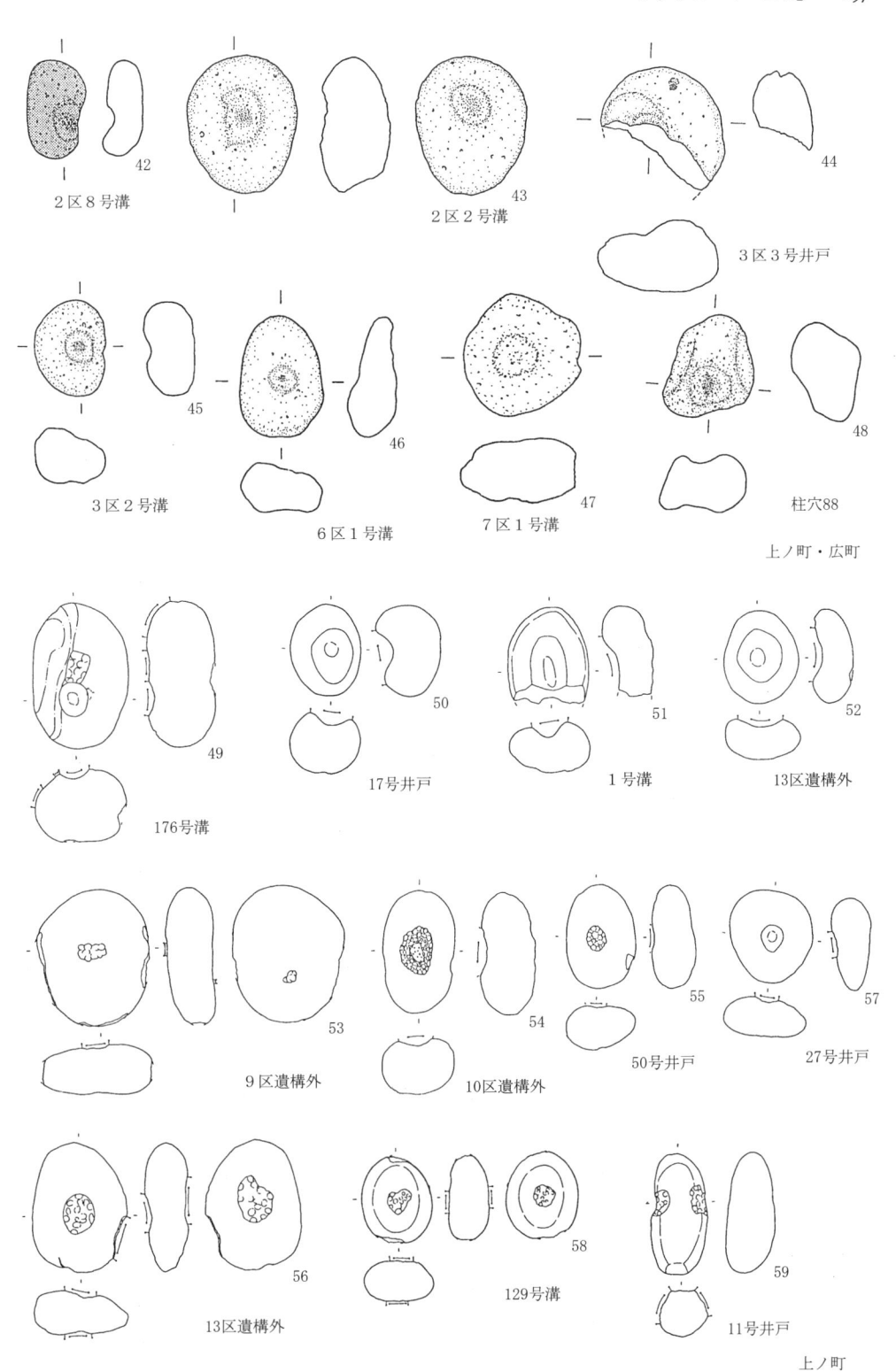

42 2区8号溝
2区2号溝 43
44 3区3号井戸
45 3区2号溝
46 6区1号溝
47 7区1号溝
48 柱穴88
上ノ町・広町

49 176号溝
50 17号井戸
51 1号溝
52 13区遺構外

53 9区遺構外
54 10区遺構外
55 50号井戸
57 27号井戸

56 13区遺構外
58 129号溝
59 11号井戸
上ノ町

第5図　神奈川の類例資料（3）（S＝1/6）

第1表　神奈川出土凹石属性表

No.	遺跡名	遺構名	形態	法量（長／幅／厚／凹部深さ）	石材	年代	備考
1	小船森遺跡	A区5号井戸	B1	12.9／8.9／5.0／2.0	安山岩	16後半	
2		B区1号溝	B1	11.4／8.2／3.7／0.2	砂岩	13以降	
3		B区3号井戸	A1	12.8／10.7／8.4／1.4	安山岩	不明	
4		B区18号井戸	B1	10.2／13.1／6.8／4.1	安山岩	15前半	
5		B区18号井戸	A1	(9.4)／12.1／8.0／2.6	安山岩	15前半	
6		B区18号井戸	A1	(6.4)／10.9／3.2／1.4	安山岩	15前半	
7		B区遺構外	A1	21.1／18.0／16.3／0.8	安山岩	不明	
8	御組長屋遺跡第I地点	3号玉石積水路	A1	21.0／20.0／12.0／2.1	安山岩	16初頭？	
9		3号玉石積水路	B1	18.0／13.0／10.8／6.2・3.8	安山岩	16初頭？	
10		1号配石遺構	A1	8.0／7.0／5.6／1.4	安山岩	18後半以前	
11		遺構外	A1	5.0／5.5／1.8／0.6	安山岩	－	
12		遺構外	A1	7.8／6.4／3.2／1.2	安山岩		
13		9号溝	A2	10.0／9.6／5.0／2.4	安山岩	16初頭	
14		3号玉石積水路	A1	10.0／9.8／5.0／1.3	安山岩	16初頭？	
15		2号井戸址	A1	9.0／4.0／1.0	安山岩	18後半～19前半	
16		1号溝	A2	(9.0)／5.0／4.2／1.6	安山岩	16中～後半	
17		3号溝	A2	(7.1)／7.8／6.3／1.8	安山岩	16初頭	
18		1号溝	A2	(9.8)／14.0／7.0／3.0	安山岩	16中～後半	
19		2号井戸址	A2	(10.1)／11.0／8.0／3.2	安山岩	18後半～19前半	
20		1号溝	A2	12.0／11.0／7.0／1.8	安山岩	16中～後半	
21		遺構外	A2	(9.9)／10.0／6.0／3.6	安山岩	－	
22		遺構外	A2	9.9／8.3／7.6／1.8	安山岩		
23		遺構外	A2	(8.9)／11.6／6.6／3.4	安山岩		
24		遺構外	A2	8.5／9.3／5.2／2.0	安山岩		
25		遺構外	A1	14.0／11.6／6.2／1.0	安山岩		
26		遺構外	C1	20.0／18.8／10.0／1.2～2.4	安山岩		
27		遺構外	C1	18.6／17.9／5.8／0.5～1.2	安山岩		
28	御組長屋遺跡第II地点	2号井戸址	A1	15.0／15.5／12.0／1.3	安山岩	18後半～19前半	
29		2号井戸址	A1	15.0／12.0／10.0／2.1	安山岩	18後半～19前半	
30		1号石垣	A2	11.6／11.4／8.9／1.2	安山岩	17中～19前半	
31	御組長屋遺跡第V地点	133号遺構（柱穴）	A1	11.6／12.4／7.0／2.4	安山岩	15後～16末	
32	瓦長屋跡第I地点	2号溝	B1	9.3／10.2／4.3／0.6・0.8	安山岩	16C第3	
33		2号溝	B1	(5.6)／8.9／7.4／1.9・2.4	安山岩	16C第3	
34	山角町遺跡第IV地点	礫集積100号遺構	A1	13.5／12.0／6.5／2.1	安山岩	15末～16初	
35	本町遺跡第I地点	56号遺構（柱穴）	A1	12.0／9.0／4.8／0.8	安山岩	近世？	
36	藩校集成館跡第III地点	3号堀	A1	19.8／19.7／13.5／2.0	安山岩	16C第1	
37		4号玉石敷遺構	A1	19.2／18.0／10.2／5.4	安山岩	16中～末	
38		4号玉石敷遺構	A1	11.6／10.2／5.0／0.8	安山岩	16中～末	
39	成瀬第二地区下糟屋C第I	1号テラス状遺構	A1	12.0／9.0／4.8／0.8	安山岩	中世	
40	鶴嶺八幡社池	池状遺構	A1	7.4／6.6／3.8／0.8	安山岩	18後半～19前半	
41	円蔵・下ノ町遺跡	21号土坑	A1	(7.0)／6.8／2.4／0.6	安山岩	18後半	
42	上ノ町・広町遺跡	第2区8号溝	A1	8.0／4.5／2.6／0.8	玄武岩	19前～後	
43		第2区2号溝	B1	11.0／7.2／4.0／0.5	玄武岩	19前～後	
44		第3区3号井戸	A1	(9.5)／9.8／5.9／0.8	安山岩	中世	
45		第3区2号溝	A1	7.6／5.8／4.0／0.5	安山岩	中世	
46		第6区1号溝	A1	9.3／9.6／5.0／0.2	安山岩	中世	
47		第7区1号溝	A1	9.5／7.0／3.8／0.6	安山岩	中世	
48		柱穴88	A1	8.6／7.2／5.4／0.4	安山岩	－	
49	上ノ町遺跡	176号溝	A1	13.2／8.8／6.5／0.7	不明	－	安山岩？
50		17号井戸	A1	8.2／6.6／5.4／0.8	不明	15末～16初？	安山岩？
51		1号溝	A1	(8.4)／7.2／4.4／1.4	不明	15後半？	安山岩？
52		13区遺構外	A1	8.2／7.0／3.6／0.6	不明	－	安山岩？
53		9区遺構外	B1	12.2／10.2／4.3／0.1	不明	－	安山岩？
54		10区遺構外	A1	9.0／6.6／4.8／0.8	不明		安山岩？
55		50号井戸	A1	9.2／6.2／3.8／0.1	不明	中世以降	安山岩？
56		13区遺構外	B1	10.5／8.6／3.9／0.6	不明		安山岩？
57		20号井戸	A1	8.0／7.7／3.4／0.2	不明	15～16？	安山岩？
58		129号溝	B1	(7.8)／6.4／3.4／0.1	不明	15末～16前	安山岩？
59		11号井戸	A1	10.8／5.2／4.2／0.2	不明	中世	安山岩？

と報告されている。実見して確認する必要があるが，安山岩系の石材である可能性は高いと予想される。

　上ノ町・広町遺跡と上ノ町遺跡は中世においては懐島郷に帰属し，中世前期に懐島氏や二階堂氏の拠点で居館址などであった可能性があるが，具体的な遺構は検出されていない。特に15世紀から16世紀に居館址として利用されていた可能性があり，後北条氏との関連が指摘されている。両遺跡の出土状況は小船森遺跡同様に，井戸址と溝状遺構からの出土が多いことが指摘できよう。

　鶴嶺八幡社池（茅ヶ崎市教育委員会2002）では池状遺構から1点（第4図40）出土している。この池状遺構は18世紀前半から19世紀代の陶磁器が出土している。鶴嶺神社は中世前期12世紀前半の創建と伝えられているが，供伴する陶磁器類の年代から出土凹石は江戸中期から後期の可能性がある。円蔵・下ケ町遺跡では8区21号土坑から1点（第4図41）出土している。出土陶磁器の年代から，18世紀末の年代が想定され，江戸後期の凹石と考えられよう。

　伊勢原市域では，成瀬第二地区遺跡群下糟屋C地区第1地点（同遺跡調査会2002）がある。成瀬第二地区遺跡群は中世城郭である丸山城の南東，糟屋庄に位置する調査地点である。凹石（第4図39）は中世と推定される1号テラス状遺構から出土している。報文では「円礫臼」と呼称されているが，前述してきた凹石と形態，石材とも同様の石製品である。中世前期から中世後期まで居館址や城郭が構築された地区とされ，それらの活動に伴い使用された石製品であると推定されよう。

　このほか，未報告資料であるが，小田原城下では上幸田跡遺跡で安山岩製凹石が出土（調査者寺田，伊藤氏のご好意により実見させて頂いた）している。

(2) 周辺地区とその他地域の様相

　前章では神奈川県における中世以降の年代が想定される凹石を観察してきた。ここでは，神奈川県に次いで周辺諸地域に視野を広げ凹石の様相を観察したい。

1) 伊豆地方

　神奈川県内の凹石分布では湘南地区の茅ヶ崎市域や小田原市域に凹石が多く分布しているように伺えた。隣接する静岡県では伊豆の国市（旧韮山町）御所之内遺跡などでの出土例が認められた。特に御所之内遺跡では，複数次の調査が行われており，多くの凹石が出土している。その中で凹石の年代と形態を良く理解できる類似資料が多く出土している13次調査（韮山町教育委員会2002）と15次調査（韮山町教育委員会2005）の出土例をあげる。この2次の調査では，13次調査27点，15次調査24点が出土している。この内図示したのは第13次1号溝（第6図2），3号溝（第6図1），5号土坑（第6図3），第15次2号溝（第6図4～7），第13次15号溝（第6図8），第13次16号溝（第6図9），第15次5号溝（第7図10～19），第13次27号溝（第7図20），第13次35号溝（第7図21・22）で，22点を数えている。これらは軽石加工品とされている。年代別に遺構を観ると，3号溝は13世紀前葉～中葉，第13次1号溝は13～14世紀，5号土坑が13世紀後

160

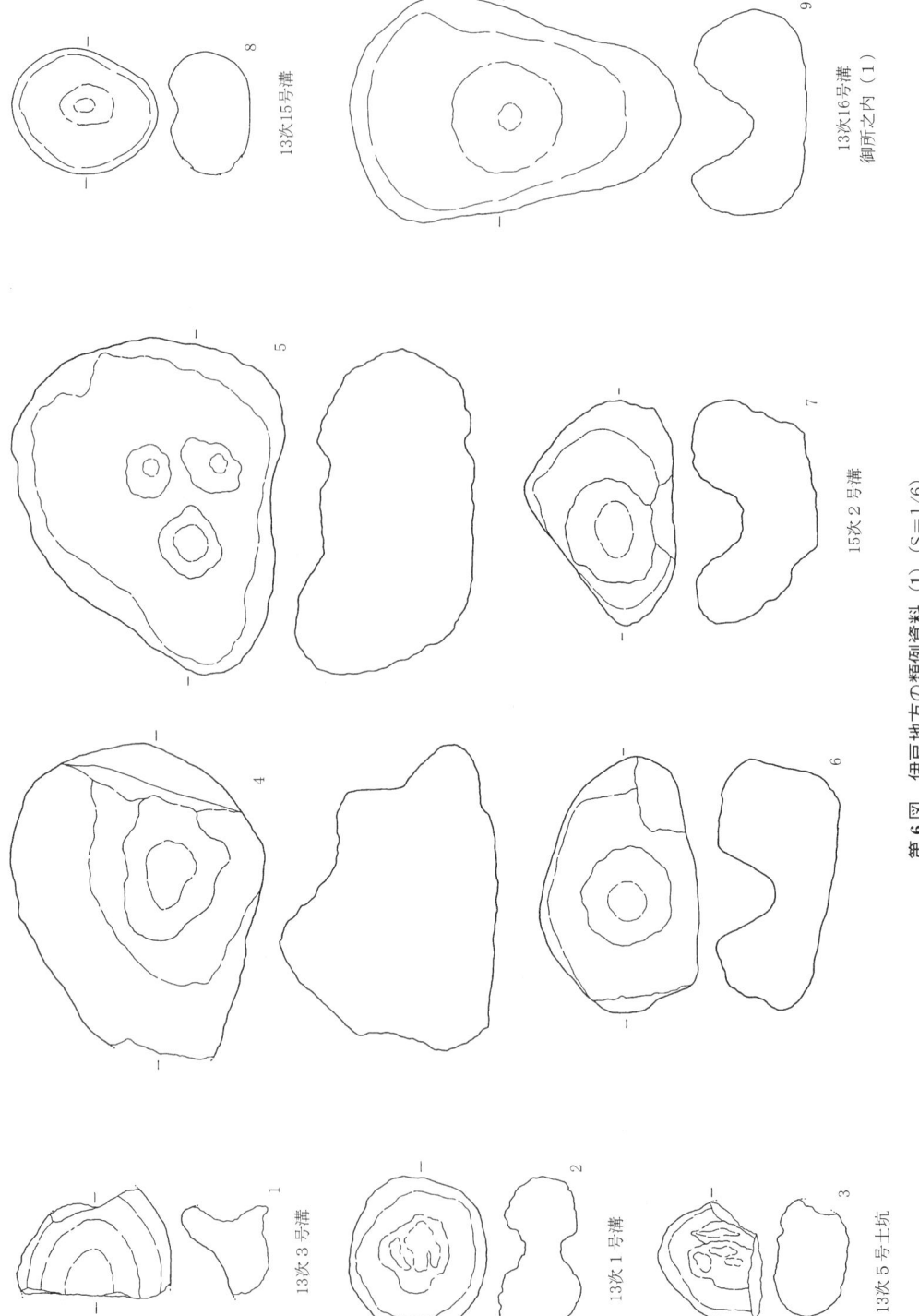

第 6 図 伊豆地方の類例資料 (1) (S=1/6)

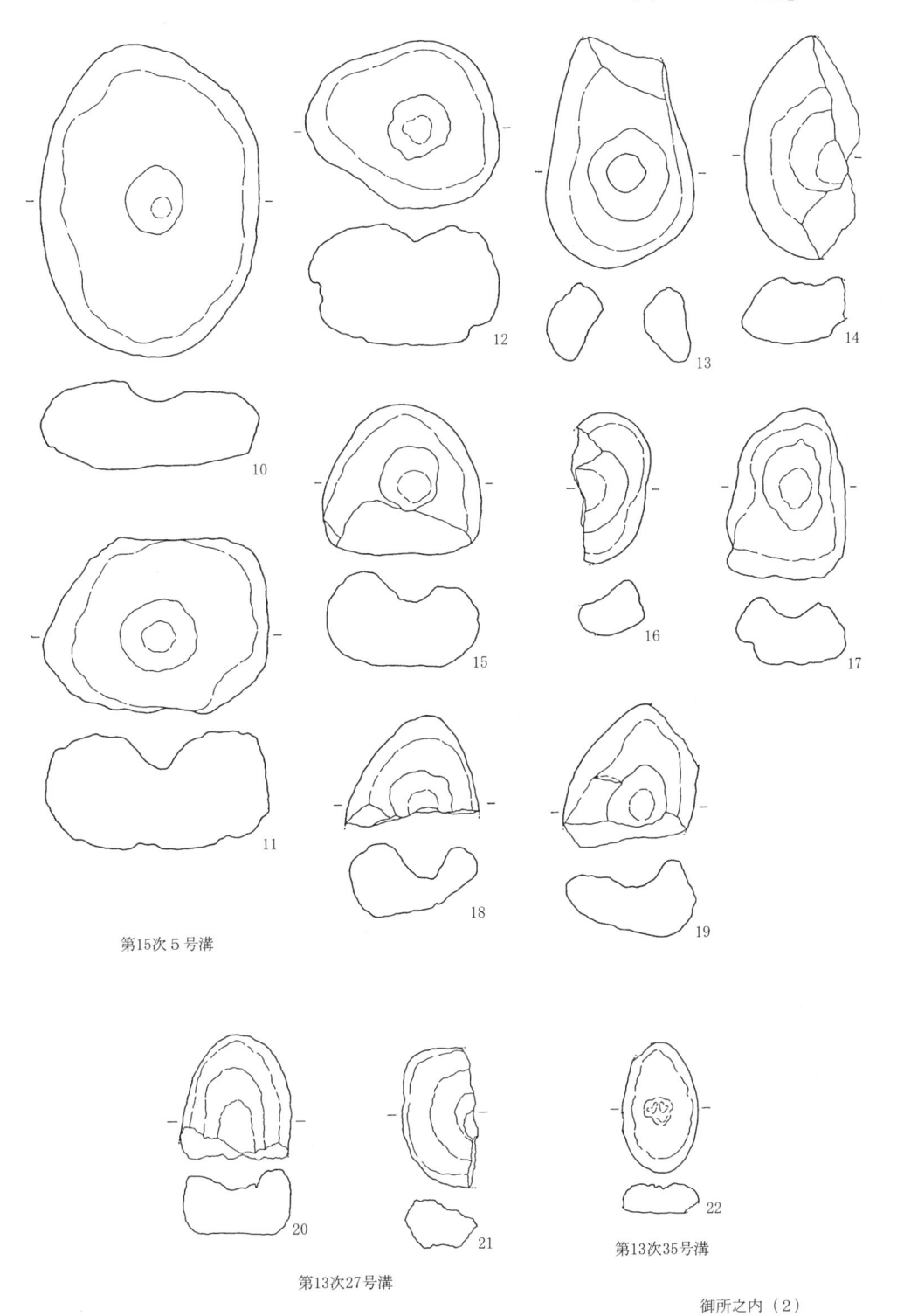

第15次5号溝

10
11
12
13
14
15
16
17
18
19

第13次27号溝

20
21

第13次35号溝

22

御所之内（2）

第7図　伊豆地方の類例資料（2）（S=1/6）

半～14世紀代である。次いで，第15次2号溝が13世紀後半，第15次5号溝は15世紀後半～末である。これらが，中世の年代を示す資料である。第13次27号溝，35号溝資料は17世紀前半の年代であろう。このことから，13世紀から15世紀代と17世紀前半までの年代幅を持ちそうである。

出土した凹石には，凹部が深い1・2・4～21と浅い3・22がある。凹部は一面のものが多いが表裏面にも持つものも存在する。また，表裏面の凹部が貫通している凹石13も認められる。このことから，凹部は使用開始時から深い形状ではなく浅く敲打痕状で使用を重ねることで深い凹部となる可能性がある。

第15次調査第5号溝では粉挽き臼，茶臼，石鉢など伴に10点の凹石が出土しており注意しておく必要がある。

御所之内遺跡では，このほか図示していないが，第9次調査では17号井戸から凹石1点出土している。この遺構は出土陶磁器の年代幅が大きく，12世紀末から15世紀代の年代である。第14次調査では14世紀末から15世紀代と推定される凹石が2点出土している。

御所之内遺跡は北条氏居館の主要部分にあたっている。これまでの調査成果と13・15次調査で得られた事象から，12世紀末から13世紀前半には北条氏の台頭期にあたり願成就院の建立時期と重なり，遺跡の拡大期と評価されている。次いで，13世紀後半以降は北条氏が本格的に鎌倉に本拠を移し，遺跡規模は縮小しているが，14世紀から15世紀前半期は山内上杉氏の庇護下で円成寺が繁栄している。この14世紀から15世紀代が凹石の年代に重なっているようである。

そのほか，伊豆・丸山城（土肥町教育委員会1986）でも摺石として報告されている一群の石製品に表裏面に凹部を持つ形態の資料が報告されている。これらは，金銀鉱石の選鋼にかかわる作業に使用され，鉱石を紛鋼にする作業を行ったとしている。

2) 関東地方

東京，千葉，栃木，埼玉，茨城で中世から近世期に凹石が出土している例は未確認であるので，管見に触れた群馬県前橋市の小島田八日市場遺跡の出土例を検討する。後述する小島田八日市場遺跡以外にも，前橋市域二ノ宮宮下西遺跡，二ノ宮宮下東遺跡や高崎市高崎城跡三の丸，白井南中遺跡などで認められる。小島田八日市場遺跡の出土資料の詳細を観よう。小島田八日市場遺跡（群馬県教育委員会1996）では「窪み石」として33点の資料が報告されている。このうち，年代のはっきりしている遺構出土資料を第8図に図示した。31号井戸（1～4），43号井戸（5・6），22号井戸（7），10号溝（8），63号土坑（9），33号井戸（10），39号井戸（11～17）がある。これらを年代別に観ると，31・43号井戸が13世紀から14世紀代，22号井戸，10号溝，637号土坑が15世紀～16世紀代，39号井戸が17世紀後半から18世紀，33号井戸が18世紀前から後期である。13世紀代から18世紀までの年代が相当しそうである。

自然礫を素材としており，石材は粗粒安山岩が主体となり，角閃石安山岩が次いで使用される。一部二ッ石軽石製の製品がある。大きさは10cm前後と20cm前後の2種があり，凹部が1面と2面のものがある。これらの凹石は，五輪塔や粉挽き臼，茶臼，磨石，敲石，石擂鉢（石鉢）と

もうひとつの「凹石」 163

31号井戸

43号井戸

22号井戸　10号溝　63号土坑

33号井戸

小島田八日市

39号井戸

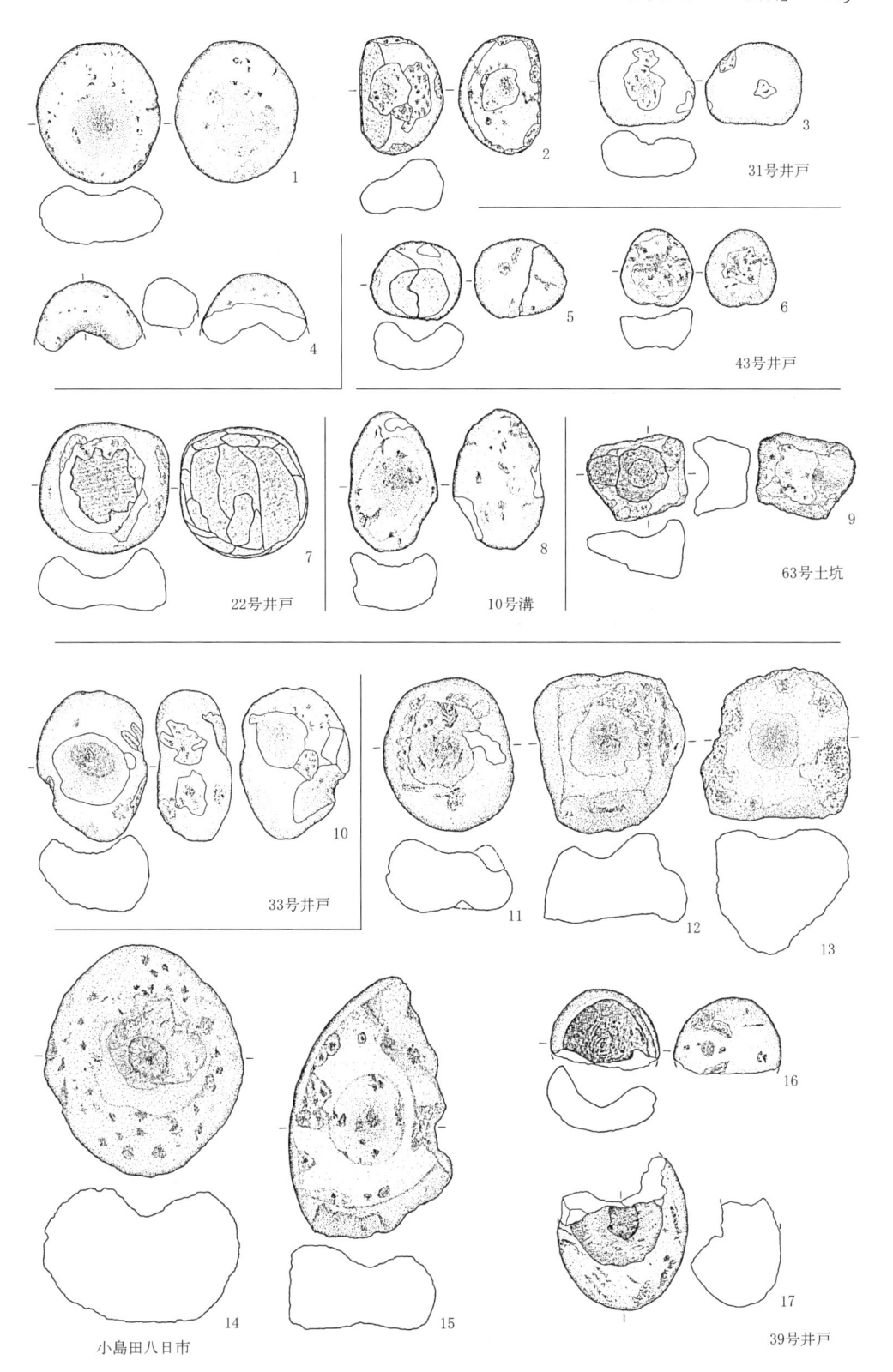

第8図　北関東の類例資料（S=1/6）

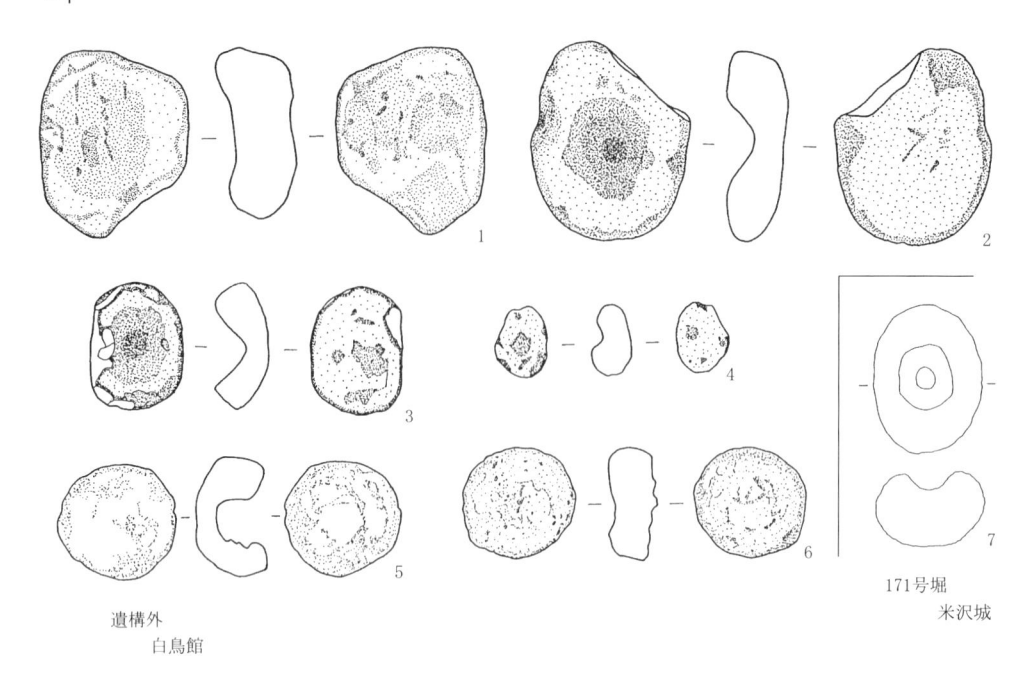

遺構外
白鳥館

171号堀
米沢城

第9図　東北地方の類例資料（S＝1/6）

伴に遺跡内で大量に出土している。それらの石製品には五輪塔や粉挽き臼など未製品も多く含まれ，石工やその工房の存在を予感させる。この出土状況は小田原市域の小田原城下御組長屋遺跡や山角町遺跡の状況に類似している。

　3）東北地方

　福島，岩手，秋田，青森は未確認であるが，山形県で数例確認できた。山形県米沢城跡（山形県埋蔵文化財センター2004）では，南三の丸上中級家臣団の屋敷地内を調査した3次調査の171号堀から凹石1点（第9図7）が出土している。この堀は下層で17世紀後半代，上層で18世紀代の遺物が出土しており，17世紀後半から18世紀代の年代が想定される。形態は一面に深い凹部を持つ未加工の礫核を素材としている。石材は軽石である。

　白鳥館跡（山形県埋蔵文化財センター2001）では6点の凹石（第9図1～6）を確認した。報文では1～4を凹石として報告し，5・6は酸化銅など金属成分が付着しており溶湯を受ける坩堝状の「とりべ」として報告されているが，形態的に類似性が高いので凹石と考えておく。これらの凹石は遺構外出土である。石鉢と伴に出土している。なお石材は不明である。

　小田島城跡（山形県埋蔵文化財センター2004）でも北二の丸，南二の丸で石鉢と供伴して凹石が出土している。その他の地域では，管見によれば堺環濠都市には認められない。また，広島県草戸千軒遺跡では，砥石の写真図版中に凹部持つ石製品が掲載されているが，詳細は不明である。北陸地方にも認められないようである。山梨県黒川金山，湯之奥金山や伊豆土肥金山に凹石の出土例が認められるが，これらの金山出土資料は後述する。

（3）中・近世凹石の諸様相

1）形態的特徴

凹石とはその名称が示すとおり，主たる作業部として機能する凹部を1ヶ所以上持つ乳鉢状石製品の総称である。それ故に，器面に凹部を有することが最大の形態的特徴である。神奈川県出土13遺跡59点の凹石と周辺地域の凹石を観察した。多くの凹石は一面に凹部を持つものが多いが表裏両面に持つものも認められる。自然礫をそのまま素材とする例が多いが，小田原城下御組長屋遺跡の例（第3図13・16～20）などのように主に側面を加工している例がある。この側面加工については凹石とは別の「石製鉢」となる可能性もあり，今後検討する必要があるが，今回の考察では報告例に準拠し，凹石の1形態として捉えて置く。

中世以降の凹石の特徴をまとめると，以下のように分類が可能である。

形態A：1面のみに凹部を有する型式，形態B：表裏両面（2面）に凹部を有する型式，形態C：1面または表裏面に多数の凹部を有する型式があり，それらに礫をそのまま使用するもの（1類）と側面を加工するもの（2類）があると捉えられよう。神奈川出土資料については第1表に形態を示している。多くの凹石はA1類で，自然礫を素材として凹部を1面に持つものが多い。

法量は20cmを超える大型と10cm以下の小型品がある。小型品は凹部が1ヶ所のみの例が多いが，大型品には複数凹部を持つ多孔形がある。

凹部の形状深いものと浅いものがあり，深いものは凹部が光沢を持つほど磨滅している例がある。凹部が浅いものは，凹部が敲打痕で構成されるようである。このことから，使用頻度により凹部の形状は，敲打痕のみの浅い形状から光沢を持つほど，或いは表裏の凹部が繋がるほどに消耗し変化している可能性がある。欠損例も認められ，1/2程度に欠損している。使用と作業内容にかかわる可能性があり，注目する必要がある。

凹石の年代は，小船森遺跡では，上限14世紀代，下限は16世紀後半までと想定された。その他遺跡出土資料の年代では，伊豆の国市御所之内遺跡で13世紀後半から14世紀代の資料が多く存在し，小田原城下の御組長屋遺跡などで15世紀から16世紀代の年代を持つ例が多く確認できる。近世江戸期にかかる17世紀から19世紀前半代までの年代を持つようである。多くは中世後期の室町時代から戦国時代に比定される年代が主体となるようである。

2）石材

凹石の石材は，神奈川県内資料と伊豆地域の資料は，伊豆・箱根系石材とされる安山岩を多用している。一部茅ヶ崎市上ノ町・広町遺跡で玄武岩が用いられ，玄武岩製凹石が2点認められるが，そのほかは安山岩製である。同様に茅ヶ崎市域の上ノ町・広町遺跡の隣接地点である上ノ町遺跡では石材が不明として報告されており，実資料を実見して石材を確認する必要があるが，安山岩系統の石材である可能性は高い。

周辺地域では伊豆地方御所内遺跡では軽石製と報告されている。群馬県の前橋市二ノ宮下西遺跡　二ノ宮宮下東遺跡，高崎市高崎城跡三の丸，白井南中遺跡での凹石使用石材は，粗粒安山岩や角閃石安山岩といった安山岩が主体となり一部二ツ石軽石が用いられている。神奈川，群馬両

甲斐湯之奥金山

伊豆土肥金山

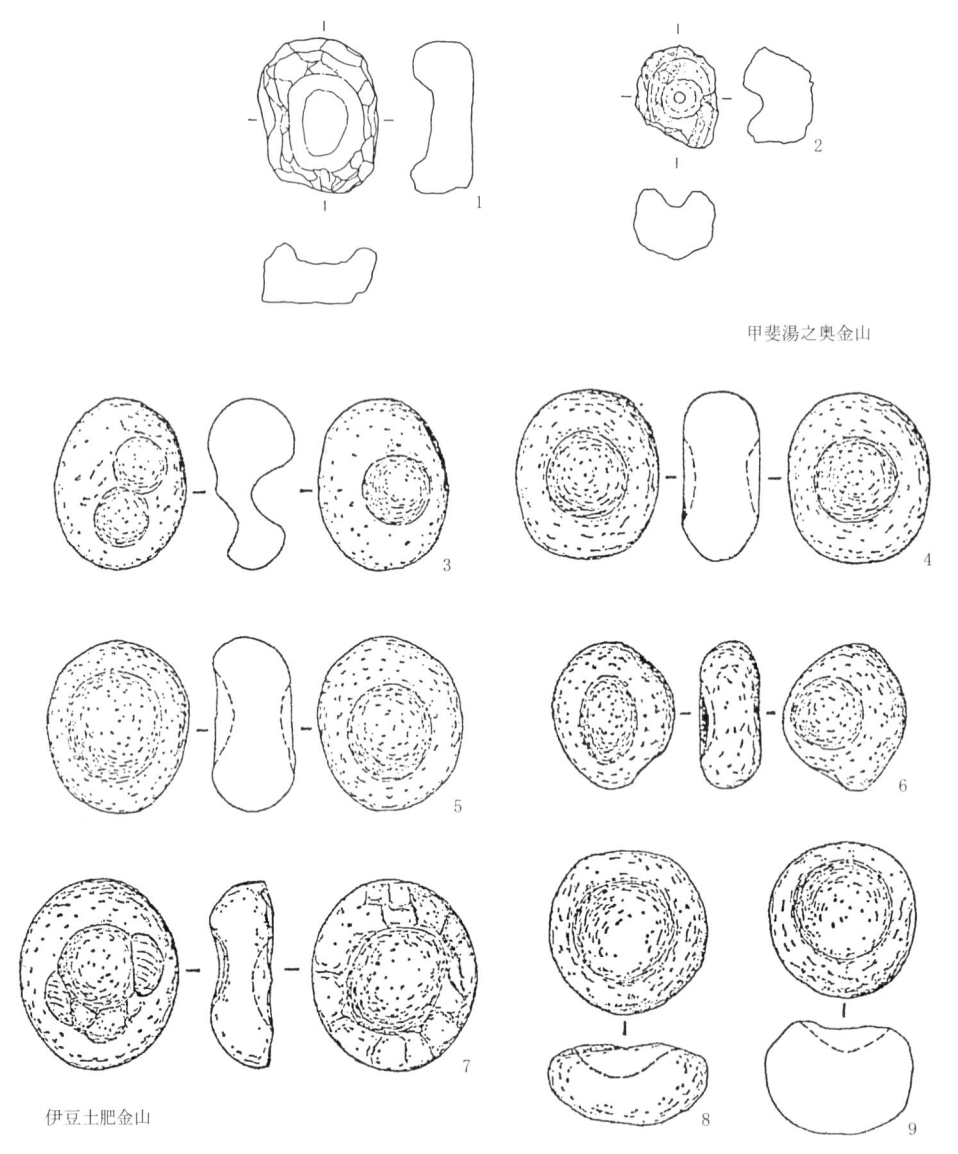

第10図　金山出土の類例資料（S=1/6）

県で共通することとして，火成岩である安山岩系石材が多用されていることが指摘でき，中世から近世期の凹石の主要石材は安山岩である。

3）出土遺跡の様相

中世以降に登場してくる凹石の遺跡内での様相は，多くは居館址や城館，居住地遺跡が主体となるようであるが，小田原城下御組長屋遺跡や瓦長屋遺跡，山角町遺跡や群馬県小島田八日市遺跡など大量の石製品と伴に大量に出土する遺跡がある。これらの遺跡は石製品の生産遺跡と評価されている。このような生産遺跡で，鍛冶に関する作業がどのように行なわれていたのか検証する必要がある。また，居館址などの生活遺跡と生産遺跡で同様の作業に機能しているのか，凹石

の在り方も検討してく必要がある。

　出土遺構は井戸や溝が多い。これらの遺構は該期石製品の廃棄を意図的に行う遺構である可能性もある。

　また，金山遺跡に目を向ける，甲斐黒川金山や湯ノ奥金山，伊豆土肥金山などでは，ここで論じている凹石と類似する資料が見られる。金山出土資料を第10図に示した。金山での使用は，伊豆・丸山城で指摘するように金銀鉱石の選鉱にかかわる鉱石を紛鋼にする作業に使用されている。金山遺跡と居館など生活遺跡での凹石の在り方も検証すべき事象である。

3　凹石の系譜

(1) 凹石の起源と系譜

　さて，日本列島における凹石の消長はどのような系譜があるのであろう。後期旧石器時代の南関東武蔵野・相模野台地・大宮台地・下総台地では，いわゆるV層・IV下層段階に礫核石器として多孔質安山岩製磨石の存在が近年確認されつつある（加藤1996）ようであるが，作業面に凹部を持つ磨石は加藤論文中の「栗野II」資料側面調整のある磨石に凹部が認められ，後期旧石器時代に日本でも凹石の存在を予感させる。

　続く新石器時代に入り，縄文時代では草創期遺跡で確認される。南九州鹿児島県の隆起線文土器供伴資料に認められ，掃除山遺跡では磨石に，拵ノ原遺跡では磨石や石皿に供伴している。遅くとも凹石は縄文時代草創期には日本に登場して普及しはじめていると認められる。東日本や関東地方では縄文時代凹石は，早期に多く出現することが確認され，石皿と磨石のセットに伴い，縄文早期前半には植物食文化が波及すると評価（阿部1989）されている。縄文期の凹石は，照葉樹林文化を担い，堅果類の殻を割ることが主たる機能と考えられている。特に縄文時代中期に中部地方を中心にして汎日本的に広く分布し，縄文農耕の胡桃の殻を割るなどの堅果類外殻除去や粉砕作業に有効に機能した石器として，普及したと評価される。縄文期凹石の特徴は，凹部形状が浅いことが挙げられ，その点が中世凹石とことなる。縄文期凹石は対象物に対して叩き落すや振り下ろす作業を繰り返している。

　縄文時代に続く弥生時代では，全国的に中期から散見（埋蔵文化財研究会1992）される。南関東弥生時代の植物食を石皿と磨石から論じた浜田晋介氏の論考（浜田1992）に磨石・石皿として掲載されている石製品で，三宅島坊田遺跡の弥生中期前半の玄武岩製小型石皿は中央部に深い凹部がある。また，千葉県大森第2遺跡の弥生後期の磨石にも凹部が存在する。南関東地方の広域で少なからず存在する。一方，東北部九州では弥生時代から古墳時代中期まで磨石，敲石，石皿などが出土するとの指摘（植田1999）がある。

　古代，中世初期には凹石を確認していない。神奈川県内古代遺跡での報告例は認められない。また，中世前期に発達する中世都市鎌倉の調査事例でも出土していないようである。

(2) もうひとつの「凹石」 その機能と今後の展望

　これまで触れてきた凹石は，主に中世後期から戦国期に登場・発達し，近世まで存続する可能性が指摘できた。これらの凹石はどのような機能を有する石製品であろうか。

　小田原市御組長屋遺跡や山角町遺跡では，鍛冶用凹石とする機能が示されている。また，小田原城下瓦長屋遺跡では，16世紀第3四半期と推定される2号溝状遺構から，鉄滓や鞴羽口と伴に出土している。このことから，鍛冶などの金属加工にかかわる可能性が高い石製品であると予想された。伊豆土肥金山出土例や土肥町丸山城址では，凹石の機能に鉱物の粉砕機能を想定している。金山臼の考察を行った今村氏は鉱石粉砕具の最も古い形態は，平石の上で手に握った磨石で鉱石をすり潰すだけの最も原始的な磨り臼型式の存在を指摘し，リンズと呼ばれる回転系鉱石粉砕具の登場以前に使用されたと指摘（今村1990）している。

　この例に凹石の年代を適応させて観ると，これらの凹石は13世紀代に使用が開始され，中世後期・戦国期を通し使用され，近世江戸期まで存続する石製品である可能性が指摘できよう。その使用方法については，臼研究の権威である三輪茂雄氏が，媛県砥部町で砥部焼の陶石紛製工場で水車を用いて使用された「かこい臼」という「搗き臼」を紹介（三輪1999）しているが，土などに埋め固定した臼に粉砕物や粉砕粒の飛散を防止する囲いを施すという使用例が参考になりそうである。即ち，ある程度固定された凹石に粉砕対象物を置き，乳棒や敲石，杵などにより搗くあるいは捏ねるように粉砕作業を行なうと予想されよう。この作業の繰り返しにより，凹部は深くなり，最終的に深い凹部から半分欠損して，廃棄されると推定されよう。

　さて，縄文期凹石の特徴は，凹部形状が浅いことが挙げられ，これらの凹石とは異なる。縄文期凹石は対象物に対して叩き落すや振り下ろす作業を繰り返していると推定され，中・近世の凹石とは作業にかかわる方法が異なると看取された。これらの凹石の登場には，対象物の粉砕を目的とした作業への使用を意図した意識が存在するものの，それまで使用されてきた食品加工用凹石とは別の「もうひとつの凹石」としての登場であったと評価されよう

　これらのことから，中世後期以降に登場する凹石は，金山などの鉱山以外でも機能する鉱物類の粉砕作業に使用される鍛冶用凹石として機能していた可能性が高いことを指摘できようか。但し，伊豆御所之内遺跡や群馬小田島八日市遺跡で報告されている軽石製凹石が，鉱石などの粉砕作業に耐えうる強度が保てるかは不明であり，それらの軽石製凹石の別機能を想定する必要もあろう。

　また，これらの凹石は金山遺跡に多くあることが確認されるが，居館址など居住生活遺跡で単独出土例も認められ，生産遺跡で大量に消費されている。これらと金山関連資料に含まれる凹石とが同等の機能を持つ石製品であるかの検証を経る必要があろう。なお，筆者が嘗て論じた石鉢が凹石と供伴して出土する事例が御組長屋遺跡，小船森遺跡や伊豆御所之内遺跡，北関東の小島田八日市遺跡などで認められた。これらの石鉢，凹石，磨石，敲石の供伴例がそれぞれの石製品が一連の作業に機能した後に一括廃棄されているかの検証を経なければならないが，逆に，中世後期から近世にかけて石鉢，凹石，磨石や敲石などの石製品類が機能する一連の諸作業が存在し

ている可能性があることも検証する必要があろう。

おわりに

　凹部を持つ円形礫素材の石製品「凹石」は，後期旧石器時代日本でも存在する可能性があった。新石器時代に入り縄文時代に発達し，その主たる作業は植物食の加工にかかわる対象物の粉砕に使用され，縄文社会を支えた石器の一つと評価されよう。その後凹石は農耕社会に転換する弥生時代に減少し，古墳時代に急速に消滅するようである。しかし，鎌倉後期から室町前期の13世紀後半になり，再び登場して近世後期まで存在する可能性あることが確認できた。再登場した凹石の機能は植物食にかかわる機能だけではなく，「もうひとつの凹石」として鉱物などの対象物を粉砕する機能を有する石の道具として再登場したと推定されよう。

　書架を斜め見して神奈川県出土中世～近世凹石の集成を行い，その様相を観察した。前述したように管見の限り関東地方と東北地方の一部に類似する資料が散見された。このことは隣接する東北諸県や関東地方，中部地方を全て確認していないが，東日本を視野に入れた周辺域の確認が必要になった。また，伊豆地方や甲斐地方の金山関係資料の中に類例資料が見出された。これらの資料との関連を今後検討して行く必要があろう。また，当該石製品が具体的にどのよう作業に使用されていたかの検証も必要であろう。今後の課題としたい。

　竹石健二先生，澤田大多郎先生古希のお祝いとして献呈しながら，問題を更に山積させる雑駁な論稿となった観があるがご容赦願いたい。両先生がお元気で古希を迎えられたことを祝して。

　資料収集，図版製作では，大上周三，小林義典，堀内秀樹，山口剛志，諏訪間　順，冨永樹之，佐々木健策，浅賀貴広，安心院浩子の各氏にお世話になった。文末ではあるが記して感謝したい。一向に筆が進まず，締め切りを大幅に遅れた筆者拙稿を，寛大にも辛抱強く待っていただいた編集諸氏にも感謝申し上げたい。

引用・参考文献

阿部芳郎　1989「縄文時代早期における石器群の構成と生産活動―縄文文化の成立と展開を試考するための石器群の基礎的分析―」『駿台史学』第77号　駿台史学会

安藤広通・坂本　彰・今井康博　1996『縄文時代草創期資料集』　横浜市歴史博物館・財団法人横浜市ふるさと歴史財団埋蔵文化財センター

伊藤　郭・寺田兼方　2008「小田原城下上幸田跡遺跡第Ⅳ地点」『平成20年度　小田原市遺跡調査発表会発表要旨』　小田原市教育委員会

今村啓爾　1990「鉱山臼からみた中・近世貴金属鉱業の技術系統」『東京大学文学部考古学研究室研究紀要』第9号　東京大学文学部考古学研究室

植田文雄　1999「遺物研究　石皿・磨石・敲石（凹石）」『縄文時代』（『縄文時代文化研究の100年-21世紀における縄文時代文化研究の深化に向けて―第4分冊　遺物研究』第10号　縄文時代研究会

小田原市教育委員会　2202『小船森遺跡』小田原市文化財調査報告書第102集

加藤勝仁 1996「礫石器」『石器文化研究』（シンポジウム AT 降灰以降のナイフ形石器文化〜関東地方における V〜IV 下層段階石器群の検討〜）5　石器文化研究会

小池　聡 1996「小田原市小船森地区内遺跡」『備蓄銭とその出土状況―緡銭の復元・備蓄銭の歴史背景―』出土銭貨研究会

　　　2000「石臼は何故壊れるか―神奈川県下近世遺跡出土石臼からの考察―」『竹石健二先生・澤田大多郎先生還暦記念論文集』　竹石健二先生・澤田大多郎両先生還暦記念を祝う会

　　　2002「石鉢とは何か」『考古論叢神奈河』第 10 集　神奈川県考古学会

　　　2003「小田原市小船森遺跡の備蓄銭」『考古論叢神奈河』第 11 集　神奈川県考古学会

　　　2004「粉挽き臼の諸形態とその変容」『石器に学ぶ』第 7 号　石器に学ぶ会

　　　2005「粉挽き臼の諸形態とその変容（続）」『石器に学ぶ』第 8 号　石器に学ぶ会

鈴木道之助 1981『図録石器の基礎知識 III 縄文』　柏書房株式会社

橋口尚武 1983「調理」『縄文文化の研究』2 生業　雄山閣出版株式会社

浜田晋介 1992「弥生時代の石皿と磨石―南関東地域の事例から―」『考古論叢神奈河』第 1 集　神奈川県考古学会

藤本　強 1983「石皿・磨石・石臼・石杵・磨臼（I）―序論・旧石器時代・中国新石器時代―」『東京大学文学部考古学研究室紀要』第 2 号　東京大学文学部考古学研究室

　　　1985「石皿・磨石・石臼・石杵・磨臼（II）―レヴァント南部地域―」『東京大学文学部考古学研究室紀要』第 3 号　東京大学文学部考古学研究室

　　　1985「石皿・磨石・石臼・石杵・磨臼（III）」『東京大学文学部考古学研究室紀要』第 3 号　東京大学文学部考古学研究室

　　　1987a「石皿・磨石・石臼・石杵・磨臼（IV）―アナトリア―」『東京大学文学部考古学研究室紀要』第 6 号　東京大学文学部考古学研究室

　　　1989a「石皿・磨石・石臼・石杵・磨臼（V）―ザクロス・イラン高原―」『東京大学文学部考古学研究室紀要』第 7 号　東京大学文学部考古学研究室

　　　1989b「石皿・磨石・石臼・石杵・磨臼（VI）―西アジア周辺地域およびまとめ―」『東京大学文学部考古学研究室紀要』第 8 号　東京大学文学部考古学研究室

埋蔵文化財研究会 1992『弥生時代の石器―その始まりと終わり―』

三輪茂雄 1978『臼（うす）』ものと人間の文化史 25　財団法人法政大学出版局

　　　1999『日本を知る　粉と臼』　株式会社大巧社

※本論に掲載した凹石の掲載資料の出典は各報告書によるが，紙幅の都合上割愛した。

出土資料からみた江戸の瓦漏

小 林　　克

はじめに

(1) 経緯と目的

　論題にある瓦漏と言う言葉を，初めて耳にする方も多いかと思う。瓦漏（がろう）とは白砂糖製造のために必須の道具である。日本の伝統的な白砂糖作りは，和三盆作りの技術とされる事が多いが，世界的にみて，砂糖を白化させる技術としては，瓦漏を用いたものが一般的であった。こうした瓦漏は白砂糖生産と共に存在したわけで，世界各地でその出土が報告されている。実は日本にも江戸時代後期の一時期であるが，この瓦漏を用いた白砂糖作りが広く行われた可能性が高いことが，最近，文献史研究により判ってきた。そうした中で，関西で江戸時代後期の瓦漏の出土が報告された。

　本論では，江戸遺跡から出土したある深鉢土器が瓦漏であることを指摘し，その上で江戸時代の瓦漏の歴史的位置づけについて，海外の事例とも比較し一つの仮説を提示したい。

　筆者が瓦漏に注目したきっかけは，1996年に担当した展覧会[1]で，ロンドンやアムステルダムから出土している瓦漏を知ったことである。その後，瓦漏に関心を持ち続けていたが，主に2004年以降瓦漏の研究を進め，2006年に法政大学考古学研究会の研究会[2]，そして2007年に江戸遺跡研究会例会で口頭発表を行った。江戸遺跡研究会の発表については，同研究会の会報にも報告[3]を記載している。瓦漏研究の経緯については，この報告を参照していただきたいが，本論は，2007年3月の江戸遺跡研究会の発表をベースにし，さらに2007年11月の台南での知見を加えて纏めたものである。

(2) 砂糖の歴史概説

　砂糖は砂糖きびから生産されるが，砂糖きびは原産地を東南アジアからインド地域と想定されている。砂糖きびの栽培は，インドネシアまたは，ニューギニアから発生したと言われており[4]，それが，中国へ，インド・中東へと広まったという。紀元前4世紀には，アレキサンダー大王の東征時にヨーロッパ人に砂糖が知られる。中世になると，アラブ世界で多く生産され，流通していた。この頃の砂糖は，極めて高級な薬品とされ，時には権威の象徴とした砂糖細工用に使われていた。

マルコ・ポーロの東方見聞録にも砂糖造りが紹介されており，中国でも既に元代には，砂糖が流通していた[5]。こうして中世段階ではアジア各地で砂糖が生産されていたが，十字軍の遠征で，アラブ世界と接触したヨーロッパでも，温暖なキプロス，クレタ，シチリアなどで砂糖きびの栽培と砂糖生産が行われ始めた。15世紀になると，ポルトガルにより，カナリア諸島に，アフリカのギニア湾へと栽培が広がっていった。16世紀にはポルトガルの植民地となったカリブ海の島々や，ブラジルへと砂糖きび生産は拡大し，現在のベルギーのアントウルペンが砂糖の集積地となっていった。17世紀にはいるとプランテーションでの砂糖の栽培がアメリカ大陸中南部に広がり，砂糖はアフリカ黒人を対象とした奴隷制とセットとなり，世界商品化していった[6]。日本や中国産の茶，中東・アフリカ産のコーヒー，中米産のカカオがヨーロッパにもたらされ，それに砂糖を加えた暖かい飲み物を飲む習慣も17世紀に上流階級に広がり，18世紀に一般的な人々の間にも拡大し広く行われるようになる。

日本へは，鑑真和上の積み荷の中に，砂糖と考えられる記載があり，古代には中国から砂糖が輸入されていたと考えられている。中世には中国から砂糖が輸入され，狂言の付子にも砂糖が登場するが，これらは所謂黒砂糖であったと言われている。戦国期末にはポルトガル・スペイン人が日本に来るようになり，コンペイトウ等の砂糖菓子ももたらされたが，やはり砂糖は非常な高級品であった。白砂糖の輸入が爆発的に拡大するのは，江戸時代に入ってからとなる。

(3) 瓦漏と白砂糖

瓦漏は，ヨーロッパでは「Suger mould earthenware」，つまり「砂糖精製用土器型」と呼ばれており[7]，ロンドンやアムステルダム等の都市遺跡から多数出土している。この背景には，植民地から送られたまだ白砂糖になっていない状態の材料から，ヨーロッパの各都市で再加工して，白い砂糖を製造しいた事を示している。

ヨーロッパではロンドンやアムステルダム等の港町で，瓦漏の中に砂糖きびのシロップを入れ，白砂糖を製造していた。製造された白砂糖は，ローフ (loaf) と呼ばれた円錐形の固まりで販売され，購入した人は，よく台所に吊し，切り砕いてから使用した（第1図～第5図参照）。

1 日本に於ける研究史

(1) 文献研究略史

砂糖きび育成と砂糖生産は江戸時代に入り，導入されて順次拡大していく。慶長14年 (1609) には直川智が中国の福建省に漂着し，そこで技術を修得し，奄美大島に帰り，伝えたと言われている[8]。また，17世紀前半からオランダは大量の白砂糖を日本に輸入し，販売していた。これは白糸とともに，日本の金銀等の流出の一因であった。18世紀前半には，徳川吉宗が白砂糖の国産化を奨励し，白砂糖の開発が開始される。これは幕府だけでなく，薩摩藩，紀州藩，尾張藩，長府藩等でも行われた。薩摩藩では延享2年 (1745) には，砂糖に年貢がかけられており，白砂

糖生産が軌道に乗っていたことを示す。こうした日本全体の白砂糖作りの研究については、植村正治氏が1998年に『日本精糖技術史』[9]で集大成されている。

徳川吉宗は砂糖の国産化を目指し、文献を集めさせ、砂糖きびの栽培を試行させた。そして享保12年（1727）に薩摩から人を呼び、吹上や浜の御殿（浜離宮の事）で砂糖きびを作らせた。同時に白砂糖生産についても、長府藩に幕府の人を使わせ、修得させたという。吉宗政権の享保年間から砂糖きびの栽培と、白砂糖作りの試行が始まっていたのである。こうした白砂糖作りでは砂糖きびを絞り、煮詰めた汁から白い砂糖を生産する方法として、分蜜法としての、瓦漏を用いた覆土法が用いられた。白砂糖作りの技術については、前述の植村氏も世界的な規模で技術の実態とその近代化について明らかにしているが、瓦漏を用いた製法についてより詳しく分析しているのは、荒尾美代氏である。荒尾氏の論考[10]によると覆土法とは、以下の通りである。

「ショ糖の結晶と黒色の蜜の混合体で固化または半固化している状態の砂糖の表面に土を乗せる「覆土法」と称する方法によって、砂糖を白くする分蜜法（ショ糖の結晶と黒色成分を含む蜜を分蜜する方法）。」

基本的にこれは世界各地で行われていた方法であり、アムステルダムやロンドンに於いても同じ方法が採られていた。そしてこの方法は、中国やオランダの技術を参考として、日本国内で試行錯誤の末に成功したものだという。こうした試行錯誤の後、実際に白砂糖作りを普及させたのが、池上太郎左右衛門幸豊である（以後「幸豊」という）[11]。幸豊の砂糖製造については、仙石鶴義氏が研究を進めていたが、川崎市民ミュージアムの望月一樹氏が、近年関連資料を含め、その実態を集成、纏められた。

幸豊は現在の神奈川県川崎市、川崎・大師河原村の名主であり、新田開発と白砂糖の祖として名高く、田沼意次や平賀源内、成島道筑、田村元雄等とも親交があった。幸豊は延享3年（1746）から砂糖きび栽培に取り組み、宝暦11年（1761）に田村元雄からの推薦により本格的に砂糖生産に着手した。田村は白砂糖生産に成功しており、幸豊は田村からその方法を伝授された。その後明和3年（1766）頃、幸豊は江戸の医師河野三秀の方法を加味して白砂糖作りの技術を完成させた。そして明和3年（1766）中には関東郡代伊奈半左衛門の役所や田沼意次の屋敷で実際の白砂糖作りを披露している。荒尾氏によれば、幸豊の製法は覆土法も用いるが、和三盆作りの技術である加圧法も併用していたとしている[12]。その後、幸豊は関東周辺や、中部、関西地方にその方法を伝授していく（図12参照）。また幸豊の屋敷に来て、その技法を伝授された者も多く、讃岐藩や、紀州藩等から派遣されて来る者や、中には八丈島の者も存在した[13]。

以上のような状況により18世紀後半には、西南日本各地で白砂糖作りが試行・実施されていた。幸豊の成功以前にも長府藩や尾張藩では白砂糖作りに成功したと考えられ、その基本は世界各地と同じ覆土法による分蜜法であったと想定される。また幸豊の伝授した技法も基本的には覆土法を用いており、18世紀後半以降からある年代まで、瓦漏を用いた覆土法による白砂糖作りが日本各地で展開されていた可能性が高い。

(2) 考古学研究

　管見によれば，考古学的に日本で最初に瓦漏について論究されたのは，大阪の芝野圭之助氏である。芝野氏は2003年6月に発行された論考「泉南地域の砂糖の生産について」[14]で，大阪府の泉南地域を中心に出土した瓦漏を集成・報告されている（第16図～第20図参照）。そして同地域での江戸時代後半における瓦漏を用いた白砂糖作りの実態に迫っているが，文献資料や民俗資料からも幕末から明治初期にかけて泉南地域で白砂糖生産が行われていたことを示している。その上で，各出土資料について説明している。これらは主に泉州の農村部から出土しており，その特徴は纏めると以下のようである。

　形態的に底部が平坦であり，直径10cmほどである。高さは30cm程度，口径も30cm程度，底部から口縁部までは垂直に立ち上がり，角度は65°程と大きく開いている。特に底部に平坦部が存在することが，大きな特徴と言えよう。

　また，芝野氏の本論考で重要な点は，上記のような断面ラッパ状に開く一群の土器について，これらの土器が出土する地域が，歴史資料や民俗資料からみても，白砂糖作りの盛んな地域であり，そこから出土した本土器類が瓦漏であると指摘した点である。当然今後，底部の穿孔だけでなく横位に開く穴の存在や瓦質と土器質の問題等，詳細な点については事例の増加を待って議論を深めていく必要があるが，白砂糖作りの道具としての瓦漏だと指摘された事は極めて重要な意義がある。

2　江戸遺跡出土の瓦漏

　市ヶ谷尾張藩上屋敷跡出土の土器（第21図参照）（以後，「市ヶ谷出土」という）については，1997年に植木鉢として報告されている[15]。この土器は底部は平底で底部直径は10.8cm，高さ32.4cm，口縁部直径は35.4cmを測り，底部は約65度の角度で急に立ち上がるが，胴中央部から口縁部にかけては大きく広がっている。底部中央には2.8cm程の焼成前の穿孔を有し，器厚は1.5～2cm程を測る。色調は褐色を呈し，砂質感がある土器である。

　その後この土器は，1998年に中野高久氏により，今戸焼の職人の刻印がある資料として論考「江戸遺跡出土の在地系土器」[16]で改めて取り上げられ紹介されている。筆者も今戸焼の紹介の中で，この土器を取り上げたが[17]，実測図を一目見て，何とも言えない違和感を持った。中野氏の論考にあるように，この土器には今戸職人のものと考えられる刻印「源治郎」が押されているのだが，植木鉢にしては，形と大きさが今まで類例のないものであった。私は現代の今戸焼職人への調査や江戸期の絵画資料等で，様々な形の植木鉢を見ており，また，初期の豊島区染井地区の発掘にも関わっていた事もあり，植木鉢については関心を払ってきたが，こうした形態の植木鉢は，いまだかつて見たことのないものであった。また現代の今戸焼職人への様々な聞き取りによれば，特別な注文品には銘を入れることは有るのだが[18]，はたしてこの土器の用途は何かという疑問を持った。

その後, 芝野氏の泉南地域の出土した瓦漏の論考が発表されたが, こうした泉南地域の瓦漏と第21図の市ヶ谷出土の土器を比較してみると, 形態的に泉州地域で出土している瓦漏に類似していることが分かる。これは都市江戸の事例としては今までにないものであり, 更に地域的に大分離れた大阪泉南地域の土器との比較ではあるが, 形態的に見れば類似しているのである。よって私はこの土器が瓦漏であると予想するものである。

　ただ, 現時点では江戸遺跡では一例だけであり, 市ヶ谷出土の土器を瓦漏に分類したのは, 仮説の提示というレベルである。こうした形態的な分類からの考古学的な仮説は, 瓦漏の出土事例の追加を待つべきであろう。

3　江戸時代の瓦漏

(1) 瓦漏形土器

　瓦漏とは, 白砂糖を作るための土器であり, 円錐形を呈し, 底部に穿孔を有する。別名瓦溜・糖漏・糖洩などがある。本来ならば天工開物[19]や前述の田村元雄や幸豊の文献にも出てくる瓦溜呼びたい所であるが, 芝野氏が瓦漏と呼称しており, 台湾での呼称や瓦溜が別の意味を有することも勘案し, 瓦漏と呼ぶこととする[20]。

　瓦漏はアムステルダムやロンドンからも多数出土しているが, 形態は第2図, 第6図のようであり, 縦長で砲弾状を呈している。つまり底部を有していない形態である。アムステルダムでは大きい物から比較的小さい物までバラエティに富む大きさの物が出土しているが, 基本的には同じ形態を呈する[21]。また, 台湾から出土している瓦漏も, 砲弾形で平坦な低部は無く, 第14図のように基本的にはアムステルダムやロンドンの物と類似した形態を呈する。

　対して日本では, 前述のように芝野圭之助氏により, 大阪府泉南地域を中心として主に泉州の農村部から出土した瓦漏が集成・報告されているが, これらは江戸遺跡・市ヶ谷尾張藩邸内出土の土器も含めて, 大きさ, 形態共に台湾やヨーロッパの瓦漏と異なっている。

　ここで平底の底部を有する泉南地域で出土している瓦漏を泉南タイプの瓦漏形土器と呼ぶ事としたい。その特徴は以下のようである。材質は, 土器または還元炎焼成の瓦質である。形態は, 円錐状を呈し, 底部は平坦面を有し中央部に穿孔が有る。底部穿孔は, 径2, 3cm程で, 底部から胴部にかけて開く角度は65°程。形態的に底部が平坦であり, 直径10cmほどである。高さは30cm程度, 口径も30cm程度, 底部から口縁部までは垂直に立ち上がり, 角度は65°程と結構開いている。台湾やアムステルダムの瓦漏と一番大きく違う点は, 底部に平坦面が有ることと, 口縁まで65°程と開き具合が大きいことが上げられる。こうした特徴的な土器は, 現時点では泉南地域を中心に出土しており, 芝野氏の研究により, 使用方法は瓦漏として捉えられる。市ヶ谷出土の土器もこうした瓦漏形土器と同一の形態的特徴を有し, 瓦漏形土器の一つとして捉えられるものである。

　こうした形態的な分類からの考古学的な仮説は, 瓦漏形土器の出土事例の追加を待つべきであ

ろう。出土事例が増え，私が提唱する仮説が肯定されていくのか，それとも否定される事例が増えていくのか。それによりこの仮説の評価が議論されていけばよい。考古学的には以上のように，仮説の提示というレベルであるが，次に，民俗事例や歴史事例と比較し，この仮説がより確実性が増すのか，反証されるのか検証していく[22]。

(2) 文献記録等からのアプローチ

民俗事例としては，荒尾美代氏のベトナムの事例の報告と分析がある[23]（第11図参照）。これによると，ベトナム農村に伝わる砂糖作りの中で，円錐形の底部に穴の開く土器が瓦漏として使用されていた。底部の穴は藁を詰めて，ドロドロに煮詰めた砂糖きびの汁をこの土器の中に入れ，表面を田圃の泥で覆い蓋をする。そうして数日かけると糖蜜が底部の穴からしみ出し，上部は白砂糖になると言う。ただし一回では白くなる部分は限られており，白砂糖を作る際には何回か行うという。そして上の方が白くなり，場合によっては，上だけ削って白砂糖とした。

文献資料や絵画資料にも第8図〜第10図のように瓦漏は多く描かれ，記述がある。第9図の『砂糖製法秘訣』には瓦漏の大きさや製法が記載されている。製法には「常ノ土器ニテ壺ノ様ニ…スヤキ…」とある。更に第8図に示した資料は「霜糖玄雄製し立たる法の書き上げ」[24]という題名で，幸豊へ砂糖造りを伝授した田村の砂糖製造方法が記載された資料である。ここでは，瓦漏の製造について，「瓦溜ハ今戸ニてやかせるへし，すやき也」という記述がある。これにより，当時江戸近辺では，今戸焼で瓦漏を作らせていたことが想定される。市ヶ谷出土の土器は，今戸職人の銘が確認されており，今戸焼と考えられる。このことからも市ヶ谷出土の土器が瓦漏である可能性が高まったと言えよう。

台湾でも，17世紀初頭からオランダ東インド会社により砂糖作りが開始された。この際に使用した瓦漏が台南県帰仁郷帰仁窯跡[25]から，出土している（第14図）。帰仁窯跡の報告書によれば，瓦漏片が台南市の港などからも出土している。台湾での砂糖造りは絵画資料にも描かれており[26]，生産された白砂糖は，平戸や長崎にも輸出された。

おわりに　―結論と今後の課題―

本論では東京市ヶ谷出土の土器（第21図）が，泉南地域で出土している白砂糖作りのために使われる瓦漏形土器であろうとする仮説を提示した。また瓦漏についての考古学以外の学問分野の事例を紹介し，本仮説がより証明されることを述べた。アムステルダム・ロンドン・台南の瓦漏と比較すると日本の瓦漏形土器は平坦な底部を有し，形態的にも日本で独自に工夫された可能性が考えられる。今後瓦漏形土器は，静岡や千葉，江戸（東京）はもとより神奈川県内，中部，関西，それ以西で出土する可能性が高い。また，文献記録では，常滑で瓦漏を作るという記述も紹介されており[27]，知多半島では常滑の瓦漏形陶器（土器？）が出土する可能性が高い。当然各地の在地土器や瓦質土器を生産している窯が利用された可能性は高く，今後各地での確認作業が必

須であろう。もし瓦漏形土器がどのような地域からどの時期に制作され，使われたかが分かるようになれば，現在殆ど忘れされた覆土法による白砂糖作りの伝播と存続期間なども具体的に明らかにされていくことだろう。そうした意味では，現在の砂糖産地でも是非瓦漏形土器の検証，確認をして欲しいものである。

また，瓦漏形土器が江戸の市ヶ谷尾張藩邸内から出土した意味もさらに探る必要が有ろう。今回は尾張藩邸に関する文献の調査まで着手出来なかったが，今後の大きな課題である。他にも課題は多く，以下に列記する。

アジア諸国や中南米，ヨーロッパとの比較。その砂糖きびの生産と白砂糖作りの分業や地域の間あり方。アムステルダムでは植民地で製作し，どのような形でヨーロッパまで運び，ヨーロッパの都市ではどのような工程を行ったのであろうか。日本では現在の所，考古学的に確認されたのは，東京市ヶ谷の事例と泉南を中心とする地域の事例だけであるが，後者では農村部で出土している。都市と農村の役割分担はどのようだったのか。またある一定程度以上に白砂糖生産が拡大しなかった理由も検討する必要がある。こうしたことも出土資料が増加すれば，一部の文献からではなく，地域に根ざした考古資料から歴史の実態が明らかにされる可能性がある。

日本の近代化の意味を，より実態として明らかにしていくためにも，在来技術の意味やその関わりを再考すべきである。江戸時代にも海外から技術が伝播していたのである。その特性は文献を参照し創意工夫する事が中心であった。さらに記録に残らない人間の接触があった可能性もあり，そうした意味でも考古資料を蓄積し比較検討する事が望まれる。また江戸近辺では今戸焼で瓦漏を作ったり，また瓦漏形土器が見つかった泉州は，焼塩壺の産地でもあり，そうした在地の土器生産との関連も検討を要しよう。

今後ヨーロッパ各地の瓦漏と中国大陸，東南アジアの瓦漏を確認して実測図を作成し，比較検討することにより，日本の瓦漏の成立をより確実に明らかにしていくことができると考えられる。資料が圧倒的に少ない現時点では一つの仮説でしかないが，泉南タイプの瓦漏形土器は各種文献やオランダ人や中国人に対する聞き書きなどを参考に，製造の工夫として考えつかれたものと考えている泉南タイプの瓦漏形土器は平底を持つという点で，世界の他の瓦漏とは明らかに形態的に異なっているのである。

本稿を纏めるにあたって，川崎市民ミュージアムの望月一樹氏，昭和女子大の荒尾美代氏，大阪府教育委員会芝野圭之助氏，アムステルダム市歴史博物館ワーヘナール（Lodewijk Wagenaar）氏，台南国立芸術大学廬泰康氏からは様々なご助言，ご教示を賜った。また泉南市教育委員会の岡一彦氏には市内出土の瓦漏を実見させていただき，関連する遺跡等もご案内いただき，更に報告書等のご教示を賜った。また市ヶ谷尾張藩上屋敷遺跡出土土器の実見に当たっては，東京都教育庁学芸員蟹江氏にお手を煩わせた。また本稿にある図については，成瀬晃司氏に調整等の協力を得ている。本稿はこうした方々からのご協力・ご助言の賜であり，ここに謝意を示すこととする。

註

1) 小林克・松井かおる他 1996『掘り出された都市 江戸・長崎・アムステルダム・ロンドン・ニューヨーク』東京都江戸東京博物館
2) 口頭発表 2006年12月9日法政大学考古学研究会研究会において,「近世考古学の新たな可能性―江戸の瓦漏を中心に―」という演題で発表し,瓦漏についても研究報告した。
3) 小林克 2007.5「江戸の瓦溜(がろう)」江戸遺跡研究会会報 No.109 江戸遺跡研究会
4) 明坂英二 2002『シュガーロード 砂糖が出島にやってきた』長崎新聞社,「(2)砂糖の歴史概説」は,本註のほか,註6),註8)を主に参考としている。
5) マルコ・ポーロ『東方見聞録』東洋文庫 平凡社
6) 川北稔 1996『砂糖の世界史』岩波ジュニア新書276 岩波書店
7) 前出1)に同じ
8) 植村正治 1998『日本製糖技術史:1700-1900』清文堂出版
9) 前出8)に同じ
10) 荒尾美代 2004「明和年間から天明年間における池上太郎左衛門幸豊の白砂糖生産法―製糖技術「分蜜法」を中心として」『風俗史学』第28号
11) 望月一樹 2002「池上幸豊と近世砂糖生産(一)」『川崎市民ミュージアム紀要』第十四集,同氏 2004「池上幸豊と近世砂糖生産(二)」『川崎市民ミュージアム紀要』第十六集,以下,前出11)の3文献を主に参照し,幸豊についての記載を進める。
12) 荒尾美代 2005「「和三盆」技術の成立時期に関する研究―享和元年(1801)荒木佐兵衛の史料を中心として」『食文化研究』1号ほか,前出6)・11)を参照している。加圧法は現在の和三盆生産の技法であり,この方法を幸豊が使用していたことは注目されよう。
13) 望月一樹ほか 2000『大江戸マルチ人物伝 池上太郎左衛門幸豊』川崎市市民ミュージアム(図録)
14) 芝野圭之助 2003「泉南地域の砂糖の生産について」『郵政考古紀要』32号
15) 東京都埋蔵文化財センター 1997『尾張藩上屋敷跡遺跡Ⅱ』東京都埋蔵文化財センター調査報告第40集
16) 中野高久 1998「江戸遺跡出土の在地系製品」『千駄ヶ谷五丁目遺跡の諸問題』千駄ヶ谷五丁目遺跡調査会
17) 小林克 2001.5「今戸焼」『図説江戸考古学研究事典』江戸遺跡研究会編 柏書房
18) 小林克 1997『今戸焼』江戸東京博物館調査報告書4 東京都江戸東京博物館
19) 宗応星 1637『天工開物』(藪内清訳注 東洋文庫1969)前出11)参照。以下の記述も同じ。
20) 江戸遺跡研究会の発表時には,「瓦漏」とし,報告文でも『天工開物』やその他初期の日本の文献から,「瓦溜」としていた。しかし考古学的に最初に報告された芝野氏も瓦漏としており,以後瓦漏と統一することとする。また,小林は文献から瓦漏について,覆土法により白砂糖を作る際に使うものと考えていたが,発表にご出席頂いた荒尾美代氏より,黒砂糖を作る際にも利用するという民俗事例を御教授頂いた。
21) Lodewijk Wagenaar 2005 Suger AMSTERDAMS Historisch Museum(展示カタログ)
22) H.J.エガース 1981(日本語翻訳出版)『考古学研究入門』岩波書店 ここでいうテーゼ,アンチテーゼ,ジンテーゼという意味あいである。
23) 荒尾美代 2000「ベトナム中部における白砂糖製糖法」『昭和女子大学文化史研究』第4号
24) 前出13)に同じ。同図録によれば,砂糖造りの師である田村の「甘蔗製造伝」の写本で,幸豊の注記

が随所に有るという。

25) 黄翠梅ほか 2003『台南県帰仁郷帰仁窯遺址学術調査與研究計画　期末報告』　国立台南芸術学院芸術史與芸術評論研究所
26) 杜正勝 1998『番社采風図解』—以台湾歴史初期平埔族之社会文化為中心
27) 荒尾美代 2006「尾張藩における宝暦年間（1751-1763）の白砂糖生産—史料「製糖秘訣」の原作者をめぐって」『科学史研究』239
28) モリー・ハリスン 1995『台所の文化史』　法政大学出版局
29) ニックメリマン 1993 "THE PEOPLING OF LONDON"　ミュージアムオブロンドン
30) Jan Luiken 1694 Het Menselyk Bedryf（小林頼子他訳注 2001『ヤン・ライケン西洋職人図集-17世紀オランダの日常生活』　八坂書房）
31) 泉南市教育委員会 2002『男里遺跡発掘調査報告書』，なお，第17図〜第19図の出土瓦漏については，14）文献で紹介された内から完形に近いものを選んでいる。
32) 大阪府埋蔵文化財協会 1988『貝掛遺跡』同調査報告書第19号
33) 阪南市教育委員会 2001『馬川遺跡一九四一四区』阪南市埋蔵文化財調査報告
34) 泉佐野市教育委員会 1998『泉佐野市埋蔵文化財調査報告52』
35) 泉南市教育委員会 1995『泉南市文化財年報第1集』

180

第1図　16世紀のシチリア砂糖製陶所[6]

第2図　ロンドン市内出土の瓦漏形土器[1]
底部はそのまま穴が開いている。

第3図　ローフ（円錐形の固り）と砂糖砕き器[28]

第4図　型へのシロップ流し込み作業[29]

第5図　オランダの砂糖屋[30]

第6図　アムステルダム市内出土の瓦漏と壺[21]

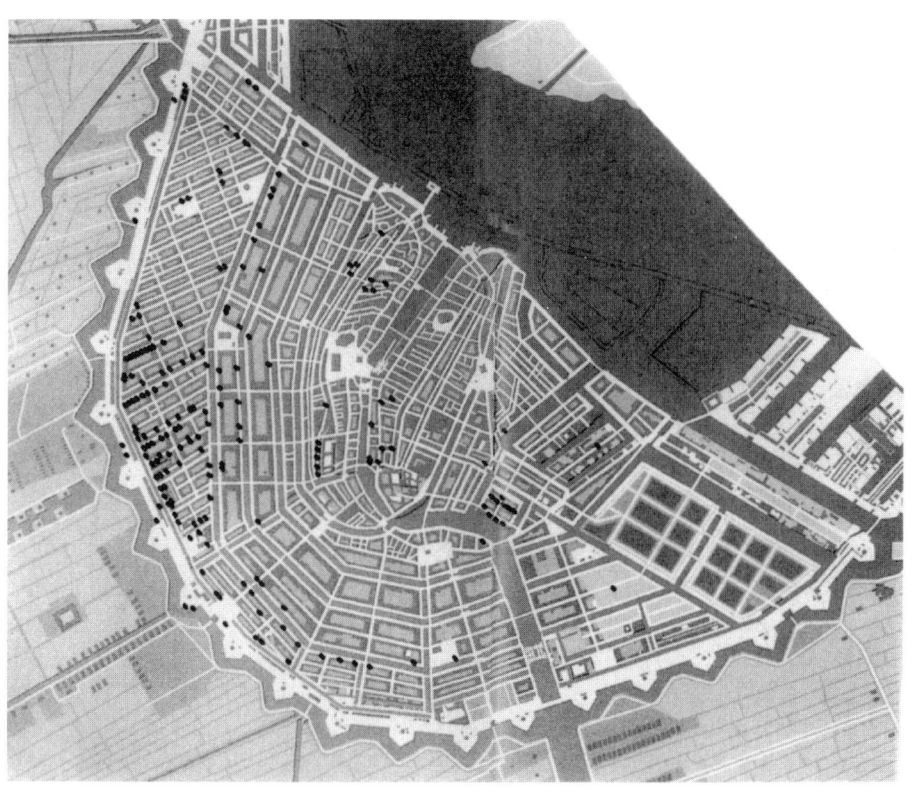

第 7 図　アムステルダムの砂糖製造所 1600-1800 年[21]

霜糖玄雄製し立たる法
一 莎石一石　糖一斗と成
一 せんする時火ノ焼様大事也、活火ニてせんすへし、文火なれハ糖とならすねハリて役に立す、是第一の事也、扨二割ニせんし、詰たる時すまし桶へ入うつす、其中へ蠟石一寸四方ヲ粉にし可入ル〔二ツ割五分也〕、是ハ瓦溜ニ入タル糖堅まる事なし、天工開物其外ノ文ニまとひし也
但灰を入る事甚あし、糖堅まる為也、瓦溜ニ入タル時ハ宜かためてとかさ〳〵るへし
一 すまし桶三段ニ上中下沺と心得、三ヶ所ニ穴ヲ明、三段の莎水をのミロヲ付てしたすへし、第一ノ莎水を黒水と云、第二ノ莎水を潔水と云、第三ハ用ニた、す黒砂糖のかすと心得へ申候、是をハ槽へ入へからす、瓦溜の製
一 槽くすの木ニてこしらゆへし、上中沺ヲ明入ルとそろ〳〵堅まる、粒をなす也、扨かき廻しサラス、莎糖ヲなす、扨天気を見合セ瓦溜へ入置、雫をとる也
一 瓦溜ハ今戸ニてやかせるへし、すやき也
　此所へうるしのふたのことく紙ニてすへし、其上へ細滑黄土ヲ置あらきご土よし、〔朱書　ほいろニかけて候土ヲよくかけもすへし〕
一 二ツ割ニせんし詰たる時、急ニ火ヲ引、ぬれごもをこしらへ置かまの下へしき、急ニ火気をさますへし、火気のこれハ糖ねはる故也
〔朱書　火ノタキ様第一也、灰を入ぬ事第二也、次第如此すれハよし、手違すれハ出来せす、何の六かしき事なし、薪もさのミ入らす〕

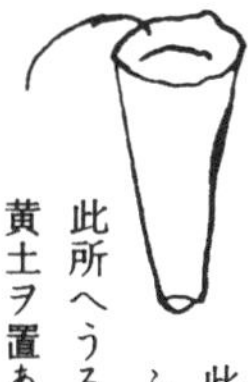

第 8 図「霜糖玄雄製し立たる法」[13]　※波線筆者加筆

一、瓦溜ノ致方常ノ土器ニテ壺ノ様ニ拵へ、スヤキニ仕候事能御座候、尤大ナルハ拾貫目入ニ製スベシ、其状如レ此

拾斤入リ
或ハ拾貫
目入ニ製
スルナリ

瓦溜ナリ
スヤキ

此穴ヨリ藁ヲ入
水ヲ止メテ置
ナリ

ワラノセンナリ
下ヨリサス

如此ノ形ヨシ
高サ凡弐尺
口ノ広サ凡尺三四寸
敷ノ穴凡五六分

尾漏
七杓
蜜溜
匙

第 9 図　大きさの記載された「砂糖製法秘訣」[13]　　第 10 図　『砂糖制作記』に見える瓦漏[8]

田の横の沼の土
バナナの葉
藁
（バナナの葉を固定）
固化している黒砂糖

図 3

田の横の沼の土
素焼きのポット
（中に固化した黒砂糖が入っている）

図 5

写真 3　写真 1
写真 4　写真 2

第 11 図　ベトナムの現在の砂糖作りの様子[23]

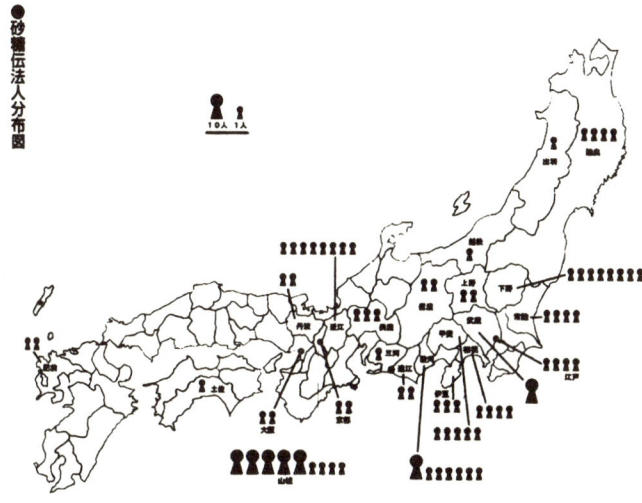

第12図　池上太郎左右衛門幸豊による精糖技術を伝播した人々の分布[13]

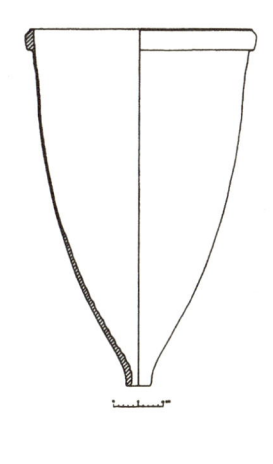

第14図　台湾　帰仁窯遺跡出土の瓦漏[24]

第13図　『天工開物』にみる瓦漏[19]

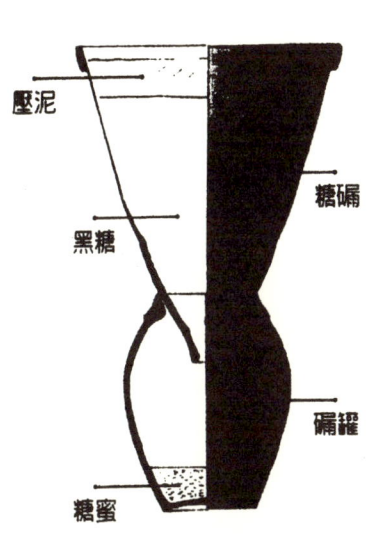

第15図　台湾　瓦漏使用復元図[24]

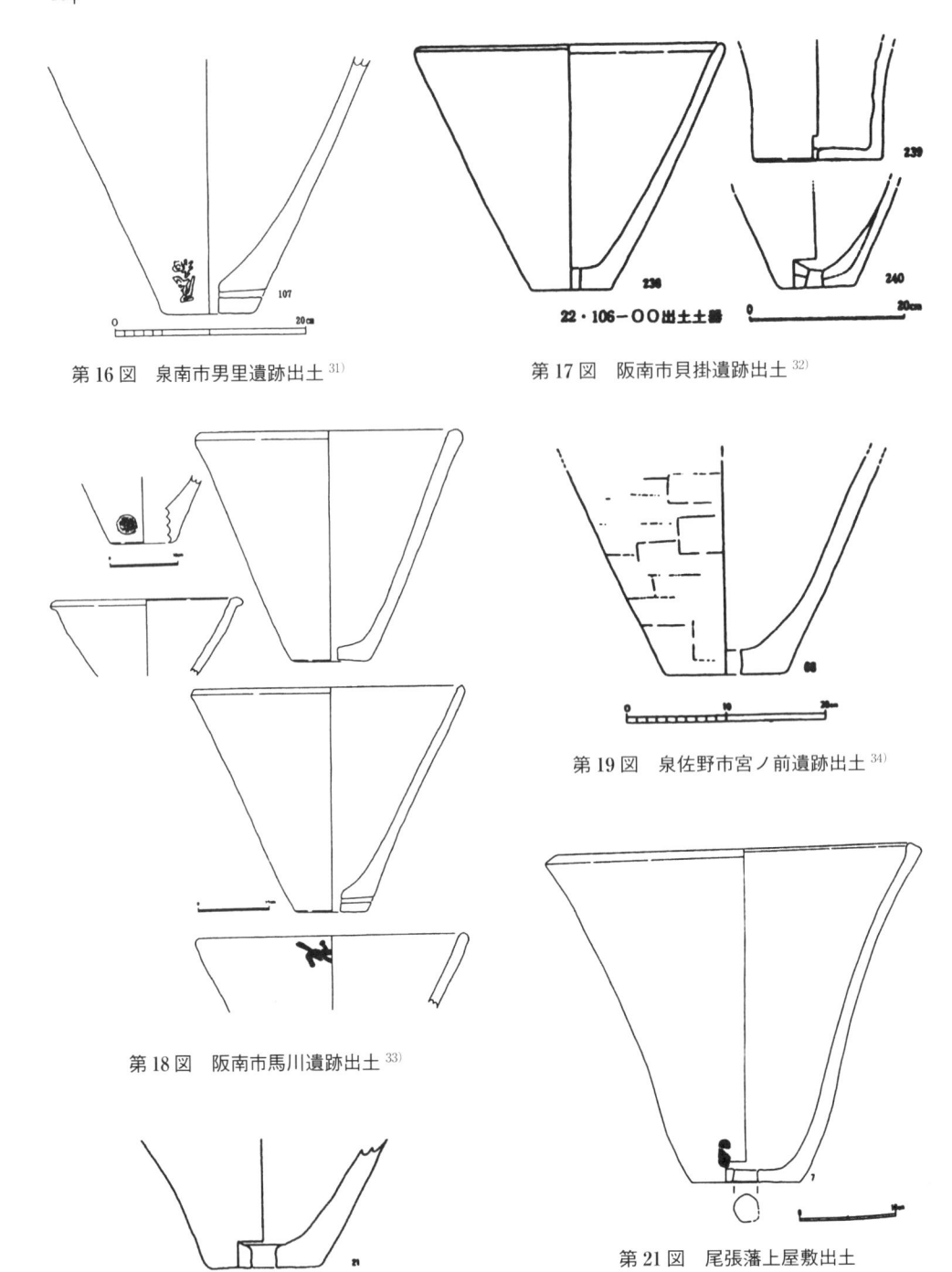

第16図　泉南市男里遺跡出土³¹⁾

第17図　阪南市貝掛遺跡出土³²⁾

第18図　阪南市馬川遺跡出土³³⁾

第19図　泉佐野市宮ノ前遺跡出土³⁴⁾

第20図　泉南市幡代遺跡出土³⁵⁾

第21図　尾張藩上屋敷出土

宴会道具としての貿易陶磁器の再評価
―― 大聖寺藩邸出土の貿易陶磁器 L32-1 ――

堀　内　秀　樹

はじめに

　筆者は，江戸の成立過程と前田家，伊達家，尾張徳川家の藩邸出土貿易陶磁器との関係について触れたことがある（堀内 2007）。そこでは，江戸初期の貿易陶磁器が武家儀礼の成立と関係し，その成立が都市江戸成立の画期と位置づけた。本論ではそこで詳述できなかった宴会道具と考えられる東京大学本郷構内の遺跡医学部附属病院中央診療棟地点 L32-1 出土貿易陶磁器について再評価するものである。

1　医学部附属病院中央診療棟地点 L32-1 出土遺物

　東京大学本郷構内の遺跡医学部附属病院中央診療棟地点 L32-1 は，大聖寺藩邸内の位置する地下室で，発掘調査では遺構の過半が近代以降の攪乱により削平された状態で確認された（第1図）。遺構は，遺存する規模で，東西 1.4 m，南北 1.6 m，天井部から坑底までの高さは最大 1 m を計測する。覆土は，焼土共に多量の遺物で構成されていた。遺物は，火熱を受けた磁器片を中心に約 4 万点が出土したが，遺構の遺存状況から類推するならその数倍の量であったに相違ない。また，覆土の堆積や遺物の廃棄状況から，これらは火災の後始末によって廃棄されたと判断され，廃棄された陶磁器の年代から天和 2（1682）年に加賀藩本郷邸を全焼した「八百屋お七の火事」によるものと判断された。

　L32-1 出土資料は，①火災による一括多量廃棄であること，②当時少なかった年代的定点の資料であったこと，③中に古九谷様式陶片が含まれていたことなどによって，取り上げられることが多い資料であった。年代的定点資料であると認識された当時は，いわゆる柿右衛門様式の製品が，元禄期（1688〜1703）の製品と認識されていたことから，本例が元禄期直前の典型的な陶磁器様相ととらえられていた。しかし，その後東京大学本郷構内で同じ天和 2 年を下限に持つ，医学部附属病院病棟地点 C2 層（以下，「東大 C2 層」と略す）から柿右衛門様式を中心とした遺物群が新たに出土したこと（成瀬 1996，東京大学埋蔵文化財調査室 1999），あるいは，「延宝年製」銘の伝世検討から「延宝期に至り，…（中略）…柿右衛門様式が強く表れてくる」などの議論が出されたこと（小木 1988）などから，L32-1 出土資料の多くが年代的にやや遡ることが共通認識とな

ったことにより年代的定点資料としての重要性は減じた。

L32-1出土資料は，カウントできた個体数で820個体にのぼる。内訳は，輸入磁器79個体，肥前系磁器647個体，不明磁器11個体で，磁器が737個体。肥前系陶器28個体，瀬戸・美濃系陶器17個体，京都・信楽系陶器12個体，備前系陶器26個体で，陶器が83個体であり，磁器が全体の90%を占めている。

(1) L32-1出土肥前磁器 （第6図～第10図）

出土している肥前磁器の中で年代的に古手の製品は，34～37でこれらは初期伊万里と分類できる一群である。34，35，37は輪高台の変形皿，36は吹き墨技法を使用した絵付けがされている製品で，大橋康二氏のII-2段階（1630～50年代）に相当するものと考えられる（大橋1988）。しかし，最も量的に多い製品は，1650～60年代に生産されたと推定される一群であろう。41は有田楠木谷窯，81は長吉谷窯に絵付が近似する製品が出土している。また，38，48などにつけられている角福銘，39の誉銘，40，41，44などの不明字銘などは，有田長吉谷窯，楠木谷窯，中白川窯，外尾窯など1650～70年代に操業している窯に多く見られる印銘である。肥前磁器の中で最も新しい製品は，63であろう。63の文様は柿右衛門様式と判断され，同様の銘款は有田南川原窯ノ辻窯，柿右衛門窯などで出土している。これらの窯の出土品は，段階的に長吉谷窯や楠木谷窯などの製品より後出することが確認されている（大橋1988，同1989など）。したがって，L32-1の肥前磁器製品は，いわゆる初期伊万里段階や柿右衛門様式段階の製品も少量含まれてはいる。年代的中心は，17世紀代3四半期に生産されたものと特徴づけられる。

(2) L32-1出土貿易陶磁器 （第2図～第5図）

同遺構から出土している79個体の貿易陶磁器は，揃いで出土している明末の青花磁器とそれより古い時期の単独で出土している製品（青磁，青花，色絵）とに分類される。このうち単独で出土している製品は，3～5，9，10，13，15，20～27，29であり，青磁（20，22～23，26～27）や色絵（9，13，25），あるいは大型の青花（4，5，21，24）などが含まれる。

20，22，23，26，27は龍泉窯系の青磁である。20は直口縁の盤で，15世紀を中心とした年代，22は口縁部に雷文が巡り，15世紀を中心とする年代，23は太宰府分類坏III-3類に相当する製品で13世紀後半から14世紀前半の年代が与えられているもの，26は新安沈没船，福井県一乗谷遺跡などでも出土している明前期の盤，27は水注でやはり明前期の製品と推定される。青花では4がベトナムダナン沖で沈没したCu Lao Cham（第11図）やフィリピンブスアンガ島付近で沈没したLena Shoal Jankの積載品に類似しており（第12図），15世紀後半を中心とした年代が想定できる製品である。21は漳州窯系の鉢であるが，1608年にベトナムビンスワン省沖で沈没した中国のジャンク船ビンスワン積載資料（第13図），堺環濠都市遺跡SKT263の慶長20（1615）年，大坂夏の陣に伴う第1次焼土層（SB3）出土遺物（第14図）に類似していることから，17世紀初頭を含む時期に生産されているものと推定できる。

揃いで出土している製品は，青花の小皿，中皿，碗，坏などである。確認できた最小個体数は，1は8個体，6は8個体，7は5個体，8は7個体，11は8個体，12は2個体，14は5個体，16は3個体，17は23個体，18は3個体，19は6個体，30は7個体である。1，2は景徳鎮窯系芙蓉手皿で，第15図に示した1613年にアフリカのセントヘレナ沖で沈没したヴィッテレウ積載資料と類似している。しかし，口唇部が平縁で波状に成形されていないこと，より文様が簡略化されていることなどヴィッテレウ資料より後出的な様相が伺える。19の景徳鎮窯鉢と18の牡丹文皿は，1640年代に沈没したいわゆるハッチャー・カーゴの資料に同様の製品が確認でき，当該時期に生産されている製品である。加えて，いくつか祥瑞手の製品が確認される。30は捻子花状に型作りしたものに，木瓜形の窓をつなぎ，亀甲，雷，紗綾形文を充塡し，口唇部には口錆が施されている。裏銘はいわゆる祥瑞銘ではないが，典型的な祥瑞の文様構成である。祥瑞に類似した文様構成を取るものに10の捻子花文皿，16の果実文，18の牡丹文皿があり，これらは30を含めて，崇禎期（1628～44）ころに生産された可能性が強い。この他8，11，14，17なども，明末の製品と思われる。

2　L32-1出土陶磁器コレクション形成

以上のように詳細に見ていくと，L32-1に廃棄された磁器類は，大きく分けて次のような構成であることが指摘できる。
　①16世紀以前の大型の龍泉窯系青磁，景徳鎮窯系青花群
　②17世紀崇禎期を中心とした揃いの景徳鎮窯系青花皿・鉢類
　③17世紀中葉から後半の揃いの肥前系染付皿・鉢類
　④17世紀後半の肥前系色絵大皿類

(1) 16世紀以前の大型の龍泉窯系青磁，景徳鎮窯系青花群

　これらの道具がどのように購入・使用されていったか考えてみたい。大聖寺藩は，寛永16(1639)年に加賀藩第2代藩主前田利常が隠居する際に立藩した。その当初から加賀藩本郷邸の東側を上屋敷として利用していたことが文献から確認できる。16世紀以前の大型の龍泉窯系青磁，景徳鎮窯系青花群は，当時としても伝世品なので，以前から前田家が所有していたか，骨董品として購入したかどちらかである。周知のように前田家は，尾張の豪族であった前田利家が織田信長やその後を嗣いだ豊臣秀吉の家臣として，その勢力伸長と比例して所領を増やしていった。したがって，それ以前よりこうした品を多量に所有していたとは考えにくく，利家以降新たに所有したと推定される。注目される点は，それが茶道具の一括資料ではなく，年中行事や人生儀礼などを行なう宴会道具の一括資料と共伴している点である。例えば，東京大学本郷構内の遺跡医学部附属病院看護師宿舎地点（第Ⅰ期）SK299からは，中国建窯の天目茶碗，蕎麦，雲鶴，斗々屋などの朝鮮王朝陶磁，ベトナムの白釉連弁文水指，ドイツライン炻器の水注などと共に龍泉窯の硯

屛，算木文花入，袴腰香炉，天目台などが出土している（愛知県陶磁資料館 1997）。これらは組み合わせから茶道具として使用・保存されていたと推定されるが，この中に青磁の盤や大鉢など大型製品は含まれていない。

　一方，龍泉窯や景徳鎮の大型製品は，L32-1 資料に限らず江戸遺跡の中で大名屋敷の一括資料中に一定量確認できる。第 16 図は，尾張藩上屋敷跡遺跡 149-3N-5 出土遺物である。天和 3 (1683) 年の火災の後始末による一括廃棄と推定されている遺物群である。出土遺物は揃いの中国磁器と肥前系磁器皿類が主体的に確認されており，それに伴って，龍泉窯系の盤が出土している（第 16 図 10）。また，汐留遺跡 5I-032 は，仙台藩伊達家上屋敷内から確認された遺構であるが，多量の肥前磁器皿・鉢のセットの中に大型の瓶が含まれている。また，江戸城梅林坂・汐見坂間石垣工事に伴う発掘調査では，明初頭の青花大鉢，天龍寺手の盤などが報告されている[1]。これらの青磁はいずれも大型製品ばかりで，連弁文などの碗・皿類は含まれていない。したがって，大名にとって古い時代の青磁や青花の大型製品を選択的に購入していると判断され，それは宴会道具として付加価値のある製品であったことが推定される。

(2) 17 世紀崇禎期を中心とした揃いの景徳鎮窯系青花皿・鉢類

　②の 17 世紀崇禎期（1628〜44）を中心とした揃いの景徳鎮窯系青花皿・鉢類は，それらの生産年代から立藩の年代（1639 年）前後に購入されたことが推定できる。初代大聖寺藩主前田利治は，建築調度品に贅を尽くしたらしく，本郷の上屋敷は，「その書院の如きは善美を尽くしたる建築にて，金具・彫刻は云ふも更なり，襖の繪は一代の巨匠たる狩野探幽・俵屋宗達をして描かしめ，調度の品々は数年前より異國の物を蒐めて之に當つる等，其の豪奢なること目を驚かすばかりなりき」と記録に残っており（大聖寺藩史編纂会 1938），慶安 3 (1650) 年，本郷邸が火災で被災した折，ここに避難してきた前田利常がこの書院を見て，「直に之を取毀ためき」と書かれている。ただし，前田利常も「此本郷之亭は，微妙公（利常）之御好物を以て造作され，世上に名高き一本柱之間など云，夥しき御作事なりし。今の世ならば，いかに計りにては出来む。昔なりとも過分之物入りにてこそあらめなどといふ」（前田育徳会 1931）と，下屋敷とは言え豪壮な殿舎が建てられていた様子がうかがえる。史料の中の「調度の品々は数年前より異國の物を蒐めて」に L32-1 出土資料が該当するか断定できないが，加賀藩や大聖寺藩が中国磁器製品などを積極的に蒐集していた可能性は高い。

　この段階の青花磁器は，先述のように揃いで購入，使用されていたことが推定されるが，この理由は，大名藩邸における行われる年中行事や人生儀礼などに用いる道具類のためと判断でき，寛永期（1624〜43）に大名道具としての様式が整えられたと推定している。

　大名藩邸における行事とそれに使用する磁器類については，以前述べたことがある（堀内 2005・2006）。そこでは，江戸期を通じて大名藩邸から出土した一括資料群に見られる以下のような共通の特徴がみとめられた。

　・遺物群は大皿を含む磁器皿・鉢・坏類が多く，偏った胎質・器種組成を示している

・遺物群は上質な磁器製品がその主体を占めている
・皿・鉢・坏類の多くは揃いで使用・保存されている
・皿類の法量は，6〜7寸が主体を占めている
・これらは装飾品ではなく実用品として使用されている

　以上の特徴は，大名藩邸の御殿空間における陶磁器製品の使用・保存法などを反映していると考えられ，換言すれば，これを用いて行われた御殿内での「食」に関する活動と強い相関があると推定される。そして，藩邸―とくに御殿空間内―で行われていた藩主やその家族の人生儀礼，年中行事，大名同士のつきあいなどの状況から，これらの磁器製品が行事に使用するために必要な什器であり，中世における「威信材」に該当するというより，大名にとって行事や交際の重要な道具（tool）であろうことに言及した。

(3) 17世紀中葉から後半の揃いの肥前系染付皿・鉢類

　先述のように，肥前磁器は初期伊万里の段階から揃いで購入されている。中国磁器が崇禎期（1628〜44）の製品が中心であるのなら，これら初期伊万里製品の生産年代は1630〜40年代と考えられることから年代的に一致し，同時期に購入された可能性も考えられる。しかし，肥前系磁器の主体を占める皿は，大橋康二氏が柴田コレクションの分類で示した正保様式から寛文様式に該当する。例えば67の瑠璃釉豆文皿（柴田コレクション0440），41の染付菊芋葉文皿（同0728），43の折紙生花梅文皿（同0802）などである。したがって，これらは中国磁器や初期伊万里を購入した後，1650〜60年代に肥前磁器を買い足していることになる。注意しなくてはならないことは，これらが中国製品ではないことと染付であることである。当該期の中国は清朝初期の動乱期で，華南を中心に残る明の残党勢力の勢力を削ぐため，1661年に貿易禁止の遷海令を出した。この影響で中国磁器が公式には入らなくなるが，これと前後して肥前では技術の向上によって景徳鎮に比肩する製品の生産が可能になる。これらの要因から儀式用の道具も中国磁器から肥前磁器へとシフトしたことが推定される。

　購入した崇禎期を中心とした中国磁器やこの肥前磁器をみるとそのほとんどが染付である。一般的に価格を含めて製品の付加価値は，色絵の方が染付よりが高いと思われる。しかし，L32-1から出土した磁器は中国，肥前とも色絵は認められるものの，染付がその中心であることは間違いない。加賀藩や大聖寺藩を取り巻く当時の状況から，藩の経済的にあるいは生産・流通的に色絵製品が購入不可能であったとは考えられず，あえて染付製品を選択したと判断される。この状況は，加賀藩・大聖寺藩のみならず，尾張藩上屋敷跡遺跡149-3N-5，汐留遺跡5I-032など他藩で確認された揃いの磁器製品を含む一括資料でも共通の特徴が伺える。これに対して，大坂の住友銅吹所から出土した妙知焼け（1724）の火災資料や大坂道修町のOJ 92-18次調査SK 412などでは，多量の色絵磁器が確認できる。階層や地域などに対する傾向の指摘は，比較資料の少ない現状で断定することは控えたいが，少なくとも江戸大名屋敷で使用する什器類については，青花，染付を志向したと推定している。

(4) 17世紀後半の肥前系色絵大皿類

L32-1 からは，いわゆる青手古九谷の大皿が数個体以上出土している (69〜71，73〜74)。また，東京大学本郷構内の遺跡医学部附属病院病棟地点 C2 層 (以下，「東大 C2 層」と略す) からは百花手，幾何学文などの五彩手大皿が数個体出土している。しかし，尾張藩，仙台藩などを含めてこうした一括資料中に色絵の大型製品が含まれる例は少なく[2]，加賀藩や大聖寺藩の嗜好である可能性もある。荒川正明氏は，加賀藩や大聖寺藩邸からこうした陶磁器が出土する点について，御買物師を長崎に派遣した例などを挙げて，高級中国磁器への志向性とともにそれが輸入できなくなった場合に「当時最先端の技術をもっていた窯場に，高級磁器を注文したであろう」と指摘している (荒川 2004)。

(5) L32-1 コレクション形成のプロセス

これまでみてきた L32-1 出土資料の製品組成から，次のような一括資料としての形成プロセスが想定できる。

　a 段階：崇禎期の中国磁器と初期伊万里を一括購入・使用していた段階
　b 段階：1650〜60 年代に肥前磁器を一括購入し，これと合わせて使用していた段階
　c 段階：若干の買い足しをしながらコレクションを使用・維持していた 1670 年代の段階

これらを経て，天和 2 (1682) 年に被災した経緯であると思われる。

小野正敏氏は，都市遺跡における消費の様態を「都市的消費」と指摘した。その特徴として「遺跡の存続年代に相応しい最新の型式を含む複数型式の陶磁器群が多量に遺存する」状態で，村落遺跡などと対比して説明したものであった (小野 2008)。これを L32-1 出土資料に照射するとそのあり方は「都市的消費」状況であり，氏が取り上げた一乗谷遺跡における出土陶磁器の年代組成の様態は，原因の違いはあるにせよ大きな齟齬は感じない。

L32-1 出土資料の各段階で重要な点は，a 段階に一括購入した経緯，b 段階に買い足しをするように一括購入をした背景であり，これについて次章で概観したい。

3 陶磁器需要とその背景

(1) a 段階の一括購入の背景

L32-1 出土資料の陶磁器様相から，17 世紀第 2 四半期以降に中国磁器が揃いで購入され，保管・使用され，17 世紀後半に買い足している状況が確認できた。これに類似する様相として尾張藩上屋敷跡遺跡 149-3N-5 (以下，「尾張 149-3N-5」と略す) が挙げられる。同遺構出土資料は，火災による二次的な火熱を受けている。報文によると火災の年代は天和 3 (1683) 年が推定されている (東京都埋蔵文化財センター 2001)。含まれている製品は磁器製品が中心である。中国青花磁器 (第 16 図 4，5) や肥前染付磁器の皿・鉢 (第 16 図 1〜3，6〜9) が主体的であり，実測図の記載から複数枚で使用・保管されていたことが推定できる。中国磁器は天啓〜崇禎期 (1620〜44) の製品

が多いようであるが，最も新しい製品は 8 の皿であろう。肥前磁器は中国磁器より新しい年代の製品で構成され，その年代的中心は 1650～60 年代とやや中国磁器より後出的である。このあたりの中国磁器と肥前磁器との関係は，東大 L32-1 出土資料と極めて類似する。また，前述した大名屋敷出土資料の類似性と大名藩邸における年中行事や人生儀礼などの検討からそれらに用いる道具類であろうと推定される。

次に，江戸前期における陶磁器の出土状況と大名の生活スタイル成立と展開を対比させながらみてみたい。江戸時代初期にあたる千代田区東京駅八重洲北口遺跡 1264 号遺構出土遺物（以下，「八重洲 1264」と略す）と千代田区丸の内三丁目遺跡 52 号土坑出土遺物（以下，「丸の内 52」と略す）であるが，東大 L32-1，東大 C2 層，尾張 149-3N-5 など揃いの上質な磁器製品で構成される一括資料などと対比して，胎質，器種，推定生産地が多様であり，これらは日常の生活用具が廃棄されたと考えられる。長佐古真也氏の研究によると，八重洲 1264 の廃絶年代は 1605～1610 年代前半，丸の内 52 号は，1610 年代後半としている（長佐古 2008）。これらの年代を江戸の整備と対照すると，八重洲 1264 は慶長の天下普請で大名小路など東南の内堀周辺が整備された直後，丸の内 52 は徳川家康死後，江戸が徳川家の中心として整備され，外様大名の妻子に江戸居住を義務づけた（元和 8 年）前後に相当する。

ここで注意したいことは丸の内 52 号土坑からは陶磁器の他に多量の建築材，木くずなどが出土していることで，これは丸の内 52 例のみの出土ではなく，丸の内 52 例と前後する一括資料としてあげられ，議論されている丸の内一丁目遺跡 10 号遺構（1620 年代前半，外堀），同 12 号遺構（1620 年代後半，外堀），丸の内一丁目遺跡 03 号遺構（1636 年下限，外堀），有楽町二丁目遺跡 S22（1620 年代後半～30 年代前半，堀家），同 S20（1630 年代後半～40 年代初頭，堀家）などの遺構からも例外なく確認されており，これはそれぞれの屋敷地の造成や建物建設に伴うものと判断される。これらは寛永期（1624-43）に入り，かつ，鍛冶橋門内に位置するような大名地においても普請が継続的に行われている状況が看取できる。

この八重洲 1264 と丸の内 52 の 2 例の陶磁器様相は，大名のイベントと関連づけた一括資料群とは明らかに様相が異なっている。現状では当該期の発掘資料の集積が決して充分とは言えないが，慶長期（1596-1615）から寛永期にかけての他の資料からも東大 L32-1 など揃いの一括資料が確認できていないことは，イベントと関連づけた行為の有無，あるいは行為の様式差として判断することができよう。すなわち東大 L32-1 や尾張 149-3N-5 出土資料が，こうした行為に伴う初現資料である可能性は高いと考えている。

筆者は，江戸藩邸内での大名の生活様式を現出した要因となる重要な法令が，元和 8（1622）年に外様大名に，寛永 11（1634）年に譜代大名に出された妻子の江戸在住を義務づけた「江戸置邸妻子収容の法」と寛永 6（1629）年に出された参勤交代が制度化された武家諸法度の改訂であろうと考えている。これらがその後の武家としての共通の規範や生活様式が醸成される契機であり，都市江戸の性格を決定づけた要因であると判断している。陶磁器出土様相から伺えた江戸藩邸における大名の儀礼などに伴う食膳様式の成立と江戸を性格づける法令の年代的整合とは，決し

て無関係ではないだろう。江戸はその当初から覇権大名の拠点として相当数の武士が居住し，その活動が十全にできる場として設計されたはずである。こうした江戸における武士の活動は将軍に対する奉公を中心としたものであることはいうまでもないが，これらは身分制度の確立や武家の権威や格式が人生儀礼，年中行事などを含む制度的，慣習的，文化的に煩瑣な行為となって固定化されていくことになる。東大L32-1例や尾張149-3N-5例は，江戸藩邸における大名の儀礼・行事などに伴う食膳様式が寛永期ごろから成立をみた証左と考えている。

(2) b 段階の一括購入の背景

　武家儀礼は，幕府の支配体制が強固になるに従って様式化，細分化，煩瑣化するが，その一方で，時代背景を考えることも必要であろう。第1表は，磁器碗・皿における器種組成をメルクマールに江戸出土陶磁器の段階設定を行った際，各段階の碗・皿の小器種[3]組成を表にしたものである（堀内2000）。詳細は，堀内2000を参照されたい。このような機能を異にしている小器種の消長の分析において確認される様相の差異や変化は社会全体の変化（経済的・文化的な）と連動していることが想定できる。すなわち，段階設定における各段階の年代的幅の長短は，産地における陶磁器のニューモデル投入やモデルチェンジを行った頻度の結果であり，これは消費地における陶磁器需要の強弱によるものと理解できる。17世紀をみると，碗では1640年代と推定している東京大学本郷構内の遺跡御殿下記念館地点532号遺構出土資料段階からいわゆる初期伊万里→

第1表　各段階の器種組成

東大編年	段階	碗 輸入 初期伊万里	肥前 高台無釉	肥前 高台三角形	肥前 高台U字状大	肥前 高台U字状小	肥前 薄手半球碗	肥前 梅樹文碗	肥前 筒形碗	肥前 小丸碗	肥前 高台ハの字状	肥前 小広東碗	肥前 広東碗	肥前 端反碗	肥前 湯呑碗	瀬戸・美濃 広東碗	瀬戸・美濃 端反碗	瀬戸・美濃 湯呑碗	皿 輸入 初期伊万里	肥前 蛇ノ目高台	肥前 高台三角形	肥前 高台U字状	肥前 南川原窯ノ辻窯	肥前 深手端反皿	肥前 蛇ノ目釉剝底径小	肥前 蛇ノ目釉剝底径大	肥前 蛇ノ目釉剝底無釉	肥前 蛇ノ目凹形低	肥前 器高低	肥前 蛇ノ目凹形高	瀬・美 型皿	木型打込皿	推定年代
Ib	丸の内52	○																	○														1610~20年代
II	有楽町S22	○	○																○	○													1620~30年代
II	東大532	○	○	○															○	○	○												1640年代
IIIa	東大678	△			○														△			○											1650~60年代
IIIb	東大H32-5				○																	○											1670年代
IVa	東大F34-11					○																			○	○	○						1670後半~80年代
IVb	巣鴨1						○	○																	○	○	○						1690~1700年代
Va	東大F33-3							○	○																		○	○					1710~1730年代
Vb	真砂109							○	○																		○	○	△				1730~1740年代
VIa	麹町SK317							○	○	△	△																○	○					1750~60年代
VIb	東大Y34-4							○		○	○	○															○	○					1770年代
VII	東大E8-5							○		○	○	○															○	○	△				1780~90年代
VIIIa	東大AJ35-1							○		○	△	○	○		○												○						1800~10年代
VIIIb	東大SK81							○				○	○	○													○						1820~30年代
VIIIc	巣鴨16							○				○	○			○	○																1840~50年代
VIIId	払方町596							○								○	○													○	○		1860年代

高台三角形→高台U字状大→高台U字状高台小へと17世紀末までに変化がみられるが，こうした変化は前段階の器種から異なるものへとシフトしながら行われていることに注意したい。同様に皿についても，いわゆる初期伊万里→高台三角形→高台U字状へと変化している。この変化はいわゆる初期伊万里→古九谷様式→柿右衛門様式への変化と換言してもよい。そして，これが主に大名屋敷をはじめとする上級武家階級の遺跡から出土した一括資料中に確認できることが重要で，こうしたものの需要が上級武家階級に存在したことの証左であろう。これらから，L32-1出土資料のb段階の磁器購入の要因も武家儀礼に使用する道具としてあったと思われ，その頻度や規模などが変化したことによって買い足されたと推定している。

これまで述べてきた江戸や武家儀礼の成立とは別に汎日本的な経済的状況も視野に入れる必要があろう。戦国期から日本の鉱山開発は隆盛し，安土・桃山時代から江戸時代にかけて金・銀・銅が主要な輸出品となっていたことは周知の通りである。巨大な城郭建築，足掛け7年にわたる朝鮮への出兵，新しい武器である鉄砲や火薬類，あるいは南蛮貿易による奢侈品の購入などは，鉱山開発とその産出高に負うところが大きいと考えている。小葉田淳氏によると寛文8（1668）年，銀の海外持ち出しを禁止する以前の20年間に海外に持ち出された銀は，1年間の平均で中国船が33,750 kg，オランダ船が18,750 kgに達している。また，銅も1690年代後半に輸出のピークがあり，その後減少する。このような鉱物貿易量と貿易品目は連動しており，17世紀における鉱物輸出から，次第に俵物へと変化する背景になっていく。また，産出量の変化が支配する階層の消費活動にも少なからず影響を与えていたと推定している。

おわりに

本稿では，江戸大名屋敷から出土する貿易陶磁器について，宴会道具として使用された一括資料を取り上げて考察した。それがその時代の動態と大きく連動しながら，購入・使用がされていたことが推定できた。江戸時代の貿易陶磁器については，その需要が製品にあったもの以外にも貿易品を入れたコンテナ，朝鮮やオランダや琉球などからの献上品など様々な入り方をしたと考えられる。また，宴会以外にも茶の湯，文人趣味，卓袱料理や西洋料理の伝播など種々の用途が考えられ，その需要は社会・経済・文化的背景と連動していると考えている。

竹石健二先生と澤田大多郎先生には，日本大学入学以来，考古学のご指導をいただきました。このたび古希のお祝いに際して両先生への祝意と献呈論文に寄稿させていただけたことに感謝いたします。

註
1) 日本貿易陶磁研究会第29回研究集会にて水本和美氏による報告
2) あるいは汐留遺跡6I-521（汐留II，仙台藩邸）あたりがそうか？

3) 碗・皿などの器種は，機能・用途に基づく分類単位で，結果的に一定の器形的特徴に反映されると考えられる。ここで下位分類とした小器種は，時間的に前後して出現するものの，同じ型式組列上に連なる新旧型式の関係にはなく，また，価格，法量，蓋の有無，質など種々の要因によって少しずつ機能（≒用途）を異にしていると考えられる。いわば「形式」（＝器種）の中の異なった「小形式」（＝小器種）であるとみるべきであろう。各小器種についての詳細は堀内2000を参照されたい。

参考・引用文献

愛知県陶磁資料館 1997『遺跡にみる戦国・桃山の茶道具』
荒川正明 2004「古九谷―その歴史と造形の展開―」『古九谷』，1-23頁　出光美術館
大橋康二 1988『有田町史　古窯編』　有田町史編纂委員会
大橋康二 1989『考古学ライブラリー55　肥前陶磁』　ニューサイエンス社
小木一良 1988『伊万里の変遷　製作年代の正確な器物を追って』　創樹社美術出版
小野正敏 2008「さまざまな「伝世」，そして修復」『貿易陶磁研究』28，1-11頁　日本貿易陶磁研究会
亀井明徳 2002『明代前半期陶瓷器の研究―首里城京の内SK01出土品―』　専修大学文学部
国立歴史民俗博物館 1998『陶磁器の文化史』
国立歴史民俗博物館 2005『東アジア中世海道　海商・港・沈没船』
小葉田淳 1996「近世，銀・金の海外流出と銅貿易の動向」『日本の鉱山文化』，132-135頁　国立科学博物館
堺市立埋蔵文化財センター 2004『堺環濠都市遺跡（SKT263）発掘調査概要報告書』
佐賀県立九州陶磁文化館 2003『柴田コレクション総目録』
大聖寺藩史編纂会 1938『大聖寺藩史』
東京大学埋蔵文化財調査室 1999『東京大学構内遺跡調査研究年報2　1997年度』
東京都埋蔵文化財センター 2001『東京都埋蔵文化財センター調査報告第97集　尾張藩上屋敷跡遺跡VII』
成瀬晃司 1996「東京大学本郷構内の遺跡医学部附属病院地点―天和2（1682）年・元禄16（1703）年の火災に伴う資料―」『第6回九州近世陶磁学会資料』　九州近世陶磁学会
長佐古真也 2008「江戸における慶長・元和・寛永期の陶磁器相～千代田区内の一括資料による陶磁器編年試案～」『東京都埋蔵文化財センター　研究論集XXIV』，1-28頁　東京都埋蔵文化財センター
西田宏子・出川哲朗 1997『中国の陶磁10　明末清初の民窯』　平凡社
堀内秀樹 2000「江戸遺跡出土陶磁器の段階設定とその画期」『竹石健二先生・澤田大多郎先生還暦記念論文集』，213-231頁　竹石健二先生・澤田大多郎両先生の還暦を祝う会
堀内秀樹 2005「加賀藩・大聖寺藩江戸屋敷で使用された肥前磁器と「古九谷」」『東京大学埋蔵文化財調査室発掘調査報告書5 東京大学本郷構内の遺跡医学部附属病院外来診療棟地点』，543-559頁　東京大学埋蔵文化財調査室
堀内秀樹 2006「大名屋敷で使用された陶磁器と御殿内の生活」『第20回大会　江戸の大名屋敷』，129-147頁　江戸遺跡研究会
堀内秀樹 2007「17世紀の陶磁器からみた江戸社会」『第15回関西近世考古学研究会　17世紀の陶磁器と社会―考古学からみた食住文化の変化―』，84-110頁　関西近世考古学研究会
前田育徳会 1931『加賀藩史料』第四編，695頁　清文堂出版
村上安正 1996「江戸時代の鉱山開発」『日本の鉱山文化』，136-144頁　国立科学博物館

横田賢次郎・森田勉 1978「太宰府出土の輸入中国陶磁器について―型式分類と編年を中心として―」『九州歴史資料館研究論集4』別冊，1-26頁　九州歴史資料館

Christie's Australia 2004 The Bihn Thuan Shipwreck

Colin Sheaf・Richard Kilburn 1988 The HACHER Porcelain CARGOES The Complete Record Phaidon・Christie's

Franck Goddio 2002 LOST AT SEA The strang route of the Leva Shoal junk

Nruyen Dinh Chien・Pham Quoc Quan 2008 Ceramics on five Shipwrecks off the coast of Viet Nam

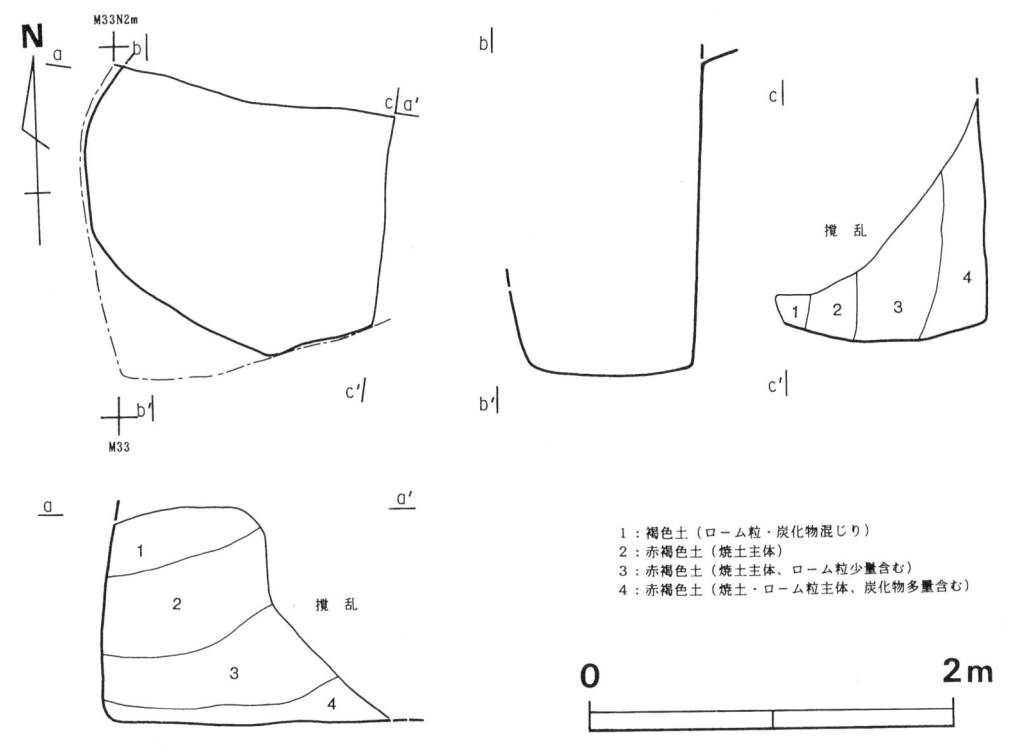

1：褐色土（ローム粒・炭化物混じり）
2：赤褐色土（焼土主体）
3：赤褐色土（焼土主体、ローム粒少量含む）
4：赤褐色土（焼土・ローム粒主体、炭化物多量含む）

第1図　東京大学本郷構内の遺跡医学部附属病院中央診療棟地点 L32-1

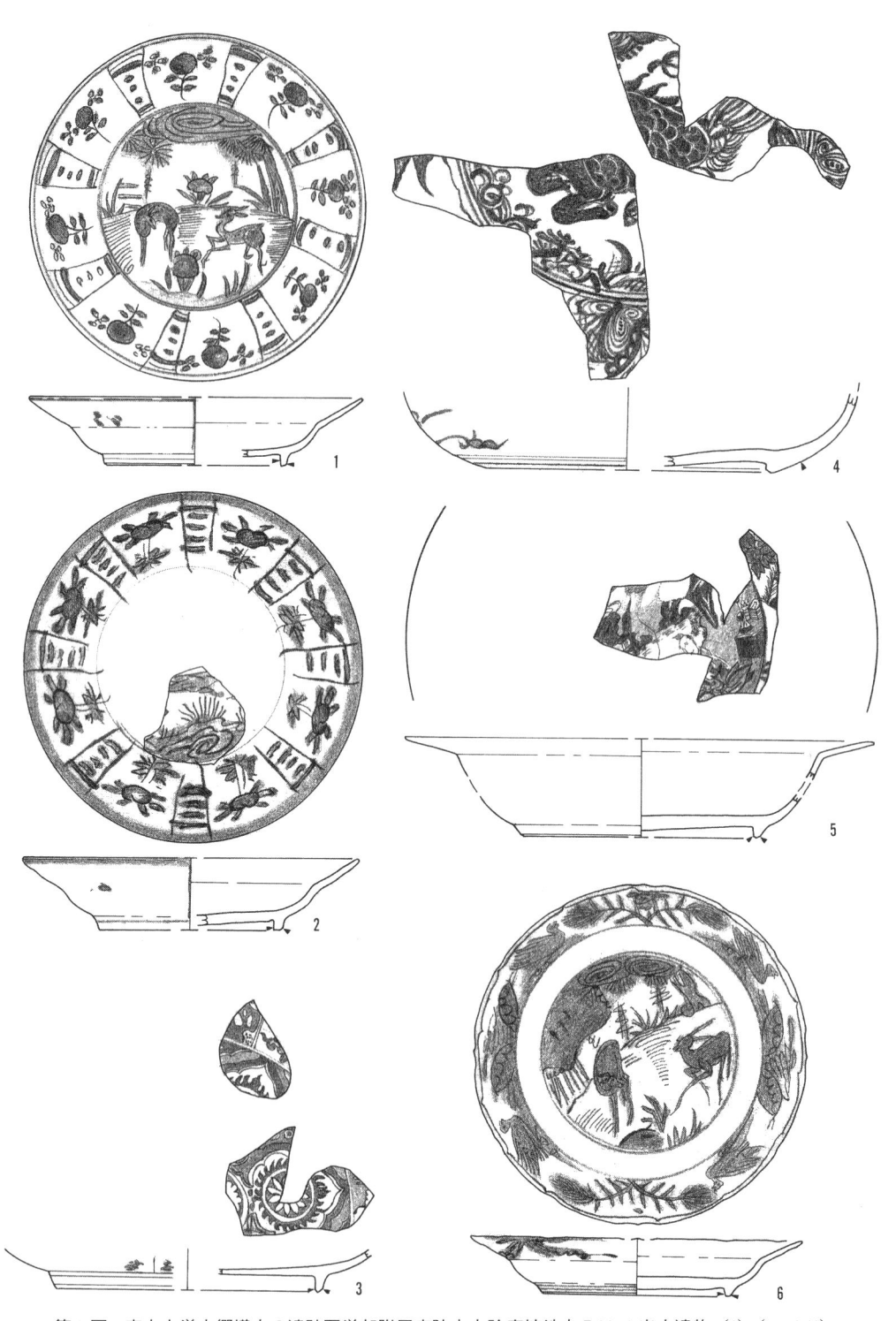

第 2 図　東京大学本郷構内の遺跡医学部附属病院中央診療棟地点 L32-1 出土遺物 (1) (S=1/4)

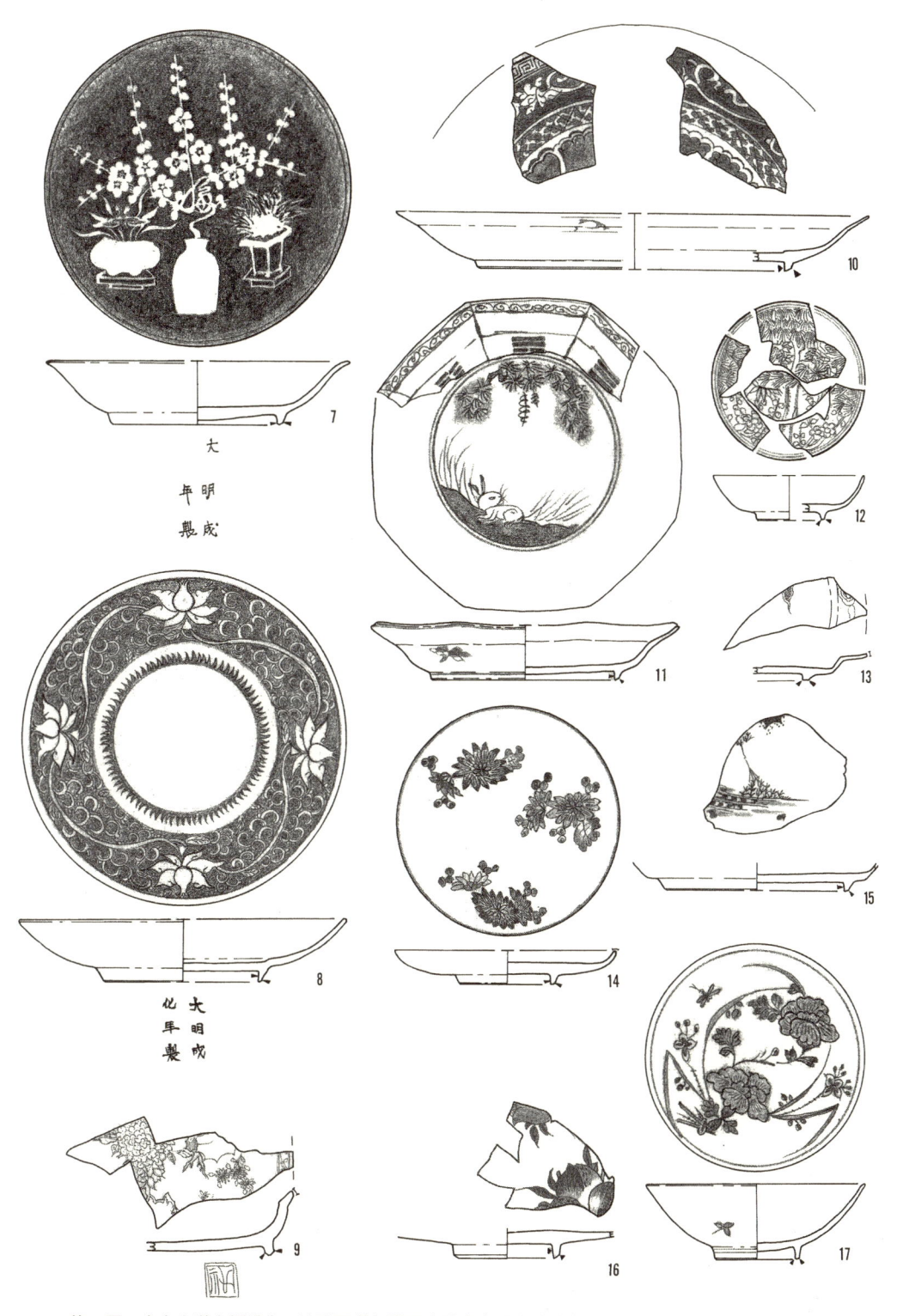

宴会道具としての貿易陶磁器の再評価 197

大明成化年製

大明成化年製

第3図 東京大学本郷構内の遺跡医学部附属病院中央診療棟地点 L32-1 出土遺物 (2)（S=1/4）

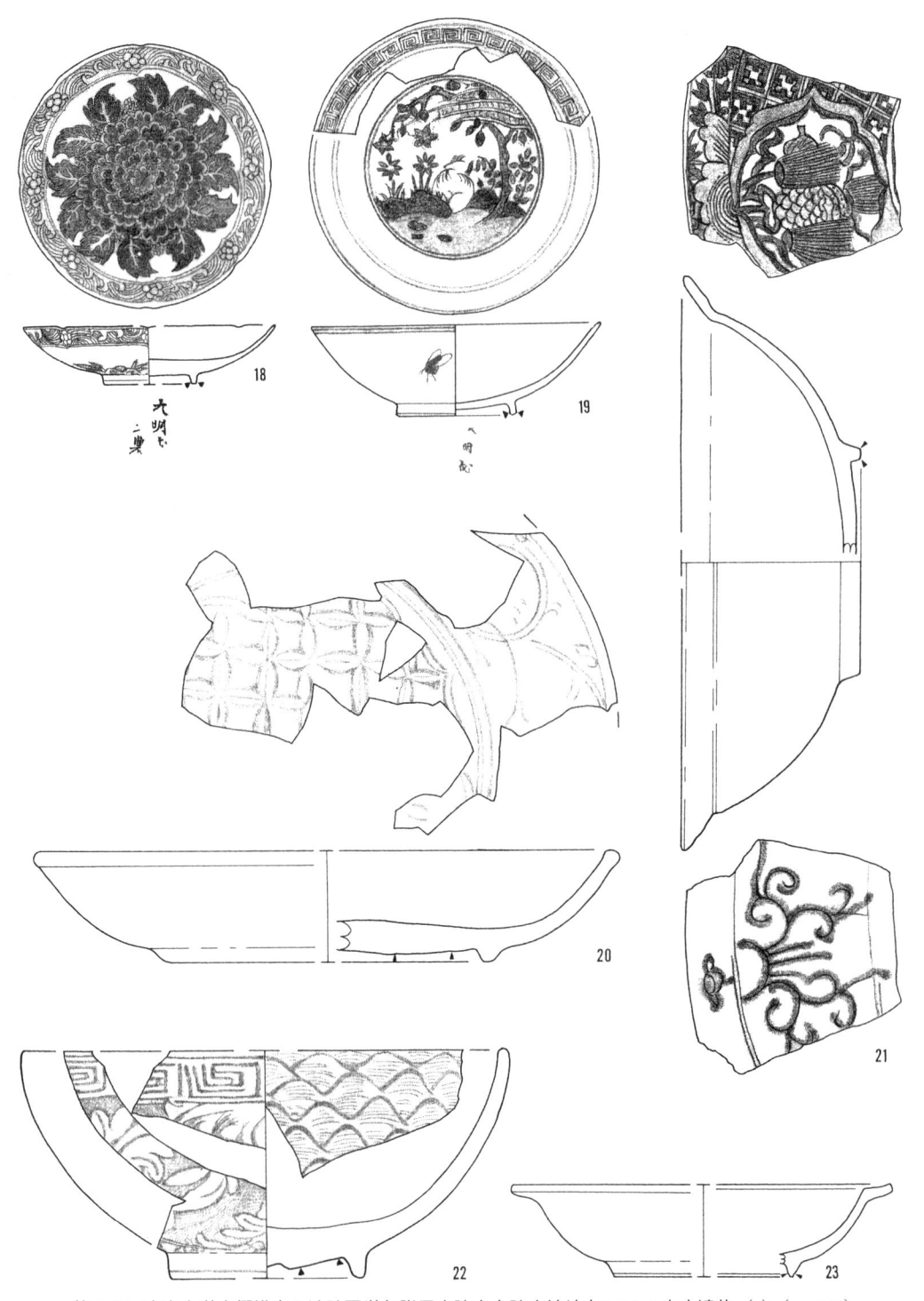

第4図　東京大学本郷構内の遺跡医学部附属病院中央診療棟地点 L32-1 出土遺物 (3) (S=1/4)

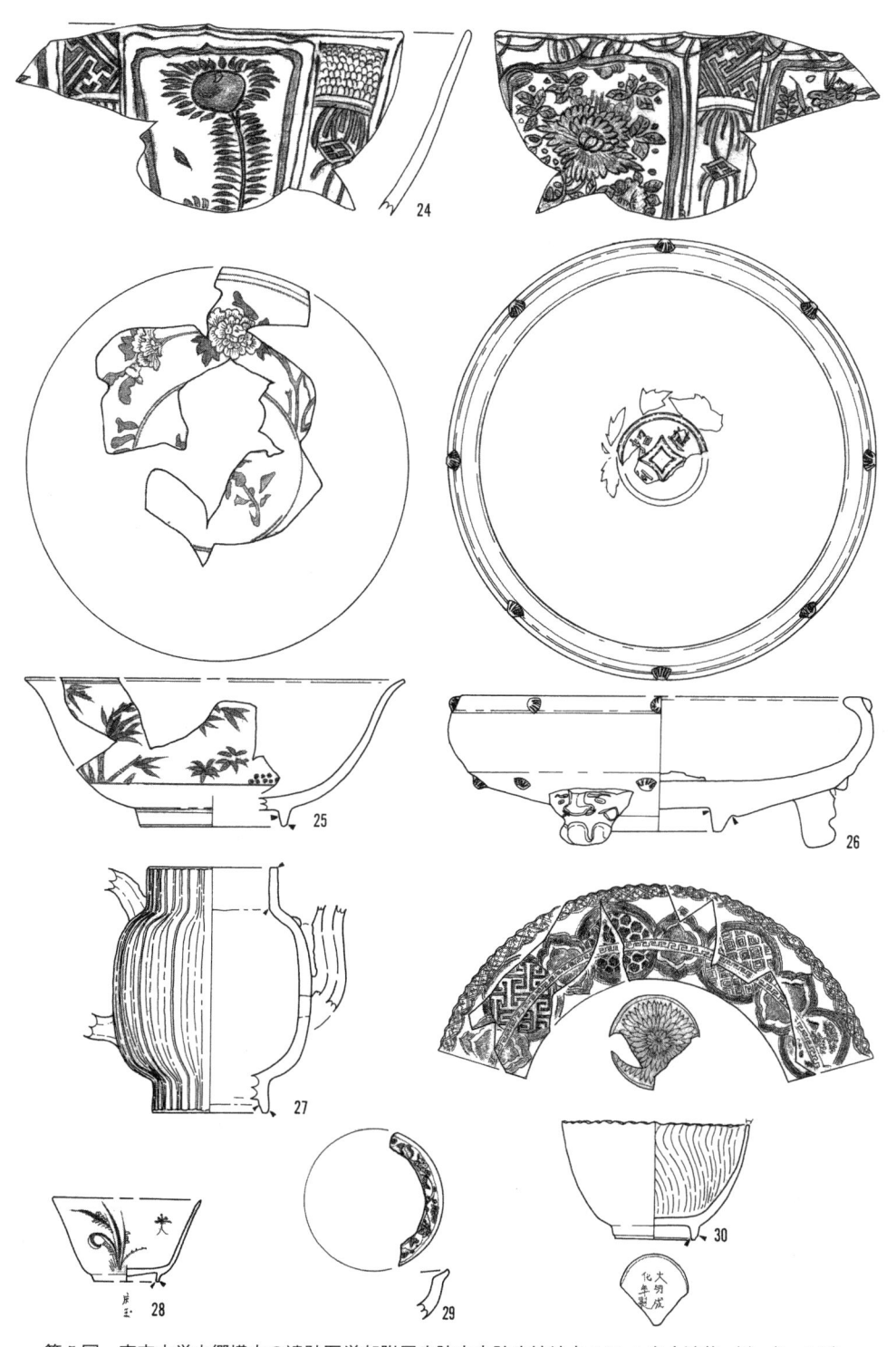

第5図　東京大学本郷構内の遺跡医学部附属病院中央診療棟地点 L32-1 出土遺物 (4) (S=1/4)

第6図　東京大学本郷構内の遺跡医学部附属病院中央診療棟地点 L32-1 出土遺物（5）（S=1/4）

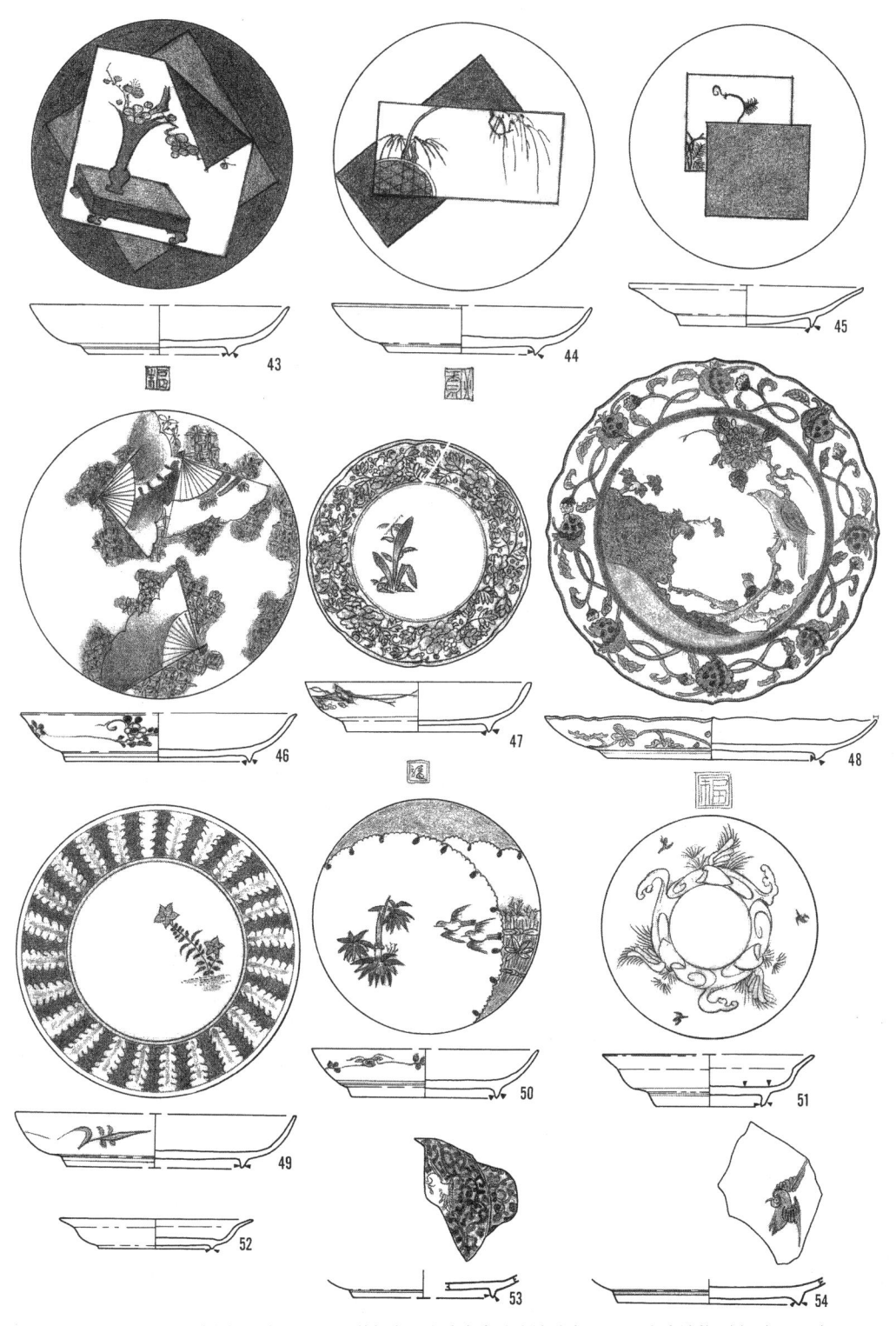

宴会道具としての貿易陶磁器の再評価 201

第 7 図　東京大学本郷構内の遺跡医学部附属病院中央診療棟地点 L32-1 出土遺物 (6) (S=1/4)

第8図　東京大学本郷構内の遺跡医学部附属病院中央診療棟地点 L32-1 出土遺物（7）（S=1/4）

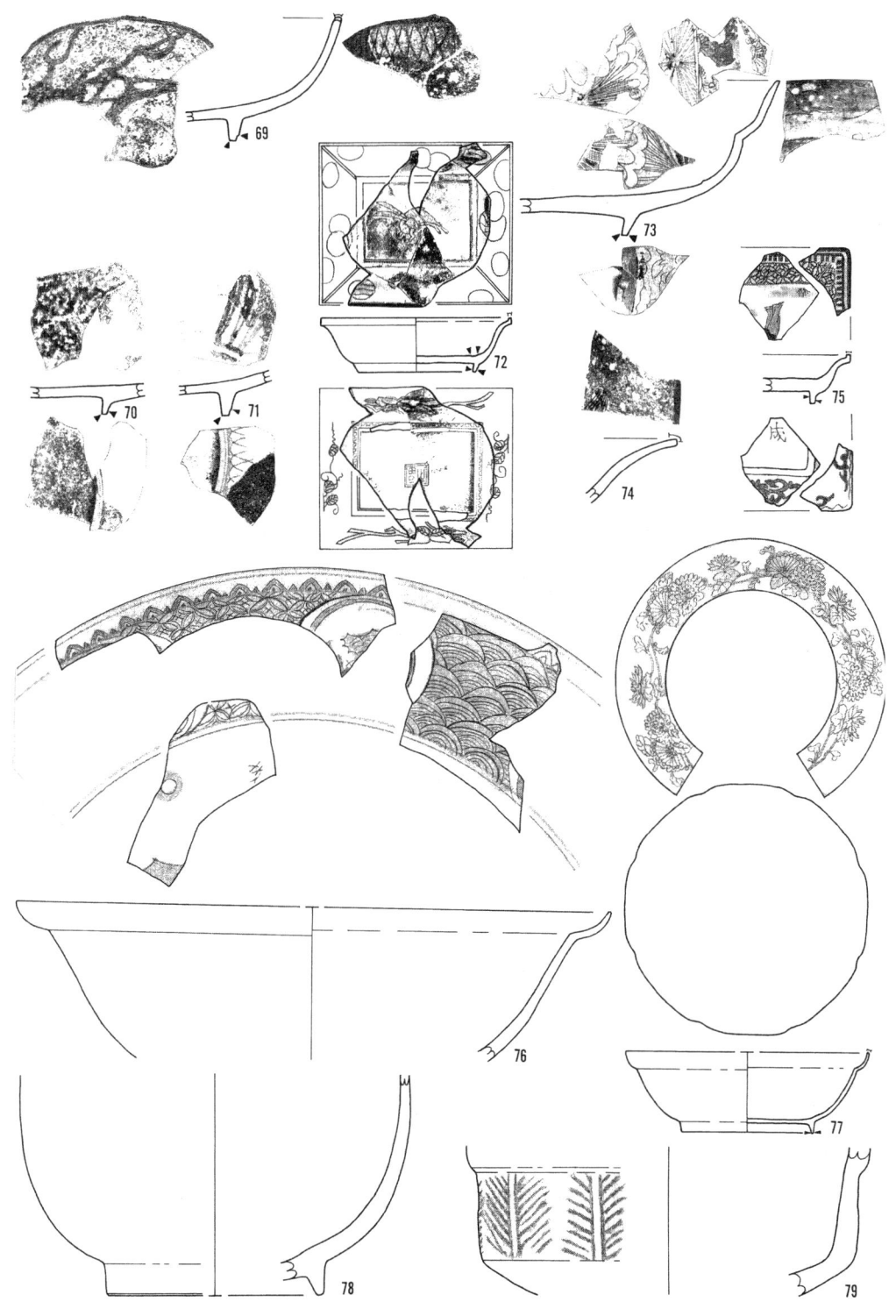

宴会道具としての貿易陶磁器の再評価 203

第9図 東京大学本郷構内の遺跡医学部附属病院中央診療棟地点 L32-1 出土遺物 (8) (S=1/4)

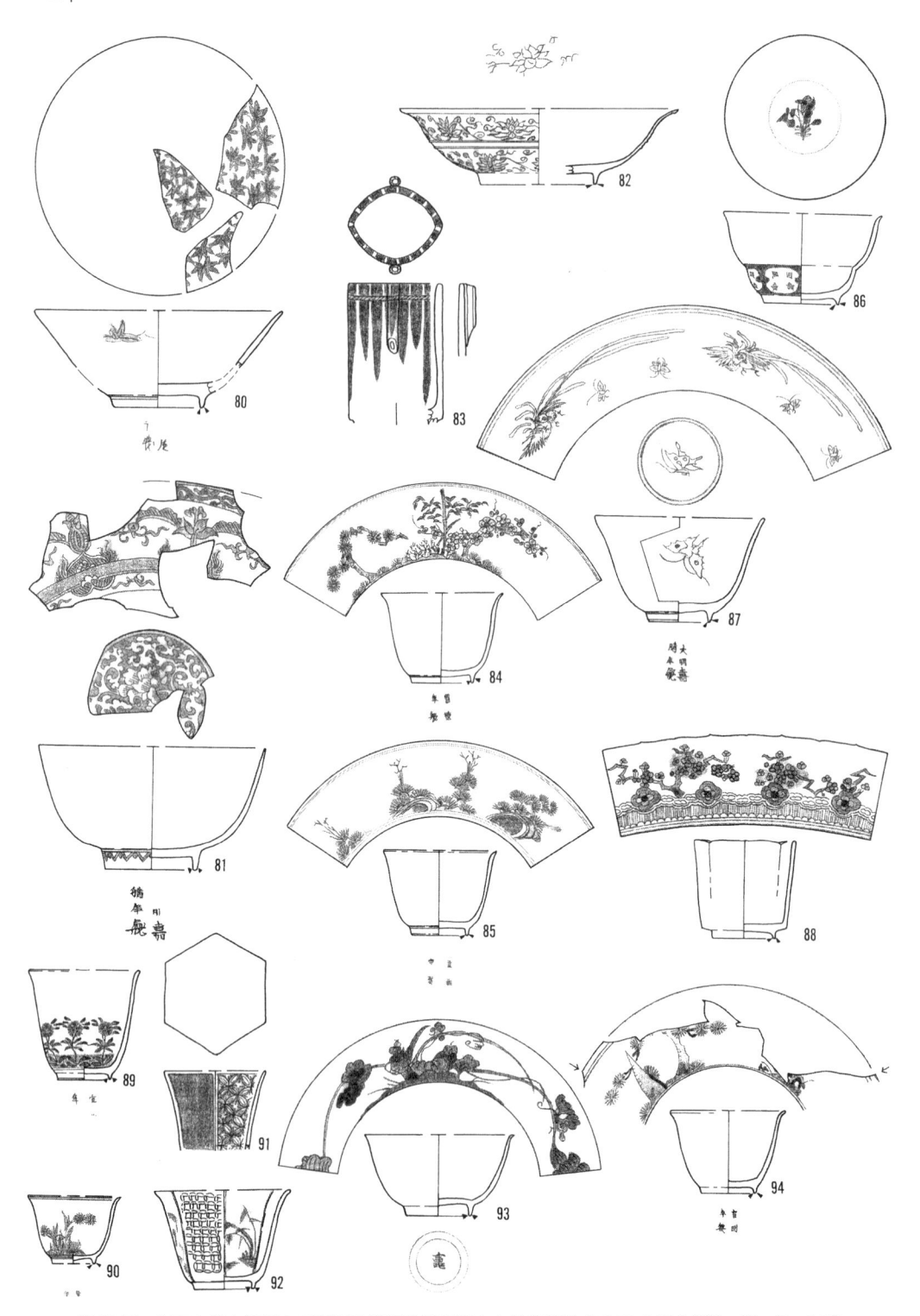

第10図　東京大学本郷構内の遺跡医学部附属病院中央診療棟地点 L32-1 出土遺物（9）（S=1/4）

宴会道具としての貿易陶磁器の再評価　205

第11図　Cu Lao Cham 積載資料

第13図　Lena Shoal Junk 積載資料

第12図　The Binh Thuan 積載資料

第14図　堺環濠都市遺跡（SKT263）出土資料

inv. no: 4028　d: 202　h: 34

第15図　ヴィッテレウ積載資料

複数個体合成復元

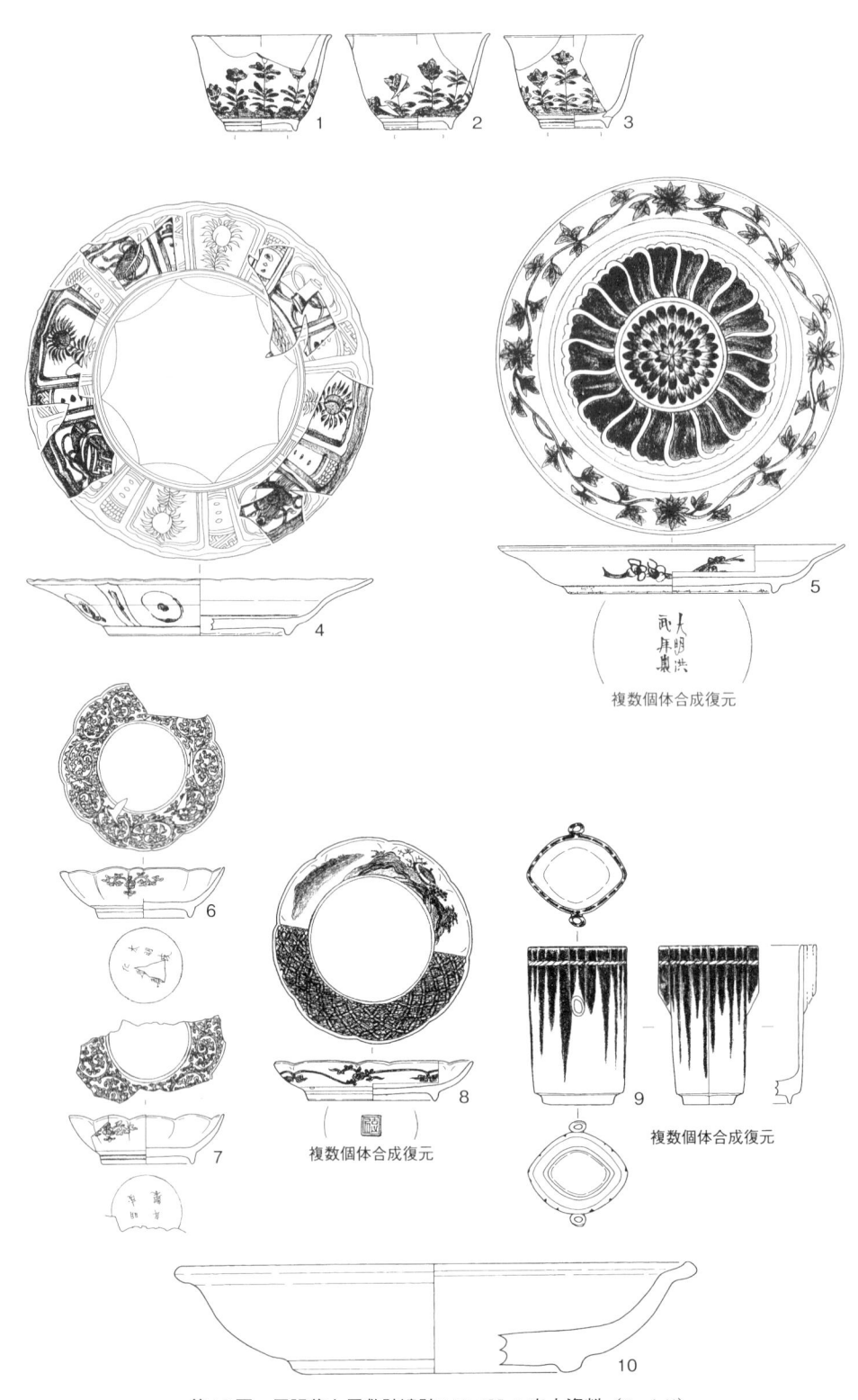

複数個体合成復元

複数個体合成復元

第16図　尾張藩上屋敷跡遺跡 149-3N-5 出土資料（S=1/4）

肥前産「呉器手」碗の需要に関する予察

成 瀬 晃 司

はじめに

　時の経つのは早いもので,『竹石健二・澤田大多郎先生還暦記念論文集』が献呈されてから10年の歳月が流れた。その折, 筆者は17世紀第3四半期に加賀藩本郷邸内に存在した詰人居住区域『黒多門邸』[1]出土陶磁器の様相について分析を加え, 特定の器種を主体とする陶磁器組成が存在することを述べた (拙稿2000)。そのうち, 碗に関しては, 陶器碗が約3/4を占め, なかでも肥前産「呉器手」碗が突出していることが明らかになった。

　本稿では, 肥前産「呉器手」碗が主体となった要因・背景について, 他の江戸遺跡での事例も合わせ「呉器手」碗と「京焼風陶器」碗の出土状況を分析し, 考察する。

1　用語の扱いから見た「京焼風陶器」研究略史

　本論に入る前に, 用語の問題も踏まえ, 肥前産「京焼風陶器」に関する研究史を振り返る。
「京焼風陶器」とは, 大橋康二による一連の肥前陶磁研究のなかで誕生した造語で, 17世紀後半から18世紀前半にかけて御経石窯, 清源下窯 (伊万里市教育委員会2004), 鍋島藩窯跡など伊万里市大川内山を中心に生産された陶器の一つである (大橋1983a・1983b・1984a・1984b・1989・2000)。大橋はこれを「1つは高台の断面を台形に削り, 高台内にはいわゆる兜巾を残し, 畳付を除きすべてに施釉しているもの (I類)。もう1つはふっくらとした腰部から筒形に立上り口縁に至る碗で, 高台は低く断面方形に鋭く削り出し, 高台内は広く平坦に作っている (II類)。II類の場合, 底部は無釉であり高台内中央に径1～2cmの円圏を削り, その中かあるいは周辺に押印の見られるものが多い。そして胴部には錆絵山水文を描いたものが多い。I・II類ともに釉は卵黄色気味であるが, 素地はI類に比べてII類の方が緻密である。」と, 2類型に分類し, 定義付けている。特にII類に関し, 窯跡資料からの印銘の分類, 肥前以外の窯跡資料, 消費地遺跡における出土分布, 印の種類と年代, 印銘と大川内地区陶家名との比較検討を行っている。両者共に碗を主力製品としているが, その他に, 皿, 鉢, 香炉なども生産されている。大橋の論考にも象徴されるように, その後の「京焼風陶器」研究は, 関西などの研究者も交え, II類に軸足をおいた研究が展開された。

大橋が提唱した「京焼風陶器」の名称に関して，鈴木重治は「京焼風陶器」に高麗茶碗の影響と考えられるI類が含まれていることに用語の問題を提起し，肥前産に限らず，京都で生産された近世陶器を本歌として，他の窯業生産地域で模倣し，商品として量産された全ての製品を「京焼写し」と呼ぶと定義した（鈴木 1990a・b）。それに対して角谷江津子は，肥前製品のモデルと認識でき，それに先行する資料が確認されない現状から「肥前が，あるいは他の生産地が「写し」たという京焼の実態が不明である以上，「京焼写し」という呼称は不適当であると思う。」と反論を述べているが（角谷 1992），角谷の意識の中では肥前産陶器が，その対象として強く抱かれている。この用語問題に対し，森田安彦は，「現在，研究者間で「京焼風陶器」と「京焼写し」と2つの呼称が用いられているが，京焼を本歌とする，諸窯業生産地への製作技術の伝播と系譜の検討を行う上では，いわゆる「京焼風陶器」が肥前産の陶器のみに限られているのに対し，鈴木氏の「京焼写し」の定義のほうが適切であると判断される。」と整理し，「京焼風陶器」は，全ての「京焼写し」のうち肥前産陶器を指す用語と区分している（森田 2005）。

　そもそも大橋が，御経石，清源下窯跡出土の陶器碗に「京焼風陶器」と名づけたのは，色調，胎土，高台内刻印などの諸要素が，今までの肥前にはなく，京焼の影響と見受けられたことにあるが，角谷の指摘にもあるように，京都においてそのモデルを認識するに至っていないことから，あえて「風」と名づけたとは理解される。仮にモデルとする京焼製品が存在したとしても，全国の近世陶磁をロクロの回転方向によって技術系統の枠組みを試みた津田の研究や（津田 1994），丸の内三丁目遺跡での分析（岩橋 1994）で明らかにされたように，肥前産「京焼風陶器」と京焼には，窯業技術の主要素でもあるロクロの回転方向に違いが認められ[2]，肥前における「京焼風陶器」生産の背景には，製作技術の影響より，むしろ意匠の影響が強く関わっていたといえる。肥前では17世紀前半の砂目積見込み蛇の目釉剥ぎ皿のように，製作技術を意匠としてコピーする実例があり[3]，「京焼風陶器」に関しても，京焼の技術伝播ではなく，あくまでも意匠のコピーと位置付けられるだろう。

　黄白色に近い胎土で体部に呉須もしくは鉄絵で楼閣山水文を描き，高台内に印銘をもつ碗は，肥前以外でも生産されており，瀬戸では，崩れた楼閣山水文を描く「御室碗」と称される一群の中に，高台内に円圏文や「清」「瀬」など刻印が認められる事例がある（仲野 1987）。また高知県の尾戸窯出土例に，高台内に円圏文を有し，「清水」「木弥」印が認められる製品があり（丸山 1982），肥前における「木下弥」との関係も指摘されている。このように肥前，瀬戸，尾戸と複数の生産地で，肥前産「京焼風陶器」II類碗と類似する製品が生産されていることは，京ブランド，即ち京都文化に対する嗜好が広く浸透した表れと捉えられるが，京焼と認められる製品は，17世紀後半代の江戸遺跡において，大名屋敷など一部の武家地から散見される程度の流通量しかなく，日常什器としての量産体制が確立もしくは指向されていなかった（堀内 2006）。その京焼に対し，市場動向を敏感に捉えた肥前産「京焼風陶器」は，すでに量産を確立している磁器窯を運用して生産され，全国的に流通・消費された。先に述べた瀬戸産「御室碗」は，肥前での「京焼風陶器」の生産から約30年ほど遅れて生産が開始されており，すでに全国流通していた肥

前産を追従した製品といえる。そして、肥前産「京焼風陶器」がほぼ画一的に描いた楼閣山水文が描かれていることから、「御室碗」がモデルとしたのは京焼ではなく、肥前産の可能性がかなり高いといえよう[4]。尾戸窯での事例も合わせ、肥前産「京焼風陶器」碗II類に類似した各窯業地の製品は、京焼そのもののコピーと捉えるより、既に全国流通していた肥前産「京焼風陶器」をモデルとしたコピーと推定される。

一方、大橋が「京焼風陶器」I類とした製品、いわゆる「呉器手」は、御経石窯、清源下窯、鍋島藩窯から出土した2類型の陶器碗に対し、「I類はいわゆる高麗茶碗のうちの御器（呉器）手茶碗を写したもの。」と述べているにも関わらず、「京焼風陶器」という造語を冠に付したことによって、「京焼風陶器と呼ばれたもののなかには、高麗茶碗のうちの呉器手の碗を写した一群が含まれており、本来京焼の中に含まれない資料である。したがって、肥前産の京焼写しは、楼閣山水文とその崩れた文様をもつ陶器の碗、皿、盤、香炉などに限定されることになる」（鈴木1990a）、「「京焼風陶器」は、I類とII類に分類されていて、そのI類は呉器手の碗をさしていた。生産者は、あきらかに京焼でない呉器手の碗を念頭にして模倣されたのであり、これらの出土資料は京焼風と呼んで京焼の模倣であるかのように認識することのできない用語であるからである。」（鈴木1990b）、「このI類については京都からの影響を示す積極的な要素はないと考えている。I類については御器の伝統すなわち朝鮮半島の影響を考えるべきであろう。」（角谷1992）などと異論が相次ぎ、混乱を招く結果となった。現在では大橋もこの分類は取り入れず、「京焼風陶器と生産窯では深い関わりのある製品として呉器手碗がある。」と、「京焼風陶器」と明らかに区別し、「印銘をもつ京焼風陶器は17世紀前半の肥前ではまったくなく、京焼の影響の下で始まったことは明らかであるが、呉器手碗は17世紀前半に古式のものがみられる。「呉器手」の名は朝鮮の碗に由来するように、朝鮮の高麗茶碗を意識した碗として寛永頃には確実に作られている。」と、印銘を有す「京焼風陶器」碗とはモデル、出現時期ともに異なることを明確にしている（大橋2007）。

このように、伊万里市大川内山を主要な生産地とした陶器碗は、モデルまたはコピーを生産した各々の視座における見解の齟齬が名称に反映され、論争の要因となってきたが、現在では、「京焼風陶器」は肥前産陶器の持つ特徴から大橋が提唱したことを受け、肥前産の製品を指す語句として用いられている。またI類に関しても「京焼風陶器I類」と引用した事例は管見の限りほとんど認められず[5]、80年代後半にはすでに「呉器手」が慣用名として用いられている。本稿では肥前産陶器を対象に、「京焼風陶器」「呉器手」の名称を用いる。

2 加賀藩本郷邸内『黒多門邸』出土事例の検討

東京大学医学部附属病院病棟地点の発掘調査で、火災により全焼した礎石建物群が検出された。火災の実年代は、火災前後の土地利用状況、遺構群を覆った焼土層（調査地点の基本層序からD面焼土層と呼称する）に含まれる多量の出土遺物の様相から1682（天和2）年の火災に比定された。

この火災以前の本地点は文献・絵画史料から,『黒多門邸』と呼ばれる加賀藩邸の一部に比定することができた。『黒多門邸』は,1665(寛文5)年まで,証人屋敷の性格を持っていたが,寛文5年の証人制度廃止以降,聞番[6],足軽の居住区として天和2年の火災まで利用されたことから,焼土層から出土した遺物群は,寛文5年から天和2年の間,『黒多門邸』を生活の場とした加賀藩勤番武士の生活資材と位置付けられる(拙稿1997,東京大学埋蔵文化財調査室1999)。

焼土層は攪乱を除き,約5～10cmの厚さで長屋域全域に拡がって検出された。被災後に全域が盛土造成によって嵩上げされたことから,被災によって発生した焼土や瓦礫類は,搬出されることなくその場で整地された結果と推定される[7]。

D面焼土層出土陶磁器・土器の推定個体数は1230個体を数え[8],器種組成では皿が最も多く399個体(32.4%),続いて碗183個体(14.9%),鉢112個体(9.1%)と,居住人数との関わりを示す食器類主体の組成で構成されている(第1図(1))。さらに器種毎の産地・製品組成では,皿の約8割が肥前産で占められ,そのうち約半数が染付皿[9]で,見込み蛇の目釉剝ぎ底部無釉青磁皿[10]と,青緑釉輪剝陶器皿[11]が,各々約1/4を占める(第1図(4)(5))。碗は,肥前産の製品が占める。そのうち約3割が染付碗,約5割が「呉器手」碗,約2割が「京焼風陶器」丸碗で構成され,皿同様,特定の製品が選択され使用されていた様相が窺える(第1図(2)(3))。その他の器種でも,鉢では肥前産三島手鉢,刷毛目鉢(第1図(6)(7)),擂鉢は瀬戸・美濃産[12]と,ある特定の産地,器種が主体を成す結果が得られた。

ところで,本郷邸における同火災の一括廃棄資料に中央診療棟地点のL32-1・H32-5(東京大学遺跡調査室1990),本地点C2層出土遺物(拙稿1996)などがある。中央診療棟地点資料は大聖寺藩邸に帰属する。C2層出土資料は火災後の盛土造成土中から出土した資料であるが,整理段階において医学部教育研究棟地点(加賀藩下屋敷御殿空間)における同火災焼土資料との接合例が10数例確認されたことから,加賀藩邸御殿空間で使用された陶磁器類が火災後の瓦礫処理過程で本地点に搬出,廃棄されたことが立証された。L32-1,C2層両資料は,出土遺物の製作年代から誂えた時期には差があるものの,ともに肥前磁器を中心とした食器類が90%以上で,特に口径6寸,7寸を主体とした揃いの皿を持って構成され,藩邸内における儀礼,行事に伴う宴で使用された食器類であると考えられる(堀内2005)。これらの資料には皿,坏などに数個体が上下に熔着した例が認められたことから,普段は揃いの状態で重ねられて収納されていたと判断される。それに対し,H32-5や本資料の特徴を列記すると,以下の相違が抽出される。

・磁器の占める割合は,H32-5が66%,本資料が41%と,明らかに磁器の占める割合が低い。
・皿の口径は,磁器,陶器ともに口径4～5寸を測り,1尺四方の膳に配置できる皿が主体を成す。
・同じ火災資料であるが,重ねられて収納されたことを示す熔着痕は認められない。
・器種組成では,食器類以外の調理具,貯蔵具,照明具,暖房具,仏神具など多種に及ぶ。

本資料の器種構成,L32-1及びC2層出土資料との比較から,本資料は『黒多門邸』に居住する勤番武士集団の日常生活を担う什器類が主体と位置付けられ,特定器種が選択された背景には,

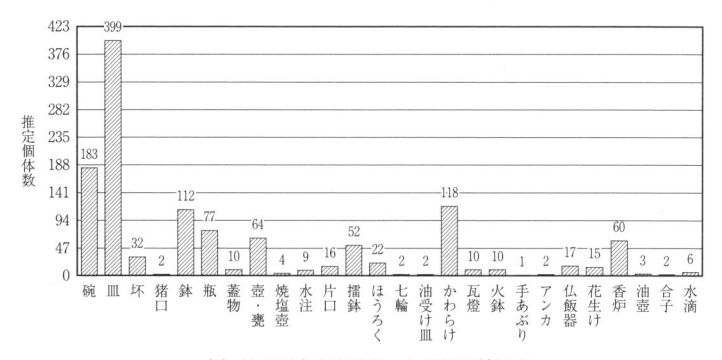

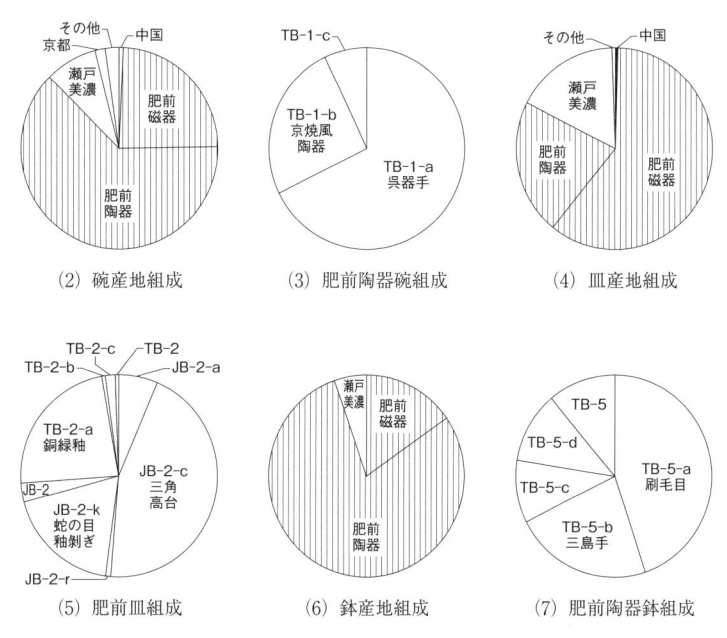

第1図 D面焼土出土陶磁器の様相（成瀬2000より）

(1) 焼土層出土陶磁器・土器類器種組成
(2) 碗産地組成
(3) 肥前陶器碗組成
(4) 皿産地組成
(5) 肥前皿組成
(6) 鉢産地組成
(7) 肥前陶器鉢組成

大名藩邸という閉鎖された社会空間がもたらす特異な流通形態，即ち，個人の嗜好が排された藩組織による一括大量購入の存在が予想される。

　この一括廃棄資料が有する特徴を踏まえ，各住戸で保有された陶磁器類の基本的単位の復元を目的として，『黒多門邸』内長屋エリア全面積に対し，中央診療棟地点調査区域や攪乱を除いた焼土層残存面積率を算出し，建築遺構から得られた住戸数との対比から，1住戸あたりの陶磁器保有数を推定した[13]（拙稿2000）。

　さらに，ほとんどの接合例が，同一グリッドもしくは隣接するグリッド内で認められたことから，火災後の瓦礫層整理・整地作業が比較的移動量の少ない近接範囲内で行われたことを確認し，焼土層出土遺物は，それらが保有された場所をおおむね反映しているものと仮定した。そして先

述した推定保有数をもとに，1住戸で1個体以上保有されていたと推定される器種のうち，碗，皿，鉢，擂鉢に関して，グリッド単位での各器種の分布域の重複，差異から使用者層による器種組成の分析を試みた（拙稿2001）。

「呉器手」碗，肥前三島手及び刷毛目陶器鉢，擂鉢は，長屋域のほぼ全域に分布している。擂鉢は「江戸時代を通じて空間的な差異を越えて一定量出土する器種で，日常生活をする上で必須な器種である」（堀内1998）と指摘されているように，地域によって生産地の差は認められるものの，組成を考える上で重要なアイテムといえる。本地点においても，定量分析の結果と，分布域に偏りが認められないことから，全住戸で所有されていた器種と考えることができる。即ち擂鉢と同様に長屋域全域で分布する「呉器手」碗，2種の肥前陶器鉢も各住戸で所有されたと考えられる器種と位置付けられる。

一方，「京焼風陶器」丸碗は，3点以上出土したグリッドにSB1682（E〜G3, G4），SB1697（D5, G5），SB1772（G7），SB1822（G13）があるが，D〜F・6〜8，G13以外の12ライン以東では粗になる様相があり，分布域に偏りが認められる。また，染付碗は特にSB1772（D7, E6, F7），SB1611（B9）と調査区北部中央域に密な分布域が認められるが，その分布域と「京焼風陶器」碗分布域には重なりが少なく，この分布状況からは「呉器手」碗＋染付碗，「呉器手」碗＋「京焼風陶器」丸碗の二通りのセット関係の可能性を見出すことができる（第2図）。すなわち『黒多門邸』では，「呉器手」碗が全戸で保有され，それをベースに「京焼風陶器」丸碗，または染付碗を保有した住戸の存在が予想される。

「京焼風陶器」丸碗と染付碗に見られた偏在性の特徴を見出すために，皿の分布と比較検討を行う（第3・4図）。本資料出土の染付皿（4〜5寸）には先述したように有田内山と外山との窯場の違いが，生産地資料との対比から認められ，前者を染付皿A，後者を染付皿Bとし，各々の分布域を概観すると，染付皿Aは，SB1697（E〜H5），SB1772（D〜I7），SB1812（E15, H15），SB1611（B8〜9）で，染付皿Bは，SB1682（C3, E3, I3），SB1697（F〜H5），SB1822（E13, I13），SB1812（E15）で多く出土しており，SB1697（F〜H5），SB1812（E15）で重なりが認められるが，全体的には染付皿AがSB1697，SB1772の北域から中域，染付皿BがSB1682，SB1697の中域から南域にかけて集中している様相が看取される。それ以外にも，染付皿のうち口径7寸以上の製品は，SB1697（D5）に，同一意匠，同一器形で揃いと考えられる製品は，SB1697（D5）に2点，SB1697（G6）1点にあり，SB1697の中，北域に位置する。また，量産品の見込み蛇の目釉剥ぎ青磁皿は，SB1682（E〜I3），SB1697（E〜H5），SB1782（D〜E9），SB1822（F13），SB1812（H14）に，青緑釉輪剥皿は，SB1682（C〜E3, G〜I3），SB1697（G5），SB1782（D〜E9），SB1822（F13），SB1612（B5）で多く出土し，7寸以上の皿と揃いの皿は，SB1697とSB1772の中域から北域とSB1611西域に多く分布し，染付皿Aの分布域とほぼ重なる。このまとまりを皿Aグループとする。見込み蛇の目釉剥ぎ青磁皿と青緑釉輪剥皿は，SB1682ほぼ全域とSB1697の中域に特に集中し，染付皿Bの分布域とほぼ重なる。これを皿Bグループとする。このように皿の分布は有田内山に比定される染付製品で構成されるグループと，有田外山，波佐見，内野山に比定される

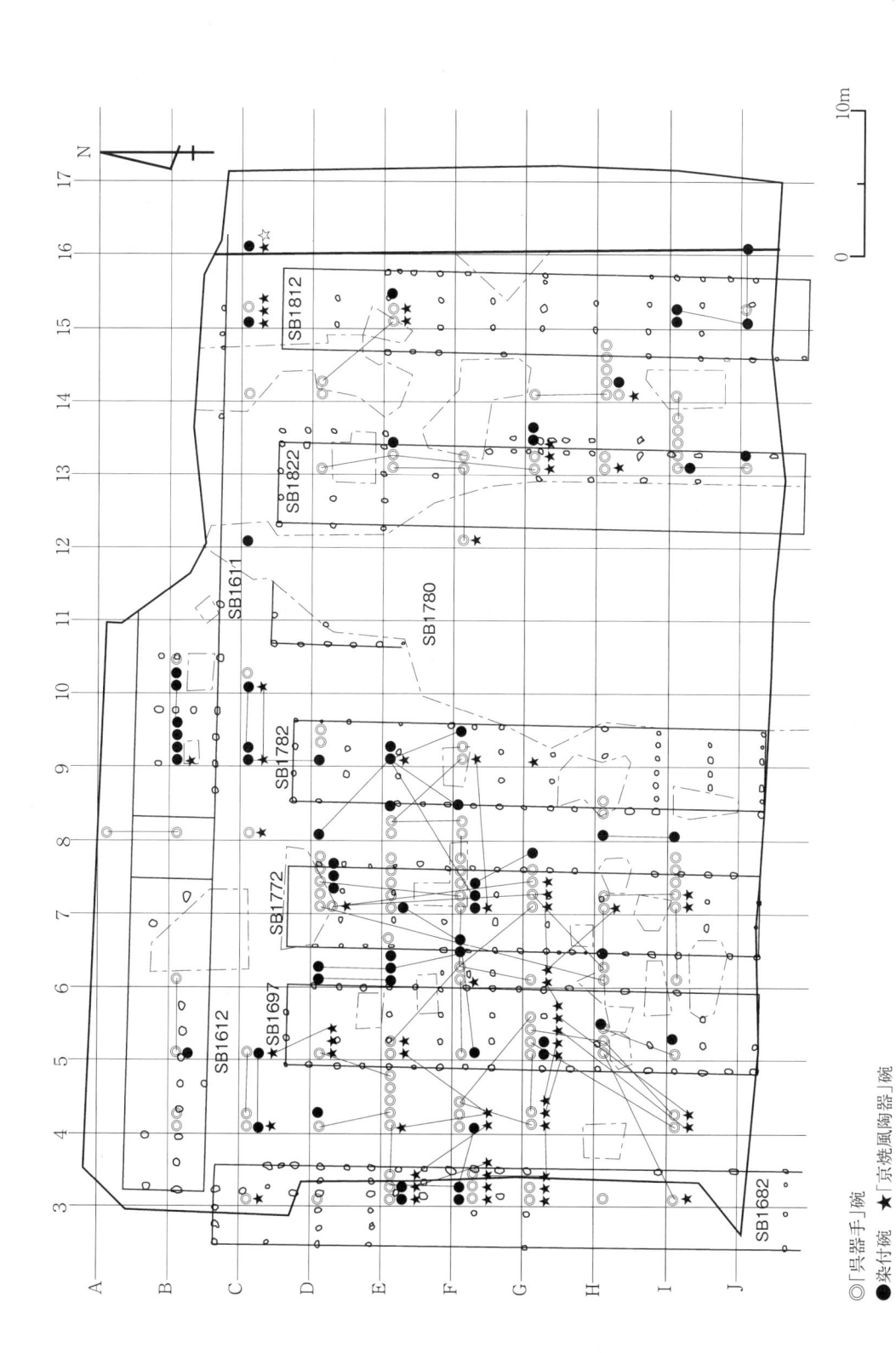

肥前産「呉器手」碗の需要に関する予察　213

第2図　碗の分布

◎「呉器手」碗　★「京焼風陶器」碗
● 染付碗

第3図 皿の分布 (1)

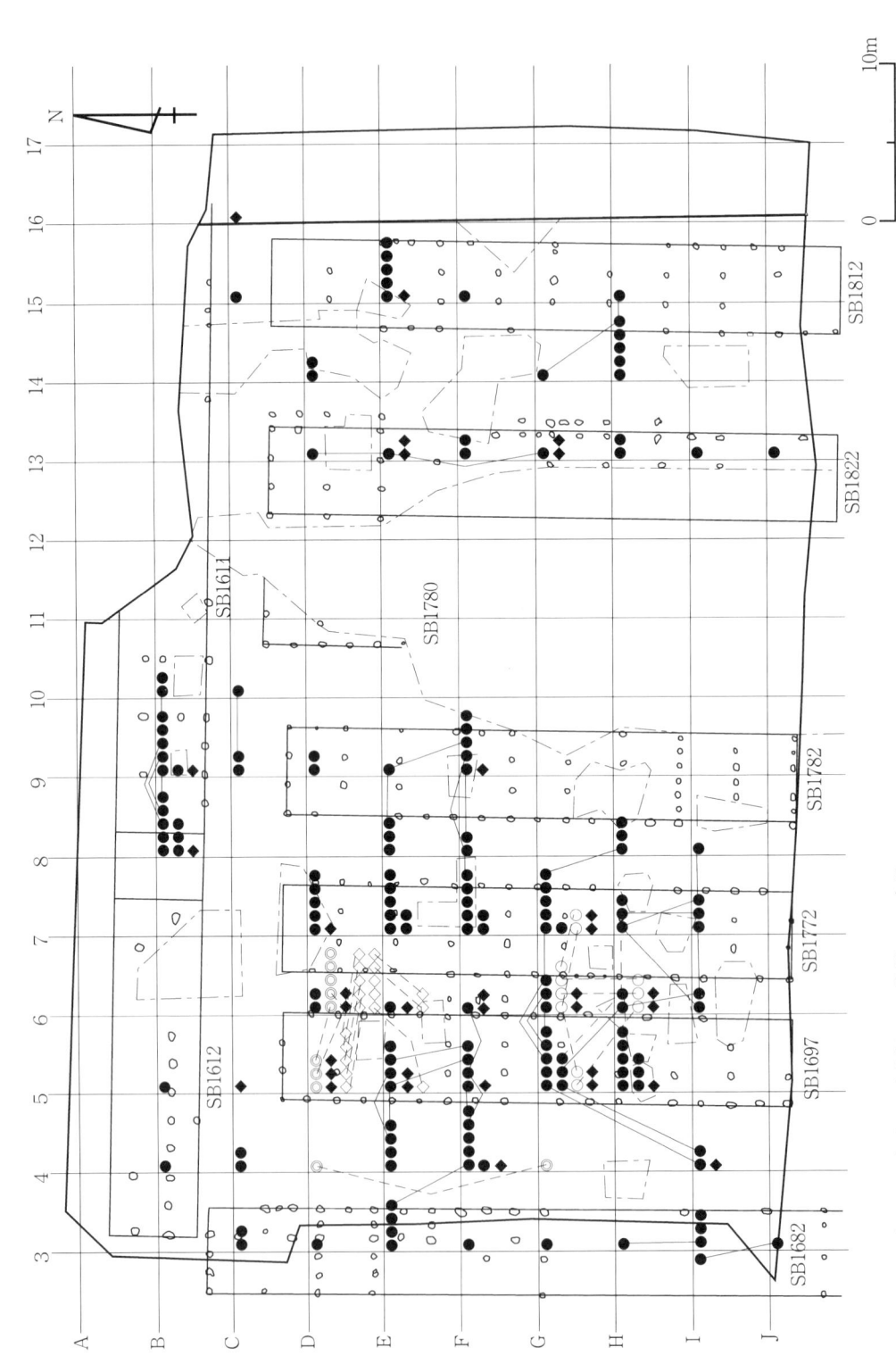

● 菜付皿A　◆菜付皿（7寸以上）　◎揃いa　○揃いb　◇揃いc

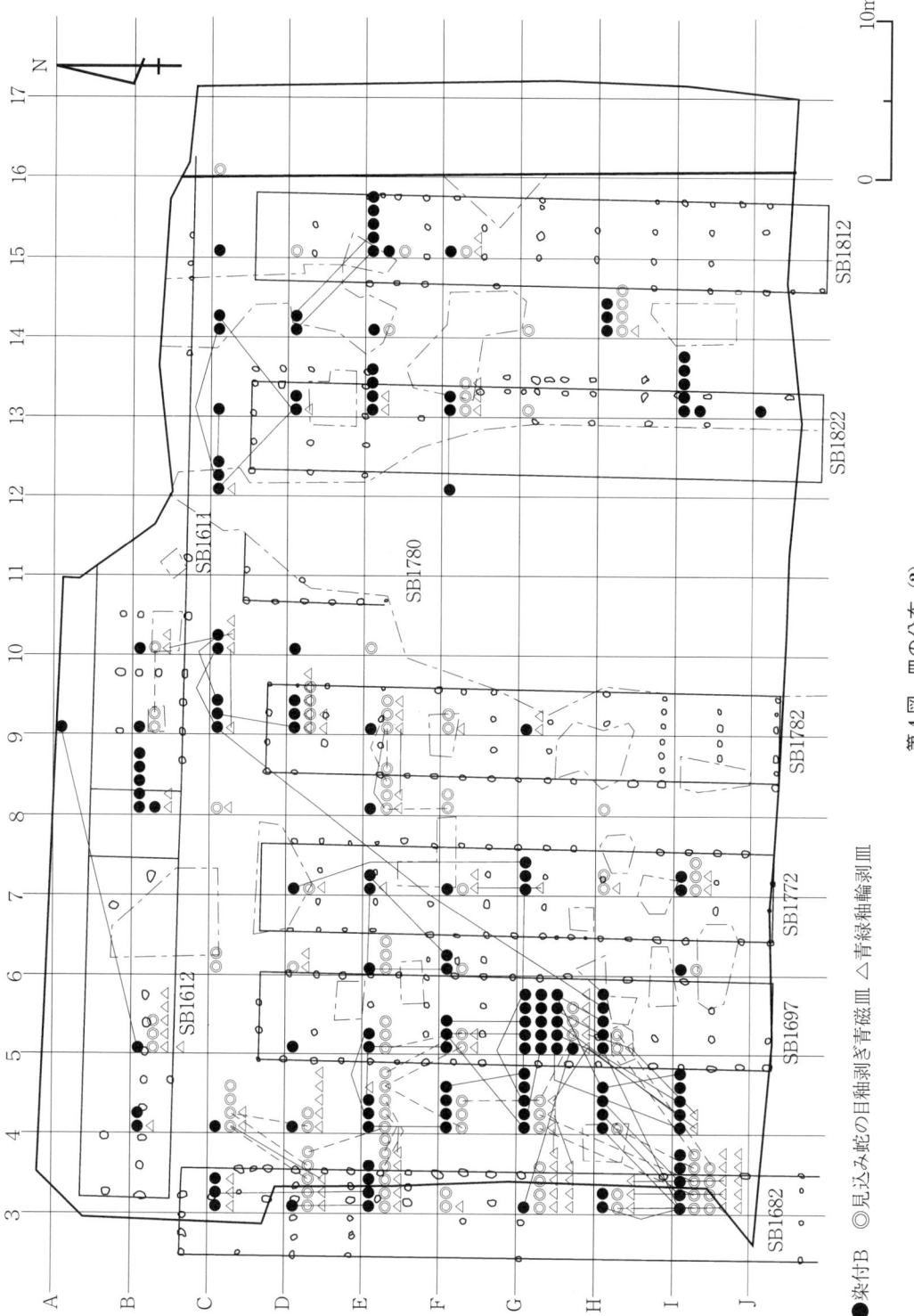

肥前産「呉器手」碗の需要に関する予察　215

第 4 図　皿の分布 (2)

● 染付B　◎見込み蛇の目釉剥ぎ青磁皿　△青緑釉輪釉剥皿

「呉器手」碗　染付碗

「呉器手」碗

「京焼風陶器」丸碗

染付皿A

染付皿B

見込み蛇ノ目釉剥ぎ青磁皿

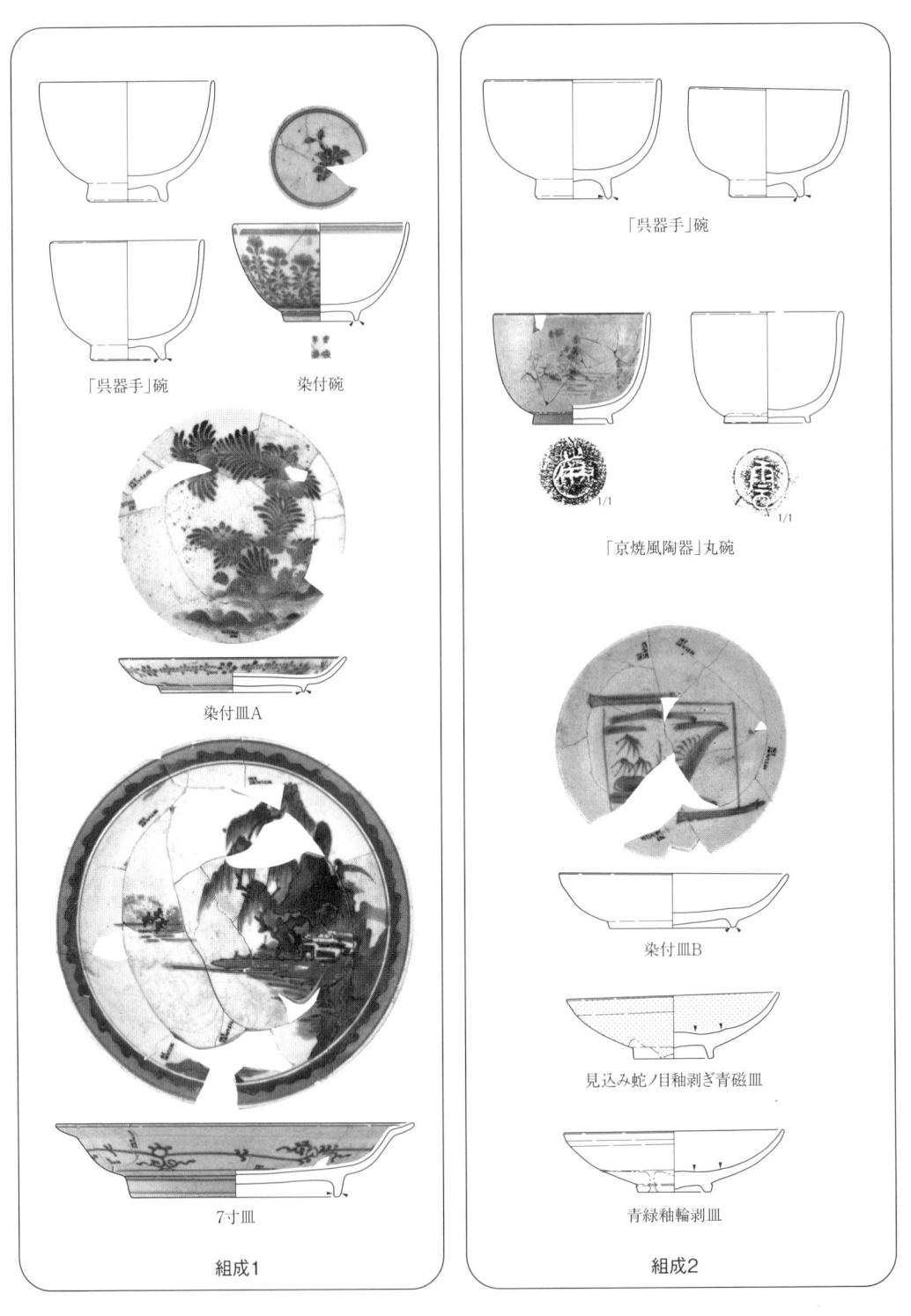

青緑釉輪剥皿

7寸皿

組成1　　　　　　　　　　　組成2

第5図　D面焼土出土碗・皿類

陶磁器製品で構成されるグループに大別することができ，分布域の差は各グループを保有，使用した場所（所有者）の差が顕れたものと考えられる。

このように碗（「呉器手」碗を除く），皿双方に器種による分布範囲の異なりが認められた。そして，皿A，B各グループと，染付碗，「京焼風陶器」丸碗の分布域と比較すると，焼土層遺存状態が良く，遺物量の多い長屋エリア西域を中心にした様相ではあるが，染付碗＋皿Aグループ，「京焼風陶器」丸碗＋皿Bグループによる分布域の重なりを指摘することができ，先述したように保有，使用した場所（所有者）を反映した器種組成として，前者を組成1，後者を組成2とするグループとして位置付けたい。組成1は，ほぼ磁器製品で構成され，揃いの皿，7寸皿などハレの場での利用を彷彿させる器種も含まれている。それに対し組成2では，碗組成は「京焼風陶器」丸碗を含む陶器碗を主体とし，皿組成は口径4〜5寸を測る陶器，磁器が混在した量産品による組成を示し，両組成の差異は，所有者層もしくは使用形態に帰因する可能性が指摘できよう。そして両組成に共通して「呉器手」碗が含まれていることは，擂鉢などと同様に，全ての居住区で使用されていたことを顕し，該期における勤番武士の生活に浸透していた飲食器であったことは興味深い（第5図）。

3　江戸遺跡における「呉器手」碗，「京焼風陶器」丸碗の出土様相

前章では，『黒多門邸』内での「呉器手」碗，「京焼風陶器」丸碗に分布域の偏りから，前者をベースに「京焼風陶器」陶器丸碗，もしくは染付碗を保有する2つのグループの存在を想定した。『黒多門邸』におけるこうした様相が邸内独自のあり方なのかどうか，本郷邸内での他遺構の様相，さらに江戸遺跡事例を加え，以下に検討を試みる。

(1) 大聖寺藩邸（医学部附属病院中央診療棟地点）資料にみられる様相

1682（天和2）年の火災による一括廃棄遺構に，H32-5，L32-1，W46-1がある。L32-1は，袋状を呈する地下室で，先述したように磁器が大半を占める特殊な組成を呈しているが，そのなかに「呉器手」碗4個体，「京焼風陶器」丸碗2個体を含む。W46-1は，平面楕円形を呈する袋状の地下室で，出土した132個体の陶磁器類のうち碗類については，磁器碗12個体，陶器碗19個体が出土している。そのうち「呉器手」碗6個体，「京焼風陶器」丸碗3個体を含む。H32-5は，T字状に分岐する3室を有する地下室で，出土した407個体の陶磁器類のうち碗類については，磁器碗45個体，陶器碗42個体が出土している。そのうち「呉器手」碗11個体，「京焼風陶器」丸碗12個体を含む。H32-5では，両碗形の出土比率は同様であるが，総体としては「呉器手」碗の比率が高いといえよう。火災後の藩邸内に，採土坑と推定されるF34-11がある。1680年代後半から90年代前半に比定される陶磁器類が多量に廃棄されており，その総数は811個体を数える。碗類については磁器碗228個体，陶器碗129個体と前段階に比べ，磁器碗の割合が増加している。そのうち「呉器手」碗52個体，「京焼風陶器」丸碗39個体を数える。

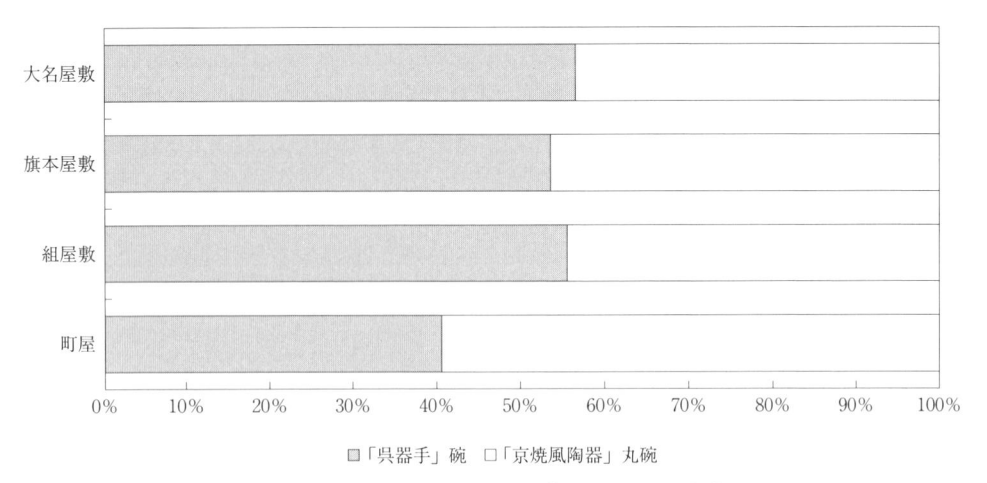

第 6 図　江戸遺跡における「呉器手」碗,「京焼風陶器」丸碗の出土状況

『黒多門邸』での比率に比べると両碗形の量比に大きな差はないものの,「呉器手」碗の消費量が上回っている傾向は看取されよう。

(2) 江戸遺跡資料にみられる様相

　江戸遺跡における出土状況を第6図に示した。調査地点の性格を大名屋敷,旗本屋敷,組屋敷,町屋に大別し,両碗形の出土比率を示している。大名屋敷には,上,中,下,抱屋敷が一括され,組屋敷には御家人屋敷が含まれる[14]。

　全体的な様相としては,一遺跡内でどちらかの碗形に特化する事例は少なく,大名屋敷の調査事例では,千代田区・尾張藩麹町邸 SK303 (呉4, 京0),飯田町遺跡790号遺構 (呉8, 京3),港区・汐留遺跡 5H-726 (呉6, 京0) などで「呉器手」碗が多い事例が認められ,逆に文京区・小石川遺跡1号溝 (呉3, 京14) などで「京焼風陶器」丸碗が多く掲載されている事例がある。旗本屋敷では千代田区・四番町遺跡063号遺構 (呉5, 京0) で「呉器手」碗のみが掲載されている事例が認められる程度で,「呉器手」碗もしくは「京焼風陶器」丸碗いずれかに偏った事例はほとんど認められない。

　数量的には,調査面積,調査件数,居住者数などの要因を反映して,大名屋敷からの出土量が圧倒しているが,「呉器手」碗の「京焼風陶器」丸碗に対する掲載比率は,大名屋敷56.5％,旗本屋敷53.6％,組屋敷55.5％と遺跡の性格に関わらず,ほぼ6割弱の割合を示している。それに対し町家では,40.5％と武家地と対称的に「呉器手」碗の組成比が低い結果が得られた（第6図）。

4 「呉器手」碗,需要の背景

　以上,遺跡の性格による視点から「呉器手」碗,「京焼風陶器」丸碗の出土様相を概観した。

この結果を通し，以下にそこから窺われる特徴を指摘したい。

　報告書掲載資料という制限はあるが，江戸遺跡では町屋を除く武家屋敷内で「京焼風陶器」丸椀に対し，「呉器手」椀の組成比が高い傾向が認められた。大名屋敷に関しては，屋敷内居住者に階層差があるうえ，廃棄資料と廃棄された遺構とに直接的関連がない場合も多く，それらの点を留意しなければならない。

　さて，『黒多門邸』の居住者については，1665（寛文5）年から1682（天和2）年の間，足軽，聞番の居住区となっていたことは先述したとおりであるが，その構成についてもう少し付け加えることにしたい。聞番は御目見以上の平士に位置し，1659（万治2）年から1689（元禄2）年の間は，3名が任ぜられ役料200石が与えられた。また，1726（享保11）年の史料ではあるが，各々足軽一組15人，小頭2人，手替2人を持っていたとされる（日置　1596）。時代が下る資料ではあるが，聞番1名に対し，最低19人が配属されていたことが判る。最低としたのは，足軽の下にも仲間，小者がついた可能性があるからである。このように『黒多門邸』には，聞番を筆頭に，小頭，平足軽などによるピラミッド型の居住者構成が存在し，聞番3名とした場合，最低60名が邸内に居住していたと推定される。上屋敷以降の本郷邸絵図から，勤番武士が居住する長屋は，階層によって区域が定められ，居室面積も異なっていることが読み取れる。『黒多門邸』における個々の居室面積については，さらに詳細な検討を加える必要があるが，建物による棲み分けが存在したことは容易に考えられ，それが組成1，2の差となって表れていると推定される。非日常使用食器の保管場所も考慮しなければならないが，組成1が聞番居住区域，組成2が足軽居住区域に帰属する可能性を示唆できるのではないだろうか。

　ところで，筆者は以前，東京大学本郷キャンパスの事例から，陶磁器椀と陶磁器皿に対し，17世紀後半～末にかけて椀の量比が大きく伸びる点に着目し，皿に関しては，磁器の割合が確実に増え，胎質の変化が認められるが，その点において椀に関しては大きな変化はなく，皿に対する椀の割合が増加する要因を陶器椀の動向に求めた。その結果，17世紀前半では陶器椀の過半数を占めていた天目椀を中心とする瀬戸・美濃製品の組成比が，17世紀中葉頃には徐々に低下し，それに変わって「呉器手」椀が17世紀後半の陶器椀組成の大きな位置を占める変化を見出し，江戸遺跡における瀬戸・美濃陶器椀の減少は，天目椀に代わる「呉器手」椀の流通・普及が大きく影響したことを示した（成瀬・長佐古 1999）。この背景には，「17世紀前葉代が「天目」，中葉代においては「呉器手」などの高麗模倣と，（リアルタイムではないが）上級喫茶の影響が強く窺える。」との長佐古の指摘にもあるように（長佐古 2001），喫茶との関連が指摘されるところである。

　D面焼土資料では，被災のため認識することは極めて難しいが，火災翌年の盛土造成直後に掘削された大形採土坑SK3からは，その遺構規模に対応し，陶磁器・土器をはじめ，木製品，金属製品など膨大な量の遺物が出土した。陶磁器類からみた年代的様相は，中央診療棟地点のF34-11より1段階古く，1680年代を下限とする。出土陶磁器椀の内底部には，肥前染付椀，瀬戸・美濃天目椀，「呉器手」椀などの一部に，長佐古が茶筅痕と推定した環状擦痕が認められる事例や（長佐古　2002），内底部の釉が光沢を失い，半透明に変化した事例が確認される。直接

資料ではないが，年代的に近接する時期の資料として，藩邸内において陶磁器碗が喫茶碗として利用されていたことを傍証することができ，江戸遺跡内で天目に替って普及した「呉器手」碗が，本資料碗組成の主要素を担っていることは，藩邸内で，喫茶が日常的な行為として浸透していたことを窺い知ることができる。

大橋は，「京焼風陶器」が，北海道から沖縄まで広く流通しているのに対し，「呉器手」は，地域によって多寡の偏りが存在することを指摘している（大橋2007a・b）。確かに「京焼風陶器」は，文様，刻印による認識し易さも手伝い，全国の農村集落遺跡でも報告事例が認められる。それに対し，「呉器手」碗は，中部，北関東などで類例が少ない傾向がある。その反面，四国（特に香川，高知）では「呉器手」碗の出土事例が際だって多く，「京焼風陶器」碗のみが出土した事例はほとんど認められない（松本2002，浜田2002）。このような，地域的な流通様相の差と，江戸遺跡での様相差は単純に結び付けられるものではないが，生産量，コスト，喫茶方法の流行や変化への適用などの生産から流通に関わる要素に，器形，文様，刻印の有無，流行に対する需要層の嗜好など各製品が内包する特性が深く関わり，それが，大名屋敷において藩邸主導での一括購入時の製品選択を満たす要素になり，その結果として「呉器手」碗が選択されたと考えられる。こうした大口需要者である大名屋敷での動向が，旗本をはじめ，組屋敷居住の与力，同心までに至る武家階層へ影響したことが，武家社会を中心とする江戸において「呉器手」碗が普及した大きな要因になっていると考えられる。

おわりに

『黒多門邸』調査で感じた違和感から端を発し，邸内での分布属性の差を居住者の階層に結びつけて，江戸遺跡での事例を中心に検討し，両碗形の需要に関していくつかの特徴を指摘したが，筆者の力不足でその具体的な要因に迫るまでいたらず，両碗形が有する本質的な機能・用途をはじめ，用途論を含む染付碗との関連，モデルとされた京焼，朝鮮王朝陶器との関連など課題は山積している。

遺構，遺物ともに膨大な量を抱えた病棟地点の基礎整理作業はほぼ完了に近づいているが，さらに多角的な分析を試み，『黒多門邸』，大聖寺藩邸における構造，変遷，居住者の生活相の復元を基軸として，都市江戸を特徴付けるキーワードの一つである大名屋敷研究を探求したい。

最後に，竹石健二，澤田大多郎両先生には，在学中に発掘調査における問題意識を持った観察眼・洞察力の大切さを常に教えていただき，現在でも大きな財産となっている。両先生のますますのご活躍，ご健勝を心から祈念し，感謝の意を表したい。

註
1) 『黒多門邸』は本来，幕府に対して人質を差し出す証人制度によって，江戸住まいを強いられた藩主の

妻子らの居住区であったが，1665（寛文5）年の証人制度廃止以降，足軽・聞番が居住する詰人空間に変化した。しかし，1682（天和2）年の大火によって全焼し，翌年，盛土造成によって嵩上げされ，それ以降は屋敷割りの改変により，大聖寺藩邸に組み込まれた。

2) 肥前産陶磁器は，朝鮮半島の窯業技術の影響を受け，水挽き時には右回転，削り時には左回転となる。それに対し京焼は，瀬戸・美濃同様，水挽き，削りともに右回転を呈する。

3) 見込みに砂目積の痕跡を残す磁器皿のなかに，見込み蛇の目釉剝ぎされた製品がある。砂目積，見込み蛇の目釉剝ぎともに，重ね積みに関する窯詰め技法であり，前者は朝鮮半島に，後者は中国に技術系譜が求められる。しかし，この両技術を併せ持つ製品には，砂目が蛇の目部と大きくずれているケースが多く，蛇の目部と砂目を合わせようという窯詰め技法的意識はなく，当時の中国の量産品に認められる見込み蛇の目釉剝ぎをデザインとして取り入れた製品である。

4) 肥前産「京焼風陶器」は18世紀に入ると刻印が施されなくなり，楼閣山水文の描写も徐々に略され崩れていく。「御室碗」は，当初から崩れた楼閣山水文が描かれており，該期の「京焼風陶器」の文様をモデルにしたとすれば，ある意味忠実にコピーしたといえよう。

5) 筆者らが担当した『東京大学本郷構内の遺跡　医学部附属病院地点』では「京焼風陶器のうち呉器手と称されるもの」と，京焼風陶器の範疇に組み入れてはいるが，「呉器手」の名称を用いている（東京大学遺跡調査室1990）。

6) 聞番とは，「江戸邸に居り，幕府及び他藩の者と応接して公用を弁じ機密を探知する者であり，他藩では留守居役といふものに当る。」（日置1956）

7) 整地作業の障害となる被災建築材やリサイクルが可能な金属製品はほとんど含まれていなかった。

8) 推定個体数のカウント方法は，東京大学埋蔵文化財調査室で『医学部附属病院外来診療棟地点』以降の基準，すなわちロクロ製品であれば底部中央や糸尻を基本とし，取っ手，注口など個体を特定する特徴などを併用する。に基づいて行った（東京大学埋蔵文化財調査室2005）。

9) 口径13〜14 cm，底径7〜8 cm，器高3 cm前後，底部中心厚1 cm前後を測り，非常にラフなタッチで文様が描かれる一群が主体で，生産地資料では嬉野市不動山窯・吉田2号窯など有田皿屋以外，いわゆる外山で生産された粗製品。

10) 長崎県波佐見町中尾上登窯跡，木場山窯跡などで生産された粗製品。

11) 嬉野市内野山北窯などで量産された粗製品。見込み蛇の目釉剝ぎ青磁皿とは，器形，法量，窯詰め技法など多くの要素で共通し，青緑釉を施し青味掛かった色調からも，青磁皿を模倣した製品である可能性が高いと考える。

12) 同段階における加賀藩邸出土擂鉢の丹波：瀬戸・美濃の量比は，御殿下記念館地点（加賀金沢藩下屋敷）で54：37，医学部附属中央診療棟地点で32：33と，丹波産擂鉢がやや多いか，同等の値を示しており（堀内1998），本地点での値（38：13）は突出している。

13) グラフのY軸の単位を47の倍数としたのは，焼土層残存面積率から推定した遺物残存率により，47戸分に相当する遺物が残存しているとした仮定に立脚する。

14) ここで取り扱った数値は，両碗形が識別可能な定量分析が提示されている東大報告，豊島区遺跡調査会報告以外は，遺構一括資料の報告書掲載遺物の総数である。よって破片資料でも文様，刻印の存在によって抽出されやすい要素をもつ「京焼風陶器」丸碗の掲載例が，実態よりも多くなっていることが考えられる。

引用・参考文献

伊万里市教育委員会 2004『日峯社下窯跡』伊万里市文化財調査報告書第49集
岩橋陽一 1994「1）陶磁器」『東京都千代田区 丸の内三丁目遺跡』291-296頁 東京都埋蔵文化財センター
大橋康二 1983a「鍋島藩窯跡出土の京焼風陶器（上）―印銘を中心として―」『セラミック九州』No.7, 5-6頁 佐賀県立九州陶磁文化館

　　　1983b「鍋島藩窯跡出土の京焼風陶器（中）―印銘を中心として―」『セラミック九州』No.8, 4-6頁 佐賀県立九州陶磁文化館

　　　1984a「鍋島藩窯跡出土の京焼風陶器（下）―印銘を中心として―」『セラミック九州』No.9, 5-6頁 佐賀県立九州陶磁文化館

　　　1984b「肥前陶磁の変遷と出土分布」『北海道から沖縄まで 国内出土の肥前陶磁』 佐賀県立九州陶磁文化館

　　　1989『肥前陶磁』考古学ライブラリー55 ニュー・サイエンス社

　　　1990「いわゆる京焼風陶器の年代と分布について―肥前産の可能性があるものを中心として―」『青山考古』8, 13-26頁 青山考古学会

　　　2007a「日本海地域における肥前陶磁の流通」『佐賀県立九州陶磁文化館 研究紀要』第5号, 1-124頁 佐賀県立九州陶磁文化館

　　　2007b「17世紀における肥前陶磁の流通と生活変化」『関西近世考古学研究』15, 1-16頁 関西近世考古学研究会

鈴木重治 1985「京都出土の伊万里産「清水」銘陶器をめぐって」『考古学と移住・移動』同志社大学考古学シリーズII, 537-555頁 同志社大学

　　　1990a「京焼と京焼写しの検討」『白鷗』165-174頁 都立学校遺跡調査会

　　　1990b「京焼と京焼写し―生産と流通―」『江戸の陶磁器』江戸遺跡研究会第3回大会, 52-63頁 江戸遺跡研究会

角谷江津子 1992「肥前京焼風陶器と京焼」『関西近世考古学研究』III, 175-201頁 関西近世考古学研究会
関根達人 1999「東北地方における近世食膳具の構成―近世墓の副葬品の検討から―」『東北文化研究室紀要』第40集, 81-104（33-56）頁
津田武徳 1994「ロクロの回転方向から見た近世陶磁」『大阪市文化財論集』355-377頁 （財）大阪市文化財協会
東京大学遺跡調査室 1990『東京大学本郷構内の遺跡 医学部附属病院地点』
東京大学埋蔵文化財調査室 1999『東京大学構内遺跡調査研究年報』2
東京大学埋蔵文化財調査室 2005『東京大学本郷構内の遺跡 医学部附属病院外来診療棟地点』
長佐古真也 2000「日常茶飯事のこと―近世における喫茶習慣素描の試み―」『江戸文化の考古学』99-126頁 吉川弘文館

　　　2001「近世期の日常喫茶と陶磁器―信楽における小物生産転換への予察―」『近世信楽焼をめぐって』161-168頁 関西陶磁史研究会

　　　2002「「お茶碗」考―江戸における量産陶磁器の変遷―」『国立歴史民俗博物館研究報告』第94集, 61-82頁 国立歴史民俗博物館

中野泰裕 1987「江戸時代の瀬戸窯と京焼風陶器」『愛知県陶磁資料館研究紀要』6, 56-68頁 愛知県陶磁資料館

成瀬晃司 1996「東京大学本郷構内の遺跡　医学部附属病院病棟地点―天和2（1682）年・元禄16（1703）年の火災に伴う資料―」『肥前磁器の変遷―年代の確かな資料をもとに―』第6回九州近世陶磁学会，99-111頁　九州近世陶磁学会

　　　1997「加賀藩江戸藩邸の調査―天和2（1682）年焼失の長屋群」『地方史・研究と方法の最前線』167-185頁　雄山閣

　　　2000「加賀藩本郷邸内『黒多門邸』出土陶磁器の様相」『竹石健二・澤田大多郎先生還暦記念論文集』197-212頁　竹石健二・澤田大多郎先生の還暦を祝う会

　　　2001「長屋で使用された陶磁器」『食器にみる江戸の食生活』江戸遺跡研究会第14回大会，82-96頁　江戸遺跡研究会

成瀬晃司・長佐古真也 1999「17世紀代の江戸遺跡における「供膳具」の様相と上方との比較」『関西近世考古学研究』VII，27-40頁　関西近世考古学研究会

成瀬晃司・堀内秀樹 1990「消費遺跡における陶磁器の基礎的操作と分析」『東京大学本郷構内の遺跡　医学部附属病院地点』821-860頁　東京大学遺跡調査室

浜田恵子 2002「高知県」『国内出土の肥前陶磁　西日本の流通を探る』第12回九州近世陶磁学会，611-638頁　九州近世陶磁学会

日置　謙 1956『改訂増補　加能郷土辞彙』　北国新聞社

堀内秀樹 1998「擂鉢から見た江戸と周辺地域」『江戸と周辺地域』江戸遺跡研究会第11回大会，129-140頁　江戸遺跡研究会

　　　2005「加賀藩・大聖寺藩江戸屋敷で使用された肥前磁器と「古九谷」」『東京大学本郷構内の遺跡　医学部附属病院外来診療棟地点』543-559頁　東京大学埋蔵文化財調査室

　　　2006「江戸大名藩邸における京焼の消費―京焼と伊万里の出土様相の相違から―」『京焼の成立と展開―押小路，粟田口，御室―』85-115頁　関西陶磁史研究会

松本和彦 2002「愛媛県」『国内出土の肥前陶磁　西日本の流通を探る』第12回九州近世陶磁学会，595-610頁　九州近世陶磁学会

丸山和雄 1982「土佐のやきもの」『日本やきもの集成10 四国』118-127頁　平凡社

盛　峰雄 1999「肥前の京焼風陶器について」『江戸中・後期における九州・山口地方の陶器』第9回九州近世陶磁学会，58-85頁　九州近世陶磁学会

　　　2000「陶器の編年　1．碗・皿」『九州陶磁の編年』10-33頁　九州近世陶磁学会

森田安彦 2005「肥前産京焼写し研究序説―武州野原文殊寺出土資料を中心として―」『埼玉考古』第40号，89-118頁　埼玉考古学会

遺跡発掘調査報告

(2009 年 1 月 22 日)

川崎市宮前区野川神明社遺跡発掘調査報告

竹石健二・澤田大多郎
日本大学先史学研究会

1 はじめに

　ここに報告する野川神明社遺跡は，川崎市宮前区野川字東耕地 464 番地に位置する。野川神明社境内に，町内会館の性格を持つ野川会館を建設する事前調査として，1979（昭和 54）年 3 月 1 日から 3 月 10 日まで，日本大学文理学部助教授（当時）竹石健二を団長とする「野川神明社境内遺跡発掘調査団」を組織し発掘調査を行ったものである。

　発掘調査実施にあたっては，神奈川県教育委員会・川崎市教育委員会・野川町内会に費用を負担していただいた。また，調査期間中に宿泊・自炊の場所として野川神明社神楽殿を提供していただいた。深謝する次第である。

2 周辺の環境と遺跡

　野川神明社遺跡は多摩川と鶴見川の支流，矢上川に挟まれた，下末吉台地東端，周囲との比高差約 30m の台地上に位置している（第 1 図左上）。野川神明社遺跡の周囲は，北西・南・北方面は深く狭い谷が存在し，馬の背状の台地尾根伝いに，南西と北東方向に広い平坦面が存在する。

　そのなかで縄文時代の遺跡として本遺跡と関連のあるものとして，縄文時代前期諸磯式期の貝塚である影向寺裏貝塚（第 1 図 A：山内・橋口・澤田 1963，澤田 1967）と三荷座前遺跡第 1 地点の住居址と貝層（第 1 図 B：北村 1996）がある。影向寺裏貝塚の貝層および包含層からは諸磯 b 式土器を主体にして，諸磯 a 式，諸磯 c 式が出土しており，貝塚形成が諸磯 b 式期であると考えられる。また，三荷座前遺跡第 1 地点からは，諸磯 b 式期の重複住居が 4 軒確認されており，そのうち 6 号住居址の柱穴や包含層から貝層（貝ブロック）が確認されている。両遺跡とも野川神明社遺跡の住居址との関係を考える上で，基礎的な資料となる。この他縄文時代の遺跡は，影向寺境内で縄文時代中期（勝坂式期）の住居址が調査されている（竹石 1981）。

　弥生時代の遺跡については野川神明社遺跡の北東に位置する影向寺遺跡があり（第 1 図 1），これまでの発掘調査によって弥生時代後期前半から後半までの住居址・複数の環壕などが確認されている（大三輪 1975，竹石・澤田・野中 1984，川崎市 1988，竹石・澤田 1994，伊東・大坪・北爪・相川 2001，北平 2005，河合・伊東 2008）。影向寺遺跡と尾根続きの西側は，千年伊勢山台遺跡（第 1 図 2：

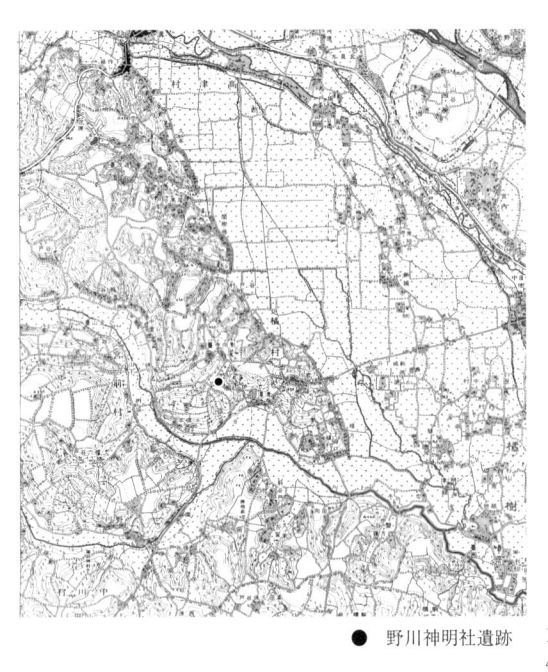

● 野川神明社遺跡　　1：影向寺遺跡　2：千年伊勢山台遺跡　3：三荷座前遺跡
　　　　　　　　　　4：野川北耕地遺跡　5：野川東耕地遺跡
　　　　　　　　　　A：影向寺裏貝塚　B：三荷座前遺跡貝ブロック

第1図　遺跡の位置と調査区

竹石・野中 1983）で，武蔵国橘樹郡衙の推定地として，その確認を目的とした発掘調査が行われている（河合 2005）。そのため，中期後半の住居址と環濠，後期前半の住居と環濠，後期後半の住居と環濠が確認されているが，部分的でありいずれも完掘していない。しかし隣接する千年伊勢山台北遺跡（河合 2000）や千年伊勢山台東遺跡（伊東・大坪・小口・北爪・谷本・若井 1997），千年蟻山遺跡（野崎 1988）などの調査成果を参考にすれば，影向寺から千年伊勢山台遺跡およびその西側の台地上には，弥生時代の中期後半，後期前半，後期後半のそれぞれの時期に，環濠集落が展開していたことが予測できる。そのなかでも，影向寺から西側にあたる今回報告する野川神明社遺跡，後述する三荷座前遺跡第1地点，第2地点からは，中期後半の遺構がこれまで確認されていないという特徴がある。

　三荷座前遺跡は野川神明社遺跡と深い谷を挟んで北側にあり（第1図3），弥生時代後期後半の環濠と方形周溝墓が確認された（北村 1996，小林 1997）。第1地点の1号方形周溝墓の溝内からは，壺の合口土器棺が検出され，環濠内からも台付甕に壺胴部破片で蓋とする土器棺も確認されており，本遺跡を考える上で重要な事例となっている。三荷座前遺跡第2地点からは他にも土器の出土状態から土器棺と推定できる事例がある。

　野川北耕地遺跡は三荷座前遺跡の谷を挟んだ西側に占地する遺跡で（第1図4），後期後半の住居址が確認されている（北村 1994）。

　野川東耕地遺跡は野川神明社遺跡の南側に，狭い尾根道でつながる台地に展開する遺跡で（第1図5），後期終末から古墳時代初頭の住居址が確認されている（合田 1994）。野川東耕地遺跡周辺は未調査の範囲が大きく，野川神明社遺跡との関連性において，今後の発見に期待できる遺跡である。

3 　土層の状態（第2図）

　調査区域内における土層の状態は，現表土からいわゆるローム土まで約100 cmを測り，その間5層に大別される。このうち，現表土から第3層の褐色土までの約60 cmは，野川神社の社務所を建築する際に基盤として人為的に盛土されたもので，いわゆる二次堆積土層である。従って，純然たる自然堆積土層は，第4層以下の黒色土，暗褐色土である。

　調査の結果，第4層の黒色土上面において，人為的に踏み固められたと思われる比較的固い面が，調査区域内の広い範囲にわたって認められたが，その固い面に伴なう何等の遺物も確認しえず，さらに，その上部に前記のごとく社務所建築の際の二次堆積土をもつことなどを考えれば，考古学的な何等かの遺構とするよりも，この固い面は，二次堆積土の盛土の際の工事の結果とするのが穏当である。

　考古学的遺構が明らかに検出されるのは，第4層の黒色土の中程以下からである。

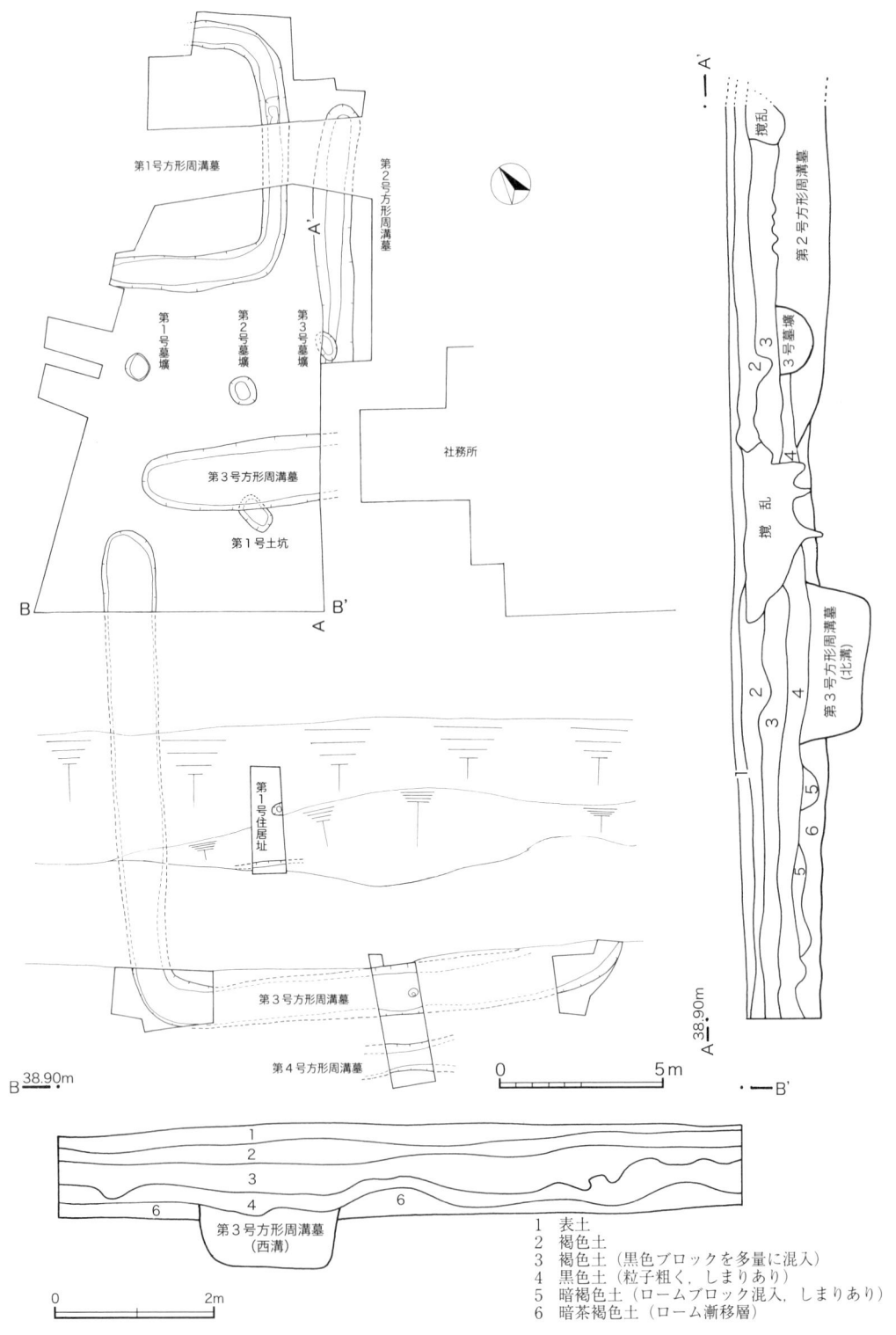

第2図 遺構全体図及び基本層序 (1/200・1/80)

1 表土
2 褐色土
3 褐色土（黒色ブロックを多量に混入）
4 黒色土（粒子粗く，しまりあり）
5 暗褐色土（ロームブロック混入，しまりあり）
6 暗茶褐色土（ローム漸移層）

4　遺構各説

(1) 住居址

第1号住居址（第3図）

　第3号方形周溝墓の南溝を確認するために設定したトレンチで確認された住居址である。そのため，トレンチ内での必要な記録化を行い埋め戻している。

　方形周溝墓確認のために設定したトレンチから確認された本住居址は，トレンチ南西側で住居址よりも新しい溝状の遺構によって壊されており，その規模・形態は不明である。

　住居の覆土は第3層（盛土）の構築によって大部分が失われているが，北東側には基本土層の第4層が確認でき，この下層に第5・6層の覆土が形成されている。床面は軟弱である。トレンチ南には深さ22cmの浅いピットがある。床面直上からは浅鉢が伏せられた状態で出土し，本住居址の帰属時期を決定する土器となっている。

第1号住居址出土土器（第3図）

　口縁部及び胴部の一部を欠損する浅鉢形土器である。胴部中位に強い屈曲を一段有し，口辺部は内湾しながら立ちあがる。胴部の屈曲から上は，RL縄文を地文とし半截竹管によるいわゆる木の葉文様を施している。下部はRL縄文の斜縄文が全面に施される。また，底部には縄文原体LRの圧痕が認められる。内外面ともていねいな器面調整がなされており，磨きに近い。胎土には微量の砂粒子が混入され，繊維は認められない。諸磯a式。

(2) 土坑

　土坑は第3号方形周溝墓の北溝に切られて存在している。第1号土坑1基が検出された（第2・4図）。北側は方形周溝墓に切られているが，軸をN-22°-Wに持つ長径110（下部88）cm，短径68（下部48）cm，深さ128cmの隅丸長方形を呈する。坑底には長径22cm，短径8cm，深さ50cmのピットが中央やや北寄りから確認できた。遺物は出土していないが，弥生時代の方形周溝墓に切られていることや，覆土の状態，形態などから，縄文時代の土坑と考えられる。

(3) 方形周溝墓

　調査区域内からは，3基以上の方形周溝墓が検出されている。調査区域は台地全体からすれば南側斜面に近い部分に位置している。

　これらの方形周溝墓は，いずれも第4層の黒色土中を切り込んで構築されている。

　3基の方形周溝墓とも遺構が調査区域外にまで延びるため，内部主体（遺骸埋葬施設）および溝全体の形態（特に平面形態）等は正確には明らかにすることができなかった。

232

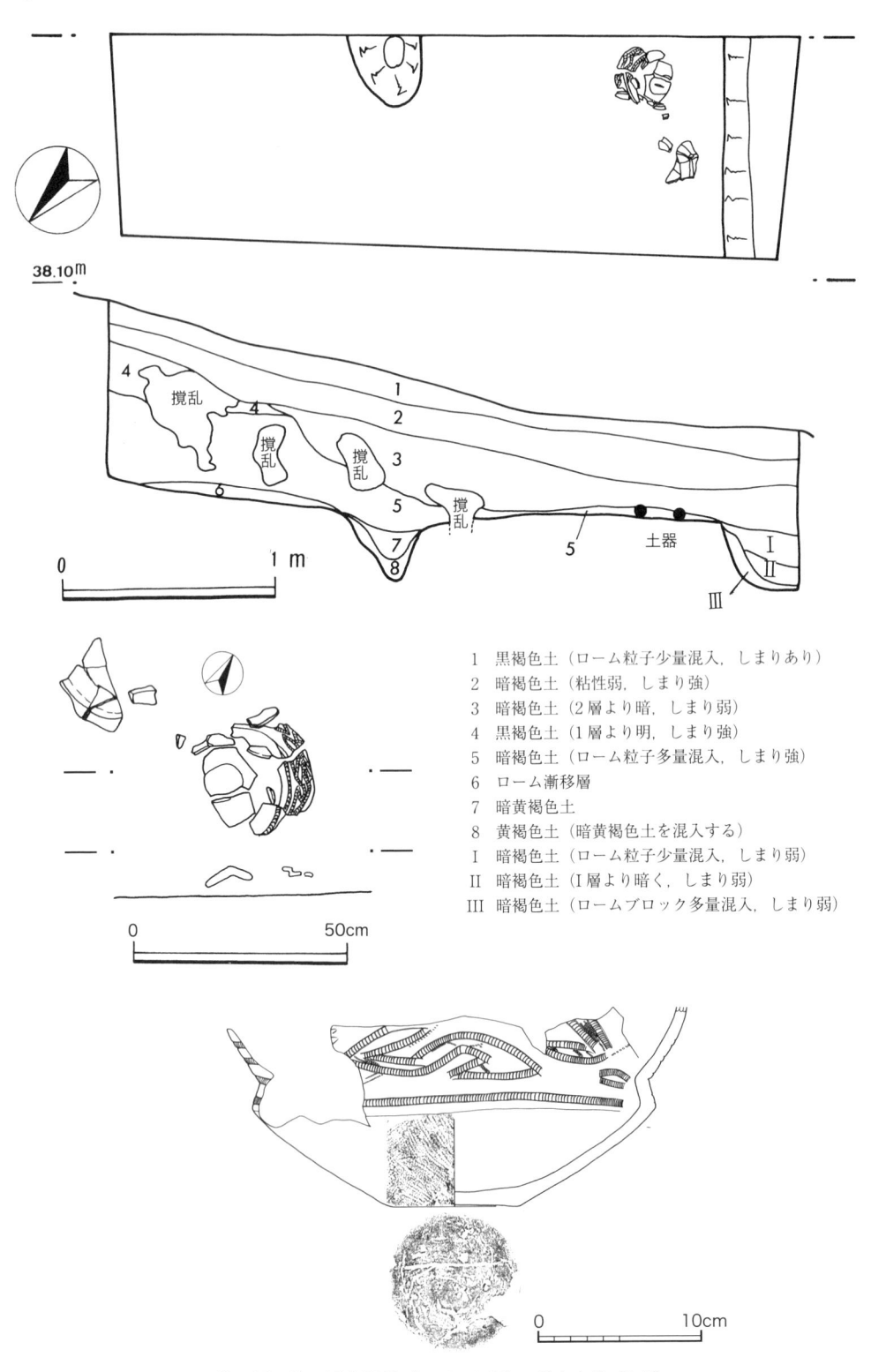

1 黒褐色土（ローム粒子少量混入，しまりあり）
2 暗褐色土（粘性弱，しまり強）
3 暗褐色土（2層より暗，しまり弱）
4 黒褐色土（1層より明，しまり強）
5 暗褐色土（ローム粒子多量混入，しまり強）
6 ローム漸移層
7 暗黄褐色土
8 黄褐色土（暗黄褐色土を混入する）
I 暗褐色土（ローム粒子少量混入，しまり弱）
II 暗褐色土（I層より暗く，しまり弱）
III 暗褐色土（ロームブロック多量混入，しまり弱）

第3図　第1号住居址（1/30・1/15）・出土土器（1/4）

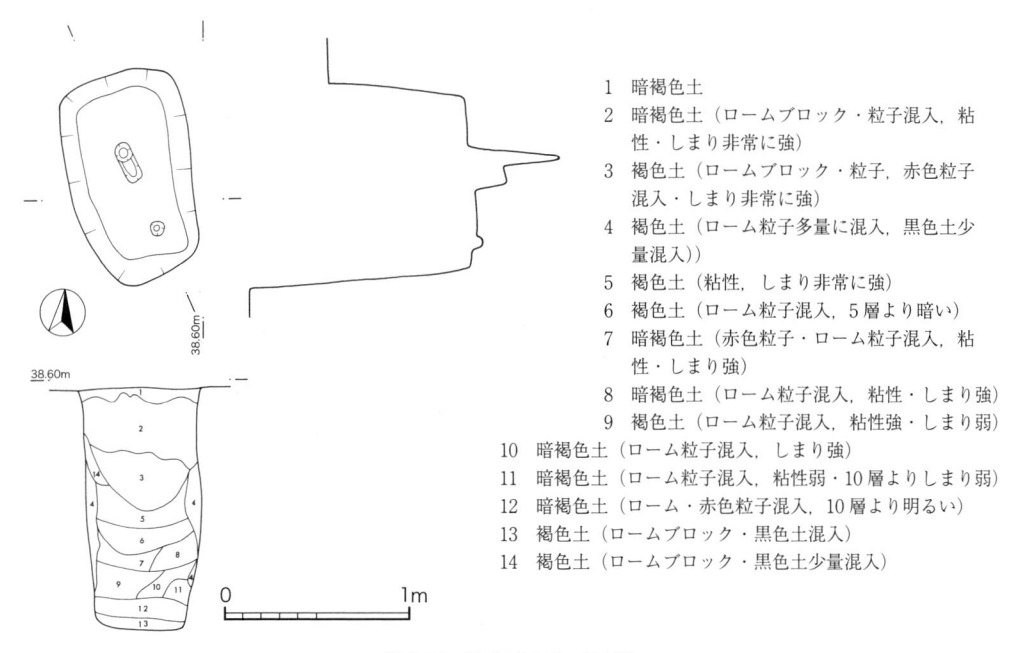

1 暗褐色土
2 暗褐色土（ロームブロック・粒子混入，粘性・しまり非常に強）
3 褐色土（ロームブロック・粒子，赤色粒子混入・しまり非常に強）
4 褐色土（ローム粒子多量に混入，黒色土少量混入））
5 褐色土（粘性，しまり非常に強）
6 褐色土（ローム粒子混入，5層より暗い）
7 暗褐色土（赤色粒子・ローム粒子混入，粘性・しまり強）
8 暗褐色土（ローム粒子混入，粘性・しまり強）
9 褐色土（ローム粒子混入，粘性強・しまり弱）
10 暗褐色土（ローム粒子混入，しまり強）
11 暗褐色土（ローム粒子混入，粘性弱・10層よりしまり弱）
12 暗褐色土（ローム・赤色粒子混入，10層より明るい）
13 褐色土（ロームブロック・黒色土混入）
14 褐色土（ロームブロック・黒色土少量混入）

第4図　第1号土坑（1/40）

第1号方形周溝墓（第5図）

　本方形周溝墓は，西側の約4割弱程度が道路のためにすでに消失しており，さらに中央に現代の排水溝が走っているために，内部主体を含めてその全容を正確には明確にしえなかった。

　平面形は，西側の消失した部分を除くと，連続する一本の溝による「コ」字形状を呈している。その規模は，南北辺長（溝の幅を含む）約8.0m，東西辺長（溝の幅を含む現存長）約5.0mを計測する。

　溝の断面形は「U」字形状を呈しており，その規模は，幅約1.0m，深さ約0.6mを計測する。溝底部は，比較的軟弱であるが平坦である。

　溝内の土層は，全体4層からなり，内壁から外壁下部にかけて自然堆積の状態を呈している。このことは，土の流れが方形周溝墓の内側から外側に向かってあったことを示唆しており，外側に比して内側の方が若干の高まりのあったことがうかがわれる。

　本方形周溝墓の内側（以下方台部）における盛土については，調査の結果からすればほとんどこれを認めることができなかった。しかし，溝に近い部分にわずかにそれらしきものが存在している。従って，盛土がなされたとしても，それは溝を掘りあげた土を内部に乗せた程度のものであったろうことが推察される。

　内部主体（遺骸埋葬施設）は，方台部の調査区域内からは検出しえなかった。ただし，東側の溝のほぼ中央部の底面から，平面長方形状を呈し，南側は現代の排水溝によって消失しているが，その規模，現存長で約80cm，幅約40cm，深さ約20cmを計測する落ち込みが検出されており，土器は埋設されていないが，周辺の方形周溝墓の在り方から，これが溝内の土壙になる可能性は

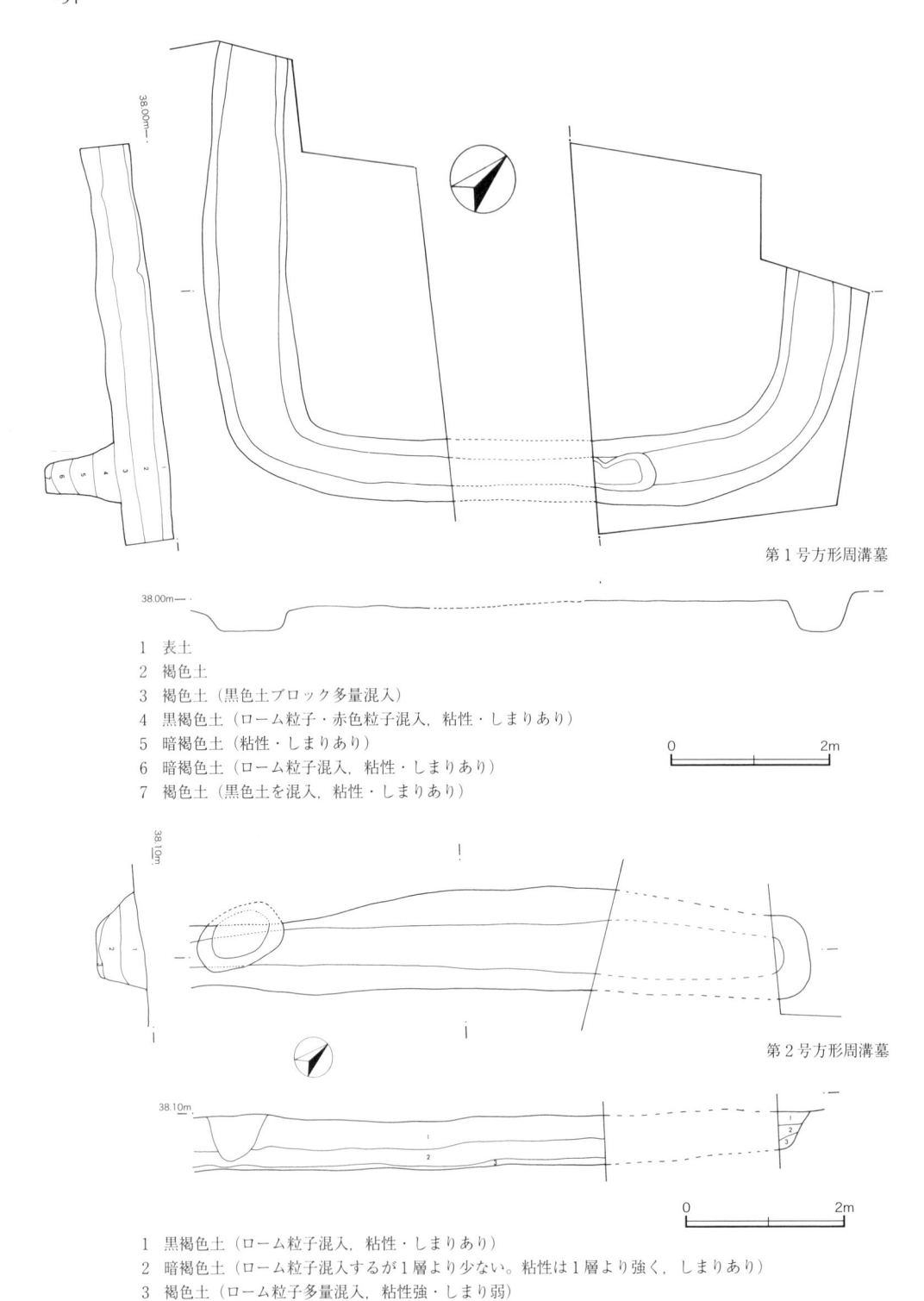

1 表土
2 褐色土
3 褐色土（黒色土ブロック多量混入）
4 黒褐色土（ローム粒子・赤色粒子混入，粘性・しまりあり）
5 暗褐色土（粘性・しまりあり）
6 暗褐色土（ローム粒子混入，粘性・しまりあり）
7 褐色土（黒色土を混入，粘性・しまりあり）

1 黒褐色土（ローム粒子混入，粘性・しまりあり）
2 暗褐色土（ローム粒子混入するが1層より少ない。粘性は1層より強く，しまりあり）
3 褐色土（ローム粒子多量混入，粘性強・しまり弱）

第5図　第1号方形周溝墓（上）・第2号方形周溝墓（下）（1/80）

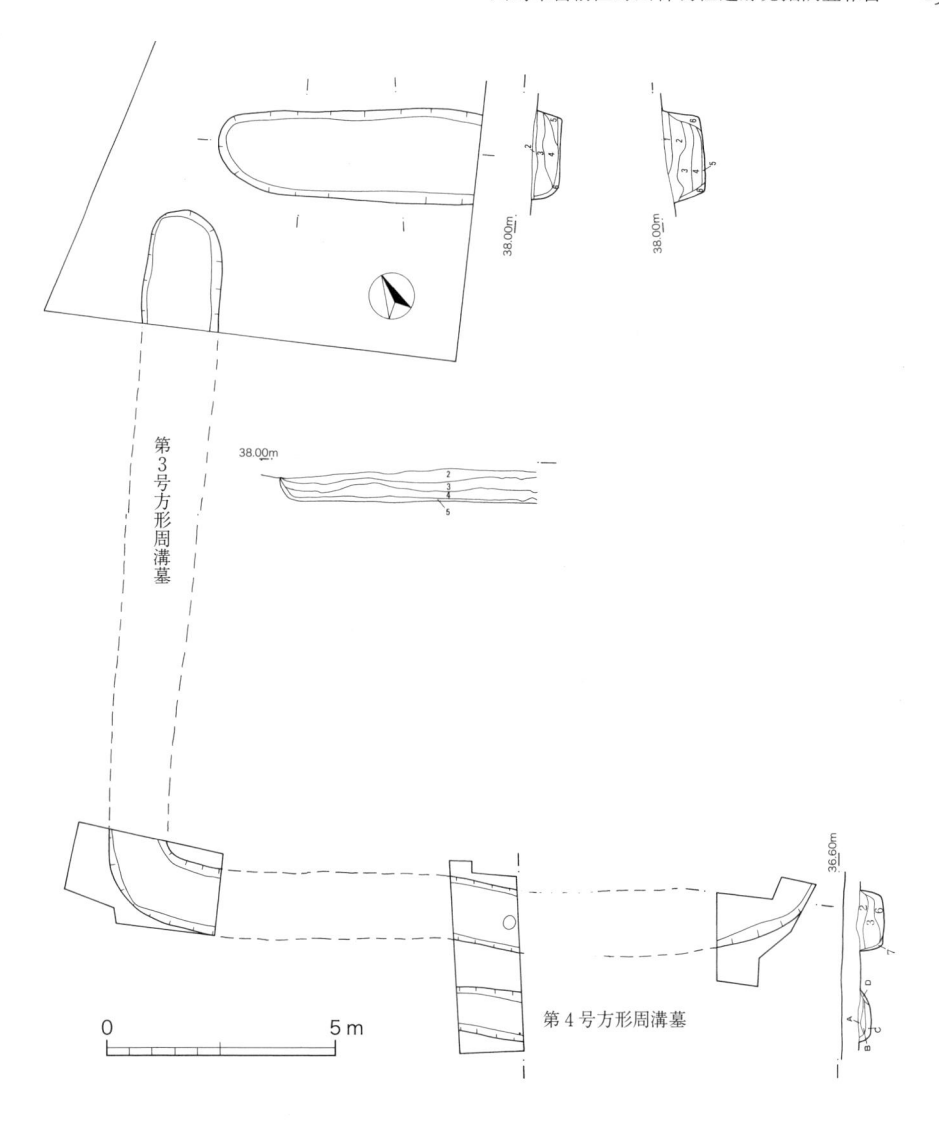

川崎市宮前区野川神明社遺跡発掘調査報告　235

第3号方形周溝墓
1　黒褐色土（粘性弱・しまり強）
2　暗褐色土（ロームブロック混入，粘性・しまり非常に強）
3　暗褐色土（パミス少量混入，粘性強・しまり弱い）
4　黒色土（パミス混入）
5　暗褐色土（ローム粒子多量に混入）
6　暗黄褐色土（ロームブロック多量に混入）
7　暗黄褐色土（6層より明るく，粘性・しまり強）

第4号方形周溝墓
A　暗褐色土（しまり強）
B　暗褐色土（赤色粒子混入）
C　暗黄褐色土（ロームブロック混入）
D　暗黄褐色土（C層より明るく，しまり強）

第6図　第3号・第4号方形周溝墓　(1/160)

高い。

第2号方形周溝墓（第5図）

　本方形周溝墓は，第1号方形周溝墓の東側に隣接して位置している。検出されたのは，方形周溝墓の一辺にあたる一本の溝のみである。本方形周溝墓の他辺の溝が調査区域内から検出されなかったことから，本方形周溝墓の主要部分を含めた大部分は調査区域外にあたる東側に存在するものと思われる。

　検出された溝は，その南端部が調査区域外のためその状態を知ることができないが，南北に延びる北端では，溝が東側に連続することなくとざされており，おそらくこの部分が陸橋になっているのであろうことが推察される。

　その規模は，現存南北長約8.1m，最大幅約1.2m，深さ約0.7mを計測する。溝底は平坦で，断面形は「U」字形状を呈している。

　溝内の土層は，全体3層からなっており，その状態は自然堆積を示している。

　本方形周溝墓の構築時期は，溝の南側の自然堆積土の上位からこの自然堆積層を掘り込んで第3号墓壙（土器棺）が存在していることから，少なくともこの土器棺の構築時期よりは古いことが明らかである。なお，この土器棺に使用されている土器は，弥生時代後期前半（以下，沈線区画の山形文を持つ土器と沈線区画の頸部文様帯を持つ土器にこの用語を用いる）に比定されるものと思われる。

第3号方形周溝墓（第6図）

　本方形周溝墓は，その大半が調査区域外に位置するために，調査区域内においては明確にその全容を知ることができなかった。従って，本方形周溝墓の平面形およびその規模などを明らかにするために，調査区域外の南側に4本のトレンチを入れて調査した結果，本方形周溝墓のおおよその形態および規模を推定把握することができた。

　その結果，本方形周溝墓の平面形は，北東隅が家屋にかかるため不明であるが，北西隅で溝の先端がとぎれて陸橋になっており，南東・南西の両隅は丸みを帯びながら他辺に連続するほぼ方形状を呈している。

　その規模は，南北辺長（溝の幅を含む）約18.0m，東西辺長（溝の幅を含む）推測約16.5mを計測する。

　溝の断面形は逆台形状を呈しており，その規模は，幅約2.2m，深さ約0.8mを計測する。溝底部はハードロームに達し，ほぼ平坦であるが，各溝間の溝底の高さには，若干の違いが認められ，南・北溝の溝底比高差は約12cmを測る。

　溝内の土層は，全体7層からなり，内壁から外壁下部にかけて自然堆積の状態を呈している。このことは，第1号方形周溝墓と同様に土砂の流れが方形周溝墓の内側から外側であったことを示しており，外側に比して内側の方が若干の高まりがあったことがうかがわれる。

本方形周溝墓の封土は，調査の結果からはこれを明確にしえなかったが，溝中の堆積土の状態から，溝を掘り上げた土を盛土した程度のものであったろうことが推察される。

内部主体（遺骸埋葬施設）は，方台部の調査区域内からは発見することができなかった。

第4号方形周溝墓（第6図）

第3号方形周溝墓の南に隣接するトレンチ内において溝が検出されている。

この溝はトレンチ内での断片的な検出状態であるために，平面形態など，その詳細についてはまったく不明であるが，3号方形周溝墓と平行して溝があることや，覆土が他の方形周溝墓と同じであることから，方形周溝墓の一辺であると考えられる。

(4) 壺棺墓

第1号方形周溝墓と第3号方形周溝墓との間の位置から，総数3基の壺棺墓が検出されている。

これらはいずれも遺構確認面の第4層の黒色土を切り込んで土壙を掘り，その後に，土壙内に壺棺を埋置したことが推察される。

これらの壺棺墓を便宜上，西側より第1号墓，第2号墓，第3号墓と名付けた。壺棺墓の間隔は，ほぼ3.0mと平均している。

第1号壺棺墓（第7図）

本壺棺墓の墓壙の平面形は，不整円形状を呈しており，その規模は，長径約95cm，短径約85cm，深さ（確認面下）約20cmを計測する。長軸方位は，N-35°-Eを指している。

底面は，比較的平坦ではあるが軟弱であり，また，壁は底面から緩やかに立ちあがっている。

壺棺はこの土壙のほぼ中央に埋設され，正位の状態で検出されているが，すでに胴上部の大半と胴下部の一部が後世の攪乱によって消失している。そのために，土器形態を含めた詳細についてはこれを明確にしえない。埋置の状態は，その出土状況から，土壙の底面に対してやや傾斜をもたせて安置されたことがうかがわれる。

第1号壺棺

本土器は，口頸部および胴上半部を欠失している。現存高約34cmを測り，胴部は球状を呈している。最大径は胴部中央よりやや下方にあり，約47cmを測る。底部はやや上げ底になっており，底径14cmを測る。器厚は現存する胴部で約8mmを測り，底部に行くに従い厚くなり，胴下部で約14mm，底部で約15mmを測る。

胴上半部には，径約7mmと約6mmを測る焼成前に穿たれたと考えられる2個の小孔が存在している。

また，胴中央部よりやや下方には，外面では約1.6×1.3cmを測り，内面では約1.5×1.9cmを測る横に長い楕円形を呈する焼成後に穿たれたと思われる1個の小孔が存在している。

器面はヘラで削ったのち磨き，さらに，その上に赤色顔料を塗って仕上げている。赤色顔料が土器の下方へ垂れた状態で認められるところから，赤色顔料塗りは土器を正位において行ったことが推察される。また，胴下半部には指頭痕が認められ，さらに，上から下方へのハケによる調整が認められる。底部には繊維質の圧痕が認められる。内面は器壁の剝落が激しい。

焼成は普通で，胎土には小砂が少量含まれている。

文様は胴上半部に，沈線で山形状に区画された内側に，LR，RL の羽状縄文が施されている。

第 2 号壺棺墓（第 7 図）

本壺棺墓の墓壙の平面形は，楕円形を呈しており，その規模は，長径約 100 cm，短径約 78 cm，深さ（土器最上部から）約 40 cm を計測する。長軸方位は，N-5°-W を指している。

明確な底面は形成せず，比較的丸みを帯びた断面形を呈している。

壺棺はこの土壙の中央に横位の状態で検出されており，最も上部にあたる胴部の一部は後世の攪乱によって消失している。土器底部および口頸部には，同一個体の土器の破片を貼付けるような状態で出土しており，埋設時には口縁部がすでに存在していなかったことが理解できる。

第 2 号壺棺

第 2 号墓壙より出土した壺形土器で，胴部を約半分底部まで欠損している。口縁部は意識的に取り去られており，頸部上端を研磨している。胴下半部に最大径を持ち，頸部に移行するにつれ比較的急激にすぼまっていく。現高 64.0 cm，頸部径 12.6 cm，底径 12.0 cm，最大径 56.0 cm を測る。器厚は 0.6〜0.8 cm である。文様は，頸部及び胴上半部に上下を沈線で区画した中に単節の斜縄文を交互に施文し，頸部は一段，胴上半部は二段の羽状縄文を配している。胴上半部の連続山形文は，沈線で区画した中を単節の縄文で，左右上下の方向から施文しており，羽状になっている部分も見受けられる。

外面は縦あるいは斜にヘラで入念に磨かれ文様帯を除く頸部から胴下半部にかけて，赤色顔料の痕が明瞭に認められるが，胴下半部は黒く，赤色顔料の痕は認められない。

内面は，胴下半部においては剝落が著しく不明であるが，胴上半は縦にヘラ磨きを行っている。

頸部文様帯と胴上部文様帯の間に一つ，胴下半部に一つ，計二つの穿孔が認められる。

胎土は，小砂を若干含んでいるがよく精選されている。焼成も比較的良好であるが，胴下半部に限ってはもろくなっている。

第 3 号壺棺墓（第 7 図）

本壺棺墓は，調査区域の南東から北東土層に，土器の口縁部が確認されたことから，この部分を東側に拡張して，全体の構造が明らかになったものである。その結果，本土壙は第 2 号方形周溝墓を破壊して構築されたものであることが判明した。

墓壙の平面形は一部が不明ながら，楕円形を呈し，その規模は，長径約 120 cm，短径約 76 cm，

川崎市宮前区野川神明社遺跡発掘調査報告　239

第1号壺棺墓

第1号壺棺

第2号壺棺墓

第2号壺棺

第3号壺棺墓

第3号壺棺

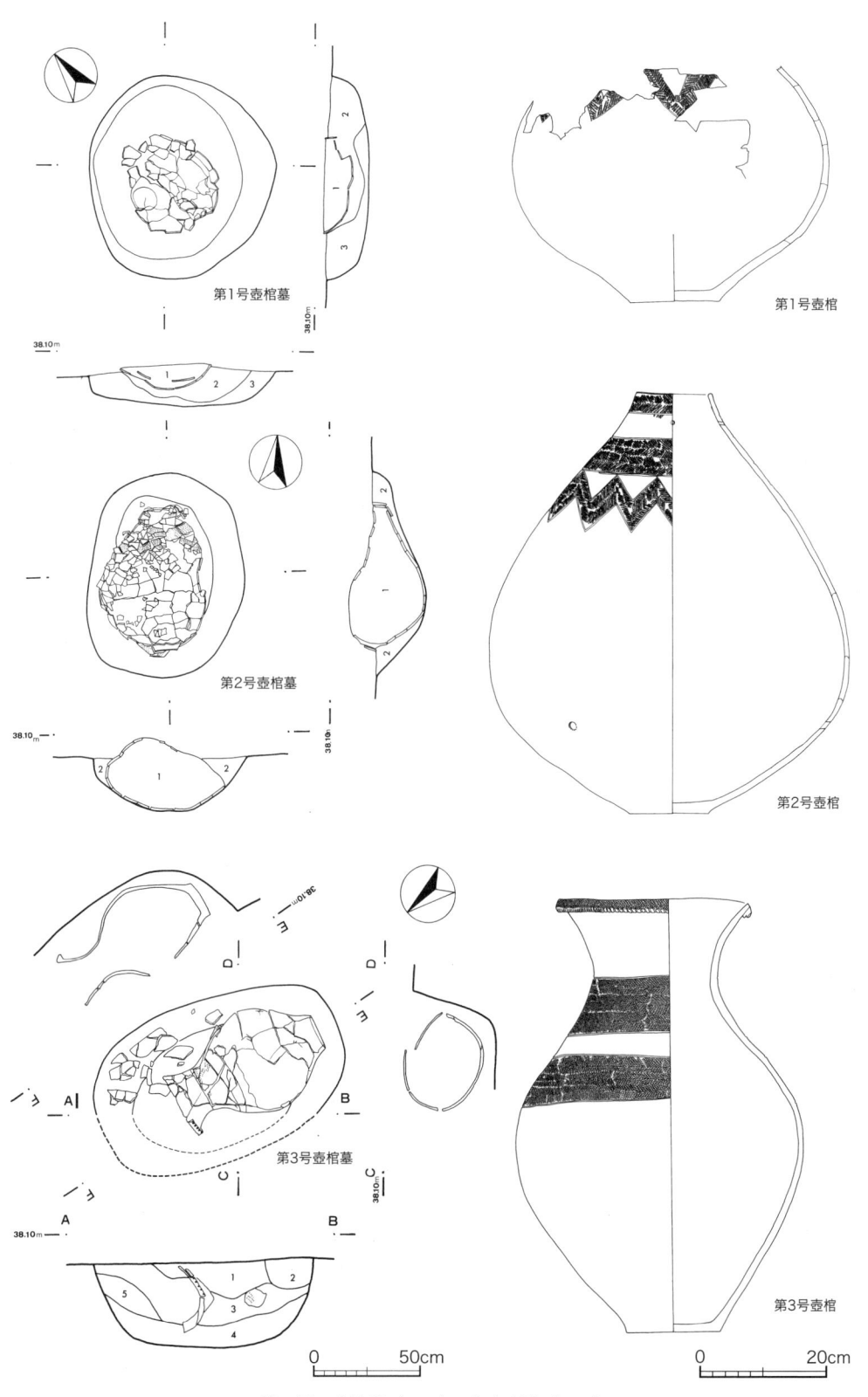

第7図　壺棺墓（1/30）・出土土器（1/10）

深さ（土器最上部から）約 44 cm を計測するものと推測される。長軸方位は，N-13°-E を指している。

底面は比較的平坦ではあるが，壁と底面の境は明瞭ではない。

壺棺はこの土壙の中央に横位の状態で検出されており，土器の形状が保たれたままの出土状況から，埋設時の状態を示していることが理解できる。最も上部にあたる胴部の一部は，口縁部付近に散在して出土している。埋設時に胴部の一部の破片を取り除いていたと推測される。

第3号壺棺

第3号墓壙より出土した壺形土器である。器高 66.2 cm，口径 30.0 cm，胴部中位に存する最大径 44.7 cm，底径 14.8 cm を計測する。

複合口縁を呈する口縁部は大きく外反しており，幅広の頸部に至る。胴部の張りは緩やかで，他の2個体の壺棺に比して，頸部から胴上半部の内容量が大きいのが特徴的である。

文様は，複合口縁外面に羽状縄文が認められ，その直下へヘラ状工具による刺突がほぼ等間隔に施されている。また頸部及び胴部上半部においては，沈線によって区画された文様帯内を羽状縄文によって充填している。羽状縄文は上段より施文されて3段にわたっており，沈線区画外に出たものは丁寧に消されている。赤色顔料は文様帯をのぞいた部分に認められるが，胴下半部においては明瞭ではない。また口縁部内面にも施されている。

成形は輪積みによるものと思われる。また複合口縁は，粘土紐を折り返して作ったものを貼付け，その後に縄をころがしている。

整形は，頸部及び胴部においては縦方向，胴上半部においては横方向に，ヘラ状工具による整形痕が認められる。また底部付近には縦方向の刷毛目痕が認められる。

内面は器面の剥落が非常に激しく，わずかに口縁部内面のみが観察可能であった。ヘラなどの工具の使用痕は明瞭ではなく，口縁に沿って横方向のナデが認められる。

胎土には小砂粒を混入し，焼成は良好である。色調は淡橙色である。

さらにこの土器は，出土状況で触れたように埋設時に胴部を大きく打ち欠かれており，その範囲は縦約 30 cm，横約 41 cm にわたっている。またこの周囲には鈍器による打痕が6ヶ所あり，意識的に打ち欠かれたものと思われる。特に胴部文様帯上が最も広い範囲に亘っている。これは，ある程度打ち欠くべき範囲に打撃を加えたのち，ここに集中的な打撃を加えて打ち欠いたものと思われる。

5　遺構外出土遺物

(1) 縄文式土器（第8図）

第1群土器（1・2）

縄文早期前半の撚糸文系土器群である。

1は，節の細かい撚糸文，2はLRの縄文が縦走する底部近くの破片である。

いずれも夏島式に比定されるものであろう。

第2群土器（3～5）

早期中葉の沈線文系土器群である。

3～5は胴部破片で，いずれも縦位のヘラナデ整形痕が全面にあり，その上に横位の太く深い沈線と，細く浅い沈線とを組み合わせた状態で施文されている。

いずれも田戸下層式に比定される。

第3群土器（6～13）

早期末葉の繊維を含む条痕文を主とした土器群である。

a類（6・13）　三角形の連続刺突列を，6は隆起部に，13は口縁部に刺突したものであり，器面内外には擦痕がある。

b類（7～10）　全面に貝殻条痕文を施したもので，7・8は横走し彫りが浅く，9・10は縦走し彫りが深い。

c類（11・12）　やや丸味をもつ口唇部をもち，口縁下は平行する条痕以外に，波状を呈するものが多い。

a～c類とも茅山式に比定されるものである。

第4群土器（14）

繊維を含まない無文土器である。

第5群土器（15）

前期前半の胎土に繊維を含む薄手の胴部片で，所謂ループ文が施された関山式に比定される土器である。

第6群土器（16～31）

前期中葉の繊維を含まない縄文と半截竹管文を主とする土器群である。

a類（16）　口縁部片で，連続爪形文を2段施し，その間をヘラ状工具による長い刺突文で充たしている。

b類（17～22）　半截竹管による平行沈線文を主要文様とするもので，地文に縄文のあるもの（17～20），ないもの（21・22）があり，22の如く円形刺突文を縦位に配したものもある。

c類（23～31）　縄文のみが施されたもので，大部分はRLである。

a・b類は，やや新しい要素をもつ諸磯a式に比定されるもので，c類もその一部をなすものであろう。

第7群土器（32～37）

中期初頭の半截竹管による集合沈線文の土器群である。

32～37はいずれも同一個体で，胎土に小石などを含む白褐色を呈する。文様は4本1組の沈線が縦・横走し，直線的な区劃を構成するが無文部分が多い。37はやや凸底の底部片で，4本の沈線により円形に縁どりした中に同一施文具による各種の文様が施されている。五領ヶ台式に比

242

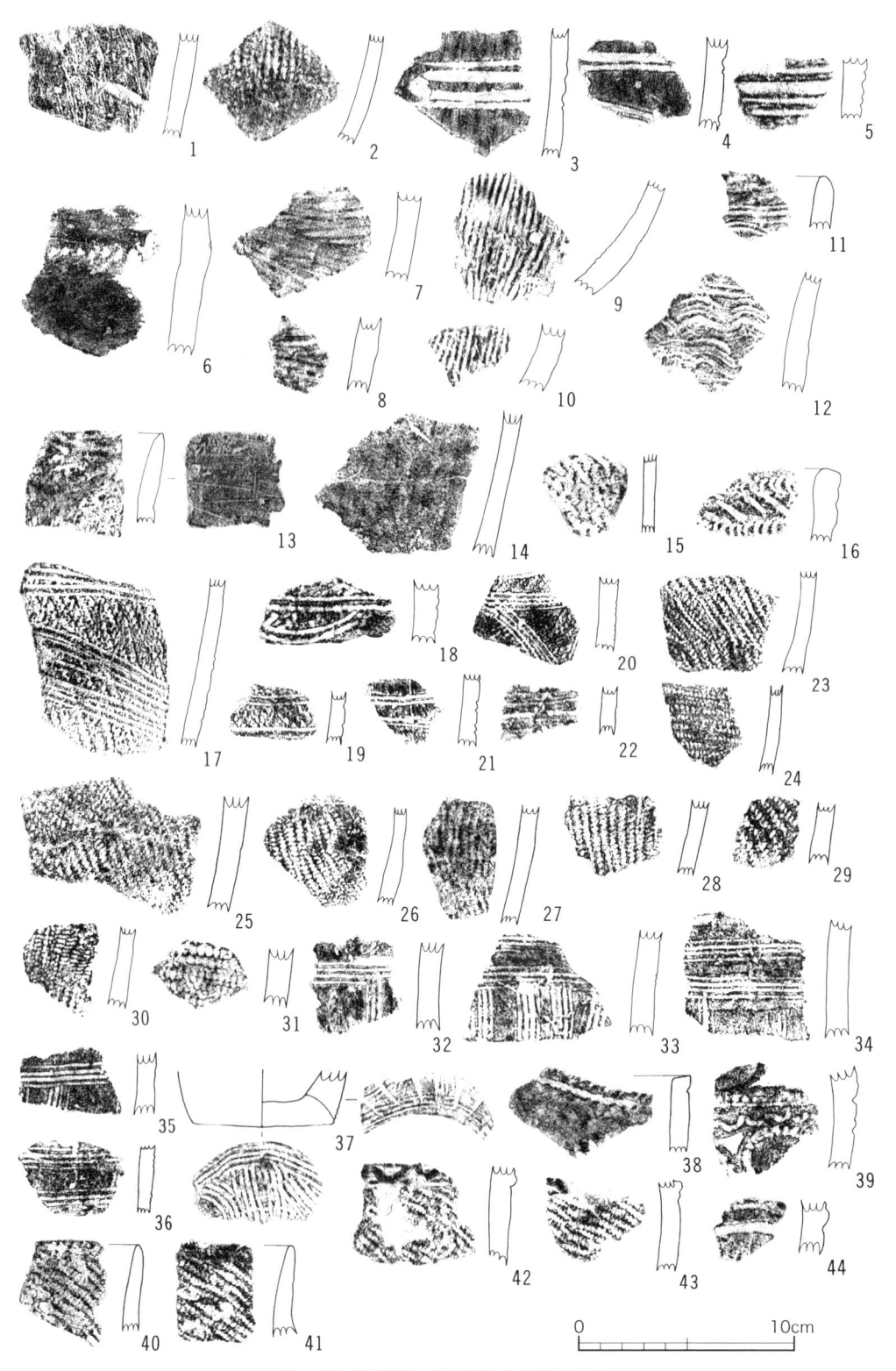

第8図 遺構外出土の縄文式土器 (1/3)

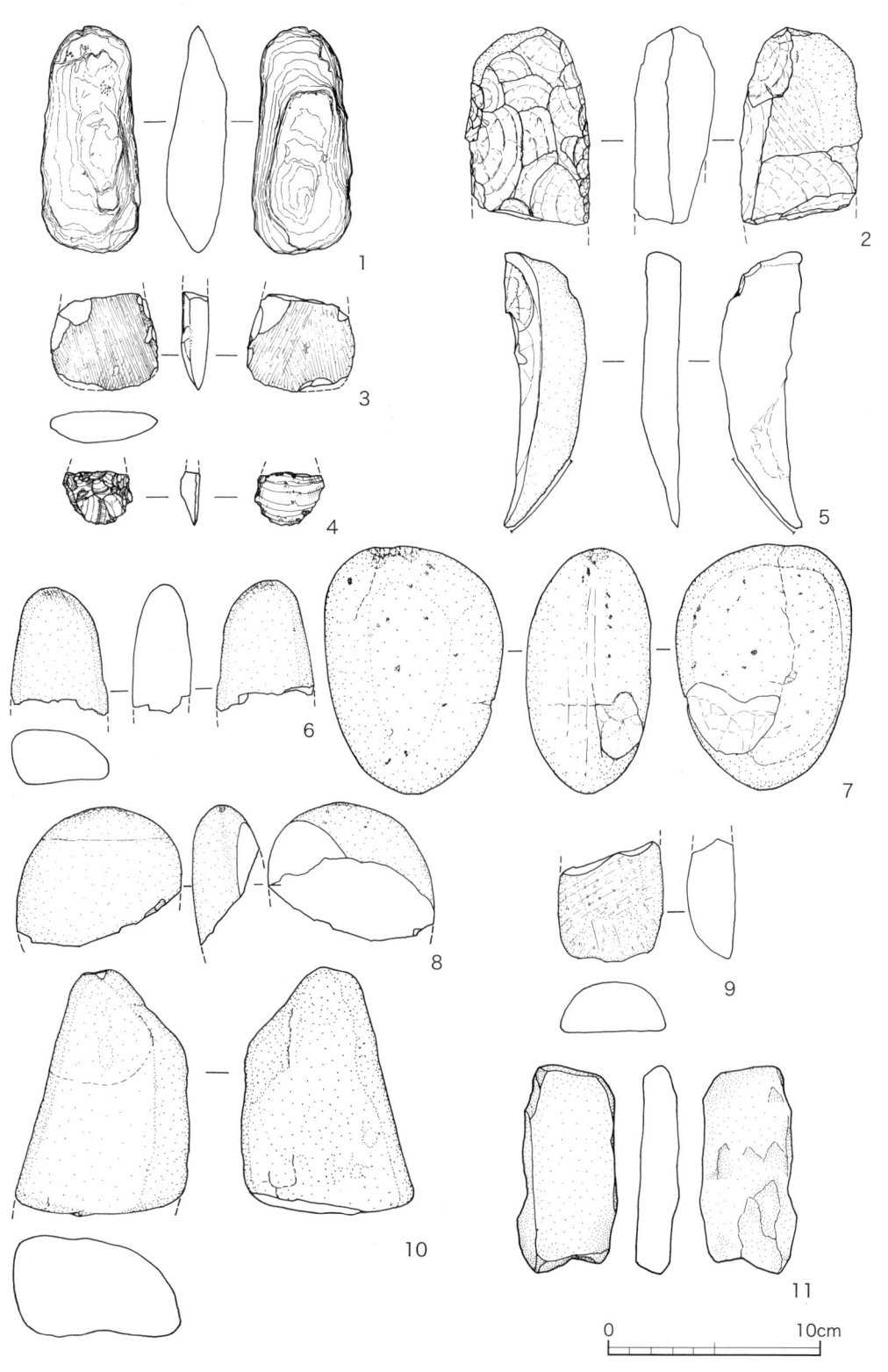

川崎市宮前区野川神明社遺跡発掘調査報告　243

第9図　遺構外出土の石器（1/3）

定される。

第8群土器（38・39）

　中期前半の胎土に多量の雲母を含む土器群で、結節沈線文を主要文様とする。

　38は波状を呈する口縁部上に刻目があり、その下部に結節沈線を施文している。39は竹管による結節沈線を曲線、直線及び波状に施している。いずれも阿玉台式に比定されるものである。

第9群土器（40～44）

　中期後半の縄文と隆起文を主とする土器群である。

　40～43はやや小型の深鉢形の同一個体で、LRの単節斜行縄文を全面に施している。42・43は口縁部と胴部を区分する位置に平行沈線を施し、その上に粘土紐を波状に配している。

　いずれも加曽利E式前半に比定される。

(2) 石器（第9図）

　当遺跡で出土した石器は11点である。出土層位から時期決定のできるものは3の磨製石斧1点のみで、ローム漸移層から出土しており縄文早期の所産と考えられる。また、縄文土器は早期から中期までの土器片が出土していることから考え、他の石器も、これらの時期の所産と考えてよかろう。以下、各石器についてその概略を記すことにする。

　1. 打製石斧。短冊形。全面に調整剥離が加えられているが、片岩のため板状に薄く剥離し、剥離面が不明瞭である。

　2. 打製石斧。刃部を折損しているが、短冊形を呈するものと思われる。図右は自然面を一部に残し、調整剥離は左側縁部のみに加えられている。胴部に認められる剥離面は折損後に加えられた剥離によるものである。図左は頭部縁辺の一部に自然面を残す他は全面に調整剥離が加えられている。

　3. 磨製石斧。刃部破片で全体に粗く研磨されている。刃部はその一部を欠損している。

　4. スクレイパー。黒曜石製の縦長剥片を利用したもので、基部を欠損している。背面は全面に調整剥離が加えられ、半円形を呈する縁辺を刃部としている。主要剥離面の縁辺には細かい刃こぼれが見られる。

　5. 剥片石器。縦長剥片を利用したもので、図左の右半分は滑らかな自然面を残している。調整剥離は基部の周辺部にわずかに認められるだけで、右側縁先端部の表裏に刃こぼれが認められる。

　6. 敲石。細長い扁平な礫で下半部を欠損している。頭部に敲打痕及び擦痕がみられ、平坦面は両面ともよく磨かれている。

　7. 磨石。楕円形の礫で全体によく磨れている。

　8. 敲石。扁平な円礫で下半部を欠損している。頭部に敲打痕がみられる。

　9. 磨石。半欠する短冊形の礫。断面形は半円形を呈し、平坦面はよく磨かれている。

　10. 磨石。細長い扁平な礫で下半部を欠損しており、全体によく磨れている。

　11. 磨石。扁平な剥片を利用し、図左は全体に自然面を残し、よく磨かれている。

6 調査の成果と問題点

　本調査は，川崎市宮前区野川に所在する神明社境内の会館建設に伴う緊急調査であった。遺跡地目は杉林であり，その一部は道路・神社及びその付随物建設の際すでに土取りが行われており，調査もまたごく限られた範囲内で実施されたものである。したがって発見された遺構はいずれも部分的であり，完全なる規模・形態などを知ることができなかった。しかし，弥生時代後期の壺棺墓群など，従来資料不足であった当地方における方形周溝墓以外の葬制研究上に大きな成果を得ることができた。以下，調査の成果と若干の問題点を整理してみたい。先学諸氏の御叱正・御教示を賜われれば幸いである。

(1) 縄文時代の遺構と遺物

　今回の調査によって発見された縄文時代の遺構は，住居址1，土坑1基，遺物は土器片・石器である。

　住居址　きわめて狭い範囲の調査のため，わずかに保存状態不良な床の一部と，正位の状態で出土した縄文時代前期の諸磯a式期（新しい要素をもつ）に属する浅鉢形土器を検出しえただけで，住居址の規模・平面形や柱穴・炉などの施設を明確にすることはできなかった。

　土坑　上部は第3号方形周溝墓により破壊されているが保存状態のよい長方形プランのもので，堆積土・構造などより縄文前期以前の時期の所産と思われる。

　採集された土器はいずれも細片で，約100片である。その所産時期は，早期から中期にわたっているが，諸磯a式土器を主体とする。石器は，打製石斧2（完全なもの1），磨製石斧1，搔器1，磨石（敲石を兼ねるものあり）4，その他が出土しているが，所産時期は不明である。

　鶴見川流域は縄文前期の貝塚や集落址の濃密な地域の一つで，今回の調査により諸磯a式期の生活址の存在を確認することができた。同時期の遺跡は，本遺跡のある末長丘陵上や，鶴見川の支流である矢上川流域でも，川崎市三荷座前・同鷺沼・同窪台・同新作・同影向寺裏，横浜市矢上谷戸・同下田[1]などがあり，さらに半径5キロ以内には，横浜市南堀・同西ノ谷・同高田[2]など著名な遺跡が存在する。

(2) 弥生時代の遺構と遺物

　方形周溝墓

　部分的な調査であるが，方形周溝墓4基，土器棺墓3基が発見されている。

　方形周溝墓の方台部の規模（いずれも南北）は，第1号方形周溝墓6.5m，第2号方形周溝墓8m以上，第3号方形周溝墓14mと大小の差がはげしい。周溝の形態は，溝のとぎれる部分が1ヶ所あるいは2ヶ所と思われるが，2・3号方形周溝墓では北西隅がとぎれることは確かである。埋葬施設は，発掘された方台部からは検出されていないが，しかし方台部中央付近がいずれも未

調査区域にあり詳細は不明である。なお第1号方形周溝墓東溝に1基の土坑が存在するが，土層図・形態からは本周溝墓に付随するものか明らかでないが，可能性は高い。封土は，旧表土より上位は後世に削平・盛り土されており確認しえないが，第3号方形周溝墓の周溝中の土層状態は，いずれも方台部側から流入・堆積している。その中には若干の盛り土の流入と考えられるものがあるが，それ程の規模のものでなく，せいぜい周溝内の土量ぐらいのものが方台部に盛られたものと思われる。

築造時期を認定しえる土器などの直接遺構と関係する出土遺物はないが，第2号方形周溝墓の西溝南部が後期前半期の壺棺墓により破壊されていることは，その時期より古い時期に築造されたことを意味している。この他は重複関係もなく不明であるが，南関東地方において台地平坦部に立地する宮ノ台式期の方形周溝墓には四隅がとぎれる形態をもつ傾向が多いことを考えると，第1・3号方形周溝墓はそれより後出であろう。

これらの諸点を重ね合わせてみると，方形周溝墓の時期は，中期末から後期前半にかけてであると推測することが可能であろう。そして，部分的ではあるが4基の方形周溝墓の発見は，周辺地域で数少ない中期末から後期前半の方形周溝墓研究の上に，新しい資料を提供しえることができた[3]。

土器棺墓

土器棺墓　3個の土器棺はいずれも後期前半の土器を使用したもので，第1号壺棺の上半部が削平・破壊され消滅した以外，いずれも破片ではあるがほぼ原形の状態で発見されている。しかしそれらの土器棺を埋納した土壙の上部もまた後世の削平の際消失しており，その規模や上部施設は不明であるが，下位の平面形は，第1号壺棺墓が円形，第2号・3号壺棺墓が楕円形（長径が真北を指す）を呈する。それは壺棺の埋置状態により規定される。すなわち，第1号壺棺は正位あるいは若干の斜位をもつ，第2号・3号壺棺は横位の状態で出土しており，土壙はそれらを埋置できる規模に構築されている。

第1号壺棺は，胴上半部を後世の攪乱などで欠くが，底部を下にした大型壺形土器で，胴上部には羽状縄文を区画した連続山形文が一段めぐる。胴部には赤色顔料が施され，よく研磨されている。また胴下位には径1cm程の孔1個があり，さらに山形文付近には補修孔が1または2個施されている。

第2号壺棺は，横位の状態で発見された胴上部に連続山形をもつ大型壺形土器で，頸部以上を欠く。底部と頸部には，焼成・胎土などから見て同一個体の土器片で覆っている。なお底部は穿孔されていない。

第3号壺棺は，土層図でもわかるように，一定の土壙を掘り，三段の羽状縄文を沈線で区画した二組を頸部・胴上部にもつ大型壺形土器を横位させ，さらに安定させるため土（第4層）を棺の下などにつめこんでいる。そして上を向いた胴上半部の一部を打欠き，その破片は口縁部付近に置いている。このことは，棺としての積極的資料である人骨は検出できなかったが，本土器棺の埋置の方法・順序，破壊の状況を知る上で貴重な資料である。なお器面の一部には不規則な赤

彩がみられる。

なお南関東地方における後期前半から中葉の土器棺の出土例は多くないが，本遺跡に隣接する三荷座前遺跡第2地点の第1号方形周溝墓溝内から，吉ケ谷式土器の壺が合口になった土器棺，同遺跡環壕内出土の台付甕と壺の破片の蓋をした事例[4]，横浜市都筑区歳勝土遺跡から連続山形文を持つ壺に，別個体の壺の破片が覆っている事例[5]，東京都世田谷区下山遺跡から，朝光寺原式土器に弥生町式の壺破片を蓋にした事例[6]，千葉県印旛郡印西町浦部羽下遺跡[7]などが知られている。

棺使用の土器について

いずれも後期前半の土器であるが，穿孔，口縁～口頸部，胴部の一部を打欠くことにより，器（うつわ）から棺に変質させ，使用されている。埋設時期の詳細は不明であるが，その特徴についてまとめておく。

① 第1号壺棺は，胴の最大径をやや下位にもつ胴の張る器形で，その上部には間隔の大きい連続山形文の羽状縄文帯をもつ。

② 第2号壺棺は，胴最大径を中位にもち，文様構成は①に類似するが，連続山形文の間隔は小さい。

③ 第3号壺棺は，器形が①に類似するが胴の張りは小さく，胴上部の文様帯には連続山形文は見られず，沈線で区画された3段の羽状縄文が頸部とともにめぐる。

これらの土器を棺として使用した場合，遺骸を入れる部分の大きさは，頸部内径あるいは胴部破損部直径15cm前後であり，当然小児以上の納入は不可能で，新生児以下あるいは洗骨など二次葬以外には考えられない。

方形周溝墓と土器棺の関係について

第2号方形周溝墓が第3号壺棺墓より古い段階に造られたことを除いては，層位的にも，溝中出土の土器など時期を決定する資料がなく，両者，特に大型の第3号方形周溝墓との関係を解明することは困難である。南関東地方の方形周溝墓の埋葬施設の位置は，①方台部内（中央部付近に多い），②溝中，が基本的なものであるが，本遺跡例は方台部・溝中以外であり，方形周溝墓との重複を有していることからも，土器棺と方形周溝墓には時間差が存在しており，こうした点からは直接関係がない状態でつくられているように見える。

土器棺単独での設置については，本遺跡例とは時代的には遡る中期前半に，再葬墓として顕著にみうけられるが，中期後半になると方形周溝墓の敷延化によって目立たない存在となる。しかし，歳勝土遺跡で指摘されたように，方形周溝墓の溝中にしばしば土器棺・土壙が存在する（小宮1975）。周辺地域でも，隣接する三荷座前遺跡第2地点の第1号方形周溝墓から土壙を伴って出土し（小林1997），横浜市港北区折本西原遺跡第1次調査の1号方形周溝墓（以下I-1号方形周溝墓と表記）の四辺の溝から土壙と土器棺が確認され（岡田・水沢1988），平塚市王子ノ台遺跡のYK5（宮原2000）などからも確認されている。こうしたなかで，折本西原遺跡の事例は，同一周溝墓において，方形周溝墓の溝底に土壙が収まるように造られているものと，溝に重なる位置に

土壙を掘り込んで造られているものがあり，野川神明社遺跡の土器棺と方形周溝墓の関係を考える上で示唆に富んでいる。

折本西原遺跡 I-1 号方形周溝墓とその西溝にある土壙は，出土土器からすれば宮ノ台式期で，両者に大きな時間差はない。しかし，方形周溝墓の溝を掘り込んで造られていることが判明しているので，両者の間には構築までの時間が存在していたことになり，方形周溝墓が造られている間にも，単独で土壙墓あるいは土器棺を埋納する風習が並立していたことが判明する。新出の墓制である方形周溝墓を採用したあとも，依然として二次埋葬としての土器棺が行われていたことは，本遺跡の報告以外[8]あるいは前述した後期の事例からも確かめることができる。そしてその後期での在り方は，横浜市歳勝土遺跡の T3・T4 号土器棺や世田谷区下山遺跡などの，土器棺単独で出土するものと，平塚市王子ノ台遺跡や本報告である野川神明社遺跡第 3 号壺棺などの方形周溝墓の溝中，あるいは溝に重複して存在するものの 2 つの型がある。両者の型に固有の存在理由があるとすれば，方形周溝墓とともにある後者の型は，すでにある方形周溝墓に追葬したと考えることもできるであろう。野川神明社遺跡の 3 基の土器棺のうち，第 1・2 号土器棺は方形周溝墓の溝に重複していないのであるが，方形周溝墓がひしめく墓域の中に埋設されていることは，方形周溝墓群を意識していたと考えてよいのではなかろうか。

野川神明社遺跡の土器棺の理解は，こうしたことを一つの手がかりにして，今後考究していく必要があるだろう。

集落との関係について

本遺跡は，弥生時代後期前半を中心とした墓域（方形周溝墓と土器棺）であり，住居址などは発見されていない。しかし，「2 周辺の環境と遺跡」で述べたように，本遺跡は多くの弥生時代集落に取り囲まれている（第 1 図）。台地続きで東方の影向寺遺跡[9]とさらに東に連なる千年伊勢山台遺跡からは，弥生時代中期・後期の環壕を含む住居址・遺物が数多く発見されている。この影向寺遺跡の西側，本遺跡とは谷を挟んで北西側には，弥生時代後期の環壕，住居，方形周溝墓が確認された三荷座前遺跡がある。また，本遺跡から狭い尾根伝いの南西には，野川東耕地遺跡がある。いずれも部分的な調査範囲であり，集落の全容をつかむことはできないが，本遺跡周辺が弥生時代中期後半から後期終末まで，環壕集落あるいは環壕を持たない集落が存在していた地域であることがわかる。また，本遺跡と最も関連がある集落として，近年調査された本遺跡の南東 100 m にある野川神明社南遺跡が注目される（小池・浅賀 2008）。詳細は正式報告を待ちたいが，弥生時代後期の住居群が確認されており，本遺跡との関係が気になるところである。

こうした環境のなかで，本遺跡から今回確認した方形周溝墓および土器棺とも，中期末から後期前半の比較的短い時期に構築された墓域であるが，これらの周辺集落と時期的に合致する遺跡は複数存在することから，それを特定することはできない。現状では影向寺遺跡がもっとも時期的には近い遺跡であるが，野川神明社南遺跡や野川東耕地遺跡など，周囲の調査が及んでいない面積を考慮すれば，今後これらの遺跡から本遺跡の墓域を利用した集落が判明することも充分に考えられる。本遺跡の第 3 号方形周溝墓と壺棺群との関係は，弥生時代葬制だけでなく，当時の

社会構造を知る重要な手懸りとなるであろう。その意味で，周辺地域を含めた本遺跡周辺の発掘調査が，関係者各位の御努力により，精緻に行われることを期待したい。

　本報告をまとめるにあたり，浜田晋介・西山博章の協力を得た。また，発掘調査及び整理作業に参加したものは以下の通りである。

　鈴木敏中，長野康敏，小林良光，松本茂，久保文人，三浦恭裕，船橋斉，岩崎泰一，栗田睦徳，多田悦子，小野沢弘子，浜田晋介，飯田靖，寺内隆夫，小林克，杉本加津美，岸礼子，菅沢ふみよ，染野香代子

註

1) 新井・持田他 1966，岡 1934・1938，山内・橋口・澤田 1963，澤田 1967，酒詰他 1937 など。矢上谷戸貝塚は 1977 年に緊急発掘が行なわれ，黒浜・諸磯a・同b式期の竪穴住居址 15 軒が発見されている。
2) 和島・岡本 1958，坂本 2003，江坂 1972
3) 昭和 39 年 3 月，吉田格・岡田淳子氏等の調査の際，影向寺裏貝塚の西約 50 m の一段高い位置のトレンチ内より，内部主体（？）の土坑と，それをとりまく溝の一部が平行して発見されている。時期は不明であるが，方形周溝墓の一部と思われる。
4) 小林克利 1997。この他にも土器棺と推測できる出土状態を示すものが，方形周溝墓と環壕から復元されている。
5) 小宮 1975。この土器棺（T3）は単独の出土であり，この他にも T3 から 7 m の地点から単独出土した壺があり，これも土器棺の可能性ありとして（T4），報告している。
6) 玉口 1982。この土器棺は環壕の外，台地が傾斜しはじめる位置に，単独で検出されている。
7) 菊池 1961。浦部羽下例は所謂合口棺で，本体は頸部に沈線で区画された縄文帯，その下部に連続山形文の縄文帯をもつ大型壺形土器であり，蓋部として使用している土器は，器形は不明であるが北関東系の単方向の斜縄文を施文したものである。この他，千葉県印旛郡木下町発作，埼玉県入間郡坂戸町字石井新町（坂詰・関 1963）などが知られている。
8) 坂口滋皓氏の集成がある（坂口 1991・1992）。
9) 大三輪 1975。昭和 50 年以後数次にわたる寺域範囲確認調査などの際，弥生時代後期の住居址が数多く検出されている。

引用・参考文献

新井　清・持田春吉ほか 1966『川崎市宮崎新鷺沼遺跡発掘調査報告書』
伊東秀吉・大坪宣雄・北爪一行・相川　薫 2001「川崎市高津区影向寺北遺跡第 2 次発掘調査報告書」『川崎市文化財調査集録』36　川崎市教育委員会
伊東秀吉・大坪宣雄・小口利恵子・北爪一行・谷本靖子・若井千佳子 1997「川崎市高津区伊勢山台東遺跡発掘調査報告」『川崎市文化財調査集録』32　川崎市教育委員会
江坂輝弥 1972「横浜市港北区高田町貝塚調査概報」『横浜市埋蔵文化財調査報告書・昭和 46 年度』
大三輪龍彦 1975『川崎市高津区影向寺遺跡発掘調査概報』　川崎市教育委員会
岡　栄一 1934「武蔵國橘樹郡橘村新作八幡台貝塚調査報告」『史前学雑誌』6 の 6

岡　栄一 1938「神奈川県橘樹郡橘村末長窪台貝塚調査報告1・2」『考古学雑誌』24の3・4

岡田威夫・水澤裕子 1988『折本西原遺跡Ⅰ』　折本西原遺跡調査団

河合英夫 2000『千年伊勢山台北遺跡』　千年伊勢山台北遺跡発掘調査団

河合英夫 2005『武蔵国橘樹郡衙推定地　千年伊勢山台遺跡―第1～8次発掘調査報告書―』　川崎市教育委員会

河合英夫・伊東甚吉 2008「川崎市高津区影向寺遺跡第11次発掘調査報告書」『川崎市文化財調査集録』43　川崎市教育委員会

川崎市 1988『川崎市史　資料編1』

北平朗久 2005「川崎市高津区影向寺台第2次発掘調査報告書」『川崎市文化財調査集録』40　川崎市教育委員会

菊地義次 1961「印旛・手賀沼周辺地域の弥生式文化―弥生式土器の新資料を中心として―」『印旛・手賀』所収

北村尚子 1996『三荷座前遺跡第1地点発掘調査報告書』　三荷座前遺跡発掘調査団

小池　聡・浅賀貴広 2008「野川神明社南遺跡」『第32回遺跡調査・研究発表会発表要旨』神奈川県考古学会

合田芳正 1994『野川東耕地遺跡発掘調査報告書』　野川東耕地遺跡調査団

小林克利 1997『三荷座前遺跡第2地点発掘調査報告書』　三荷座前遺跡発掘調査団

小宮恒雄 1975『歳勝土遺跡』　横浜市埋蔵文化財調査委員会

坂口滋皓 1991「東日本弥生墓制における土器棺墓（1）」『神奈川考古』27

坂口滋皓 1992「東日本弥生墓制における土器棺墓（2）」『神奈川考古』28

坂詰秀一・関　俊彦 1963「南関東弥生時代壺（甕）棺墓小考」『立正大学文学部論叢』17

酒詰仲男ほか 1937「横浜市神奈川区下田町貝塚に於ける一住居址の発掘に就いて」『考古学雑誌』27の11

坂本　彰 2003『西ノ谷貝塚』港北ニュータウン地域内埋蔵文化財調査報告33　横浜市教育委員会

坂本和俊 1996「埋葬施設の諸問題」『関東の方形周溝墓』　同成社

澤田大多郎 1967「川崎市影向寺裏貝塚調査報告（二）」『日本大学考古学通信』第7号

竹石健二ほか 1978「川崎市中原区井田伊勢台遺跡発掘調査報告書」『日本大学文理学部史学研究室文化財発掘調査報告書第2・3集』

竹石健二 1981『影向寺文化財総合調査報告書』　川崎市教育委員会

竹石健二・澤田大多郎・野中和夫 1984「影向寺周辺遺跡発掘調査報告書」『川崎市文化財調査集録』20　川崎市教育委員会

竹石健二・澤田大多郎 1994「川崎市宮前区影向寺北遺跡発掘調査報告書」『川崎市文化財調査集録』29　川崎市教育委員会

竹石健二・野中和夫 1988「千年伊勢山台遺跡発掘調査報告」『川崎市文化財調査集録』19　川崎市教育委員会

玉口時雄 1982『下山遺跡Ⅰ』　世田谷区遺跡調査会

宮原俊一 2000『王子ノ台遺跡Ⅲ』　東海大学

山岸良二編 1996『関東の方形周溝墓』　同成社

山内昭二・橋口尚武・澤田大多郎 1963「川崎市影向寺裏貝塚調査報告」『日本大学考古学通信』第6号

和島誠一・岡本　勇ほか 1958『横浜市史1―原始時代・古代』

川崎市宮前区野川神明社遺跡発掘調査報告　251

遺跡調査前現況

調査区全景（西から）

基本層序

調査区全景（北から）

第1号住居址

第1号方形周溝墓全景

第1号住居址　遺物出土状況

第1号方形周溝墓　周溝部土層断面

第3号方形周溝墓　北西隅陸橋部

第3号方形周溝墓　西溝土層断面

第3号方形周溝墓　南溝（左）

第3号方形周溝墓　北溝土層断面

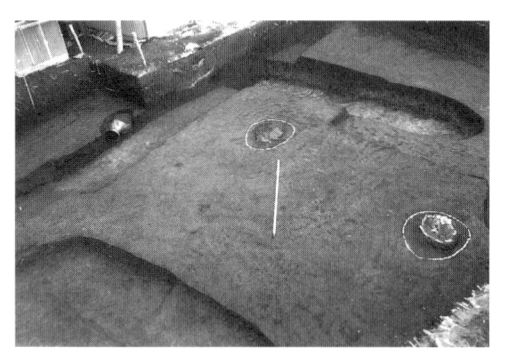

第3号方形周溝墓と壺棺墓群

第1号壺棺

第1号壺棺墓　検出状況

第1号壺棺　胴部上半

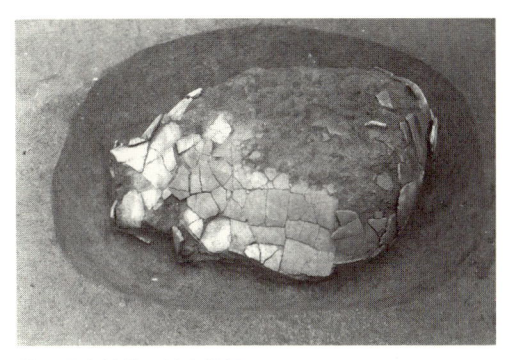

川崎市宮前区野川神明社遺跡発掘調査報告　253

第2号壺棺墓　検出状況

第2号壺棺墓（南から）

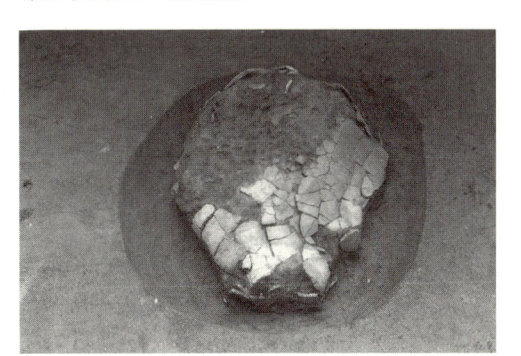

第2号壺棺墓（北から）

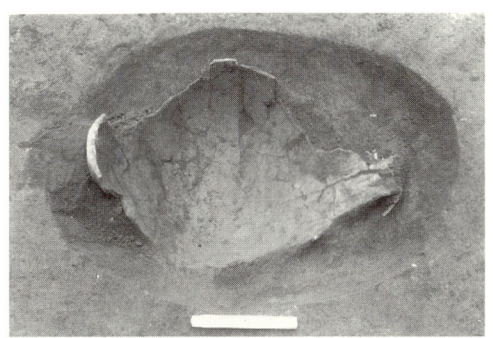

第2号壺棺墓　土器下面部

第2号壺棺

第2号壺棺　文様と穿孔部

第3号壺棺墓　検出状況

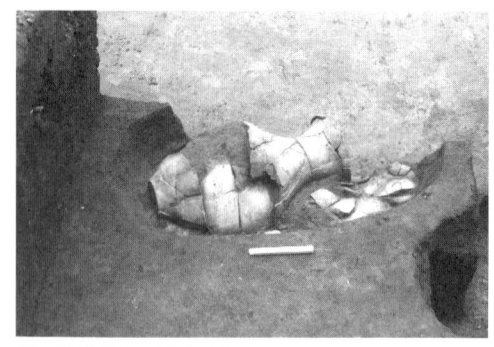

第3号壺棺墓（東から）

第3号壺棺墓（西から）

第3号壺棺墓（南から）

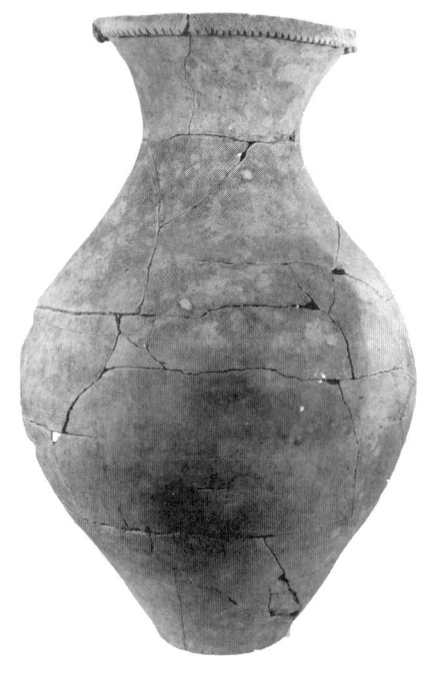

第3号壺棺

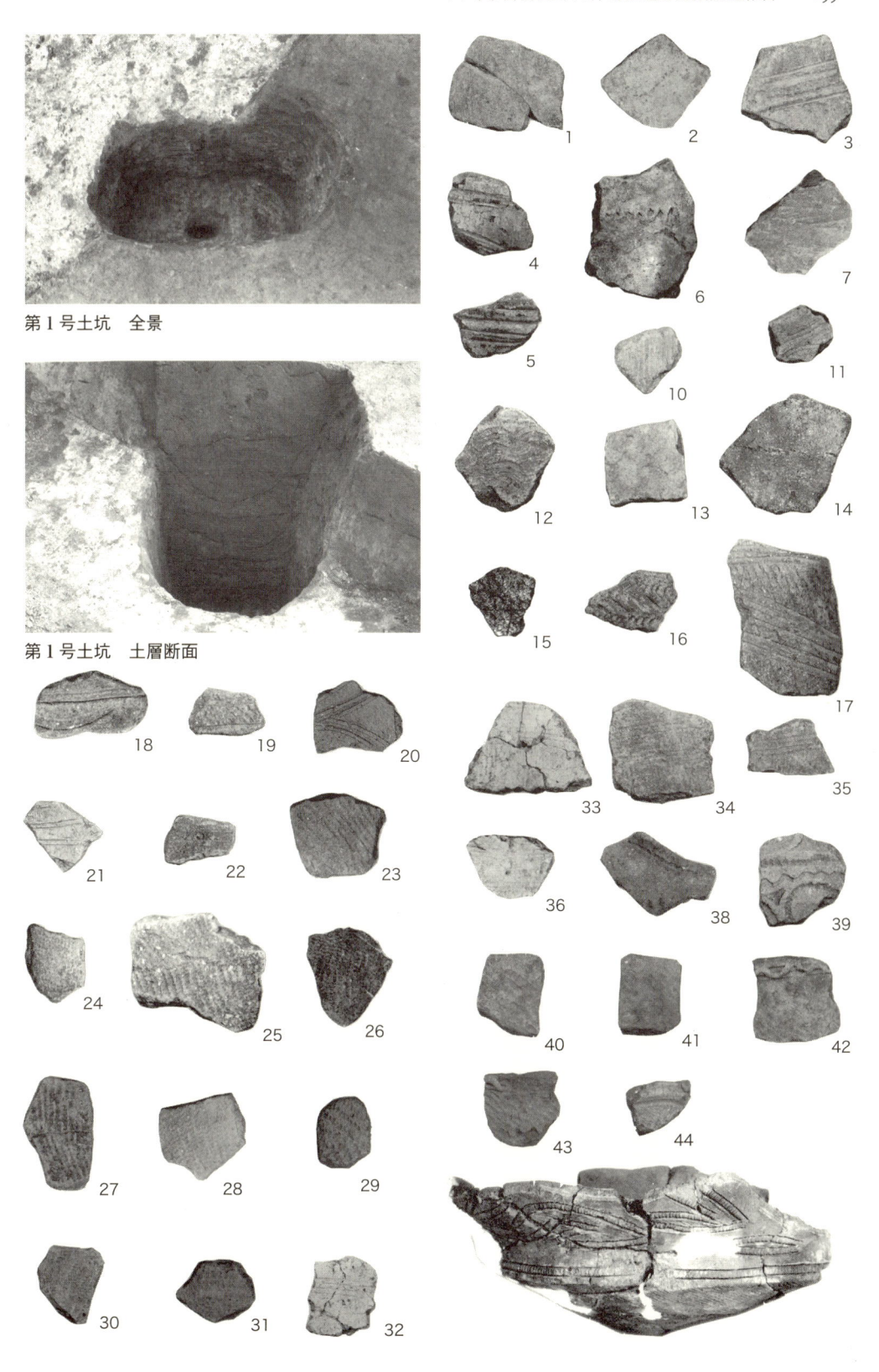

川崎市宮前区野川神明社遺跡発掘調査報告　255

第1号土坑　全景

第1号土坑　土層断面

川崎市影向寺境内（4）遺跡発掘調査報告
―― 薬師堂西 ――

竹石健二・澤田大多郎

1　はじめに

　本遺跡は，川崎市宮前区野川 423 の影向寺内の薬師堂西約 20 m に位置する（第 1 図）。
　影向寺は，寺の縁起によれば，天平 11 (739) 年に行基菩薩によって創建されたと伝えられる天台宗の古刹で，JR 南武線武蔵中原駅の南西約 2 km に通称影向寺台と呼ばれる標高 41～43 m の舌状台地上に位置している。影向寺台は，多摩丘陵の東南端部にあたり，多摩川の右岸の沖積地に面しており，北西から南東に延びる末長丘陵の先端近くにあたっている。末長丘陵には大小多数の支谷が入り込み，各所に複雑な樹脂状台地を形成しており，影向寺台もその一つである。
　影向寺については，江戸時代の著書である『新編武蔵風土記稿』・『江戸名所記』・『江戸名所図会』などにその記述がみられるが，考古学的な検討がなされたのは大正年間のことである[1]。これらはいずれも本寺域採集の古瓦について考察したもので，当寺が奈良時代の創建であることが明らかにされた。しかし，創建時の規模・伽藍配置やその後の歴史的な変遷については未解明のままであったが，1977～1981（昭和 52～56）年，川崎市教育委員会は神奈川県教育委員会の協力を得て「影向寺文化財総合調査」を実施した。調査は，寺院址，美術工芸，古文書，建造物，民俗文化財の五分野について行われ，発掘調査の結果，塔址基壇・土塁・溝址・竪穴式住居・掘り方（掘立柱遺構）・瓦溜まり・小竪穴などの各種遺構が検出された[2]。しかし，塔址は塔心礎と考えられる影向石周辺部に存在する版築範囲などにより，塔基壇の規模は方約 40 尺，心柱径は 2 尺 5 寸弱で，初重一辺 20 尺前後，総高約 80 尺からなる三重塔が想定された。また，塔の造営時期は，築土中より本寺創建当初の 7 世紀末から 8 世紀初頭頃の瓦（単弁蓮華文軒丸瓦と重弧文軒平瓦）が発見されており，それ以後の 8 世紀中ごろに建立されたものと思われる。尚，創建時の影向寺の寺域は，掘立柱遺構や瓦の分布状態や地形的制約などより東西 135 m，南北 120 m の範囲が想定されている。その後，1987・1988（昭和 62・63）年に薬師堂保存修理に伴う発掘調査が行われ下部より掘り込み基壇の規模が東西 20 m 以上，南北 14.6 m（南東の突出部では 16 m）をはかる建造物址を検出，方位の斉一性などより金堂址と推定されている。結論として本寺院は縁起より古い 7 世紀末より 8 世紀初頭に橘樹郡の鎮護平安を祈願する"郡寺"として建立された可能性が高いと考えられており，改築された 8 世紀中ごろには三重塔と金堂址を有していたといわれる[3]。

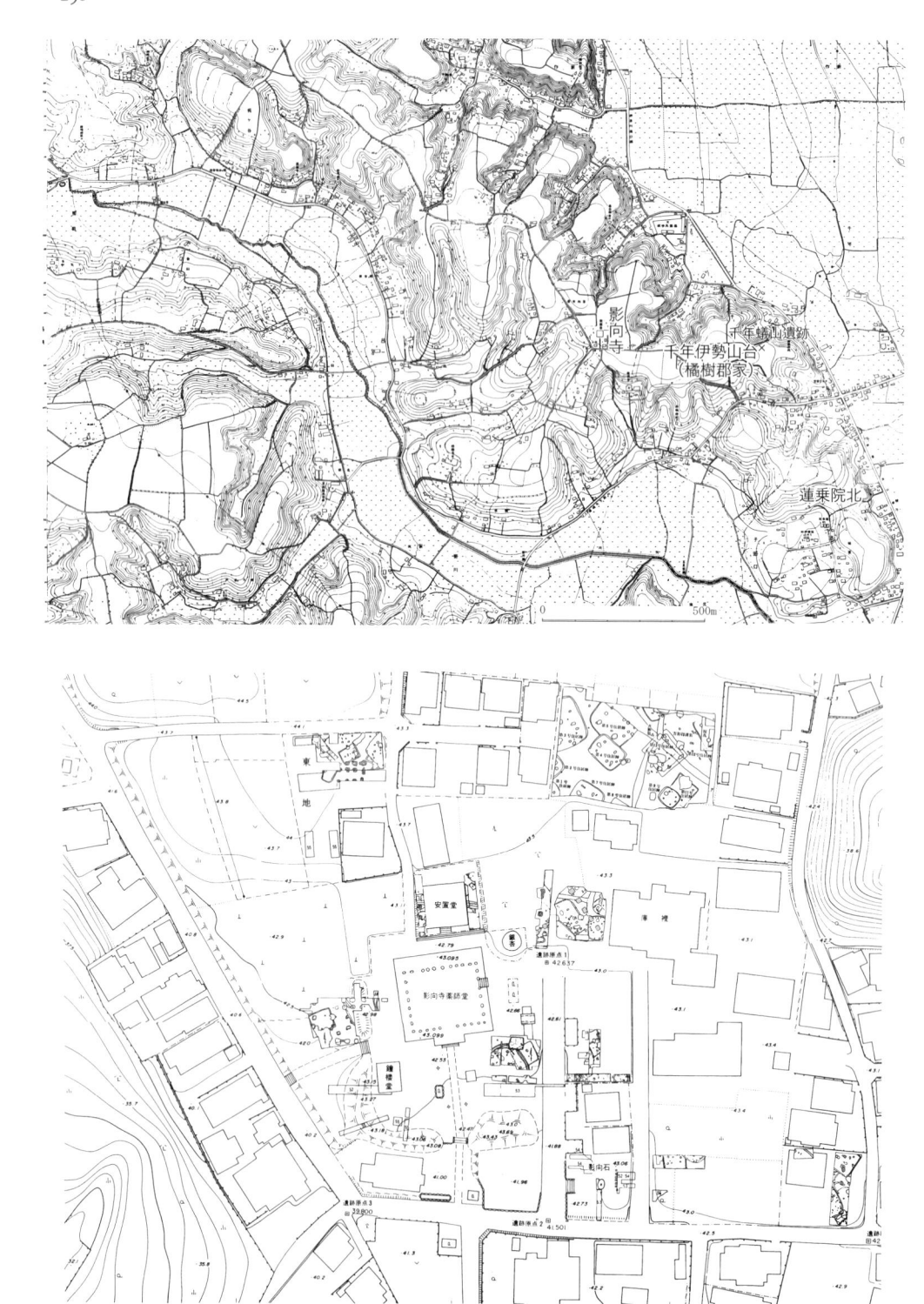

第1図　遺跡位置図

第2図 遺構配置図

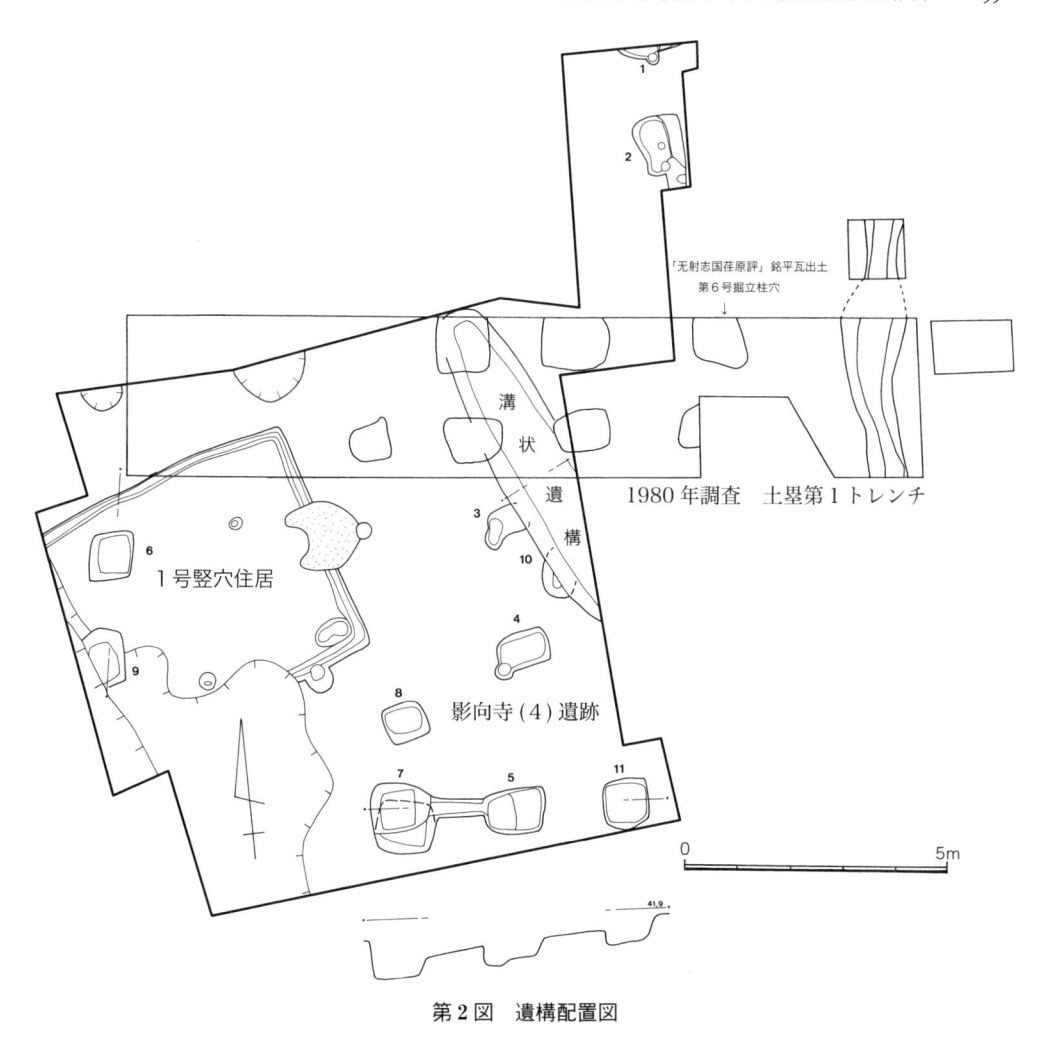

　尚，影向寺近辺では数多くの調査が行われ[4]，常に人々が生活していたことが確認されているが，特に弥生時代後期以後は頻繁度を増す。

2　発掘調査の経緯

　影向寺境内（4）遺跡は，墓地拡張に伴う事前調査として，まず1983（昭和58）年4月5〜7日に遺構確認の予備調査が行われた。拡張される墓地は薬師堂の西20m，1980（昭和55）年の土塁第1トレンチの南約120 m^2 の範囲であり，4本のトレンチを設定，探査の結果ほぼ全面から1軒の竪穴住居址，5基の掘立柱遺構と縄文〜歴史時代の遺物約60点を検出することができた。

　本格調査は，予備調査の結果に基づいて同年7月11日から24日の15日間，ほぼ全面にわたって行われたが，南西部は破壊がはげしく，また保存樹林の根が張り保存状態は不良である。

　発掘調査の結果，弥生時代後期の溝状遺構1基，古墳時代終末期〜奈良時代頃の竪穴住居址1

軒，歴史時代の掘立柱遺構11基などが検出された（第2図）。遺物は，縄文時代早～中期の土器，弥生時代の土器，古墳時代終末から平安時代の土師器，須恵器と古代の瓦などが出土している。

3　縄文時代の遺構と遺物

　縄文時代の遺構は検出できなかったが，73点の土器片が出土している（第3図）。

　第1群土器（1～3）は沈線文を主文様とする早期中葉の土器群である。

　1～3はやや外反する厚手の口辺部で，横走する平行沈線文をもち，1は口唇部に矢羽根状の短い沈線を，2は楕円状の小突起，3は平行沈線文の上下にC状の爪形文が施される。

　第2群土器（4）は厚手の胴下半部片で，胎土中に繊維を含み，内外面に縦位の貝殻条痕文をもつ早期終末の土器群である。

　第3群土器（5～9）は竹管文と浮線文を主文様とする前期後半の土器群である。

　5は棒状刺突文を縦位にもち，6は朝顔形に開く深鉢で，爪形文と短い斜位の刻目文を組み合わせたものである。

　7・8は口辺部が内湾する浮線文を施した深鉢で，浮線文上に縄文（7），矢羽根状の刻目（8）

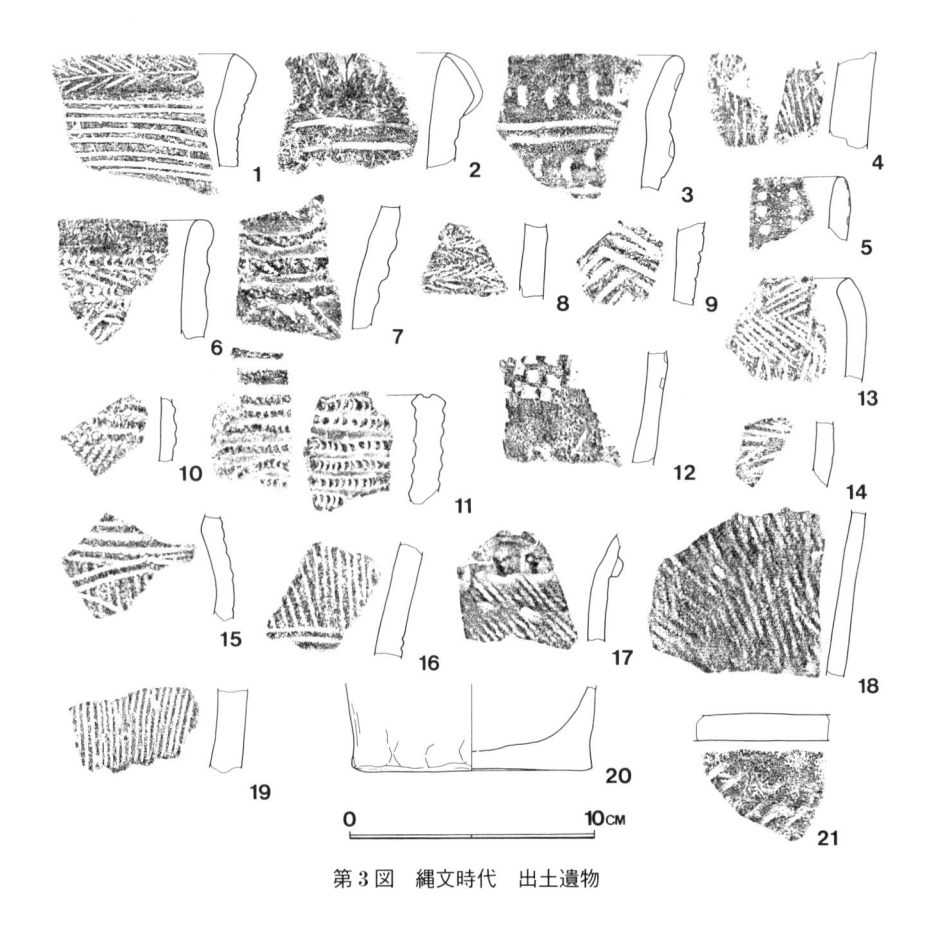

第3図　縄文時代　出土遺物

をもち，9は平行沈線による鋸歯文が存在する。

　第4群土器（10～12）はソーメン状の貼付文に刻目をもつ前期終末の土器群である。

　地文は縄文のもの（10）と無文（11）があり，11は内面にも同様の文様を持ち，口唇部には沈線文がめぐる。12は角張った半截状の施文具で点列状に深く刺突したもので，多少の問題があるが前期末に同定しうるものと思われる。

　第5群土器（13～18）は半截竹管による沈線文と縄文を主文様とする中期初頭の土器群で，胎土中に雲母を含む。

　いずれも半截竹管による集合沈線文で，13・14は矢羽根状に，15・16は横位・縦位に施したものである。17・18は同一個体の砂っぽい薄手の深鉢で，全面に粗い縄文を施し，くびれ部（？）付近につまみ状の小突起がめぐる。

　第6群土器（19）は厚手の胴下半部片で，縦位の集合沈線をもつ中期後半の土器群である。

　20・21は深鉢の底部で，21は粗いアンペラ状の圧痕が見られる。

　尚，第1群土器は田戸下層式，第2群は茅山式，第3群5・6は諸磯a式，同7～9は諸磯b式，第4群は十三菩提式，第5群は五領ヶ台式，第6群は曽利式土器に同定することができる。

4　弥生時代の遺構と遺物

　弥生時代の遺構は，溝状遺構1基が第1号竪穴住居址の東約4mの位置から発見されている。

　溝状遺構（第2・8図）は保存樹木（銀杏）や土塁のため南東部の一部が未調査であるが，規模は，確認面で長径（南北）約6m，幅（東西），1.5m，深さ0.7m，断面U字形の船底状を呈する形態である。堆積土層は基本的に6層からなる自然堆積で，使用時は空堀の状態を呈していたものと思われる。

　遺物は，覆土中より縄文土器7点，弥生土器27点が検出されている。第4図1は，溝底より30～40cm上位から出土した16点から復元されたもので，器面の剝離がはげしいが，口径10.5cmの小型の円筒状の甕形土器である。文様は，胴部以上では彫りの浅い短い刷毛目文が，底部近くでは彫りのやや深い粗い刷毛目文が斜位に施され，内面はよく研磨され下部に指ナデ痕を残す。色調は赤褐色（内面は黒褐色）を呈し，胎土中に若干の砂を含み，焼成は良堅である。器形・文様・焼成などの特徴により，本土器は朝光寺原式系に属するものである。

　この他の弥生時代の遺物はいずれも後期に属する土器片で125点であるが，無文や整形のための刷毛目文をもつものが多い。

　第4図2は，第1号掘立柱遺構の東の拡張区から一括出土した30点から復元しえた甕形土器で，土層より推察するに弥生時代の住居址に伴うものと思われる。器形は底部を欠くが，胴部はやや長胴で最大径は胴中央よりやや上位にあり，頸部はくびれが弱く，口辺部は緩やかに外反し，波状を呈する口縁部に移行する。文様は，口縁下9cmの胴上位の段差部分に，径4mmの同一施文具による円形竹管文が重複せず一列に施文され，刷毛目文は段差部近辺より上位に，横位・

第4図 弥生時代 出土遺物

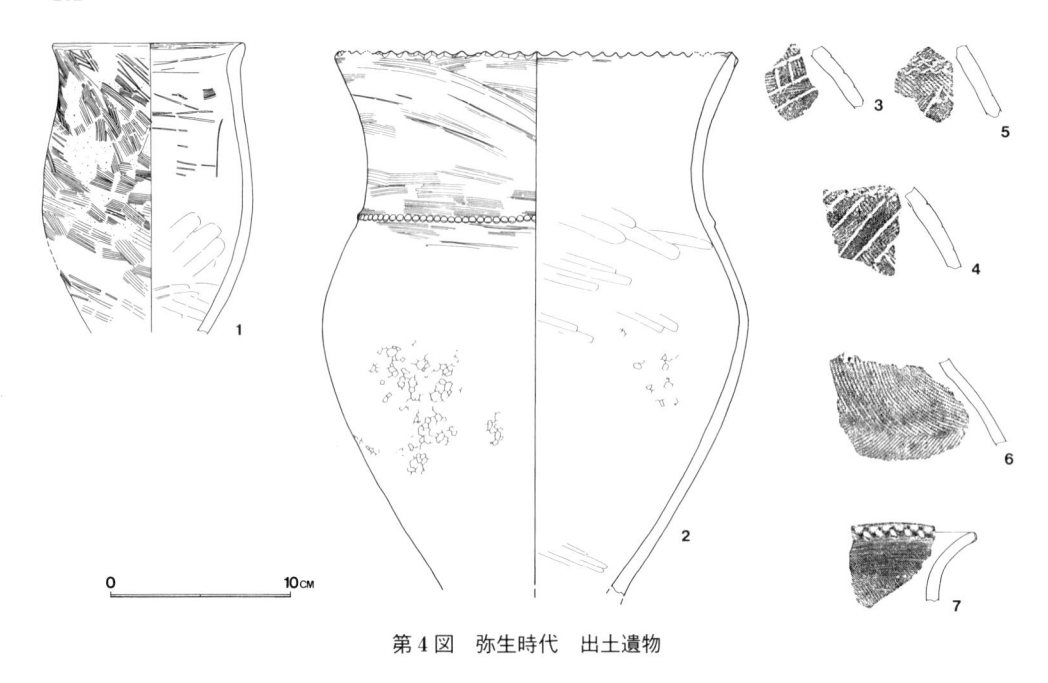

斜位に施される以外は素面である。内面は素面で，胴上部に指・ヘラによる整形痕が存在する。色調は一部が黒褐色であるが大部分は褐色を呈し，胎土中には砂と赤茶色粒を多く含み，焼成は良好である。

3～6は，壺形土器の胴上半部細片で，3・4は同一個体の所謂磨消縄文手法による幾何学的な菱形文を形成し，無文帯部には朱塗りが施され，5は3条のS字状結節文下に沈線で区画された山形文内には羽状縄文が，6は節の細い羽状縄文が幅広にめぐる。

7は，漏斗状に外反する甕形土器の口辺部片で，板状のキメの細い刷毛目文が口縁下では横位に，頸部では斜位に，また，口唇部と口縁部には棒状工具による押捺が交互に施されている。

これらはいずれも後期の久ヶ原式後半から弥生町式前半の時期に属するものである。

5 歴史時代の遺構と遺物

古墳時代終末期以降の遺構は，竪穴住居址1軒と掘立柱遺構11基が検出されている。

第1号竪穴住居址（第5・6図）は，調査区域の中央よりやや西部に位置し，確認面は後世の遺構や撹乱などにより一定しないが，粘性・しまりのある橙色スコリアを含む暗褐色土層で，遺存状態は良い方でカマドや壁溝などが存在する。覆土は基本的には4層（第5図7～10層）に分層できるが，7・8層の区分はしまりの強弱によるものである。規模は，長径（東西）5m以上，短径（南北）4.5m，平面形は長方形，カマドは東壁の中央部に付設されており主軸方向は，N-72°-Eを指す。壁はほぼ垂直で，20～40cmで床面に達する。床面は，ローム層や褐色土層の粗掘り部より5cm上位にロームブロックを多く含む暗褐色土（14層）によって貼り床状に構築されてい

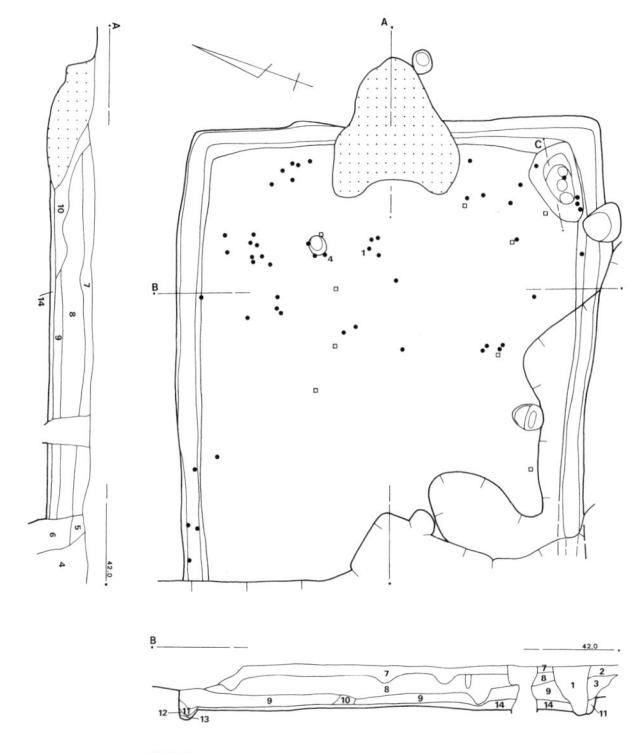

1 暗褐色土（ローム・橙色粒子少量．しまり弱）
2 暗褐色土（1層より明るい．ローム粒子少量含む．しまり弱）
3 暗褐色土（含有物は1層ににるが明るくしまりあり）
4 暗褐色土（1層ににるが粘性・しまりなし）
5 暗褐色土（4層より粘性・しまりあり）
6 暗褐色土（5層より粘性・しまりあり）
7 暗褐色土（1層ににるが　1層よりしまりやや有）
8 暗褐色土（7層よりローム粒子やや多く含む）
9 暗褐色土（8層より明るくローム粒子を多く含みしまりやや強）
10 暗褐色土（9層より明るく粘土粒子・同ブロック多量含む）
11 暗褐色土（9層より明るく9層よりローム粒子多量含む．しまり弱）
12 暗褐色（11層より明るくローム粒子多量含む．しまり弱）
13 暗黄褐色土（ローム粒子・同ブロック多量含む．しまり弱）
14 暗褐色土（9層より暗くロームブロック極多量含む．粘性弱．しまり有．貼床）

貯蔵穴
1 暗褐色土（ロームブロック、粘土粒子含む．粘性弱．しまり強）
2 暗褐色土（1層より明るくローム粒子少量含む．粘性・しまり有）
3 暗褐色土（2層よりロームブロック・同粒子、粘土ブロック粒子含む．粘性有．しまりやや弱）
4 暗褐色土（3層よりロームブロック・粒子多量含む．粘性やや強．しまり弱）

第5図　第1号竪穴住居址

るが，あまり踏み固められていない。壁溝は，幅約20cm，深さ5～15cmで，攪乱された西壁を除き全周する。主柱穴は，床面や粗掘り面からも確認することができなかった。尚，南東隅の壁溝に接して，径90×50cm，深さ40cmの断面鍋底状の楕円形ピット（第5図ピット断面図）が1基あり，坑中より土師器細片6点出土しているが，本住居址に伴うもの（貯蔵穴？）かは不明である。

　カマド（第6図）は東壁中央部に存在し，遺存状態は良好である。規模は，全長1.5m，幅1.3m，高さ45cmで，壁を60cm掘りこんだ位置に煙出し口が存在する。天井部は崩落しているが，被熱した粘土・焼土（第6図7～13層）で，袖部は黄褐色の粘土を中心とした土（同9・11層とA～D層），煙道部には粘土・焼土を含むパサパサした土（同14～16）が充満し，径10cmの円形の煙出し口に立ち上る。また燃焼部中央部には，支脚が上部が欠落した状態で検出された。

　遺物は，覆土などより各時代の遺物が多数検出されているが，床面とカマド中から出土したものは78点でいずれも細片である。図示しえたものは縄文土器3点，弥生土器1点，宇瓦1点（第10図6）以外，土師・須恵器，土脚の8点（第7図1～8）のみである。

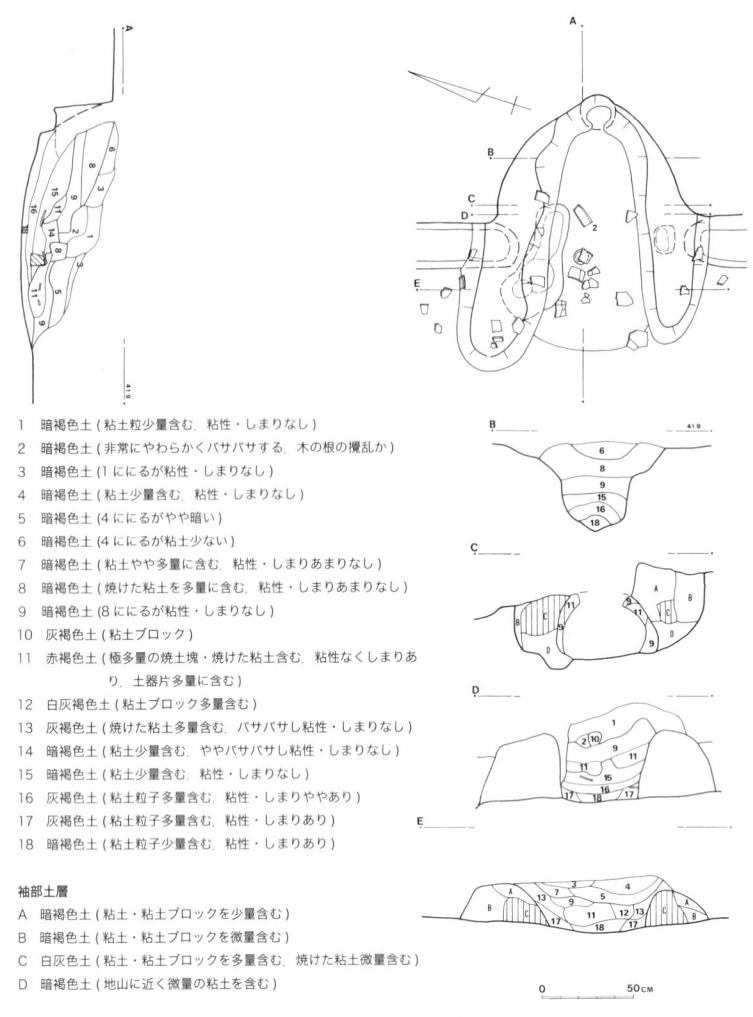

1 暗褐色土（粘土粒少量含む，粘性・しまりなし）
2 暗褐色土（非常にやわらかくバサバサする．木の根の攪乱か）
3 暗褐色土（1ににるが粘性・しまりなし）
4 暗褐色土（粘土少量含む．粘性・しまりなし）
5 暗褐色土（4ににるがやや暗い）
6 暗褐色土（4ににるが粘土少ない）
7 暗褐色土（粘土やや多量に含む．粘性・しまりあまりなし）
8 暗褐色土（焼けた粘土を多量に含む．粘性・しまりあまりなし）
9 暗褐色土（8ににるが粘土・しまりなし）
10 灰褐色土（粘土ブロック）
11 赤褐色土（極多量の焼土塊・焼けた粘土含む．粘性なくしまりあり．土器片多量に含む）
12 白灰褐色土（粘土ブロック多量含む）
13 灰褐色土（焼けた粘土多量含む．バサバサし粘性・しまりなし）
14 暗褐色土（粘土少量含む．ややバサバサし粘性・しまりなし）
15 暗褐色土（粘土少量含む．粘性・しまりなし）
16 灰褐色土（粘土粒子多量含む．粘性・しまりややあり）
17 灰褐色土（粘土粒子多量含む．粘性・しまりあり）
18 暗褐色土（粘土粒子少量含む．粘性・しまりあり）

袖部土層
A 暗褐色土（粘土・粘土ブロックを少量含む）
B 暗褐色土（粘土・粘土ブロックを微量含む）
C 白灰色土（粘土・粘土ブロックを多量含む．焼けた粘土微量含む）
D 暗褐色土（地山に近く微量の粘土を含む）

第6図　第1号竪穴住居址　カマド

　1は，カマド手前の床面から出土した口縁直下に稜を有する土師器坏で，内面には放射状の暗文をもつ。2は，カマド中の煙道15層より出土した皿状の大型土師器坏で，口縁直下に稜をもち，内面に放射状の暗文を施す。4は，床面より出土した小型の須恵器蓋で，身受けの返りが口縁部よりも僅かに突き出すものである。8は，カマド中に直立した径13cmの土製支脚片で熱を受けておりもろいが，外面にはヘラや指による整形痕が存在する。その他の土師器坏（3），須恵器（5〜7）は覆土や攪乱中より出土したもので，6は平坦な小破片で，櫛状施文具で刺突した蓋と思われる。

　本住居址の時期を決定するには遺物が少ないが，カマド中や床面出土の口縁直下に稜をもつ暗文を有する坏や須恵器蓋などの特徴より，7世紀第3四半期から第4四半期に位置づけられるであろう。また住居址の覆土の堆積状況は人為的（？）に土を充填したようであり，恐らく本住居址廃絶後まもなく寺域にするための整地作業がなされたもので，本住居址の廃絶時期が影向寺創

第7図　歴史時代　出土遺物（1）

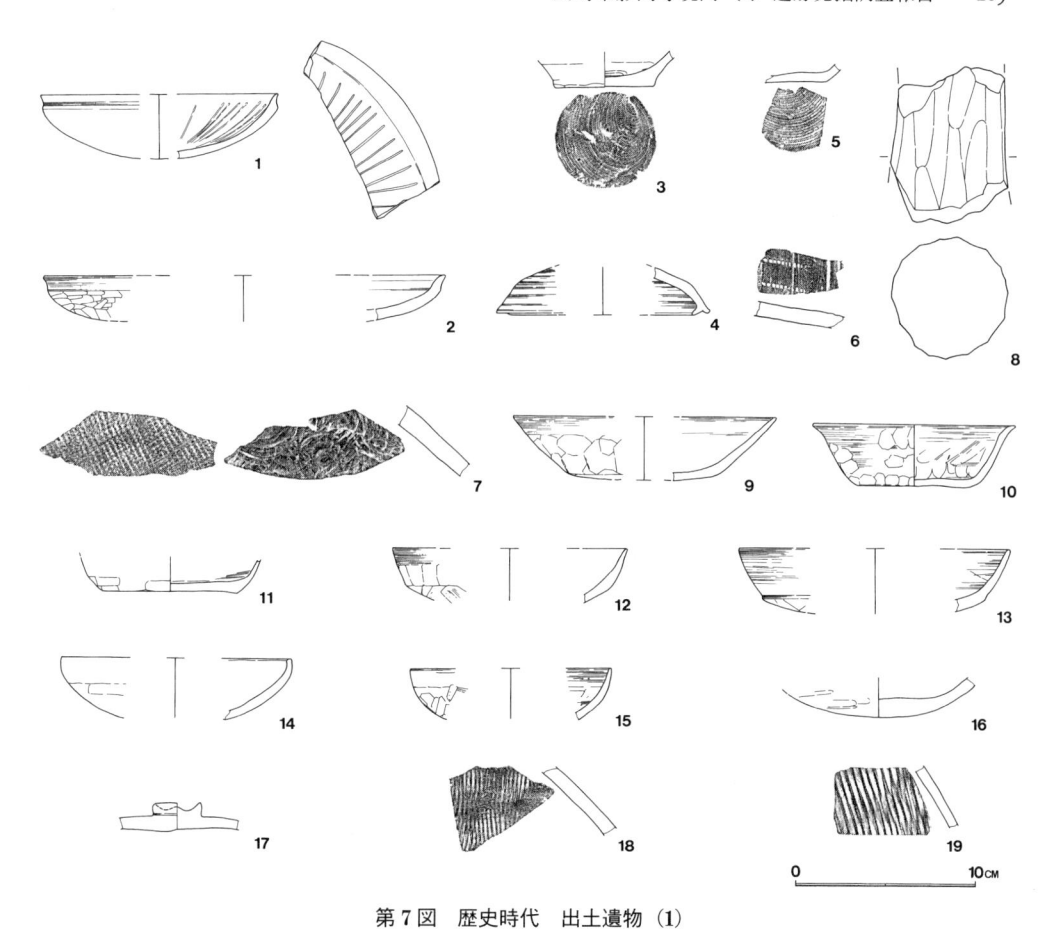

建の時期に重要な手懸りを提供するものであろう。

　掘立柱遺構は，調査全域より新たに11基（第2・8・9図）検出された。尚，各掘立柱遺構の数値は第1表を参照していただきたい（遺構番号は検出順序による）。

　第1号掘立柱遺構は，北東部に設定したトレンチの北端に位置し全体は不明であるが，底面は平坦で一辺50cm以上を有する。瓦などの遺物は検出されていない。尚，南側の柱穴は本遺構の底面より20cm深く，また東側の8層下層より復元可能な弥生時代後期の甕形土器（第4図2）が密着して出土しており，この柱穴は弥生時代の竪穴住居址に伴うものと考えられる。

　第2号掘立柱遺構は，第1号掘立柱遺構の南約2mに位置する3基重複の遺構である。A遺構は一番新しく，底面は平坦で径85cmを測り，底面より約20cm上位に格子目を有する女瓦など（第10図5，第11図11）が重層的に検出されている。B遺構は，A遺構の西側にあり，上部はA遺構によって破壊されているが底面はA遺構より15cm低く，80×65cmの楕円形を呈するが瓦類はなく，須恵器甕破片（第7図19）が出土している。C遺構はA遺構の南側にあり，A遺構より45cm下に底面をもつ円形の柱穴で，土層などにより弥生時代に属するものと思われる。

　第3号掘立柱遺構は，溝状遺構中央の西側に位置するが，3基の楕円形状のピットの集合と考

えられる。遺物は検出されていない。

　第4号掘立柱遺構は，溝状遺構の南西部に位置する短い長方形であるが，底面は方形で中央部やコーナーにピット3基が存在する。遺物は検出されていない。

　第5号掘立柱遺構は，本区域の南端，第7・11号掘立柱遺構と同一列の中央部に位置する。遺物は，平底より直線的に開きつつ口縁部に移行する土師器坏（第7図9）などとともに女瓦5，男瓦1，鐙瓦2（第10図1・2）が出土している。特に鐙瓦1は表面，2は裏面を平面的に敷きつめ，柱受けとして西側の一段下位の60×45cmの楕円形状の掘り方より検出されている。

　第6号掘立柱遺構は，第1号竪穴住居址内の北西部に位置し，底面は平坦で径80cmの方形を呈しており，覆土中より非常に多くの遺物が検出されている。第7図10は完形の土師器坏で，底面より10cm上位から3片に割れ出土しており，器形は盤状形の坏の流れを組み体部外面に粘土紐巻き上げ痕を残しヘラケズリが未だ確立しておらずその移行期に属するものと思われる。同11は薄手の内湾ぎみの体部を有する平底の底部片である。瓦は多数検出されているが，大部分は女瓦（第11図8・12図版4-9）で他に鐙瓦（第10図3），宇瓦（第10図4）なども出土している。

　第7号掘立柱遺構は，第5号掘立柱遺構の西約2mに位置する2基の重複からなるものである。A遺構はB遺構の上位に存在するもので，覆土中より瓦4点，土師器片3点が出土している。B遺構はA遺構の下位40cmに一辺80cmの方形の底面をもつものである。尚B遺構に伴うと思われる幅40cm，長さ約1m，深さ約20cmの溝状遺構があり，第5号掘立柱遺構に連結する。

　第8号掘立柱遺構は，第7号掘立柱の北約1.5mに位置し，底面は平坦で，一辺60cmの隅円方形を呈する。遺物は検出されていない。

　第9号掘立柱遺構は，第1号竪穴住居址内の西壁中央部，第6号掘立柱遺構の南約2mに位置するが，西南部は攪乱・破壊されている。底面は凹凸のある110×75cmの隅円長方形のもので，覆土中より瓦片や土師器甕片が出土している。

　第10号掘立柱遺構は，溝状遺構の南西部と重複するが，平面形は木の根などにより確認できなかった。遺物は検出できなかったが弥生時代後期の溝状遺構より新しい時期の遺構である。

　第11号掘立柱遺構は，本区域の南東端，第5号掘立柱遺構の東約2mに位置し，底面は平坦で一辺90cmのより丸みをもつ隅円方形を有する。遺物は瓦1点と土師・須恵器片各1が出土している。尚，本遺構の底面のレベルは，第7A号遺構の底面と同一レベルである。

　以上単発的に各遺構を概観したが，配列や方位などより考察すると，第5・7・11号掘立柱遺構は2m間隔で東西に列し，第6・9号掘立柱遺構も2m間隔で南北に列する。これらは明らかに建造物の一部を形成するもので，その中心は未発掘地域の南側[5]や西側に存在するものと思われる。またこれらの掘立柱遺構の覆土中に瓦をもつもの（2A・5・6・7A・9・11号）ともたないもの（1・2B・3・4・7B・8・10号）に大別できるが，この違いが必ずしも時期の前後関係を示しているものとは直ちに即断することはできない。何故なら同一建造物と考えられる第5・7B・11号掘立柱遺構で，瓦の有無に相違がみられるからである。

　遺構外出土の歴史時代の遺物には土師器片193点（第7図12～16），須恵器片15点（同17～19），

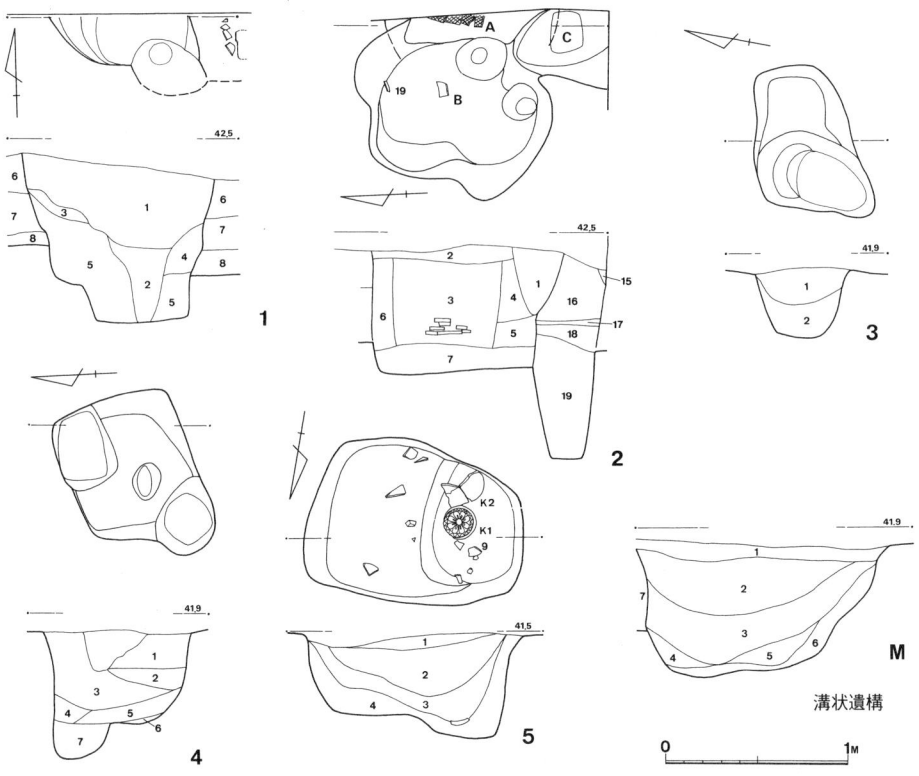

川崎市影向寺境内（4）遺跡発掘調査報告　267

第8図　掘立柱遺構（1）

第1号掘立柱遺構
1　暗褐色土（ローム粒子少量含む，粘性・しまりあり）
2　暗褐色土（ローム粒子少量含む，ロームブロック含む，粘性・しまりあり）
3　暗褐色土（ローム粒子含む，粘性弱，しまりあり）
4　暗褐色土（ローム粒子含む，粘性・しまりあり）
5　暗褐色土（ロームブロック多量含む，粘性あり，しまり強）
6　暗褐色土（橙色粒子含む，粘性なく，しまりあり。
7　暗褐色土（ローム・橙色粒子含む，粘性弱，しまりあり）
8　暗褐色土（ローム・橙色粒子含む，粘性・しまりあり，弥生時代遺構の覆土）

第2号掘立柱遺構
1　暗褐色土（橙色粒子少量含む，粘性・しまりあり）
2　暗褐色土（ローム粒子少量含む，粘性あり，しまり弱い）
3　暗褐色土（ローム・橙色粒子少量含む，粘性・しまりややあり）
4　暗褐色土（ローム・橙色粒子含む，粘性・しまりあり）
5　暗褐色土（ローム粒子多量含む，橙色粒子少量含む，粘性・しまりあり）
6　暗褐色土（ローム・橙色粒子少量含む，粘性弱，しまりあり）
7　茶褐色土（粘性・しまり強）
8　暗褐色土（ローム・橙色粒子微量含む，粘性なく，しまりあり）
9　暗褐色土（ローム含む，ローム粒子少量含む，橙色粒子微量含む，粘性なく，しまりあり）
10　暗褐色土（ロームブロック含む，粘性ややあり，しまり強い）
11　暗褐色土（ロームブロック・ローム粒子・橙色粒子少量含む，粘性なく，しまりあり）
12　暗褐色土（ロームブロック多量含む，粘性なく，しまり弱）
13　暗褐色土（12層よりロームブロック多く，粘性・しまりあり）
14　暗褐色土（ローム粒子少量含む，橙色粒子微量含む，粘性ややあり，しまりあり）
15　暗褐色土（ローム粒子少量含む，粘性・しまりあり）
16　暗褐色土（ローム・橙色粒子含む，粘性強，しまり弱）
17　暗褐色土（ロームブロック多量含む，粘性あり，しまり弱）
18　暗褐色土（ローム粒子含む，ロームブロック少量含む，粘性・しまり強）
19　暗褐色土（ローム粒子・ロームブロック多量含む，粘性あり，しまり弱）

第3号掘立柱遺構
1　暗褐色土（ロームブロック・橙色粒子少量含む，粘性ややあり，しまりあり）
2　暗褐色土（ロームブロック多量含む，橙色粒子微量含む，粘性・しまりあり，1層より明るい）

第4号掘立柱遺構
1　暗褐色土（ロームブロック少量含む，粘性弱，しまりあり）
2　暗褐色土（ロームブロック含む，粘性弱，しまりあり，1層より明るい）
3　暗褐色土（ローム粒子少量含む，粘性弱，しまりあり）
4　暗褐色土（ローム・橙色粒子含む，粘性ややあり，しまりあり，3層より明るい）
5　茶褐色土（ロームブロック多量含む，粘性あり，しまりややあり）
6　灰褐色土（ロームブロック含む，粘性ややあり，しまりあり）
7　茶褐色土（ロームブロック多量含む，粘性あり，しまりややあり，5層より暗い）

第5号掘立柱遺構
1　茶褐色土（ローム粒子少量含む，粘性なく，しまりあり）
2　暗褐色土（ローム粒子含む，橙色粒子微量含む，粘性・しまりあり）
3　暗褐色土（ロームブロック含む，粘性・しまりあり，2層より明るい）
4　暗褐色土（ロームブロック多量含む，粘性あり，しまりあり，3層より明るい）

溝状遺構
1　暗褐色土（ローム・橙色粒子微量含む，粘性・しまりあり，盛土）
2　暗褐色土（ローム粒子多量含む，粘性・しまりあり，1層より明るい）
3　暗褐色土（ローム粒子極多量含む，橙色粒子微量含む，粘性・しまりあり）
4　茶褐色土（粘性・しまりなし）
5
6
7

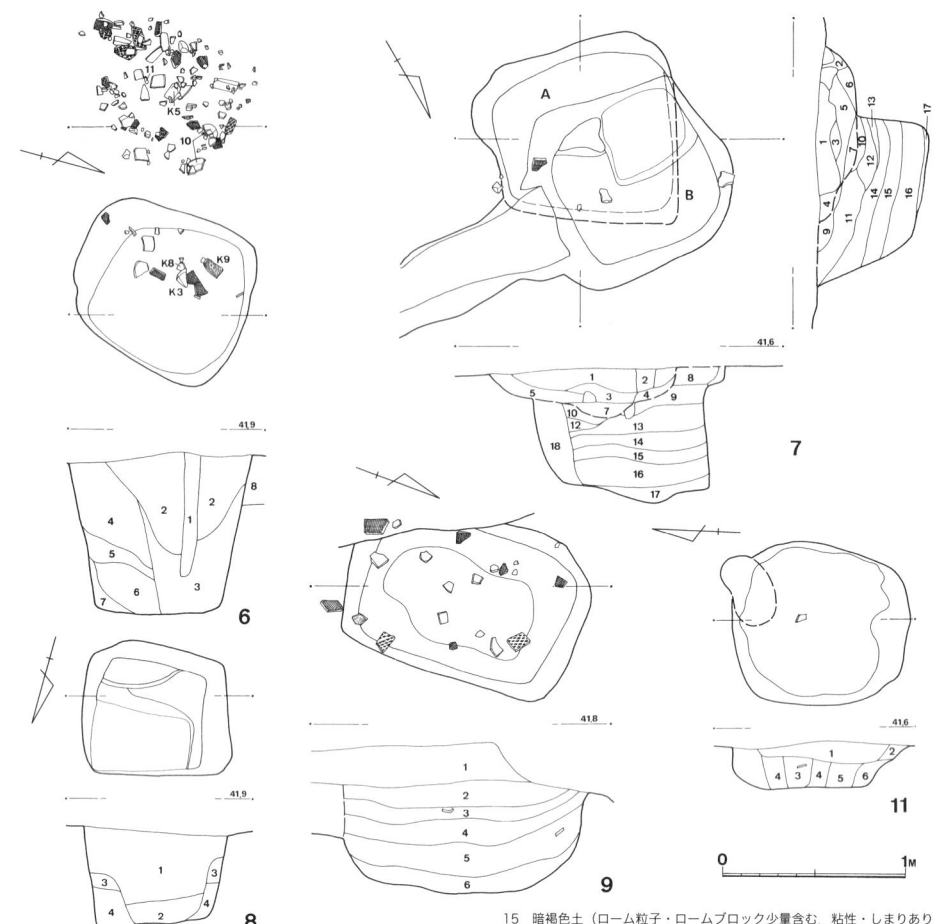

第6号掘立柱遺構
1　暗褐色土（ローム粒子微量含む，粘性・しまりなし，非常にパサパサする）
2　暗褐色土（ローム粒子・ロームブロック含む，粘性ややあり，しまりあり）
3　暗褐色土（ローム粒子少量含む，粘性・しまりあり，2層より暗い）
4　暗褐色土（ローム粒子含む，粘性・しまりあり）
5　暗褐色土（ローム粒子少量含，粘性弱，しまりややあり）
6　暗褐色土（ロームブロック微量含む，粘性ややあり，しまりあり，5層より暗い）
7　黄褐色土（ローム粒子・ロームブロック多量含む，粘性ややあり，しまりあり）
8　暗褐色土（ローム粒子・橙色粒子微量含む，粘性ややあり，しまりあり）

第7号掘立柱遺構
1　暗褐色土（ローム粒子・ロームブロック・橙色粒子微量含む，粘性・しまりやや弱）
2　暗褐色土（ローム粒子微量含む，粘性・しまりあり）
3　暗褐色土（ローム粒子・ロームブロック微量含む，粘性・しまりあり）
4　暗褐色土（ローム粒子・ロームブロック含む，粘性・しまりあり）
5　暗褐色土（ローム粒子・ロームブロック含む，粘性あり，しまりやや弱）
6　暗褐色土（ローム粒子・ロームブロック含む，粘性・しまりあり，4・5層よりやや暗い）
7　暗褐色土（ローム粒子・ロームブロック多量含む，粘性あり，しまり強）
8　黄褐色土（ロームブロック極多量含む）
9　暗褐色土（ローム粒子・ロームブロック多量含む，粘性あり，しまり弱）
10　黒褐色土（ローム粒子・ロームブロック含む，粘性あり，しまり強）
11　暗褐色土（ローム粒子・ロームブロック含む，粘性・しまりあり）
12　黒褐色土（ローム粒子・ロームブロック・橙色粒子微量含む，粘性あり，しまりやや弱）
13　黒褐色土（ローム粒子・ロームブロック含む，粘性・しまりあり）
14　黒褐色土（ローム粒子・ロームブロック多量含む，粘性・しまりあり，13層より）
15　暗褐色土（ローム粒子・ロームブロック少量含む，粘性・しまりあり）
16　黒褐色土（ローム粒子・ロームブロック微量含む，粘性・しまりやや弱）
17　黒褐色土（ローム粒子・ロームブロック含む，粘性・しまりやや弱）
18　暗褐色土（ロームブロック多量含む。粘性・しまりあり）

第8号掘立柱遺構
1　暗褐色土（ローム粒子・ロームブロック含む，粘性なく，しまりあり）
2　暗褐色土（ローム粒子含む，粘性・しまりあり）
3　茶褐色土（ローム粒子微量含む，粘性な，しまりあり）
4　暗褐色土（ローム粒子含む，ロームブロック少量含む，粘性あり，しまり弱）

第9号掘立柱遺構
1　盛り土
2　暗褐色土（橙色粒子少量含む，粘性・しまり弱）
3　暗褐色土（ローム・橙色粒子微量含む，粘性あり，しまり強）
4　暗褐色土（ローム・橙色粒子微量含む，粘性あり，しまり強，3層より明るい）
5　暗褐色土（ローム粒子・ロームブロック含む，橙色粒子微量含む，粘性強，しまりあり）
6　黄褐色土（ローム粒子，ロームブロック多量含む，粘性強・しまりあり）

第11号掘立柱遺構
1　暗褐色土（ローム粒子少量含む，しまりあり）
2　暗褐色土（ロームブロック多量含む，しまりあり）
3　暗褐色土（ローム粒子含む，しまりあり）
4　暗褐色土（ロームブロック多量含む，しまりあり，2層より暗い）
5　暗褐色土（ローム粒子・ロームブロック含む，しまり弱）
6　黄褐色土（ロームブロック極多量含む，しまり強）

第9図　掘立柱遺構（2）

瓦78点（第10図6，第11図10），陶器3点，磁器1点，土製品（第11図15），古銭（第11図13・14）などがある。

　土師器はすべて細片で，図示しえたものは丸底あるいは丸底に近い坏片である。第7図12・13は体部下位に稜をもつもので，12は口辺部に横ナデ，体部に二段のヘラケズリを有する。14・15は稜をもたないやや内湾ぎみの口辺部を有するものであり，16はやや厚手の丸底の坏（?）である。

　須恵器もすべて細片で，図示しえた17は，つまみの形状の粘土円板を押えつけて輪状にした蓋であり，18・19は条線状の叩き目文をもつ甕の破片である。

6　古瓦・その他

　古瓦は，遺構内より256点，遺構外より78点の334点で，その大部分は女瓦（平瓦）であるが，鐙瓦3点，宇瓦4点を含んでおり本項でまとめて説明を加えたい。

　鐙瓦（第10図1～3，図版4）

　1は第5号掘立柱遺構の柱受けとして出土したほぼ完形に近いものである。瓦当径19.5cm，高い周縁は素文で，外区内縁には線鋸歯文を施し，内区には扇形を呈する八葉の蓮花文上に短めの子葉を有する。中房はやや小さく，磨滅しているが一＋六の蓮子を置き，間弁は楔状に高く起き上がる。尚，瓦当裏面の周囲は肥高されている。色調は灰色で，胎土には砂・礫を含み焼成は良好である。

　2も第5号掘立柱遺構の柱受けとして1の隣りより2片に割れて出土したものである。瓦当19cm，周縁が間弁部と連なるもので，内区は八葉の蓮花文を配し，やや長めの花弁の外側には雑な二重の凸線がめぐる。やや不正円形で大きな中房には，一＋四＋八の蓮子を置く。男瓦との接合は周縁で深く，粘土やナデ調整が行われている。色調は灰白色を呈し，胎土には白色粒子，砂，礫を含み，焼成は良好である。尚，瓦当面には范型の木目痕が残る。

　3は第6号掘立柱遺構の覆土中より出土した細片である。周縁は間弁部と連なるもので，内区には八葉の連花文を配す。花弁は短めで弁端は丸みをもち，子葉は存在しない。花弁の外側には断面の丸い凸線が二重にめぐり，花弁の側面で隣の凸線と結合して1本となるが，内外の二線は接合しない。男瓦との接合は周縁に近い部分で深く施され，粘土の貼り付けとナデによる調整が行われている。色調は青灰色で，胎土には砂，礫を含み，焼成は良好である。

　宇瓦（第10・11図4～7，図版4）

　4は第6号掘立柱遺構の覆土中より出土した弧幅が平坦で広く，彫りの深い三重弧文で，厚さ5cm，顎の深さ7.5cm，側面は2回の面取りをもつ。顎部は弧文中段の上付近で女瓦部凸面に2,3枚貼りつけた段階で，凹面には細い布目痕と斜行する沈線を残す。顎部は横方向のヘラケズリ調整，頸部横方向のナデ調整を施す。色調はやや青みをもつ灰色で，胎土は砂粒と少量の白色粒子を含み，焼成は良好である。

5は第2号掘立柱遺構中より出土したもので，一部剝離しているが，瓦当の厚さ5cm（段顎径は3.5cm），顎の深さ7.5cmの弧幅が広く丸味をもつ四重弧文である。顎部の作りは，3枚の粘土帯を弧文の中段の下付近の女瓦凹面部に貼りつけた段顎で，横ナデ調整を施す。凹面は布目痕を残し，瓦当上端にはヘラケズリ痕が存在する。色調は灰色で，胎土には砂粒と白色粒子・礫を含み，焼成は良好である。

6・7は段顎部が剝離しており，何重弧文になるか不明である。6は小片であるが，上段弧文の厚さ1.5cm，顎の深さ5cmで，凸面部の粘土帯を貼りつける部分には，つぶれた斜格子の叩き目がみられる。凹面には布目痕がみられるが，瓦当縁辺部は幅広くヘラケズリが横走する。色調は残存部が青灰色で，胎土はやや泥っぽく，焼成は良好である。7は竪穴住居址より検出された二段以下の弧文を欠く幅広のもので，現存の厚さ1.7cm，顎の深さ6cmである。凹面の瓦当近くにヘラケズリによる低い段差があり，密なる布目痕の間にはさらに横位のヘラケズリが施される。布目痕上には親指を除く4本の指による浅いナデ痕が縦位に存在する。凸面には横ナデの調整痕などがあり，側面は現存部で2回の面取りが施されている。色調は青灰色で，砂粒，礫，白色粒子を含み，焼成は良好である。

女瓦（平瓦）の出土量は非常に多く，分類は叩き目痕の違いによって行なったが，大部分は無文あるいはヘラなどにより消されたもので，次に格子目をもつものが続き，縄目のものは非常に少ない（第11図，第1表）。

縄の叩き目痕をもつもの。

第1表　遺構一覧表

遺構名	形態	規模〔cm〕(長径×短径×深さ)	縄文土器	弥生土器	土師器	須恵器	格子目	縄目	無文	備考
							瓦			
1	不明	70×(27)×85		30						弥生時代の柱穴と重複
2A	不明	120×(30)×65					44		32	
2B	楕円形	100×(75)×85			1	1				宇瓦1
2C	楕円形	55×40×75								弥生時代の柱穴
3	偏長方形	80×55×35								3基のピットか
4	隅円長方形	80×67×67								ピットと重複
5	隅円長方形	120×85×55		1	6				9	鐙瓦2，礫4
6	隅円長方形	100×85×85			46		25	2	61	鐙瓦1，宇瓦1，礫8
7A	台形	105×100×25		1	4	1	2		2	
7B	隅円方形	100×100×65								
8	隅円方形	80×74×55	1	1						
9	隅円長方形	130×90×60			5		5		15	
10	不明	(60×60×35)								舟形溝状遺構と重複
11	隅円方形	96×87×25	1	1	1	1			1	
1号住居	長方形	(500)×460×50	41	44	475	17	20	1	31	宇瓦1，支脚1，黒曜石2，礫21
溝状遺構	舟形	(520)×150×70	7	27						弥生時代後期
予備調査			4	7	26	2	6	1	12	宇瓦1，陶器1，擂鉢1
遺構外			19	29	167	13	12	2	44	陶器1，磁器1，寛永通宝2，土製品1
小計			73	141	731	35	114	6	207	

※規模は確認面による。（　）は現存値

第11図8・図版4-9は縄の叩き目を凸面に有するもので、8は縦位に、9はやや斜位に、また布目痕も8は密で、9は粗なるものである。尚、8の端部には竹管の押捺痕が残り、9の側面は面取りが施されている。色調は、8が白灰色で、9は青灰色であり、胎土は共に砂粒、礫、白色粒子を含み、焼成は良好である。

斜格子・正格子の叩き目痕をもつもの。

第11図10は、厚さ1.9cmの凸面に大きく深い菱形状の斜格子の叩き目をもつもので、側縁はヘラケズリ調整し、側面には一回の面取りを施す。凹面は密なる布目痕を有し、側縁部にはヘラケズリで調整する。色調は灰色で、胎土には多量の砂粒、白色粒子を含み、焼成は良好である。

11は、厚さ2cmの凸面に小さく深い斜格子の叩き目痕をもつもので、側縁の一部と側面には面取りを施す。凹面は細密な布目痕を有する。色調は淡小豆色で、胎土には砂粒、礫、白色粒子を含み、焼成は良好である。

12は厚さ1.7cmの凸面に小さく非常に深い（逆台形）正格子の叩き目をもつもので、凹面には一部にナデのある密な布目痕を有する。色調は白灰色、胎土には砂粒、白色粒子を含み、焼成は良好である。尚、無文の中に44×28cmと瓦一枚の大きさが判るものがある。

男瓦も若干出土しているが、いずれも凸面が無文の細片であり図示しなかった。

尚、これらの瓦は、原廣志の分類[6]によれば、鐙瓦1はⅡ類（7世紀末から8世紀初頭の第Ⅰ類に近い時期）に、鐙瓦2はⅢ類a（8世紀中葉）に比定しうるが、宇瓦との対応関係は不明である。しかし、第5号掘立柱遺構では鐙瓦1・2が、第6号掘立柱遺構では鐙瓦3と宇瓦（第10図4）、さらに完形の土師器坏（第7図10）が伴出しており時期決定の参考となろう。尚、本区域から検出された瓦中、約1割強に加熱の痕跡が認められる。

この他、表採、攪乱層中より性格不明の土製品と寛永通宝2点が採集されている。

土製品（第11図15）は、欠損しており規模や形態は不明であるが、厚さ4.5cmの日干し煉瓦状で、上面には左手の親指を除く四本の指を強く押捺した痕跡を残すものである。外面は灰褐色を呈し、砂を含みザラザラする上に熱を受けており指紋痕は検出されていない。

寛永通宝（第11図13・14）は2枚採集されているが、13は大型で裏面に波紋を有するもので、14は小型で裏面が無文のものである。

7　まとめ

影向寺が存在する通称影向寺台には、非常に多くの遺跡が確認されている。今回の調査は小規模であったが、各時代の遺構・遺物が検出されている。

縄文時代の遺構は、1962（昭和37）年に影向寺の北150mに諸磯b式期の影向寺裏貝塚[7]、1977〜1980（昭和52〜55）年の影向寺総合調査や境内、周辺遺跡より縄文早期〜前期の土坑、中期（勝坂、加曾利E式期）の竪穴住居址と早期〜後期の多数土器片や石器、1979（昭和54）年に影向寺の南150mに諸磯a式期の住居址の野川神明社境内遺跡[8]、1992（平成4）年、北東150mに

272

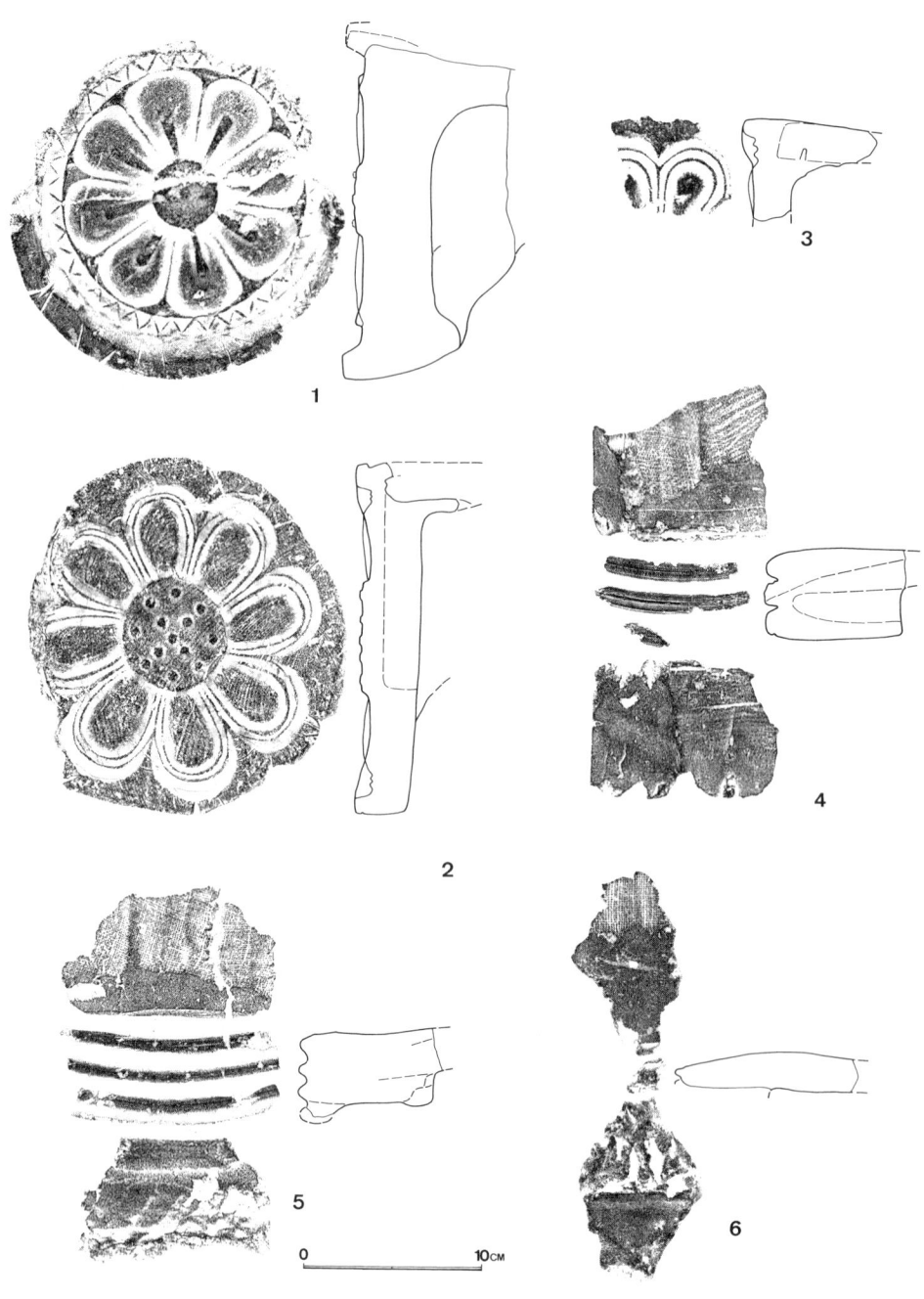

第10図　歴史時代　出土遺物（2）

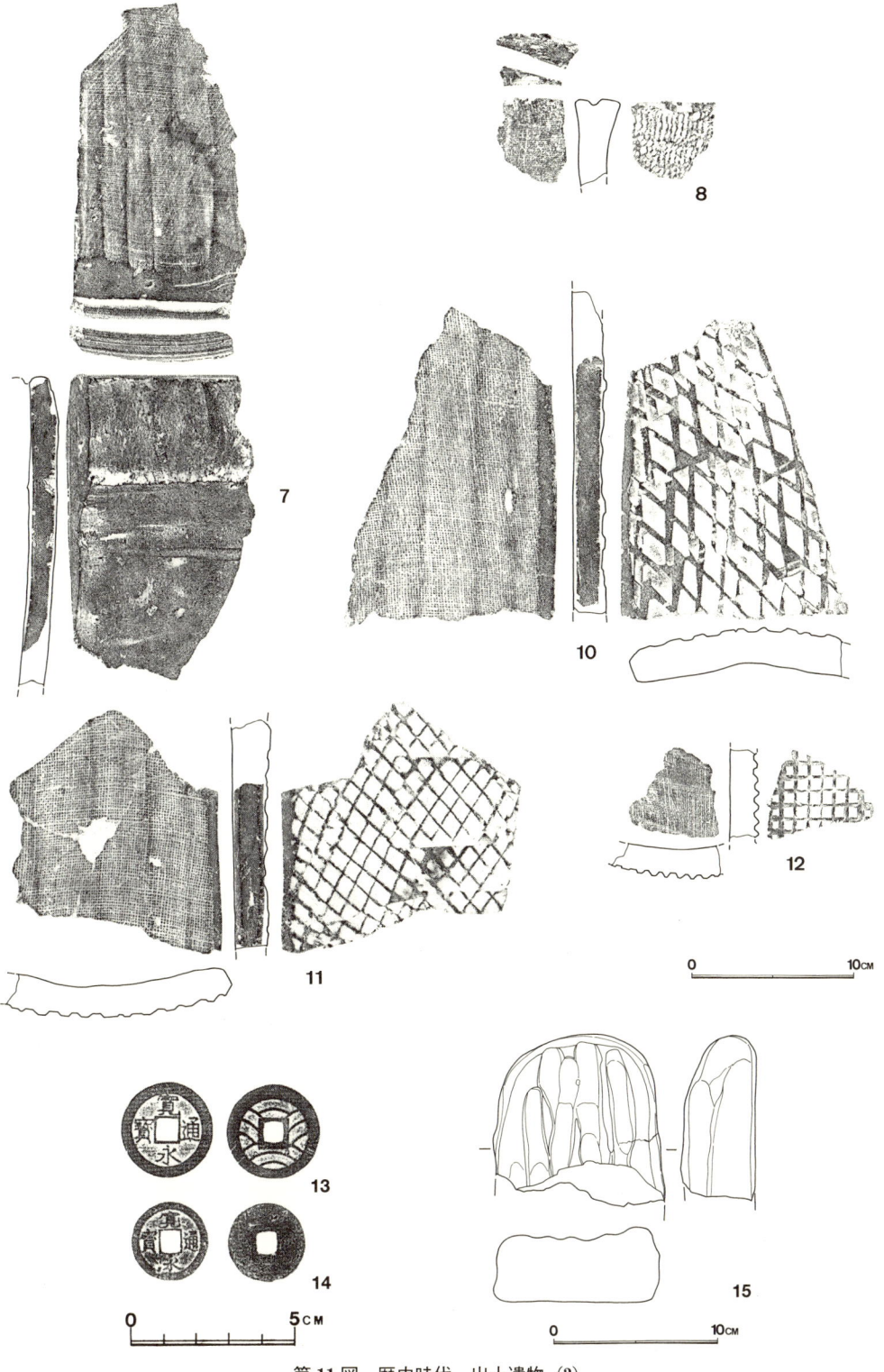

第11図 歴史時代 出土遺物（3）

早期末の陥し穴1基と早～後期の土器，石器を出土した影向寺北遺跡[9]，1993（平成5）年，北西150 mに早期後半の竪穴住居址2軒，陥し穴2基，土坑14基，五領ヶ台式期の柱穴群の野川北耕地遺跡[10]，1995（平成7）年，北西350 mに早期後半の炉穴2基と陥し穴10基の新作二丁目遺跡[11]などが存在する。本遺跡では検出できなかったが，早期から中期（特に前期後半から中期初頭多し）の土器が発見されており，生活の場として重要な位置を占めていたものと思われる。

弥生時代の遺構は，影向寺裏貝塚で後期に伴う断面「V」と「U」字状の方形周溝墓の一辺と考えられる溝状遺構2基，1975（昭和50）年，影向寺第一次調査（境内（1）遺跡）[12]では後期の住居址2軒と断面「V」字状の溝状遺構，1978（昭和53）年第二次調査（周辺（A）遺跡）[13]では後期の住居址2軒，第三次調査（周辺（B）遺跡）[14]では，後期の住居址4軒，現阿弥陀堂下（境内（2）遺跡）[15]より後期住居址4軒，1977～1980（昭和52～55）年影向寺総合調査では後期住居址16軒，溝状遺構数基，1978～1980（昭和53～55）年塔址東50 mの周辺（C）遺跡[16]では後期の住居址5軒，1979（昭和54）年野川神明社境内遺跡より後期の方形周溝墓4基，壺棺3基，1983（昭和58）年現太子堂下（境内（3）遺跡）[17]より後期住居址4軒，そして本調査（境内（4）遺跡）以後の1985（昭和60）年阿弥陀堂北東側（境内（5）遺跡）[18]より後期住居址8軒，溝状遺構1基，1992（平成4）年影向寺北遺跡では後期住居址5軒，1993（平成5）年野川北耕地遺跡では後期住居址2軒，1994（平成6）年新作二丁目遺跡では方形周溝墓3基と，本遺跡近辺ほぼ全域に弥生時代後期の住居址が確認され，また方形周溝墓も台地縁辺部近くに存在する様相を呈している。本調査区域においても第1・2号掘立柱遺構と重複して後期の住居址が1軒，また朝光寺原式系土器をもつ溝状遺構1基（東側に未調査区域が多くあり方形周溝墓の溝の一辺である可能性が大きい）が検出された。遺物も久ヶ原式・弥生町式土器とともに朝光寺原式系土器が出土しており，本台地での遺跡のあり方と一致する。

古墳時代の遺構は，影向寺境内（3）・（5），周辺（A）遺跡より和泉式期の住居址が，影向寺境内（1）・（2）・（3）・（5），周辺（A）・（B）・（C），及び影向寺北遺跡より鬼高式期の住居址が，影向寺周辺（A）遺跡から後期の土坑1基が検出されている。

古墳時代終末から奈良時代直前（影向寺創建前？）に属する遺構は，影向寺境内（1），周辺（A）遺跡より竪穴住居址各1軒，影向寺境内（2）遺跡で5×2間の磁北を異にする瓦を伴わない方形あるいは長方形の掘り方をもつ掘立柱建物址1棟，さらに阿弥陀堂西第1トレンチでも境内（2）遺跡と同一方向の抜き穴をもつ方形の掘立柱遺構2基が検出されている。さらに周辺（C）遺跡では円形の掘立柱建物址が1棟存在するようである。本調査区域でも，本時期に比定しうる竪穴住居址1軒と掘立柱建物址3棟が検出されている。竪穴住居址の時期は，撹乱中より瓦片は出土しているが，覆土・床面からの出土はないので影向寺建立前に構築されたものである。掘立柱建物址は，北東部・西部・南東部に3棟検出されているが，いずれも配列する建物址の一部の大型の方形柱穴址（昭和64年調査，P6・P9，P5・P7・P11）である。故に主軸方向や長・短径などは不明であるが，各辺の軸（方向）は規則性をもって構築されたものである。また3棟の掘立柱建物址の時期はいずれも古代瓦が出土しており，影向寺建立以後に構築されたものである。

本報告の編集には渡辺昭一氏のお手を煩わせた。記して感謝したい。また，本報告は平成12(1997)年に執筆したものに基づいている。故にその後の発掘成果や事実関係は反映していないことを付記しておく。

註

1) 三輪善之助 1922「影向寺域発見瓦」『考古学雑誌』第13巻第2号
　大場磐雄 1923「影向寺発見の古瓦に就いて」『武相研究』第3・5・7号
2) 伊東秀吉ほか 1982『川崎市高津区野川影向寺文化財総合調査報告書』 川崎市教育委員会
3) 村田文夫・野中和夫ほか 1989『神奈川県指定重要文化財影向寺薬師堂保存修理工事報告書』 影向寺
4) 山内昭二・澤田大多郎・橋口尚武 1963「川崎市影向寺裏貝塚調査報告書」『日本大学考古学通信』6
　影向寺遺跡第2次発掘調査団 1963『川崎市宮前区影向寺遺跡―第2次発掘調査報告書』 影向寺
　竹石健二・澤田大多郎 1993「川崎市宮前区影向寺北遺跡発掘調査報告書」『川崎市文化財調査集録』29　川崎市教育委員会
　川崎市 1988『川崎市史　資料編1』 川崎市など
5) 1995年夏，影向寺が石段の下，本調査区域の南東部に造作したゴミ穴の北断面に，底径約70cmの掘立柱遺構2基が確認されており，第5・7・11号掘立柱遺構との関係が注目される。
6) 前出2)の原廣志氏の分類参照
7) 前出4)の山内・澤田・橋口の文献
8) 前出4)の『川崎市史』No.112 参照
9) 前出4)の竹石・澤田の文献
10) 野川北耕地遺跡調査団 1994『野川北耕地遺跡』 野川北耕地遺跡調査団
11) 新作二丁目遺跡調査団 1995『新作二丁目遺跡』 新作二丁目遺跡調査団
12) 久保常晴・大三輪能彦 1975『川崎市高津区影向寺遺跡発掘調査概報』 川崎市教育委員会
13) 前出4)の影向寺遺跡第二次発掘調査団の文献
14) 前出4)の『川崎市史』No.40 参照
15) 前出4)の『川崎市史』No.35 参照
16) 竹石健二・澤田大多郎・野中和夫 1984「影向寺周辺遺跡発掘調査報告書―三浦邸・宮澤邸に関わる調査―」『川崎市文化財調査集録』20　川崎市教育委員会
17) 前出4)の『川崎市史』No.36 参照
18) 前出4)の『川崎市史』No.38 参照

図版1

調査区　完掘状況（南東から）

第1号竪穴住居址　竈土層断面（西から）

第1号竪穴住居址　遺物出土状況（西から）

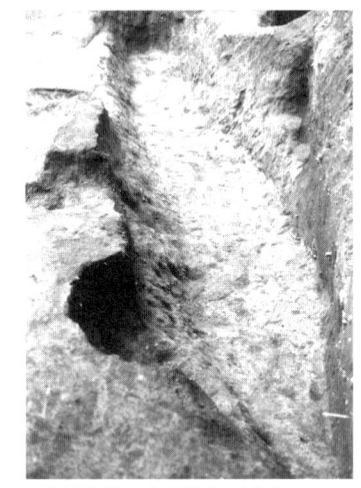

溝状遺構　完掘状況（南東から）

第1号竪穴住居址　瓦出土状態

溝状遺構　土層断面（北西から）

第1号竪穴住居址　完掘状況（南西から）

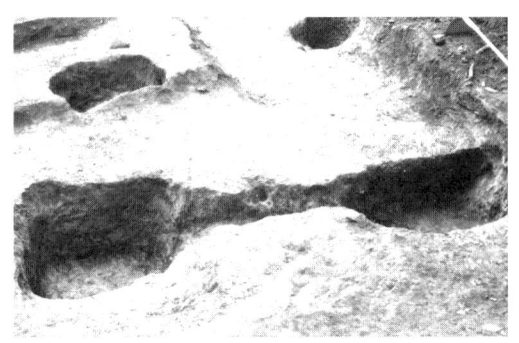

第4・5・7・8号掘立柱遺構　完掘状況（南から）

図版 2

第 6 号掘立柱遺構　遺物出土状況（西から）

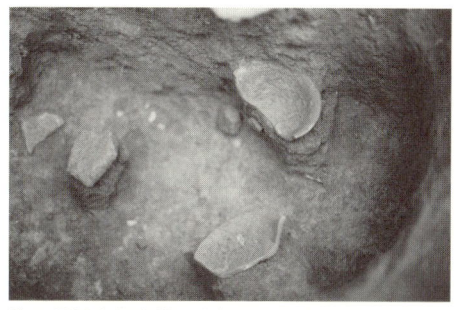

第 6 号掘立柱遺構　土師器坏出土状況（東から）

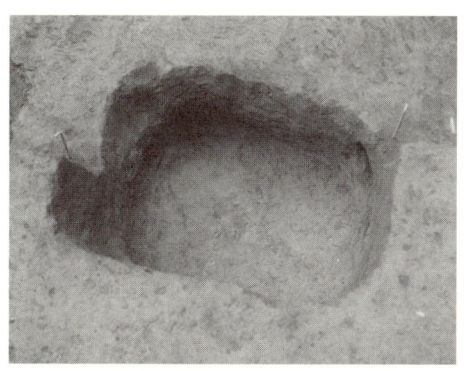

第 6 号掘立柱遺構　完掘状況（西から）

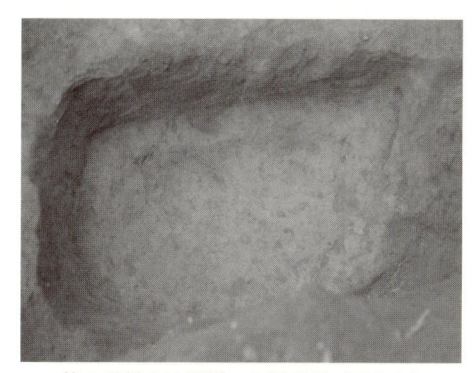

第 9 号掘立柱遺構　完掘状況（西から）

第 1 号掘立柱遺構　完掘状況（南から）

第 2 号掘立柱遺構　遺物出土状況（西から）

第 8 号掘立柱遺構　完掘状況（北から）

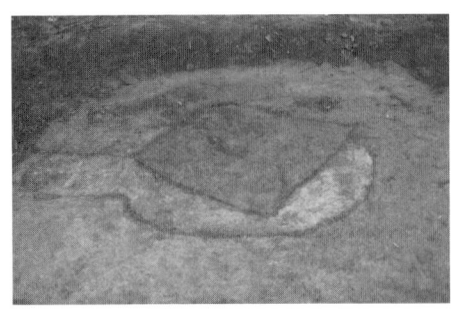

図版 3

第 7 号掘立柱遺構　確認状況（北から）

第 7 号掘立柱遺構　土層断面（北東から）

第 5 号掘立柱遺構　遺物出土状況（北から）

第 5 号掘立柱遺構　遺物出土状況〔近接〕（東から）

第 5 号掘立柱遺構　完掘状況（北から）

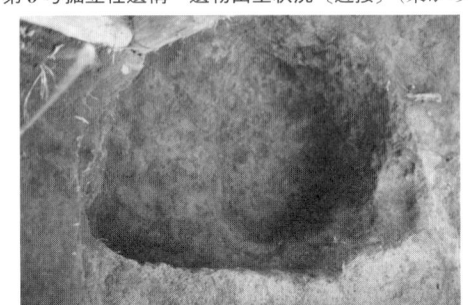

第 5 号掘立柱遺構　完掘状況（東から）

縄文時代　出土遺物

弥生時代　出土遺物

川崎市影向寺境内（4）遺跡発掘調査報告　279

図版4

歴史時代　出土遺物（土師器・須恵器）

歴史時代　出土遺物（瓦）

付編1　第11号掘立柱遺構より出土の弥生土器

　本土器片は第11号掘立柱遺構の底部より柱受けとして検出された弥生時代後期前半の壺形土器の肩部から胴上部にかけての大型片で，18片に破砕された状態で出土した。文様は肩部に4列のS字状結節文に囲まれた内側に一段の羽状縄文を配し，胴上部の上下4列のS字状結節文間には，沈線で連続山形状に区画した内側に単節斜縄文を交互に施したものである。朱塗りは文様帯を除いた部分に認められるが明瞭ではない（第12図2）。

　色調は淡黄褐色を呈し，胎土中にゴマ粒大の褐色・黒色の小礫を少量含み，焼成は良好である。

　尚，本土器片は東へ約500m離れた千年蟻山遺跡（1983（昭和58）年度調査，『川崎市史』資料編1）の第1号住居址の床面より出土した壺形土器（第12図1）と接合した。実に興味深いことである。

　すなわち影向寺の第11号掘立柱穴を有する建造物設立の柱受けに使用される以前に，千年蟻

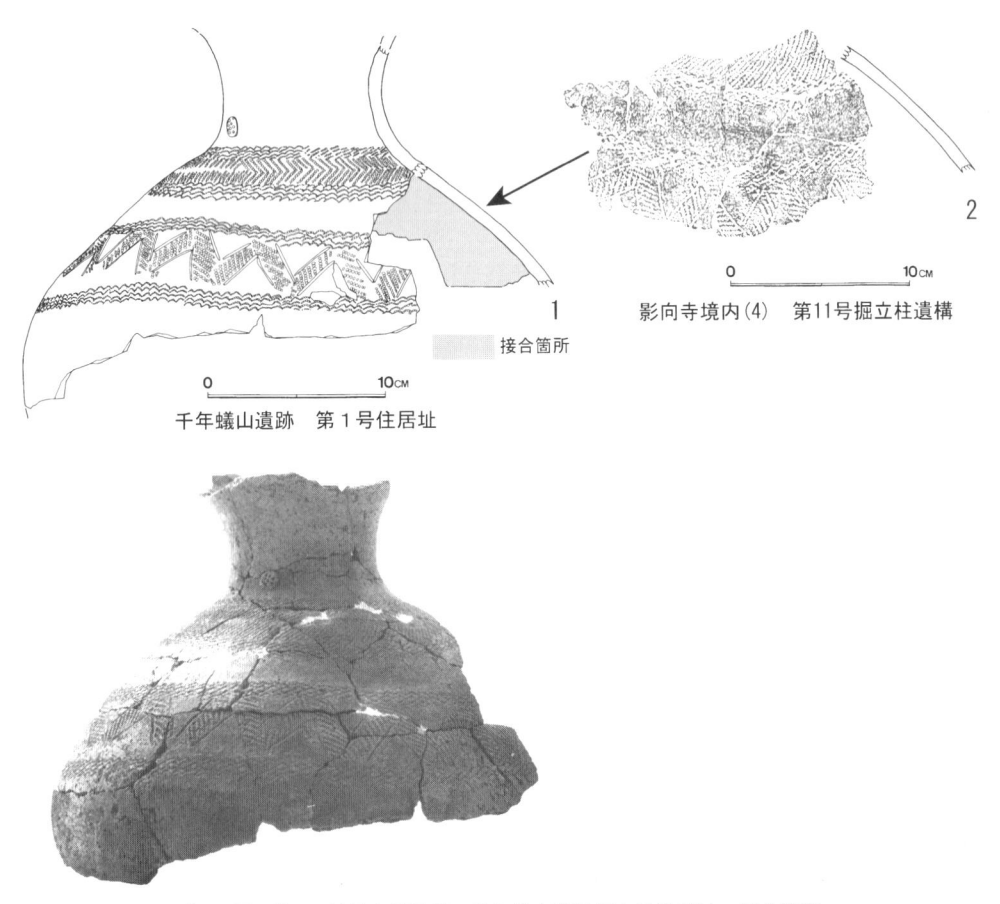

第12図　第11号掘立柱遺構・千年蟻山遺跡第1号住居址　接合資料

山遺跡では整地作業が行われていたことを意味しているが，それが時間的に埋土中に瓦を有する本掘立柱建物設立時に近かったか遠かったはさだかでない。

しかし橘樹郡衙と影向寺の設立時を検討する上で重要な手懸りとなる資料の一つである。

付編2　武蔵国荏原評銘の瓦について

「无射志国荏原評」銘の平瓦は，第1号竪穴住居址の東北約5ｍの第1号掘立柱建造物の第6号掘立柱穴（第2図）の柱受けとして1980（昭和55）年に検出されたものであるが，今回あらためてその一部を再録する（図版5）。

尚，正式報告は，竹石健二・原廣志　2001「影向寺境内出土の「无射志国荏原評」銘瓦について」『川崎市文化財調査集録』第37号で，原廣志氏の御了解を得て再録させて頂きました。

「文字瓦について」

ヘラ書文字が記された女瓦破片の大きさは，残存長31cm，残存幅23.1cm，厚さ2.1cm前後をはかり，小破片13点が接合されたもので残存した部分に一行7文字が解読できた。色調は淡い褐色で一部に白色化と褐色化したところも認められた。焼成は不良に近く全体に脆い。胎土には長石粒と白色針状物質を混入する。ヘラ書された文字は，凸面の叩き目を全面にわたり丁寧なナデ仕上げを施した後，ほぼ中央の位置に広端側から狭端側へ向って，ヘラあるいは先端の尖った棒状の工具により，焼成前の生瓦に明記したものである。ヘラ書の文面内容は，

「无射志国荏原評」

と記されており，「評」の文字下部から後は欠損しているので下にも文字がつづいているのかは分からない。「无射志国荏原評」は，「武蔵国荏原評」に相当する行政上の地名を記したものであるが，「荏原評」つまり「評」の記載は，大宝元年（701）の大宝令成立による郡制の施行以前に属したものと理解することができる。

影向寺のあるこの付近は，通称「影向寺台」と呼ばれる台地に位置しており，影向寺台から梶ケ谷・馬絹方面にかけて馬絹古墳をはじめとした梶ケ谷古墳群の分布がみられる。1977年に実施された影向寺総合文化財調査では，阿弥陀堂下から検出された大型掘立柱建物址（5×3間）は7世紀後葉以前に遡る建物と推定され，古くからこの地域が有力氏族（豪族）たちと深く関わった土地であった。この地域は奈良時代の行政上では武蔵国橘樹郡内に相当しており，影向寺台の一角にあたる千年伊勢山台北遺跡からは，総柱構造の堅牢な掘立柱建物址が複数軒も発見され，橘樹郡内に関係する遺跡を推定されている。橘樹郡の中心地であった影向寺台周辺の歴史的舞台は，村田文夫氏の言うように「高塚古墳」→「氏寺」→「郡寺」へと保守的な権力基盤の継承を物語るものと捉えられ，この文字瓦の発見は影向寺をはじめ橘樹郡の歴史を探る上できわめて貴重な史料の一つとなろう。（文責　原）

影向寺文化財総合調査 薬師堂西側掘立柱遺構出土「无射志国荏原評」銘の瓦
川崎市市民ミュージアム提供

資料紹介

川崎市麻生区東柿生小学校遺跡 1993(平成5)年

戦時中に行われた後貝塚(うしろかいづか)の発掘調査
―― 日本大学文理学部所蔵千葉県船橋市後貝塚出土資料について（中間報告）――

寺　内　隆　夫

はじめに

　日本大学文理学部史学科研究室には，昭和時代に行われた発掘調査に係る未発表資料が所蔵されている。後貝塚出土資料もその一例である。ただし，まったく未知の資料というわけではない。縄紋時代中期の良好な土器資料が日大にある，ということは研究者間に知られており[1]，その一部が写真で紹介された経緯がある（鈴木1981，小川・小林1988）。ただし，これらの土器が，戦時中（1942年～1943年）に日本大学考古学会（以下，日大考古学会）の発掘したもので，竪穴（住居跡?）の（一括?）資料であることなどに触れられた記述はない。

　筆者は，二十数年前，日本大学先史学研究会の一員としてたびたび倉庫の整理や見学に加わり，これらの資料と出会った。当時，大規模開発に伴う竪穴住居跡一括資料が増えていたとはいえ，「四号竪穴」と注記された複数個体の土器群は，阿玉台式I類b種（西村1984）数個体に，勝坂I式（下総考古学1985）が伴出する貴重な事例であった。また，「五号竪穴」では，勝坂式の終末期から加曽利E1式期の土器に混じって，中峠式土器と呼ばれていた土器（下総考古学研究会1976，1998）が認められた。中峠式土器に関する層位資料が乏しい当時としては，重要な資料であった。このように，両竪穴の資料が1970年代末～1980年代初頭においても，第一級資料であり続けていたことに驚かされた。その後，筆者は修士論文作成にあたって，四号竪穴の数個体について実測図を作成（1983年）した。筆者にとっては思い出深い資料である。

　竹石・澤田両先生の古希記念に際し，この四号竪穴の実測図を紹介することを思いつき，出土状況や調査内容について確認することとした。ところが，史学科研究室には一部の写真資料を除いて，記録類が全く残っていなかった[2]。地元の船橋市でも，後貝塚に関しては「発掘調査歴なし」とされた期間が長く，その後も詳細不明として扱われてきた。

　本稿は当初，後貝塚四号竪穴の土器紹介を主眼としていた。しかし，この1年の間，戦時中における後貝塚発掘調査に関する情報を探索する中で，忘れ去られてしまった日大の考古学史を復元することに興味の中心は移っていった。ほとんど資料が残っていなかったことが，かえって筆者の「知りたい」という気持ちに火をつけたのも事実である。現状で収集できたのは不充分な情報でしかない。しかし，この情報を紹介することによって，新たな証言や，調査時の資料が再発掘されることを願い，中間報告として発表することとしたい。

1　後貝塚に関する研究略史

(1) 日大考古学会による調査まで（～1941年）

a　八木奘三郎の調査

　後貝塚をはじめて学会誌上で紹介したのは，八木奘三郎（八木1893b）と思われる[3]。八木は1893年1月の休暇中に，千葉県内の5箇所の貝塚を調査（うち2箇所は新発見）し，既知の貝塚として後貝塚にも向かっている（八木1893a）。ただし，採取遺物が少なかったためか，後貝塚に関しては数行のみの記載と，スケッチ画1枚にとどまっている（八木1893b）。

　このわずかな記述の要点をまとめると，

① 当時すでに表面に貝殻の散布がみられない。
② 地元民でも貝塚の所在を知らない者が多い。
③ 発掘をして赤彩？土器と骨・灰・炭等を採取した[4]。
④ スケッチ画は貝塚を西側の谷から望んだ景観と推定される（第1図）。

八木報告からわかる後貝塚の情報としては，

（ア）立地：貝塚が低地への傾斜がはじまる台地縁辺部にあること（上記④より）。
（イ）立地：台地がやや内彎気味にくびれる地点にあること（上記④より）。
（ウ）位置：右手に畑，左手に木々が見られること（左が熱田神社か？）（上記④より）。
（エ）貝塚の規模・性格：大規模な斜面貝塚ではなさそうなこと（上記①・②より）。
（オ）学史：戦後，遺跡の位置が混乱する要因と考えられること（上記①・②より）。である。

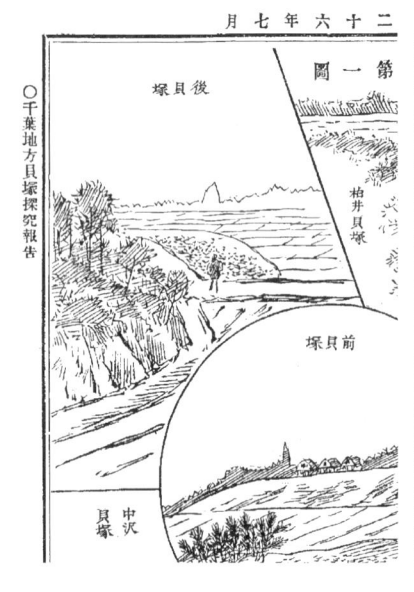

第1図　八木奘三郎のスケッチ（左）と推定地の現況（右）

八木報告の後，東大人類学教室の地名表には，第Ⅰ版『日本先史時代人民遺物発見地名表』(1897年) 以来，このシリーズとしては最終の第Ⅴ版 (1928年) にまで，後貝塚の名前が掲載されていた (酒詰 1959)。また，その位置については，杉原荘介の飛ノ台貝塚報告 (杉原 1932b) にも，当時，周知されていた数少ない貝塚の一つとして明示されている。戦前，後貝塚は千葉県内の東京湾側 (東葛地域) では，著名な貝塚の一つであったとみられる。

b 日大考古学会の調査 (1942・1943年)

戦後作成された日大文理学部所蔵資料台帳 (以下「台帳」) に，「(種類) 土器頸部，(出土地名) 船橋市後貝塚神社鳥居前 (年月日) 昭一五，秋 (備考) 加曽利E式伴出」がある。1940年，この資料が採取品として日大へ持ち込まれたとすれば，このことが後貝塚発掘の端緒になった可能性が高い。

また，日大による船橋市域での発掘調査に関しては，船橋 (北) 本町遺跡で軍需工場の造成に際して多量の遺物が採取され，それを地元の教師であった海保四郎が日大へ連絡し，1942年の発掘調査に至った経緯が伝えられている (長谷川 2005)。調査の時期や場所が近接していること，後貝塚の調査参加者の集合写真にも海保四郎が写っている (後述) ことから，海保と日大考古学会のつながりによって，後貝塚の調査が実施された可能性が高い[5]。

後貝塚の発掘調査責任者は史料上では確認できていない。当時，日大考古学会の「指導は門上秀叡先生」(高杉 1977) となっており，わずかに残された1943年度調査の写真に，背広姿で平板実測等の指導をしている人物が門上その人である，との証言が得られた[6]。このことから，発掘調査の責任者は門上秀叡 (かどがみしゅうえい) であったことはほぼ間違いないであろう。

この他，日大文理学部所蔵遺物の注記と，「台帳」の記載から，1942 (昭和17) 年11月と，1943 (昭和18) 年6月に発掘が実施されたことがわかる。また，1943年度調査に関しては，写真ネガが26コマ分残されている (プリント可能は24コマ)。ただし，「後貝塚原板 昭和十八年六月二十日」と記された表書き以外，注記が一切なく詳細は不明である。遺物注記と「台帳」からは，2年間の調査で竪穴 (住居跡) が6軒程度発掘されたことがわかる。遺構の時期は，二号と三号竪穴出土遺物が「台帳」にないが，その他の竪穴出土土器はいずれも縄紋時代中期である。

以上，日大考古学会による調査に関連して，現在確認できる資料は，

① 出土土器 (一号，四号，五号，六号竪穴)
② 戦後作成された日大文理学部所蔵遺物の「台帳」
③ 1943年度調査時のモノクロ写真ネガフィルム24コマ (プリント可能)，のみである。

現在，これらは日大文理学部史学科研究室に保管されている。残念ながら残された資料はわずかで，外部に公表された記録も一切ないため，調査のきっかけ，目的，内容等々の詳細についてはまったくわからないのが実状である。

c　1943（昭和18）年度調査について

　1942年度の調査については，土器と「台帳」しか資料がなく，最低4日の調査期間で，竪穴4軒（二号，三号は遺物なし）を発掘したことしかわからない。これに対し，1943年度調査では，注記がまったくないとは言え，調査状況を示す貴重な資料として24コマ分の写真フィルムがある。ここでは，これらの写真を元に，1943年度調査の状況を推定して行くこととする（第2図）。これらの写真は，1940年代の発掘調査の手順や方法を知る上でも，貴重な資料である。

①**調査年月日**：写真資料の表書き，および戦後作成された「台帳」に記された取り上げ日は全て「昭和18年6月20日」である。このことから，1日限りの調査であった可能性が考えられる。注記が調査最終日の年月日を示しているとしても，かなり短期間であったと見られる。これは，1942年度調査が最低4日（土器取り上げ記載日），断続的に続けられたのとは違いがある。

②**調査地点**：推測の手がかりとして4つあげておこう。一つは，「台帳」にある「土器頸部　後貝塚神社鳥居前　昭（和）15・秋」の記述である。この土器が発掘の発端となっているとすれば，1942・1943年度いずれかの調査地点は，熱田神社からさほど離れていない地点と考えられる。

　二つめは，野外で飯ごうを火にかけている写真（1943年度）の存在である（未掲載）。背景に発掘調査隊の記念写真を撮っている本行寺が間近に写っている。炊事作業をしている場所が発掘地点に近いと推測すると，1943年度調査の地点は本行寺からさほど離れていないと思われる。

　三つめは，本行寺住職の竹石慈仙（当時）が，船橋市内の考古資料を精力的に収集しており，後貝塚の資料も数多く保管していた，という点である。採取地は「熱田神社及び本行寺附近の畑地又は宅地」（竹石1958）とある。発掘調査隊の記念撮影が本行寺境内で行われ，休憩場として利用させてもらえたのも竹石の取り計らいであったと考えられる[7]。竹石や海保の情報を元に発掘地点を決めていたとすれば，熱田神社付近〜本行寺付近の間が，有力候補となろう。

　四つめは，平板実測を行っている写真（未掲載）の背後に，広範囲にわたって家屋が見られず，遠方に長津川沿いにあったと見られる山林が広がっている点である（第4図米軍航空写真から推定）。発掘地点は旧後貝塚村（旭町）のなかでも，家屋が密集する場所ではないことがわかる。

　憶測を重ねるならば，本行寺周辺〜熱田神社南側鳥居付近の畑地であろう。現在の地番では，船橋市旭町2丁目〜3丁目の台地上，それも長津川（西）よりの地点と推定される（第3図）。

③**調査の要因**：写真からは発掘地点が畑であり，ひじょうに狭い調査区であることがわかる（第2図2・3）。このことから，船橋本町遺跡のような，軍需工場の造成などにからんだものではなさそうである。食料増産が叫ばれた時代に畑地を掘っていることから，土地改良に絡んで発掘をさせてもらったことも想定される。下総台地では，作物の生育を均一にするため，貝抜き（貝塚の貝を掘り取る）が行われる場合がある。写真では，麦の穂が垂れ下がった脇（未掲載）で調査しており，麦収穫時か，隣接する菜園の一画を掘っているのかもしれない。しかし，写真を見る限り，貝層が存在した可能性は低く，土地改良（貝抜き）に便乗した調査ではなかったようである。「台帳」にも，「貝墟」の記述があるのは1942年度調査の一号竪穴のみである。

　数少ない写真から憶測を重ねて行くと，後述するように，純粋に考古学調査を目的としていた

④調査隊の組織：記念撮影では必ず中央に位置し，平板実測指導，遺構のメモ書き作業にも写っている人物が調査責任者と考えられる（第2図1・2）。この人物は，当時，日大予科で哲学・論理学の専任講師[9]であった門上秀叡（東京経済大学1983）である。このほか，門上の左横に海保四郎が居り，この他，地元関係者や教員？と見られる大人が数名写っている。学生は帽子の徽章に2種類あり，一方は「豫科」の名札を付けた学生がかぶっている。察するにもう一方は「高等師範部」の学生であろう[10]。さらに，海保四郎の教え子と見られる国民学校？（尋常小学校～高等小学校？）の生徒が前列に写っている。総勢は36名である。

⑤調査対象：「台帳」を見ると，埋設土器などのある竪穴を狙った可能性が高い。1943年度調査では，四号竪穴から阿玉台式の浅鉢底部1点，五号竪穴・六号竪穴からは加曽利E式土器等が20個体弱（大形破片含む）出土したとの記載が台帳に見られる。

「台帳」を見ると，1942年度に多量の土器が四号竪穴から出土しており，1943年度の1点については記載ミスの可能性も

のかも知れない[8]。

1　本行寺境内での集合写真
（中央背広姿が門上秀叡，その左が海保四郎）

2　四号竪穴？掘り下げ　　3　六号竪穴（手前）トレンチ3

4　四号竪穴？完堀状況

第2図　1943（昭和18）年度調査写真

考えた。しかし，写真に写る1943年度に完掘された竪穴（第2図4）の形態は，円形で床面中央に柱穴が見られる。こうした竪穴の形状は，加曽利E式期（五号・六号竪穴）というよりも，阿玉台式期（四号竪穴のみ）の可能性が高い。このことから，四号竪穴については，1942年度に床面まで掘ったものの完掘できず，埋め戻した。これを1943年度に再発掘し，ピット調査と平板実測を行った，と推定した。掘り下げ中から平板を据えている写真（第2図2）や，門上が掘り始める前？に掘削範囲をメモ書きで示しているような写真（未掲載）もあり，前年調査地点を確認しながら一気に大スコップ（エンビ）で掘り下げたと推測した（第2図2）。

　1943年度に新たに設定した調査区は，短期間の調査であったため，トレンチ調査だけに限定したようである。「台帳」には，五号竪穴内で加曽利E式の深鉢「爐として使用か？」と，「姥山式（爐用）」（勝坂V式と確認）の記載があり，狭いトレンチ内に炉，あるいは竪穴が重複していた可能性がある。写真ネガを見ると，「姥山式」土器を取り上げた写真は，トレンチ内を掘っている写真の中間に撮影されていることから，五号竪穴がトレンチ調査内であった可能性が高い。また，「台帳」の六号竪穴には，加曽利E式の深鉢に「爐中ニアリシモノ」と「爐ノ囲イニ用イシモノ」の記載があり，第2図3の土器埋設状況写真に一致する。この写真から推測すると，同一トレンチの手前が六号竪穴である可能性が高く，その場合，奥側が五号竪穴と推定される。

⑥調査方法：再発掘という推定が正しいとすると，四号竪穴は表土から一気に大スコップで坪掘りしている点も頷ける。五・六号竪穴はトレンチを掘削し，移植ごてや潮干狩り用の熊手を使って覆土中の土器を取り上げ（未掲載写真），竪穴床面と推定される面まで掘り下げたようである。

　別の写真（未掲載）にはボーリングステッキが見られる。短期間の調査であるため，遺構を外すわけにはいかない。そこで，まずは表土からボーリング調査を行って，遺構の場所や広がりといった目星をつけていたとみられる。炉埋設土器が狭いトレンチの中央にきっちりと収まっていること（第2図3）から，ある意味，的確なボーリング調査を行ったとみられる[11]。

　トレンチ壁面を精査している様子はなく，堆積状況（層位）を確認・記録化していたかは不明である。遺物の注記には炉埋設土器を除くと各竪穴名しか記されていないので，遺物の出土位置や層位は図化しなかったとみられる。ただし，トレンチ内出土土器を新聞紙上に広げている写真もあり，層位と土器型式を確かめながら掘っていた可能性はある[13]。

　測量には平板を用いている。四号竪穴の上端に串（イネ科植物の茎利用か？）が等間隔に刺されており，これを実測したものと見られる。下端には何も目印がなく，竪穴の外形線は上端のみの図化だった可能性がある[12]。六号竪穴の炉埋設土器の実測には，コンベックスによる手実測が行われている。詳細図を作成したのか，単なるメモ書きのための計測なのかは不明である。

　記録写真は富士フィルムの35mmモノクロで26コマが現存している[14]。調査隊の集合写真から五号竪穴，六号竪穴の埋設土器の取り上げまで，この年の調査行程のほとんどが揃っており，このネガ1本分が全てであった可能性が高い。フィールドノートは反故紙を切って利用し，筆書きでメモをとっている写真がある。いずれも，戦時中の物資が不足している時期だけに，貴重なフィルムと紙であったと考えられる。

現在，確認できる調査記録は上述の写真 24 コマと出土土器のみである。平板実測図，フィールドノートなどは行方不明となっている[15]。

⑦**検出遺構**：四号～六号竪穴の 3～4 軒（五号には時期の異なる炉埋設土器が複数あり，重複の可能性がある）である。2 年越しの調査と推定した四号竪穴は，円形の掘り込みで，中央にピットが 1 基見られる。トレンチ調査のみの五？・六号竪穴でも，炉埋設土器を取り上げている。

また，写真を見る限り，この年の調査では貝層にあたっていないようである。日大の所蔵資料に貝や獣骨類が認められないことと一致しているとも考えられよう[16]。

⑧**1943 年度調査の目的は？**：まず，1942 年度調査との調査期間の違いを見てみよう。遺物台帳から推定すると，1942 年度の遺物取り上げ日は 11 月 1・3・8・25 日の 4 日間となっており，約 1 ヶ月間に最低 4 日の調査が実施されたと見られる。一方，1943 年度については，前述したとおり 6 月 20 日のみであり，写真ネガも同日の記載しかない。そのため，1 日限定か，あるいはそれに近い短期間調査であったことがうかがえる。

入手できた「台帳」を見る限り，1943 年度では夏以降，発掘調査を行った形跡はない。後貝塚までは東京近郊を対象としていたが，7 月以降は，長野・岩手・青森県へと変化し，9 月以降の記載は途絶えてしまう。戦争が激化する中，1943 年の夏は大きな変換点であったとみられる。7・8 月の発掘が遠隔地であることを考慮すると，場合によっては後貝塚の調査が，終戦前における日大考古学会が組織立って行った最後の調査だった可能性も出てこよう[16]。

次ぎに，残された写真資料から推定してみよう。カットの割合を見ると，プリント可能だった 24 コマ中，記念撮影の枚数が 5 コマ（21%），人物入りの発掘作業風景写真が 14 コマ（58%），遺構・遺物出土状況写真が 5 コマ（21%）である。同じ状況に対して複数撮影したものは，片方がアングルを失敗した場合などがほとんどである。竪穴の完掘写真等も一枚のみの撮影であり，写真フィルムが貴重だった戦時中のため，撮影はかなり厳選していたと考えられる。遺構・遺物写真，作業風景については，各作業段階の手順や完掘状況などが追えるように，各々 1 カットが選ばれたのであろう。これに対して，記念撮影が全体の 21% を占めている。

以下，こうした写真の撮影比率から筆者の憶測を重ねてみよう。1942 年以降，戦争の状況が悪化をたどり，大学では勤労奉仕，各種訓練，体育錬成が強化されていた。また，卒業年数の短縮が行われるようになっており，猶予されていた徴兵への道が近くなっていった。1943 年 5 月には日大本部より各学部長あてに「本学戦時下教育刷新要項」通達が出され，専門科目が減り，体練・行進・坐禅等が加わり，文部省指導に則した戦時統制下にあった。また，6 月 23 日（後貝塚発掘直後）には，文部省専門教育局長より卒業年限の短縮に関する通達（予科も同様）が出された。さらに，6 月 25 日には「学徒戦時動員体制確立要綱」が閣議決定されている。10 月には理工科系以外の学徒徴兵猶予が撤廃され，ついに 12 月には学徒出陣がはじまっている（日本大学史編纂室 1993 ほか）。

1943 年 6 月の状況は，農地・軍需工場等への動員が進み，さらに学徒出陣への足音がひたひたと学生に迫ってきた時期である。前年のような発掘調査は望むすべもなく，さらには日大考古

学会による発掘調査自体ができない状況が迫っていたと感じていたであろう。そのため，遅かれ早かれ各人にやって来る戦地や勤労先への動員を前に，調査途上であった後貝塚は掘っておきたい遺跡の一つだったのではないだろうか。わずか一日限りと推定される調査にも係わらず，人物入りの作業風景写真と記念撮影が貴重なフィルムの79%を占めるのは，単に当時の慣習として集合写真が多いのか，あるいは，それ以上の意味が込められていたのか，今後証言を集めたい点である。

残念ながら，現状で筆者が推定復元できる調査状況は以上である。今後，拙稿に目を止めていただいたOB各氏や関係者からの証言が得られることを期待したい。

(2) 日大考古学会による調査以後 (1944年〜)
a 周辺の宅地化とともに進行した位置の混乱

1959年の『船橋市史』（船橋市役所1959）では，「旭町熱田神社の南方に存し，松島支谷の上限貝塚で，堀之内式の純鹹に近い貝塚であり，…」と短く紹介されている。堀之内式とされているが，その後の資料紹介等で後期の土器が示された事例はない。同年，酒詰仲男『日本貝塚地名表』（酒詰1959）でも，編年欄では「縄後」と記されている。酒詰氏は刊行段階で，地名表掲載貝塚の40%を自ら踏査し，備考欄に「実査」・「発掘」と記載している。後貝塚に関しては残念ながら記載がなく，自ら踏査したかは不明である。また，両文献とも日大考古学会の発掘調査に関する記述はない。

その後，後貝塚に対する研究者の関心が薄れたためか，貝塚の位置自体も誤認されてしまう。その発端は，1968年に作成された『船橋市遺跡一覧』（船橋市教委1968）で，所在地が前貝塚町770と誤記されてしまった。現況・報告書・備考欄がすべて空欄になっており，担当者自らが調査したのかは疑わしく，既存資料の写し間違え等の要因が想定される。さらに，1974年の文化庁『全国遺跡地図 千葉県』（文化庁1974）では，所在地の記載では旭町宮前に訂正されたが，地図上のドットが金杉町に落とされており，混乱を重ねることとなった。1977年に刊行された『船橋市の遺跡』（船橋市教委1977）では，所在地は正しく訂正されていたものの，貼付された図面上のドットは前貝塚町（1968年の図と同じ位置）のままになっている。地図上の位置の混乱は，1981年の小西ゆみ論文（小西1981），1987年刊行の『船橋市の遺跡』（船橋市教育委員会1987）へも引き継がれてしまった。

一方，1991年，『船橋市史』における縄文時代遺跡の紹介（岡崎1991）では，掲載された縄文時代中期，および後期の分布図に後貝塚はなく，船橋市内で住居址等が発見された縄文時代中期の遺跡からも欠落している。

このように，戦後，後貝塚はその位置さえ誤認されるほど，研究者や地元から重要視されない存在になっていたのかも知れない。

その後，船橋市教委では，手書きによる訂正地図を作成し，1997年の千葉県教育委員会発行の地図（千葉県教育委員会1997）でも訂正され，本来の位置に戻っている。しかし，遺跡の位置や

範囲が行政的に確定しなかった間に，本来の後貝塚では宅地開発などが進行し，遺跡の実態や正確な範囲が不明確なまま現在に至っている。

b 資料紹介の開始

後貝塚出土資料に関して，第3者の確認できる形で資料紹介がはじまったのは，1980年代以降である[18]。その量はわずかではあるが，ようやく，後貝塚の実態をおぼろげながら垣間見ることができるようになってきた。

1977年の地名表では，遺物の欄に堀之内の他に「阿玉台・加曽利E」が示された。縄紋時代中期の資料が存在したことが，はじめて公の活字に現れた。

1981年7月，『縄文土器大成』（鈴木1981）に日大所蔵資料の阿玉台式土器3点が写真で紹介された。筆者の管見によれば，後貝塚出土資料の実物が公表された初出文献とみられる。同年12月には，小西ゆみが芋床掘りの際に出土した加曽利E式土器1個体を実測図で紹介した。出土地点は記載された住所から熱田神社の南300mほどの台地縁辺部とみられる。この論考には「発掘調査がなされていない」とあり，日大による調査が周知されていなかったことを示している。

まとまった数の土器が紹介されたのは，1988年『縄文土器大観』（小川・小林1988）である。ここでは，小川忠博撮影の展開写真に4個体の阿玉台式I類b種土器が取り上げられた[19]。

1996年には中村宣弘（中村1996）が，「昭和16年に日本大学が後貝塚で発掘調査を行った際に出土したもので…」と推定した上で，現在は地元の方が保管されている加曽利E1式土器を紹介している。中村は「完形品であることから，遺構から出土したものと」想定している。

以上，後貝塚については，①八木が述べるように大規模な貝塚でなかったこと，②日大考古学会による調査成果が公表されなかったこと，③戦後，遺跡の位置が誤認され続けたことなど，複数のマイナス要因が重なり，実態が不明確なまま今日に至ってしまった。現地は，宅地開発が進行しており，今後，貝塚の全貌を知り得ることは不可能に近いだろう。こうした点からも，日大考古学会の発掘資料の公表は，重要な意義を持つものと考えられる。

2 後貝塚の位置と現状について

後貝塚の位置

a 地理的な位置

後貝塚は，現在の地番では船橋市旭町2丁目〜3丁目に広がる（第3図）。

東京湾沿いに低平な台地が続く船橋市域において，縄紋時代の遺跡は印旛沼へ向かう水系と，東京湾側に流れる水系の大きく2グループに分けることができる。後者はさらにいくつかの水系に分けることが可能である（岡崎1991，千葉県教委1997）。後貝塚は，海老川などとともに夏見潟を経て東京湾に注ぐ長津川（松島支谷）と向田川に挟まれた台地上に位置しており，長津川沿い

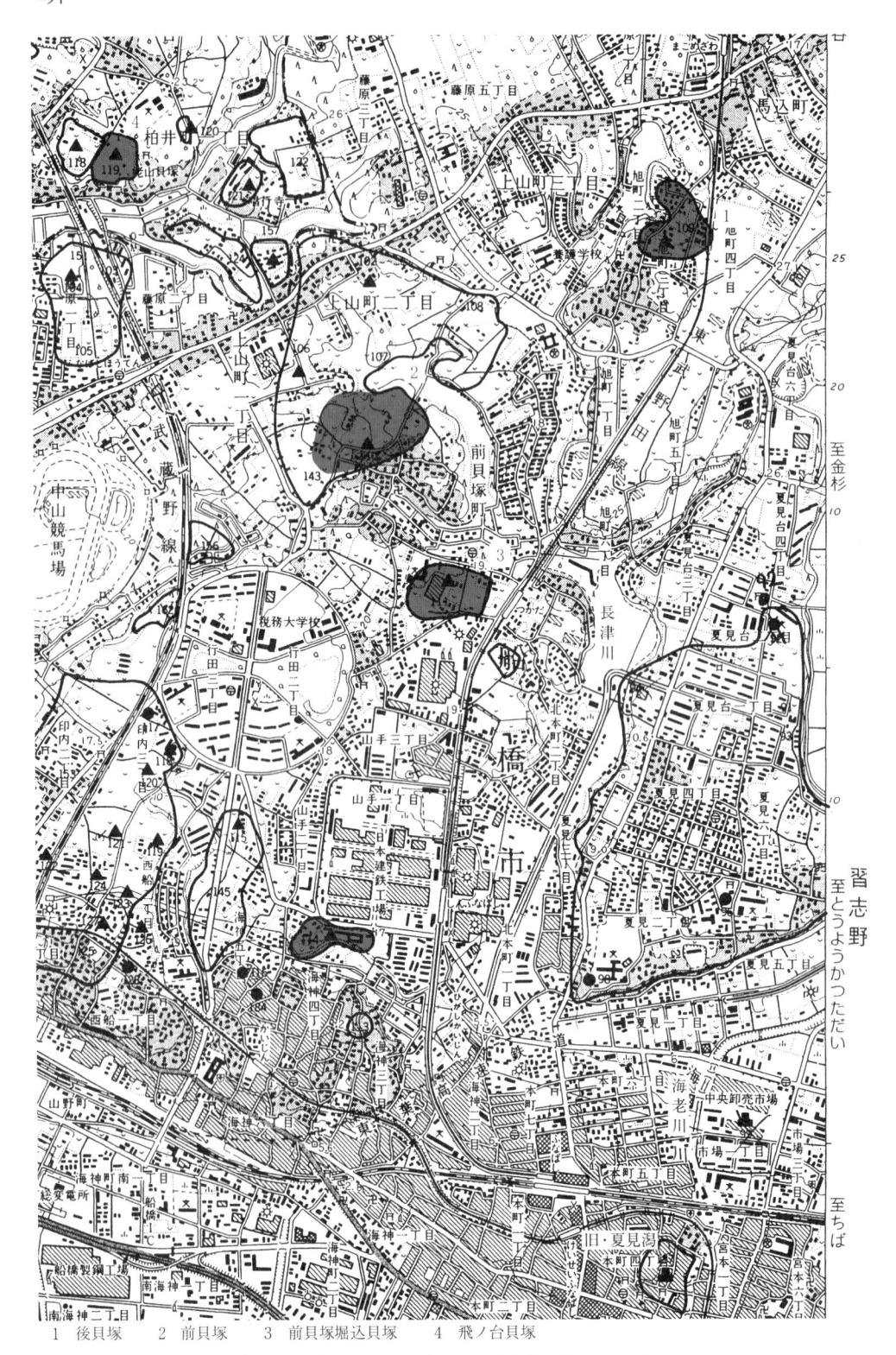

1　後貝塚　　2　前貝塚　　3　前貝塚堀込貝塚　　4　飛ノ台貝塚

第3図　後貝塚から夏見潟へ（千葉県教委1997より）

の貝塚としては，最奥部に位置する。

　貝塚は長津川（松島支谷）の東側台地上で，支谷側は急傾斜となっている（第1図）。低地部との比高差は約13mである。遺跡の東側（向田川側）は緩斜面となる。また，東京湾に向かって台地が途切れる地点（夏見潟）までは直線距離で3km程度である。縄紋海進後，中期の段階で，長津川水系の汀線がどこにあったかは不明確であるが，大規模貝層が形成されていないことからすると，遺跡直近まで海が入り込んでいたとは考えにくい。

　周辺には，同じ長津川水系の下流側に縄紋中・後期の前貝塚，早期の飛ノ台貝塚がある。また，著名な縄紋中期の遺跡としては，姥山貝塚まで直線距離で2km程度である。

b　現地の確認

　船橋市教育委員会の中村宜弘氏に案内をしていただき，簡単な現地踏査を行った（第4図）。

　遺跡の範囲については，①八木奘三郎のスケッチ（八木1893b），②日大所蔵資料台帳の注記「土器頸部　後貝塚神社鳥居前」，および「旭町熱田神社の南方」（船橋市役所1959），③小西ゆみ報告（小西1983）の遺物採取地の住所，④本行寺所蔵資料の「熱田神社及び本行寺附近の畑地又は宅地から出土」（竹石1958），⑤今回の表採地点，⑥現在の船橋市教委の遺跡範囲図。この①〜⑥によって推定するしかない（第3図）。現状で確認できる点を列挙しておこう。

①八木スケッチ（第1図左）と現状の写真（第1図右）を照らし合わせると，熱田神社南側の宅地あたりが八木の採取地点と想定できる（スケッチは第4図2の方向から描画か？）。
②の位置は未だ特定できていないが，鳥居の南側ということから，八木スケッチの範囲内に収まる可能性が高い。
③の現住所を追うと，同一台地上の西側斜面際，熱田神社からは南方へ300m余り離れた地点で，本行寺の近くになる（第4図5）。
④日大考古学会の調査地点が含まれている可能性が高いが，地点の特定はできていない。
⑤短時間の表面観察にすぎなかったが，東側緩斜面では遺物がまったく認められなかった（第4図6付近）。また，台地の頂部付近では，熱田神社に接した地点（第4図1-6間）では採取できず，それよりも南側で貝殻を伴う土器・石器片が採取できた（第4図3）。
⑥遺跡地図範囲のうち，⑤のように今回の表採では，遺物を採取できなかった地点がある。ただし，立地から考えて遺跡が展開していたことは確かであろう。一方，現在の遺跡地図から本行寺付近が外れている。しかし，③・④から考えると，旧後貝塚村の中心部（本行寺周辺）まで遺跡の範囲を拡大する必要があろう。直線距離で300m近くに広がるとすると，単一の環状集落ではないのかも知れない。

　以上，現在確認できる状況では，遺跡の主体は熱田神社脇の小支谷南側〜本行寺周辺の台地上にあり，その中でも長津川（西側）に面した側，ということになりそうである。

　地元の伝承には，後貝塚の鎮守（熱田神社か？）西側に生贄があり雨乞いを行ったという（村上1973）。伝承と縄紋時代の時間差はかなりあるが，長津川低地沿いに水場があり，熱田神社脇の

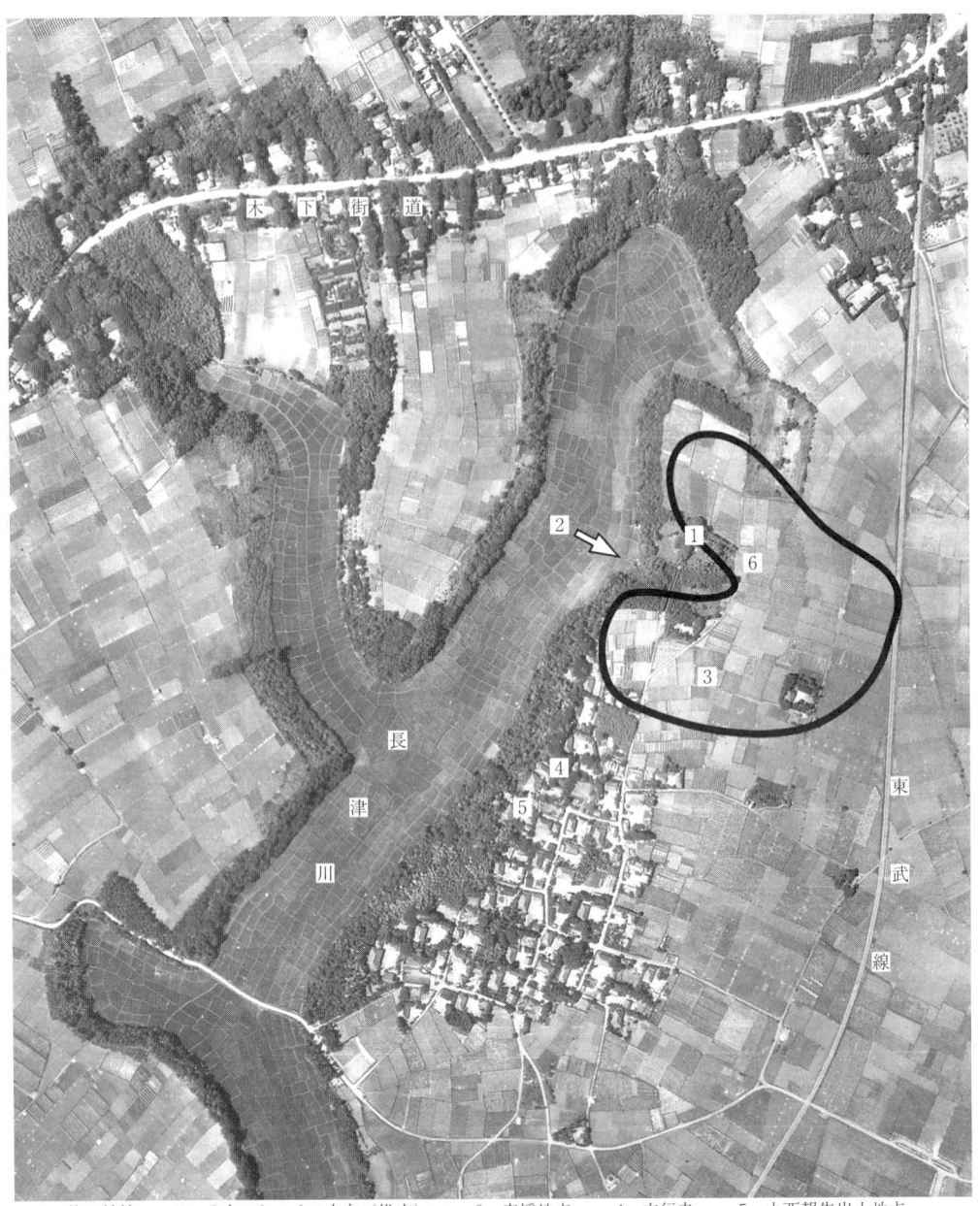

1 熱田神社　2 八木スケッチの方向（推定）　3 表採地点　4 本行寺　5 小西報告出土地点
6 船橋市教委遺跡地図の後貝塚範囲

第4図　後貝塚関連資料の地点（1947年米軍撮影写真：国土地理院の一部に加筆）

小支谷から湧水が存在していたのかもしれない。また，熱田神社脇の小支谷は低地部への通路として利用されていた可能性がある[19]。さらに，遺跡が長津川に面していることは，谷および海を介しての交通の便が立地条件に影響していたと見られる。

c　貝塚の規模等について

　八木の踏査段階（1894年）で，すでに貝殻の散布がなく，地元でもあまり知られてない，ということから，元々，大規模な貝層が広がる状況ではなかったのであろう。長津川水系の最奥部の貝塚である点も加味すると，竪穴住居跡や土坑の凹地を利用した小規模な貝塚が点在していたにすぎないと思われる。1942年度調査では，「台帳」の一号竪穴の記載に「貝墟」の文字が見られる。しかし，1943年度調査時の写真には，貝層らしきものは写っていない。また，竹石慈仙の採取資料の記載には，カキ・ハマグリ・マテガイ・キシャゴ・アサリ等，獣骨（草食獣の歯を含む），鳥骨，骨製縫針がある（竹石1958）。

d　遺跡の時期について

　筆者が確認した日大所蔵資料には，阿玉台式 Ia・b 期（四号竪穴）（第6～8図），勝坂 V 式～加曽利 E1 式期（五号竪穴）の復元個体が認められる。この他，加曽利 E 式期の資料には小西報告（小西1981），中村報告（中村1996）がある（第9図）。また，筆者の表採資料中に五領ヶ台式期に遡る可能性がある破片が含まれている（第9図9）。一方，地名表（船橋市教委1977ほか）に記載された「後期」については，確認できていない。

3　出土資料の紹介

(1)　四号竪穴出土土器

a　紹介資料の選択

　今回紹介するのは，1942年度調査で大半の遺物が取り上げられ，1943年度に完掘された，と推定した四号竪穴を取り上げる。この資料は，筆者自身が後貝塚の資料に注目し，修論作成に向かって思い入れの深かった土器群である。この竪穴には，実測図を掲載した8個体の他，コンテナ2箱分に収納された土器片がある。

　五号竪穴をはじめとする他の竪穴出土資料については，発掘状況に関する証言や資料が増加した時点で，順次紹介して行きたいと考えている。

b　土器観察記載方法と四号竪穴出土土器の特徴

　実測図（第6～8図）は，縮尺1/5で掲載したため，施文手法の細部は簡略化した。実測図脇に添付した写真を参考していただきたい。また，文様の展開を示すため『縄文土器大観』（小川・小林1988）の展開写真から模式図を作成した。1～3，7 は1983年に筆者が手描き実測した図に手

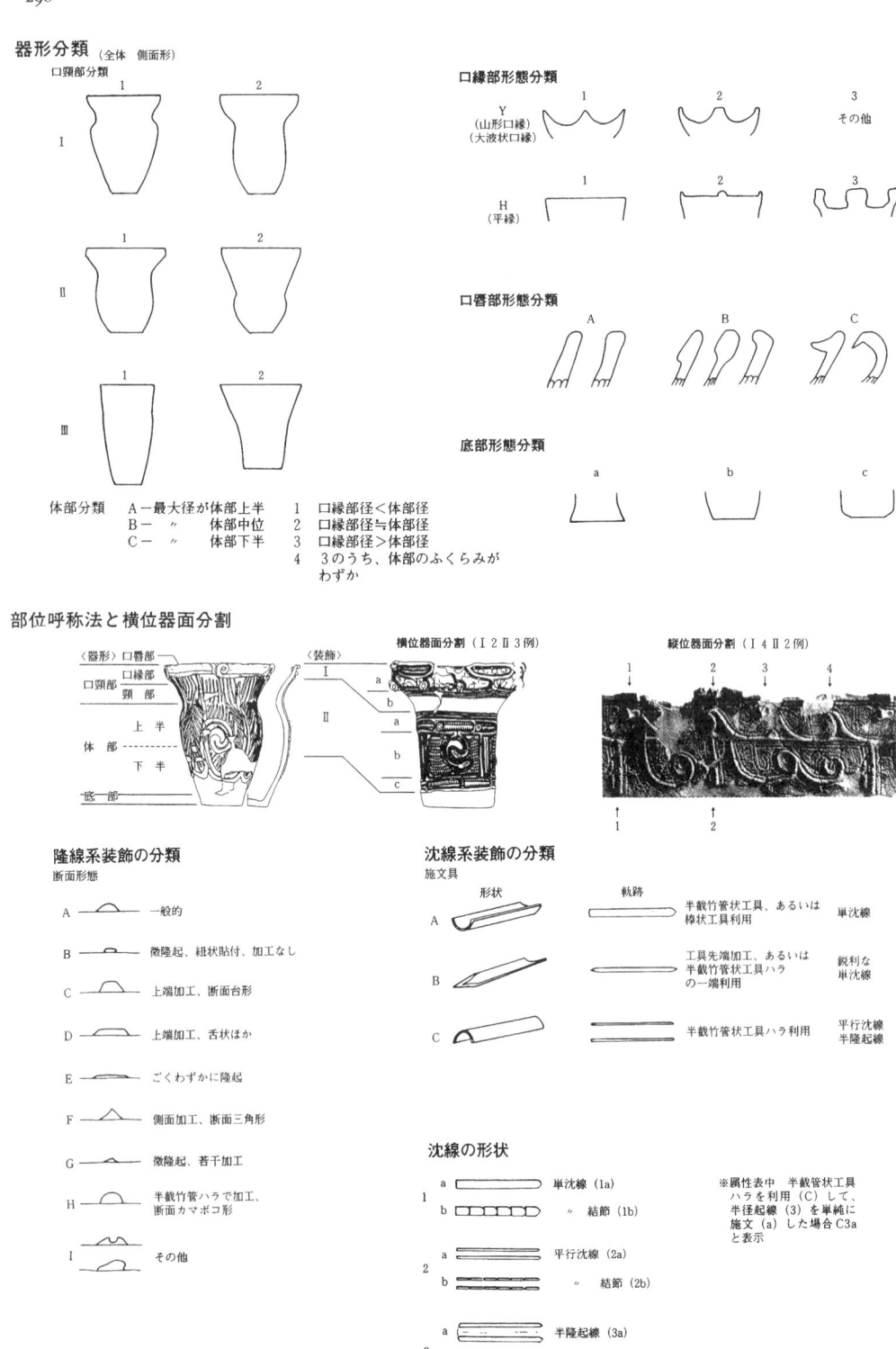

第 5 図　土器観察項目と表示記号（寺内 2005 より）

表1 四号竪穴出土土器観察表

		図番号	第6図-1	第6図-2	第7図-3	第7図-4	第7図-5	第8図-6	第8図-7	第8図-8
		住居番号	四号竪穴	四号竪穴	四号竪穴	四号竪穴	四号竪穴	四号竪穴	四号竪穴	四号竪穴
		出土年月日	昭17.11.8	昭17.11.8	昭17.11.8	昭17.11.8	昭17.11.8	昭17.11.8	昭17.11.8	昭17.11.8
土器番号		注記	134	13(3)剝落	132	130	136	137	131	135
		シール	5A-12	(5A-11)脱落	5A-10	5A-8	5A-14	5A-15	5A-9	5A-13
		器種	深鉢	深鉢	深鉢	深鉢	深鉢	深鉢	深鉢	深鉢
器形		類別	(II)1A4	I2A4	I2A4	I2A4	I2A4	III1A4	I2A4	I2A4
		口縁部	H3	H3	H3	H1	Y2	H1	H2	Y2
		口唇部	A	B	B	C	B	A	B	B
		底部	b	-	-	b	-	-	-	b
基本的な造形		胎土	雲母多量	雲母少、白色粒入り	白色粒多、雲母少	雲母、大粒砂粒混入	雲母微量	長石粒混入、雲母なし	雲母多量	大粒石英?、長石あり、雲母少
		底部圧痕	網代	網代	-	ナデ	-	-	網代	-
		地紋・充填装飾	等間隔に指頭圧痕紋、上部丁寧で下部雑	等間隔に指頭圧痕紋	なし	頸～体部上半部の一部に刺突充填	なし	なし	なし	輪積み3段飛ばしぐらいに指頭圧痕紋
		整形(外)	口頸部横磨き、体部は輪積み残る程度のナデ	横ナデ、体部指頭圧痕紋残る程度	口頸部横、体部縦	口頸部横?、体部縦	口頸部横、体部斜め・縦ナデ	磨き?	横磨き	口頸部横磨き、体部は輪積み残る程度のナデ
		整形(内)	横磨き	横磨き、底部はナデ	横磨き	横磨き	横磨き	横磨き	横磨き	横磨き
		色調	にぶい赤褐～褐	褐灰～にぶい赤褐	にぶい赤褐～黒褐	にぶい赤褐～暗褐	黒褐	暗赤褐	にぶい赤褐	にぶい赤褐～黒褐
装飾割付		縦位分割	I4II4 I帯把手とII帯懸垂文の位置半ずれ	I4?II4? I帯把手正面に、II帯懸垂による区画	I4II4 横位I2段目に乱れ	I4II4 山形口縁	I4II0 楕円形区画のみ	? 突起(貼付文)のみ	I4II0	I4II4 I帯把手とII帯懸垂文の位置半ずれ
		横位分割	I2II1(2) 頸部下の器形変換線不明瞭までI帯。II帯上半にのみ押引文	I2II(2) 口頸部器形変換線までI帯。II帯上部の幅狭装飾を数えるとII2	I2II1 口頸部器形変換線までI帯	I2II1 頸部までII帯、体部下半無文帯	なし	I4II0 楕円形区画重畳	I1II1 口頸部器形変換線までI帯	I2II(2) II帯上部の幅狭装飾を数えるとII2
		分割方法	把手、隆線	把手、隆線	把手、隆線	隆線	-	楕円形区画	貼付文、器形変換線	把手、隆線
隆線系装飾	把手・突起類		窓枠状把手	窓枠状把手	窓枠状把手	隆線接合部に小突起	なし	-	口縁部に小突起	扇状把手
	主な形状		F(雑)	F・I(指つぶれ)	F	F	-	A	貼付文のみ	F
	幅(mm)		7～	6～9	8～12	4～7	-	7	-	10～12
	高さ(mm)		6	2～5、一部強調されて高い	2～4	2(低い)	-	低い	-	2～4
	組数		1	1	1	1	-	1	-	1
	添付方法		指ナデ?	指ナデ	指ナデ	指ナデ?	-	竹管状工具による押さえ(押引文)	-	指ナデ
	隆線上装飾		II帯部に交互刺突。II帯に刻み・押圧	把手部に貼付文	把手部連鎖状	一部に刻み	-	なし	突起部で重複	把手部に刻み
	用例		区画、Y字懸垂	区画、懸垂	区画、懸垂	区画・懸垂	-	区画	-	区画、懸垂
沈線系装飾	形状		A1b	A1a/b	A1b	A・B1b	A1a	A1b	なし	A1a/b
	幅(mm)		4	1～2.5	3	3.5	4	3.5～4.5	-	4
	深さ		浅い	鋭い	深い	鋭い	深い	浅い	-	2.5
	手法		突き引き	突き引き	斜め突引きほか	突き引き	押しつけ		-	斜め突き引き
	刺突・除刻文ほか		隆線上交互刺突ほか	なし	爪形状連続刺突(指頭圧痕紋模倣)	除刻文なし、充填刺突	なし	なし	なし	なし
	用例		隆線脇、区画内懸垂文	隆線脇、区画内、懸垂文	隆線脇、区画内	隆線脇および空間充填	山形口縁口唇部刻みのみ	隆線脇、区画内充填	-	隆線脇、区画内充填、懸垂
	施文順序		指頭圧痕紋→器面調整→隆線→沈線	指頭圧痕紋→隆線→沈線	器面調整→隆線→沈線・爪形連続刺突	器面調整→隆線→沈線	-	器面調整→隆線→沈線	器面調整→貼付文	指頭圧痕紋→器面調整→隆線→沈線
	備考		指頭圧痕紋が明瞭化	2本の左右対称の懸垂隆線で作る重畳する円形区画文	器面磨き後、爪形連続刺突は、輪積み2段分程度間隔を開けて施文		2段目楕円形区画が幅狭で、1段目との重なり方が不規則		4号竪穴には他に阿玉台Ia段階の破片あり	

300

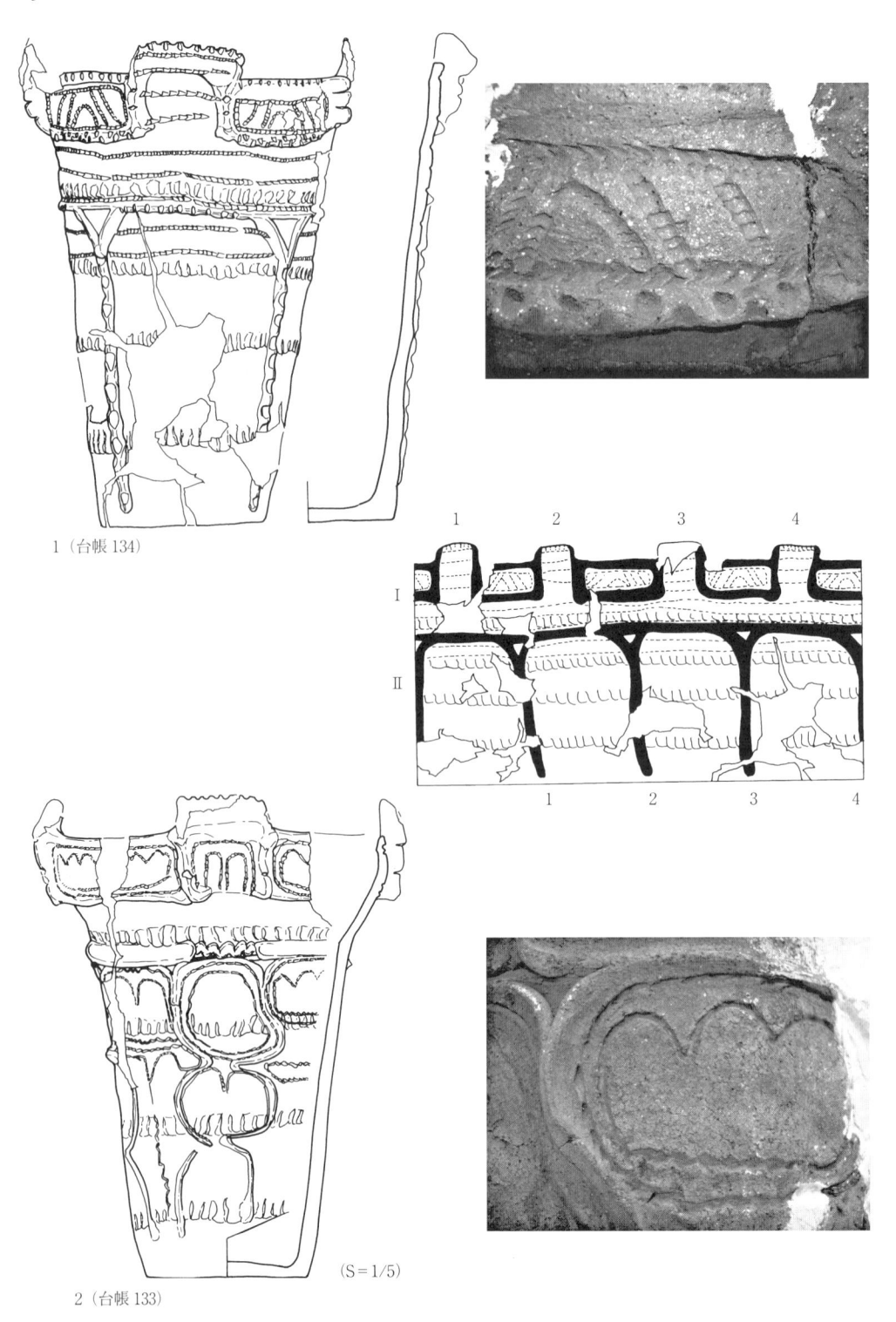

1 (台帳 134)

2 (台帳 133)

(S=1/5)

第 6 図　四号竪穴出土土器 (1)

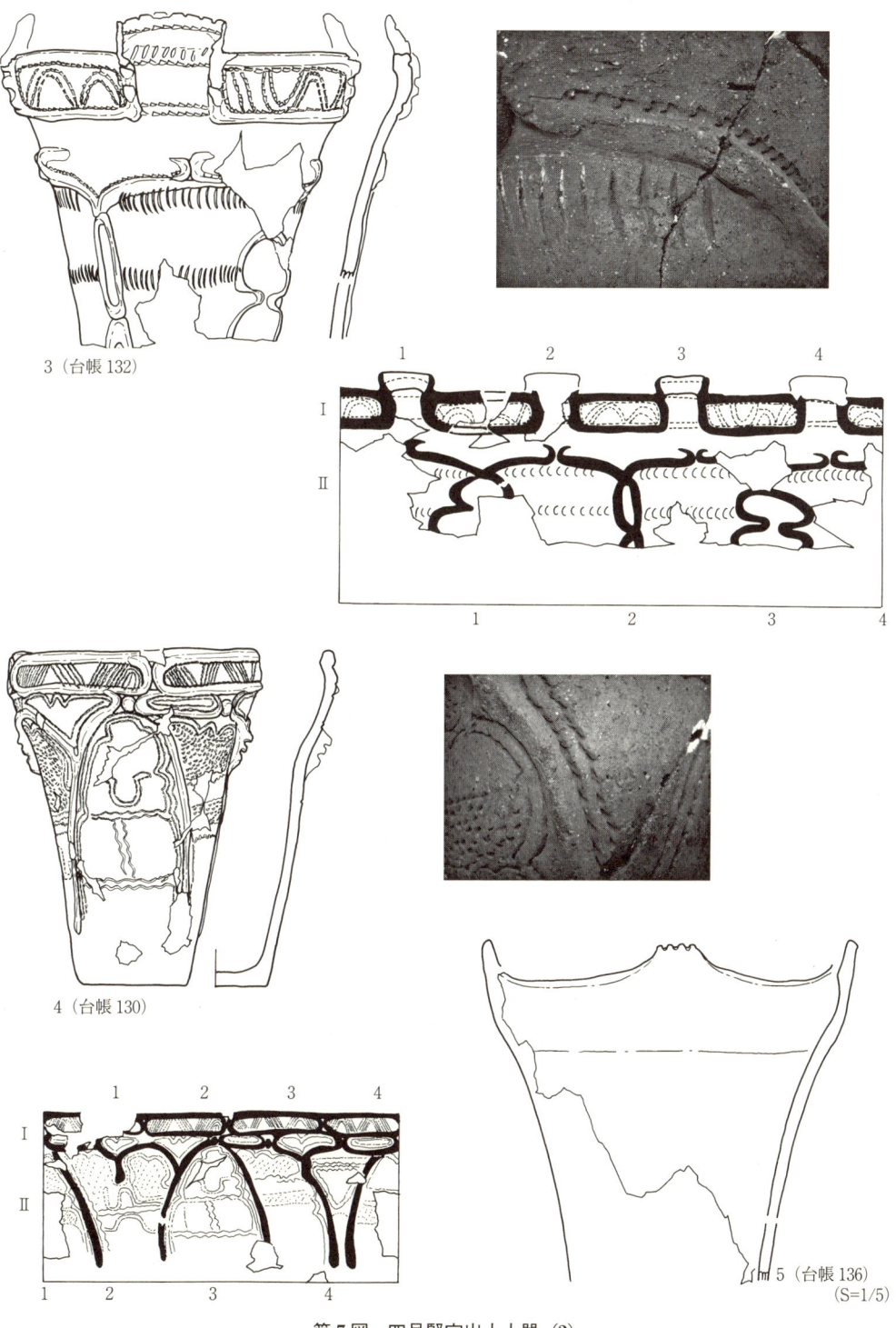

301 戦時中に行われた後貝塚の発掘調査

3 (台帳132)

4 (台帳130)

5 (台帳136)
(S=1/5)

第7図 四号竪穴出土土器 (2)

302

6 (台帳137)

7 (台帳131)

8 (台帳135)
(S=1/5)

第8図　四号竪穴出土土器（3）

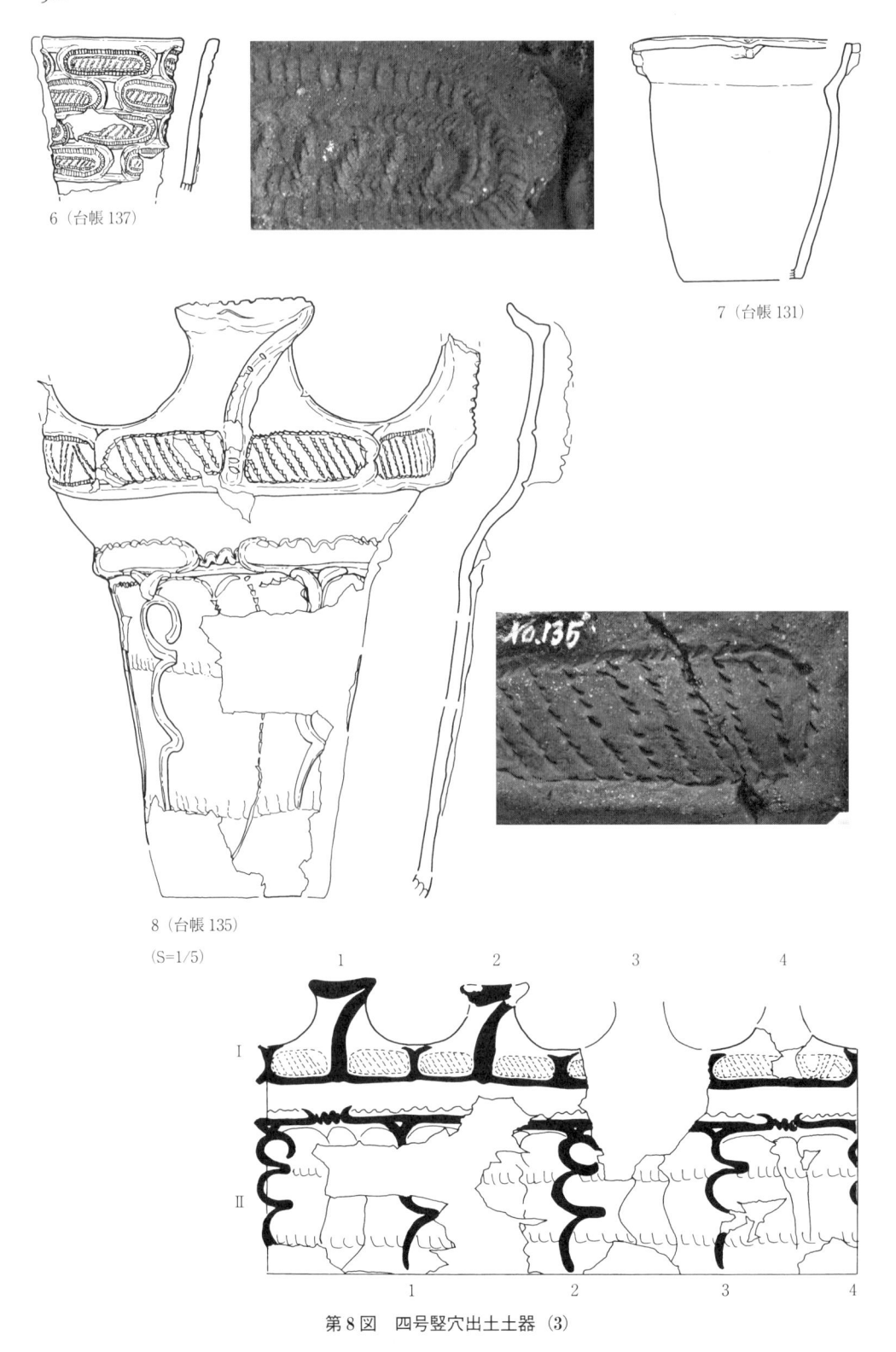

を加えた。また，4・6・8 は 2008 年に 200 mm 望遠レンズで数 m 離れた地点から撮影した写真を元に，筆者が起こした図である。5 は 2008 年に手実測した。下図作成，およびトレース時に現物観察が不充分であること，レンズの歪みがあることをご承知おきいただきたい。

　土器観察については第 1 表にまとめた。筆者が，長野県埋蔵文化財センターで報告書を作成する際の観察項目を参考（寺内 2005）に手を加えた（第 5 図）。視点は以下の通りである。
①器　形　用途だけでなく型式的な特徴を示す。扇状把手を持つ大波状口縁（8），平縁に窓枠状把手が付く（1〜3）と，典型的な阿玉台式の特徴を示している。容量を比較すると，口縁部が開いて把手の付く大型深鉢（1〜3，5・8），口縁部の開く中型深鉢（4・7），筒状の小型深鉢（6），これに浅鉢形土器等が見られる。搬入品の可能性が高い勝坂 I 式新段階の 6 は小型の筒形土器で，携帯に適したものとなっている。接合部が破損・散在していたため図示しなかった浅鉢形土器も勝坂 I 式である。こちらは，搬入品か否か，短期の観察では不明確であった。
②器形と基本的な造形　底部形状，および底部からの粘土紐の立ち上げ手法等が阿玉台式と勝坂式土器等との差異を示す部分である。今回は観察仕切れていない。勝坂式との差異となる網代痕についても，有無のみを記した。阿玉台式の特徴である輪積み痕及び指頭圧痕紋については，四号竪穴の資料間で，指頭圧痕紋が爪形連続刺突紋へ変化する過程について観察することができた。
③胎　土　雲母の混入が製作地を推定する場合や，型式差（意図的に混入させるか，しないか）を示す場合がある。後貝塚では，阿玉台式に雲母混入が顕著である。勝坂 I 式新段階の 6 にはなく，差異が明確にわかる。色調（焼き色）では，阿玉台式全般に認められる何種類かの色調の内，後貝塚には灰褐色系統の土器が復元個体になく，赤黒い色調の土器で占められている。後貝塚あるいはこの地域の特徴かも知れない。
④装飾における構図と基本になる割付　器面を縦横に分割する基本的な構図が何を素材になされ，どの位置で，何分割されているか，分割された区画の中で何が主装飾となるかを見る。

　縦位器面分割では，把手と懸垂隆線による 4 単位を基本としている。ただし，I 帯（口頸部）の軸となる把手の位置と，II 帯（体部）の軸となる懸垂文の位置は，2 を除いてズレる。

　横位器面分割では，頸部に文様[20]を配置しないのが，阿玉台式の特徴となっている。口縁部から楕円形区画文等が体部まで重畳する場合がある勝坂式（6）との違いを示している。4 は勝坂式あるいは大木式の楕円形区画文を意識した例と見られる。楕円形区画文を重畳させようとしているが，徹底されていない。楕円や長方形区画が交互に規則的に重なる勝坂式に比べ，重なる位置や大きさの不安定さが目立つ。横帯区画文を重ねるといった装飾の技術が身に付いていない製作者（阿玉台式の）の作品と考えられる。幅狭の楕円形区画文も，勝坂式には少ない。
⑤隆線系装飾の特徴　断面三角形になる阿玉台式の特徴がよく表れており，勝坂 I 式の 6 との差異が明瞭である。縄紋中期前半段階で流行する区画文を隆線で表現する点で，特徴的な例が見られる。基本的に横帯区画文が得意とは言えない阿玉台式土器の製作者の場合，一つには縦位に懸垂する 2 本の隆線を左右対称に屈曲させて縦列の円形区画文を作る場合がある（2）。二つめは，2 の体部上半部に見られるような，指ナデによる幅狭の小楕円形区画文を発達させる場合である。

いずれも，本来あった装飾の一部を改変させ，新たな流行に合わせて装飾を生み出す例である。これらは，勝坂式の区画文の創出方法と基本的に異なっており，系統の違いを示している。
⑥沈線系装飾の特徴　阿玉台式特有の有節沈線による装飾がある。施紋具の先端部加工，手法に特徴が表れている。勝坂式に特徴的な角押紋や三角押紋のような施文具先端部の加工形状を活かすよりも，施紋手法によって東北の大木式に見られる縄の側面圧痕を模したような圧痕となっている。そのため，先端部の片側寄りを使用する場合や，突き引く手法の時に若干ひねりを加えるような手法が見られる（各実測図に添えた写真参照）。
⑦施文順序　特徴的なのは，体部指頭圧痕紋とそれを模した連続爪形紋の施文順位である。前者は，元々地紋であり隆線や沈線による文様施文に先行して施されている。これが，しだいに装飾の一部として発達することによって，爪形紋に変化し，その施文順位は隆線装飾の貼付後に変化する。

c　四号竪穴出土土器の特徴
　四号竪穴出土の復元個体の土器から，以下の特徴を捉えることが可能である。
①阿玉台式Ⅰ類b種の時期の良好な（一括？）資料である。
②同時期の各段階の土器が揃っており，その変遷過程を把握することができる。
③同時期と勝坂Ⅰ式の良好な共伴資料である。
④一部の阿玉台式土器に，勝坂Ⅰ式土器の装飾を意識した部分があり，両者の関係を捉える上で問題提起となる資料である。
　ここでは，②について取り上げておこう。それは，初期の阿玉台式土器の特徴である輪積み痕や指頭圧痕紋を装飾としても利用する方法が，爪形連続刺突文へ変化していく過程である。元来，地紋であったものが装飾へ変化する方向性は，施文順序の変化に現れる。すなわち，地紋である指頭圧痕紋は，あくまで装飾要素となる隆線・沈線の前に施される。それが，装飾的効果を狙っていたとしてもである。
　阿玉台式直前段階から初期の阿玉台式土器では，全面輪積み痕・指頭圧痕紋であったものが，しだいに間隔を開け，2段飛ばしなどへ変化し，装飾性がより高まって行く（第6図1ほか）。しかし，この段階では地紋の延長線上での変化にとどまっている。飛躍は，第7図3の土器に施された爪形の連続刺突に表れる。この装飾は，施文される位置や形状から，重畳しない指頭圧痕紋を模倣したものと見られる。しかし，その施文順位は隆線が施された後であり，地紋ではなく，装飾として位置づけられたことを意味している。
　四号竪穴出土資料は，こうした過程を同一竪穴内の資料で確認できる貴重な資料と言えよう。

(2)　2007年表採資料ほか　（第9図9～13）
　9～11は，旭町3丁目15番地の菜園と駐車場との境で採取した。この他，黒曜石製の石器片1点を採取した。貝殻の散布が認められ，地点貝塚が存在した可能性がある。9は鋭い単沈線脇に

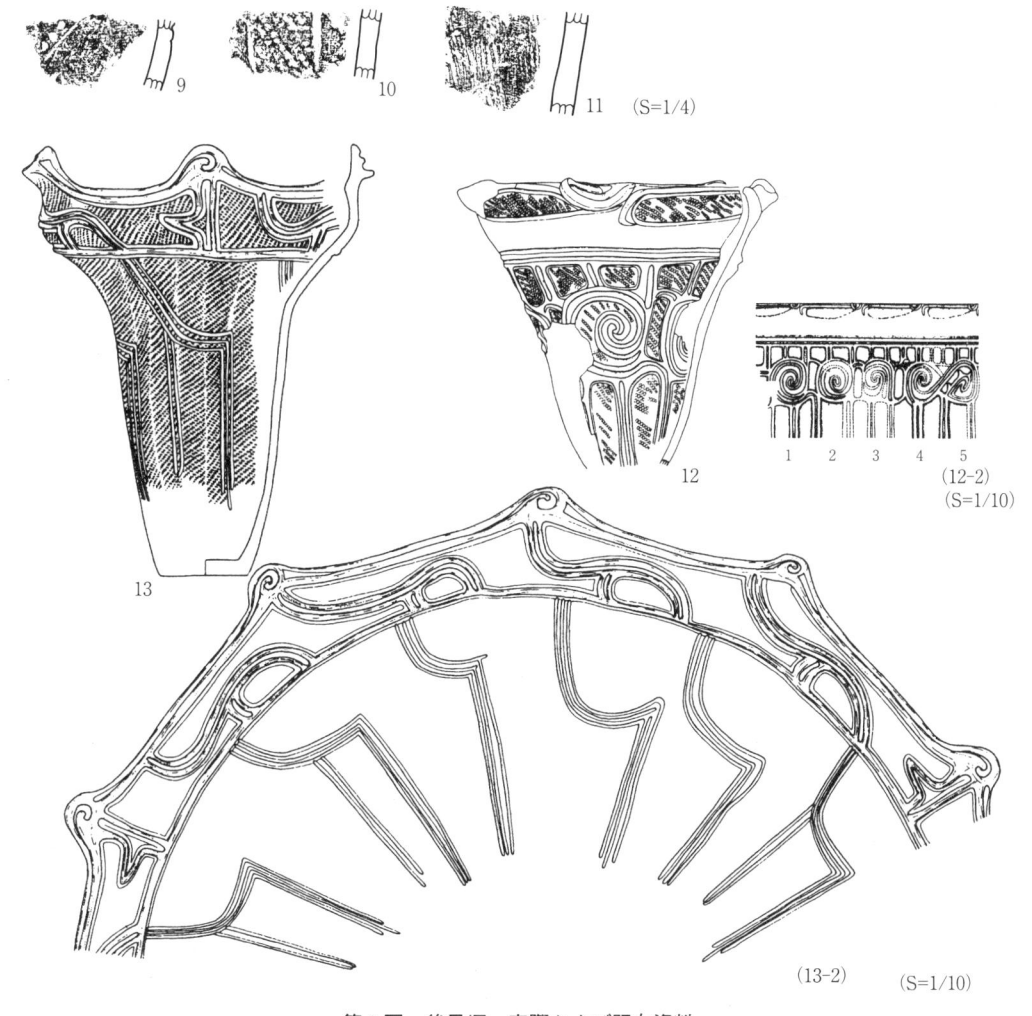

第9図　後貝塚　表際および既存資料

連続刺突が施されている。色調は褐灰～黒褐色で，胎土に微細な雲母片が多量に混入している。五領ヶ台式に比定される。10は縦位のLR縄紋を地紋とし，同じく縦位に単沈線と磨消縄紋帯が認められる。色調はにぶい褐色で胎土に雲母片の混入が認められない。加曽利E式後半の土器である。11は短軸絡条体第1類を縦位回転させたもの（いわゆる撚糸紋）が施されている。にぶい赤褐色の色調で，胎土に雲母片が混入する。勝坂式後半（末期）の土器であろう。

12は小西報告（1981）の再掲載で旭町2丁目出土（第3図）。13は中村報告（1996）の再掲載で出土地は不明である。

4　小　結　（中間報告）

この原稿を書き始めた当初は，後貝塚四号竪穴出土土器についての詳細と，筆者が学生時代に

これらの土器の分析を通して考えていたことを紹介するつもりであった。しかし，簡単に考えていた発掘地点や出土状況の確認が，発掘から経過した時間の闇に埋もれ，探れば探るほど，抜け出せない状況に陥ってしまった。

脱線する中からは，思わぬ副産物が生まれる一方，さらに謎が深まることとなった。その一つは戦時中における日大考古学会の活動に関してであり，二つめは，実態が不明であった後貝塚そのものの範囲や内容についてである。以下，この1年間で知り得た内容と不明確なまま残っている課題についてまとめておくこととする。

(1) 門上秀叡と日大考古学会の後貝塚発掘調査に関すること

① 後貝塚の調査は，門上秀叡を指導者とする日大考古学会が実施した点がほぼ確実となった。ただし，活字等でこのことが明記された資料は見つかっておらず，今後の課題である。

② 門上秀叡は，哲学・論理学の専門家である。なぜ考古学に興味をいだき，日大考古学会を率いて調査を行っていたのか，筆者にはたどり着くことができなかった。考古学に関しては，旧石器時代の遺跡調査に関する短報（門上1960）があるだけで，研究史上から忘れられた存在となっている。戦中・戦後に日大考古学会を率いて発掘調査を行っており，今後，関係資料を発掘して行く必要があろう。

③ 貝塚の調査にあたっては，船橋市在住の教師で郷土史家であった海保四郎と日大との関係，本行寺住職で後貝塚などの考古資料を採取・保管していた竹石慈仙が係わっていたことが明らかとなった。両者の考古学との係わりについても，詳細は不明なままである。

④ 調査の目的等も真相は不明である。1943年度調査については，わずかな記録類から，戦争が激化する中で，日大考古学会としては実施しておきたかった調査（四号竪穴が調査途上で中断していたとすると）だったのであろう。しかし，事実の確認はこれからである。

⑤ 写真資料から，1940年代の発掘調査の手順や方法を垣間見ることができた。今後，研究史上での位置づけを試みてゆきたい。

(2) 後貝塚の内容について

⑥ 現地踏査や資料の収集から，後貝塚の位置や範囲は，公表されている遺跡地図よりも拡大する可能性が高いことがわかった。また，遺跡の内容については，縄紋時代中期の遺跡であり，大規模な貝塚ではなかった点以外，今後の課題である。

⑦ 四号竪穴出土土器については，阿玉台式I類b種の時期に限定された良好な資料であることが明らかとなった。

以上，今回の報告は，あくまで探索途上の中間報告である。後貝塚については戦時中の調査だったためか，記録類が極端に少ない。今後，聞き取り調査などを通して，実態の復元を試みたいと考えている。

おわりに

　大学に所蔵されている資料には，特別な意味合いがある。それは，何世代にも渡る多くの学生たちが，研究を志して活動をはじめた最初の，最も多感な時代に出会うからである。そのため，各人の思い入れは強く，刻まれた記憶も深くなる。こうした"思い"と"記憶"は，その後，各々の足跡とともに取捨選択・増幅・改変され，部分的に鮮明さを増して行ったであろう。これらを，個人の胸中で風化させ，時とともに消滅させてしまってよいのだろうか。その中に，興味深い論点が含まれていないだろうか。後貝塚の発掘データを探索する中で芽生えた感想である。

　筆者らは学生時代，竹石先生の配慮により，遺物が保管されていた倉庫への出入りが比較的自由に許された。そこには，学史に登場するような遺跡の出土資料や，先輩諸氏が整理した痕跡などが，所狭しと残されていた。そのため，整然と分類され，評価もある程度定まった資料が並ぶ博物館展示施設とは異なり，学生たちの想像力をかき立てる発見・発掘の場となった。筆者にとって，後貝塚の四号・五号竪穴出土土器との出会いも，まさに，そうした中の一つであった。

　後貝塚出土資料には，それと出会った先輩諸氏のさまざまな"思い"が，モノの背後に隠れていると想像される。まずは，戦前・戦中を通して文献史学に対し，考古学の立場を主張しようと発掘を行った人々の思い。そして，学徒出陣や勤労動員を控え，最後の発掘と考えて調査に参加した人々の思い。戦後，日大の考古学を立て直そうと尽力し，台帳を作成した人々の思い。この良好な資料群を目の当たりにして，何とか日の目を見させたいと考えた人々の思い，等々……。各時代を生きた学生や研究者たちは，この同じ資料と出会って，何を考えていたのであろうか。興味はつきない。

　こうしたさまざまな思いや記憶を結集させ，あるいは問題提起し直すためには，まず長期間埋もれていた未発表資料の，誰もが共有できる事実関係を公表する必要があろう。ここに掲載した後貝塚出土資料の実測図は，第三者が事実を共有するための手段の一つとして提示した。これを端緒として，後貝塚の資料に出会った各世代の人々が，それぞれの思いや考えを公にし，資料の内容に厚みを与えていただければ幸いである。多くの声が寄せられることが，大学に所蔵され続けている資料の価値をより高めるものと信じている。

　最後に，竹石・澤田両先生には資料掲載の承諾と，資料の所在・内容等についてご教示を得た。また，大学には絶望的なほど関連資料が乏しかったため，多くの方々に手がかりを得るための文献・情報の探索，収集，提供等でお世話になり，助言も得た。ここに記して謝意を表したい。
大内千年，大平知香，大村裕，門上文彦，高橋良治，東京経済大学図書館，東京大学総合研究博物館，飛ノ台史跡公園博物館，長谷康夫，中村宜弘，西野吉論，日本大学文理学部史学研究室，日本大学文理学部図書館資料部，野口和己子，長谷川芳夫，浜田晋介，船橋市教育委員会，村越潔

註

1) 戦後，縄紋土器の研究者である岡本勇・高橋良治の両氏らは，村越潔氏を通してこれらの土器を実見しており，公表されることを期待していたとのことである。

2) 村越潔氏によれば，戦後，所蔵資料の台帳を作成した段階で，すでに後貝塚に関する記録類はなかったとのことである。当時，土器の見学に訪れた高橋良治氏も同様の説明を受けたとのことである。村越，高橋両氏の話では，後貝塚の場所が，軍需工場や海軍無線電信基地に近いため，元々充分な記録が取れなかったのではないか，と推測されていた。

一方，調査責任者とみられる（後述）門上秀叡のご子息，門上文彦氏によれば，戦後，考古学に関する話を聞く機会がたびたびあり，日大時代の船橋市での調査についても話を聞いた，とのことである。ただし，遺跡名については記憶にない，とのことであった。また，発掘品や記録類は全て大学に残して来たと話していた，とのことである。秀叡は非常に几帳面で公私の別には厳しい人だったので，自宅には持ち帰らなかったはずで，記録類を見せてもらったことはない，とのことであった。また，当時の写真類も遺品の中に残っていない，とのことであった。

門上秀叡は，1944（昭和19）年に北海道上富良野へ学徒援農に訪れている（門上1944）。また，ご子息によると旭川の連隊に入営したことがあったかも知れない，とのことであった。場合によっては，空襲等から記録類を守るために，親戚にあたる上富良野の聞信寺へ資料を預けたのではないかと推測し，聞信寺にも問い合わせたが，残念ながらそのような資料はないとのことだった（お答えは，門上文彦氏より間接的にいただいた）。

3) 今回，調べ切れていないが，八木は既知の貝塚として紹介しており，さらに古い資料が存在する可能性がある。「思われる」としたのはそのためである。

4) 後貝塚出土資料に関しては，東大人類学教室『日本先史時代人民遺物発見地名表』に記載されていたこと，八木奘三郎が東大人類学教室に在籍していたことから，東大に所蔵されている可能性が高い推定した。東大総合研究博物館（野口和己子氏）に問い合わせたが，博物館の目録には関連資料は存在しないとのことであった。

5) 当初，船橋市の姥山貝塚や古作貝塚などの調査歴がある八幡一郎が係わっていると推測した。八幡は1941（昭和16）年，日大の講師として千葉県東葛飾郡（現：流山市）上貝塚の調査を実施している（日大史学科1978）。一方，大学側の事情を見ると，1939（昭和14）年から日大では「考古学」の講座がなくなり，「日本思想史」が入れ替わる形で加わる。考古学の立場がしだいに厳しくなった時代である。八幡はその後も「人類学」の講師として日大で教鞭をとっており，上記の調査も行っている。しかし，1942年から戦後まで，八幡が日大に係わって発掘調査した記録は確認できない。また，史学科と日大考古学会（指導者は哲学科関係者，学生は予科と高等師範部中心）がどのような関係にあったかは，調べ切れていない。八幡と門上の接点もなかったようである。

6) ご子息の門上文彦氏（撮影当時はご子息誕生以前）に確認してもらい，「本人に間違いない」との証言を得た。

7) 1958年，竹石慈仙所蔵資料が船橋図書館で展示されたが，図録等は残っていない。また，その後資料は散逸して本行寺には残っておらず，内容は不明になっている（長谷川芳夫氏のご教示による）。筆者はインターネット検索で閲覧可能な写真によって日大に残る写真が後貝塚に隣接する本行寺と類似していることを確認した上で，1943年度調査の記念撮影場所が本行寺であるかについて，本行寺あて書面で問い合わせた。筆者自身が本行寺へ確認に行く時間はとれなかったが，現在も景観はまったく変わっていない

と，長谷川芳夫氏からご教示をいただいた。また，現在の住職さんから，写真に写る人物1名（調査には直接関係しない）についてと，本行寺に考古資料が残っていないこと等についても，長谷川氏から間接的にうかがった。

8) 第2図1に掲載した集合写真は，『日本大学百年史』（日大若年史編纂委員会　平成12年）に「法文学部の農作業勤労奉仕（昭和19年）」のキャプションがついて掲載されている。原板ネガは後貝塚発掘写真と一連であり，それ以外の写真は含まれていない。また，学生の名札に「豫科」があり，昭和18年と表書きにある。そのため『日本大学百年史』は，提供者の単なる記憶違いによる誤りかも知れない。しかし，想像をたくましくすれば，学部や年次の誤りはあるものの，大学当局へは援農・勤労奉仕として届出し，その内の一日（休日）を発掘調査に当てていた，ということもあり得るかも知れない。とすれば，大きくとらえれば援農の一貫と言えないこともない。

9) 戦前・戦後の門上の略歴については，『日大文理学部哲学科70年の歩み』（日大哲学研究室1995）と『人文自然科学論集』（東京経済大学1983）とで，若干の違いが見られる。両者を比較した印象としては，日大には戦中・戦後の混乱で，記録類の欠落があるらしく。一方，東京経済大学の略歴は門上本人の申告によって書かれた部分が多いように感じられる。

10) 当時の日大考古学会は，会長：小松雄道，指導：門上秀叡，会員：予科65名，高等師範部63名となっており（高杉1977），このことと考え合わせると，予科ではない制帽をかぶった学生は高等師範部の学生と推測される。（史学科の学生ではないかとの声もある。徽章については今後調べて行きたい）

11) 当時の調査方法は，表土上からボーリングステッキによって土器や住居床面のあたりをつけて，一気に掘り下げる方法，あるいは，あたりをつけた後，トレンチで炉と住居跡の立ち上がりだけを掘りあげる方法（六号竪穴）が，一般的であったと見られる。日本経済の高度成長期以降，重機によって表土をはぎ取ってしまう方法が多くなってきたが，手弁当で学術調査を目指す場合は，上記の方法が継承されている。例えば，中峠貝塚の調査では，「地表に散乱する貝殻を中心に，くまなくボーリングステッキでテストを行ない，あらかじめ竪穴住居址の範囲を推定し，その中央に…トレンチを設定」（7頁）する方法がとられ，その後完掘している。また，ボーリングテストで台地上に広がる竪穴の分布状況を把握する試みも行われている（16頁）（下総考古学研究会1976）。昭和10年代の住居跡の調査方法を示す論考には杉原荘介の須和田遺跡に関するものがあり，同様な手順が記されている（杉原1937）。

12) 戦前～戦後（1950年代）の報告書を見ると，竪穴住居跡の下端線は作図している場合としない場合が見受けられる。下端線がなく，壁（周）溝の上端線を実測した例は一般的に認められる。1932年報告の姥山貝塚（松村ほか1932）では，周溝のない接續溝第1號竪穴（住居址）で下端線らしきラインが見られるが，他の住居址は周溝の上端線のみである。

13) 門上文彦氏によれば，秀叡が現場で発掘することの重要性を説いていたこと，文彦氏が採取した土器片1点1点に対し型式名とその見分け方を教えてもらったことがある，などの話から，その可能性はあると考えられる。

14) 内2コマは現像不可能。当時のフィルムが何枚撮りか不明であるが，重要なコマが抜き取られている可能性もある。

15) 前出2)

16) 貝塚？調査であり，遺物台帳には一号竪穴に「貝墟」の記載がある。しかし，史学科研究室・倉庫には貝類や骨類などの資料が皆無である。当時，八幡一郎が日大で人類学の講座を持っていることから，東大人類学教室へ骨類などが所蔵されていないか問い合わせをしたが，確認できないとのことであった。

17) ただし，長野県・岩手県・青森県での「発掘」が，ごく一部の関係者による発掘であったのか，日大考古学会として組織立って行われたものであるのかについては不明である。今後，証言が得られることを期待したい。
18) 前出7) 1958年展示会に竹石氏所蔵資料が展示されたことがあった。
19) 谷井彪による説明文では阿玉台Ⅱ様式に分類されているものもある。
20) 八木のスケッチの段階でも低地へ降りる道が描かれている。
21) 「紋」と「文」の使い分けは，大村1994年に則った。

引用・参考文献

大谷喜明 1983「門上秀叡教授退任記念号発刊に寄せて」『人文自然科学論集 門上秀叡教授退任記念号』No. 63 1-2頁 東京経済大学

大村 裕 1994「「縄紋」と「縄文」―山内清男はなぜ「縄紋」にこだわったのか？―」『考古学研究』第41巻第2号 102-110頁 考古学研究会

岡崎文喜 1991「第二章第一節 縄文時代の概観と市内遺跡のあらまし」『船橋市史』原始・古代・中世編 47-60頁 船橋市

小川忠博・小林達雄 1988『縄文土器大観』2 中期Ⅰ 34, 37, 46頁 小学館

門上秀叡 1944「学徒援農（増産物語）」『新青年』第二十五巻第五号 54-57頁 博文館

門上秀叡 1960「無土器時代遺跡調査略報」『東京経大学会誌』第27号 東京経済大学

金子全一 1987「各地で活躍している郷土の人達」『郷土をさぐる』第6号 上富良野町郷土をさぐる会

小西ゆみ 1981「船橋市後貝塚発見の土器」『史館』第十三号 67-77頁

酒詰仲男 1959.3『日本貝塚地名表』80頁 土曜会

下総考古学研究会 1976「中峠式土器の研究」『下総考古学』第6号 1-41頁 下総考古学研究会

下総考古学研究会 1985「勝坂式土器の研究」『下総考古学』第8号 下総考古学研究会

下総考古学研究会 1998「中峠式土器の再検討」『下総考古学』第15号 下総考古学研究会

杉原荘介 1932a「諏和田遺跡に於て行ひたる竪穴住居址の發掘方法」『考古学』第八巻第二号 59-63

杉原荘介 1932b「下總飛ノ臺貝塚調査概報」『史前學雜誌』第四巻第三號 第四號 19-34頁 史前學会

鈴木保彦 1981「127・128深鉢」『縄文土器大成』54 180頁 講談社

高杉洋二郎 1977「本学会のあゆみ」『日本大学考古学通信』第九号 1頁 日本大学考古学会

滝口昭二 2006.1「わが故郷船橋の昔をたずねて」『あゆみ』No. 261 10頁 西船橋農業協同組合

竹石慈仙 1958『第二回 郷土資料展示會出品目録』21-23頁 船橋市立図書館

寺内隆夫 1984「角押文を多用する土器群について」『下総考古学』7号 1-29頁 下総考古学研究会

寺内隆夫 1987「勝坂式土器成立期に見られる差異の顕在化―隣接型式との関係 阿玉台式土器その１―」『下総考古学』9号 18-48頁 下総考古学研究会

寺内隆夫 1988「五領ヶ台式土器から勝坂式土器へ―型式変遷における一視点―」『長野県埋蔵文化財センター紀要』Ⅰ 24-41頁 長野県埋蔵文化財センター

寺内隆夫 2005「第3章第3節2 土器」『担い手育成基盤整備事業（芹ヶ沢地区）国道299号線バイパス建設事業 埋蔵文化財発掘調査報告書 聖石遺跡・長峯遺跡（別田沢遺跡）』本文48-70頁 長野県埋蔵文化財センター他

千葉県文化財センター 1997『千葉県埋蔵文化財分布地図(1)―東葛飾・印旛地区（改訂版）―』76頁 千葉

県教育委員会

東京経済大学 1983「門上秀叡教授年譜並びに業績」『人文自然科学論集　門上秀叡教授退任記念号』No. 63　3-8頁　東京経済大学

中村宜弘 1996「後貝塚出土土器について」『資料館だより』第68号　2-4頁　船橋市郷土資料館

西村正衛 1984「阿玉台式土器の編年」『石器時代における利根川下流域の研究―貝塚を中心として―』471-480頁　早稲田大学出版部

日本大学史学科五十周年記念実行委員会 1978『史学科　五十年の歩み』95-106頁　日本大学史学科五十周年記念実行委員会

日本大学大学史編纂室 1993『日本大学100年史年表』41-50頁　日本大学

日本大学百年史編纂委員会 2000『日本大学百年史』第二巻　日本大学

日本大学百年史編纂委員会 2006『日本大学百年史』第五巻　日本大学

長谷川芳夫 2005「二考古点描」『船橋地誌　夏見潟を巡って』44-59頁　崙書房出版

文化庁文化財保護部 1974『全国遺跡地図　千葉県』16頁　文化庁

船橋市教育委員会 1968『船橋市遺跡一覧』4頁　船橋市教育委員会

船橋市教育委員会 1977『船橋市の遺跡　埋蔵文化財包蔵地所在調査報告書』25頁　船橋市教育委員会

船橋市郷土資料館 1981「郷土の歴史13 後貝塚（旭町）」『資料館だより』第24号　2-3頁　船橋市郷土資料館

船橋市史編さん委員会 1987『船橋市の遺跡』船橋市史資料（二）　1414頁　船橋市

船橋市役所 1959.2 高橋源一郎編『船橋市史』前篇　32頁　船橋市役所

増田一郎ほか 2006『八幡一郎著作総目録』　慶友社

松村瞭・八幡一郎・小金井良精 1932「下總姥山ニ於ケル石器時代遺蹟貝塚ト其ノ貝層下發見ノ住居址」『東京帝國大學理學部　人類學教室研究報告』第五編　1-72頁　東京帝國大學

村上昭三 1973「おちほひろい　船橋の伝承8. 雨乞い二題（三山・旭町）」『史談会報』第45号　3-4頁　船橋市史談会

八木奘三郎 1893a「千葉地方貝塚探究告」『東京人類學會雑誌』第八巻八十四號　217-219頁　東京人類學会事務所

八木奘三郎 1893b「千葉地方貝塚探究告（第八十四號の續）」『東京人類學會雑誌』第八巻八十八號　402-410頁　東京人類學会事務所

尾崎元春氏寄贈の縄文時代晩期土器について

浜 田 晋 介

1 はじめに

　日本大学文理学部史学科（以下史学科）に所蔵されている考古資料のなかで，「尾崎/37」と書かれたラベルが添付された，縄文時代晩期の土器群がある。ラベルが剥がれかけているものもあるが，現在確認できたもので，35個体ある。これらの資料は昭和37年2月発行の『日本大学考古学通信』第5号の新資料紹介として「本学講師尾崎元春先生より，青森県三戸郡名久井出土の縄文式土器片が寄贈された。いずれも，大破片で，深鉢の類いは復原可能のものが二，三あり，内一個を復原して陳列してある。東北の資料に乏しいところから，研究室の重要な資料となった。縄文後期から晩期のものである。現在整理している。」とあり，翌年の第6号に「昨年に引き続き，尾崎元春先生より，岩手県（青森県の間違い：筆者注）名久井周辺出土の縄文式土器片多数が寄贈された。今回の資料は，土偶，岩偶の一部，台付鉢形土器等の小形土器が多く，昨年分と合せて，研究室の貴重な資料となろう」とする記事（山内1962・1963）に一致するものである。

　これらの資料については，筆者が学生時代から気になっていた資料であり，当時同年代の仲間と卒業時に記録化し，発表する目的で作業にとりかかっていた。しかし，その意気込みとは裏腹に一部を実測し得たにすぎず，公表するまでにはいたらない，いわば埋もれた資料となっていた。今回，この資料を紹介するのは，日本大学考古学会所蔵（後に一括して史学科所蔵に変更）となった経緯に澤田大多郎先生が関わっておられるからである。

　澤田先生によれば，当時文理学部の講師をしていた尾崎元春氏（当時東京国立博物館工芸主査，後室長。甲冑研究，刀剣研究者として知られている）から，青森県のリンゴ畑で出土した土器があるという話が，当時大学院生であった山内昭二氏のもとにあり，学部生の澤田先生と二人で，尾崎先生の居宅があった荻窪から，リュックに担いで大学に運んできたものであるという。

　こうした比較的来歴がはっきりしており，資料としてのまとまりの優秀さもあることから，資料の公開を目的とした紹介を，以下行うものである。

　報告にあたり注意すべきことがある。史学科には東北の縄文時代晩期の資料として，昭和18年8月に発掘調査した記録のある，岩手県雫石町御明神遺跡出土の土器・石器がある。この遺跡は，尾崎元春氏寄贈の資料と製作時期と出土地域が近く，混交しているおそれがあった。そのため，その識別は以下の方法で行った。まず尾崎氏寄贈資料には前述のラベルが添付してありこれ

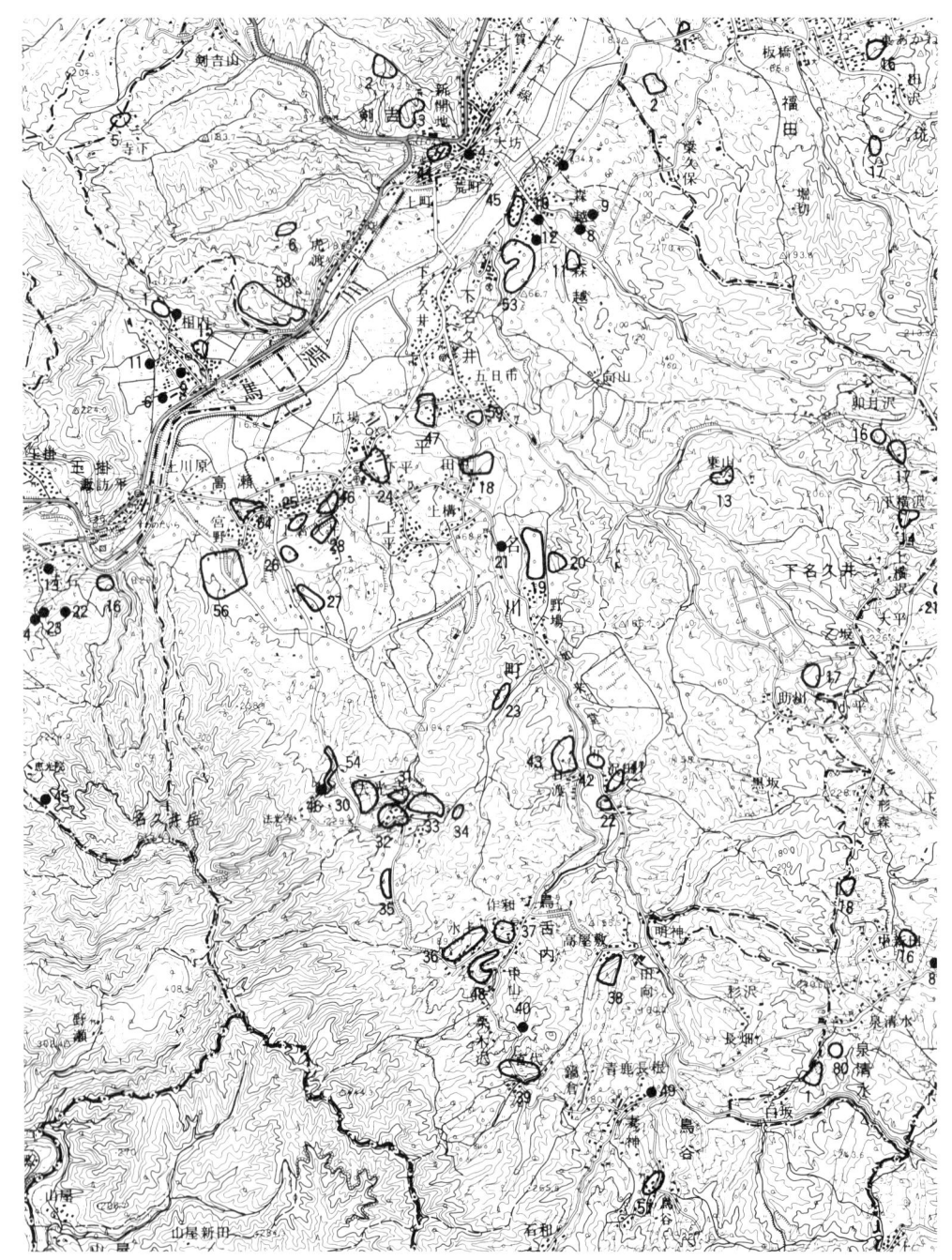

青森県教育委員会1992「三戸・一戸」『青森県遺跡地図』原図：一部改変

3．伊勢沢遺跡、4．剣吉荒町遺跡、5．寺下遺跡、8・9．森腰山遺跡、15．下横沢（2）遺跡、16．下横沢（3）遺跡、17．勘左衛門山遺跡、24．虚空蔵遺跡、27．六十六枚遺跡、37．作和遺跡、40．外林遺跡、49．青鹿長根遺跡

第1図　青森県名久井周辺の遺跡

を優先させる。次に同形・同大のラベルがないもののうち，御明神の注記番号である「No. 474」から「No. 501」[1]や墨書で「御明神」と記入されているものは除いた。その上で尾崎元春氏寄贈が確かなものを今回報告する方法をとった。

2 出土場所の推定

尾崎元春氏の情報によると出土場所は，前述した『日本大学考古学通信』第5号および第6号の記事に「名久井出土」「名久井周辺出土」とあることと，尾崎先生の談としてリンゴ畑から出土したということを，澤田先生が聞いている，という情報だけである。したがって正確な出土地点を示すことはできないが，ある程度まで絞り込むことは可能である。

まず，青森県三戸郡名久井は現在の青森県三戸郡南部町にある上名久井，下名久井周辺が該当することは間違いない。上名久井・下名久井周辺は馬淵川流域にあたり，本資料の時期にあたる晩期の遺跡が数多く存在する地域として知られている（第1図）。

この地域は明治22年上名久井村・下名久井村・平村・高瀬村・法光寺村・鳥舌内村・鳥合村が合併し名久井村となり，昭和30年には名久井村と北川村（剣吉村・虎渡村・斗賀村）が合併し，名川町となり，平成18年に名川町・南部町・福地村が合併して現在の南部町となる変遷を辿る。本資料の出土地が現在の南部町上名久井，下名久井周辺であるならば，史学科にもたらされた昭和37年には名川町となっており，名久井出土とすることに齟齬はある。しかし，名久井村であった昭和30年以前に本資料が出土し，それが尾崎氏の手元にもたらされたと仮定すれば，その齟齬は解消するであろう。すなわち「名久井」という地名は明治22年以降昭和30年までしか存在しない（その前後は上・下が付く）のであり，名久井村を表す地名呼称として「名久井」出土が尾崎氏に伝わったと解釈しておきたい。

このように考えれば，名久井村を構成する上名久井・下名久井・平・高瀬などの字がある，馬淵川右岸（南東側）の地域が，本資料の出土地域として推定することができる。今，青森県教育委員会発行の『青森県遺跡地図』（青森県教育委員会1992）や馬淵川流域の遺跡状況（工藤1997）を参考に，名久井村周辺の晩期の遺跡を抽出するならば，図1の8・9.森腰山遺跡，15.下横沢(2)遺跡，16.下横沢(3)遺跡，17.勘左衛門山遺跡，24.虚空蔵遺跡，27.六十六枚遺跡，37.作和遺跡，40.外林遺跡，49.青鹿長根遺跡などがあることがわかる。このうち，本資料の時期にあたる晩期中葉の土器を出土している遺跡は虚空蔵遺跡がある。虚空蔵遺跡は，現在は名久井第1中学校の校庭とそれに続く平坦部が該当するが，昭和20年代にリンゴ樹の抜根中に大洞C1式，C2式の出土があり（菊池・岡内・高橋1996），尾崎氏寄贈の資料との類似性を見て取ることができる。

ただし，こうした出土場所の推定は，あくまでも現在分かっている情報からのものであり，未周知の遺跡の存在を含め，虚空蔵遺跡を中心とした旧名久井村周辺が，本資料の出土場所であるとしておきたい。

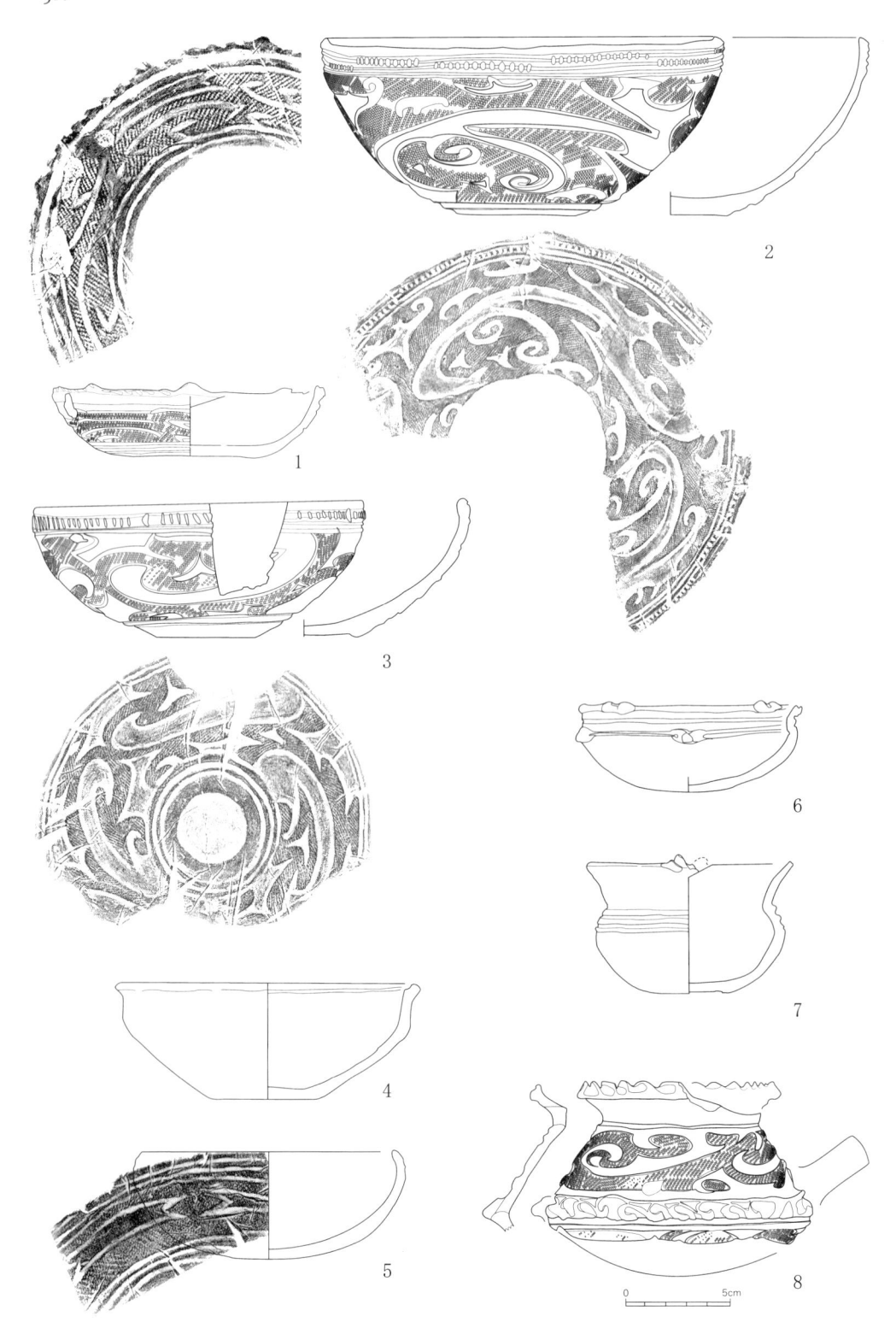

第2図　名久井出土の資料1

3 寄贈資料紹介

資料は土器と岩偶である。若干の個体に新旧の要素を持つ個体があるが，そのほとんどは大洞C1式である。

第2図1から3は皿。3はC字状の主紋様を連ね，その接合個所に変形五角形の副紋様を配し，これに三叉状の補助紋様の三者から構成されるが，1・2はこうした紋様構成が崩れ，主紋様と副紋様が融合あるいは不分明となっている。3の胎土には海綿状骨針を含む。第1図4は無紋様の鉢であるが，口縁内面に沈線を巡らせている。5は磨消縄文による紋様体を持つ鉢，6・7はB型突起をもつ鉢で，6は二単位，7は一単位ある。また6の体部には二つの山をもつ小突起が四単位認められる。8は注口土器で，底部と注口部を欠損している。5の胎土に海綿状骨針を含む。

第3図9から17は台付鉢をまとめた。台付鉢は地紋縄紋に帯紋様帯を持つもの（9〜14）と持たないもの（15〜17）に分れる。紋様帯を持つものは，9のC字状の主紋様を連ね，その接合個所に上下に三角形の副紋様，ノ字状の補助紋様の構成を持つもの。12のS字状の主紋様の上下に台形状の副紋様を配し，三叉あるいはノの字状の補助紋様もつ構成を典型例とする10〜12のグループ。主紋様・副紋様の構成が崩れる13・14にさらに区別することが可能である。口縁部の突起は9・10の四単位，12・16・17の一単位がある（14は不明）。頸部無紋帯下に，二つの山を持つ小突起を横に付ける9，13，14や縦に付ける11があり，13にはその小突起の中間にやや大きな突起を有している。こうした突起は紋様帯を持たない16・17にも認められる。煤の付着が，9の外面口縁部から体部中位，12の外面口縁部から台部根元，13の外面口縁部から台部根元，14の外面口縁部から台部根元と内面の口縁から体部中位，15の内外面の口縁部から体部中位，16の内面体部中位から外面の台部全体，17の内面見込み部分から外面の台部根元まで，に認められる。海綿状骨針が14・15，粗い砂粒が16の胎土に含まれている。

第4図18から20は鉢で，頸部無紋帯下に二つの山を持つ小突起が付くもの（18・19）と，付かないもの（20）がある。19は小突起の間に大きな突起を有するが欠損している。全て以下は地紋縄紋である。21は小形の鉢で無文である。22から25は壺で，22は二単位，23は一単位の突起を口縁部に施している。22は肩部にも小突起が配される。24・25は口縁部が欠損している。25は肩部に沈線を巡らしている。23は接合面から底部が剥落しており，最大径が胴部の上方にあることから，大洞C2式の範疇でとらえられよう。26から29はいわゆるミニチュア土器である。26〜28は壺で，沈線による紋様であり，27・28は研磨が行われている。いずれも最大径が胴部中位から下方にあることから，大洞C1式よりも古い要素をもっている。29は器種を決しがたいもので台付土器を表しているのであろう。19・21・22・23・27の胎土に海綿状骨針が含まれるが，特に22には多量に確認できる。

第5図30から34は粗製の深鉢である。口縁部に二単位のB突起を有する31・32・34と持たない30・33に分かれる。全ての土器の胎土には，海綿状骨針が認められるが，33はそのなかで

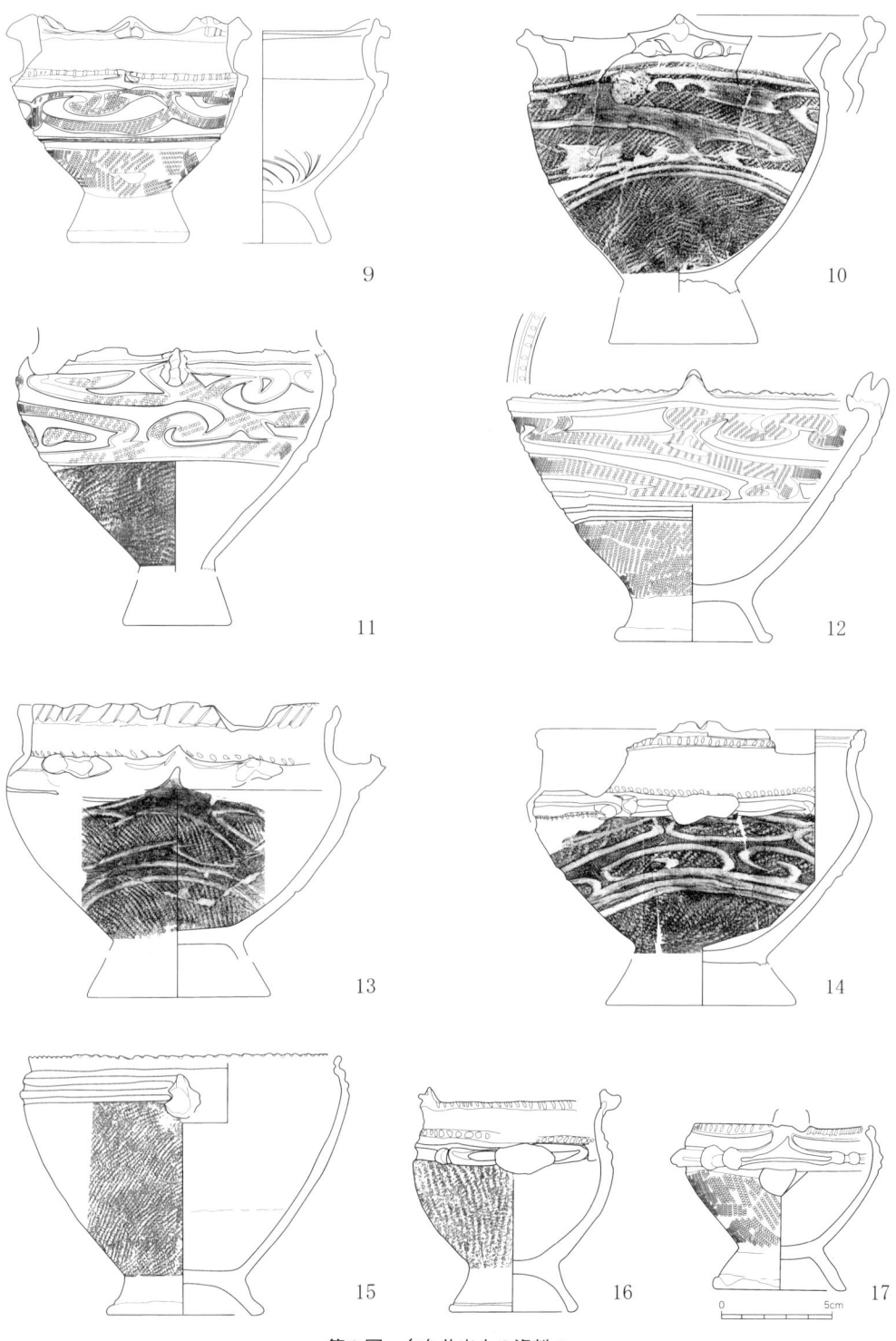

第3図　名久井出土の資料2

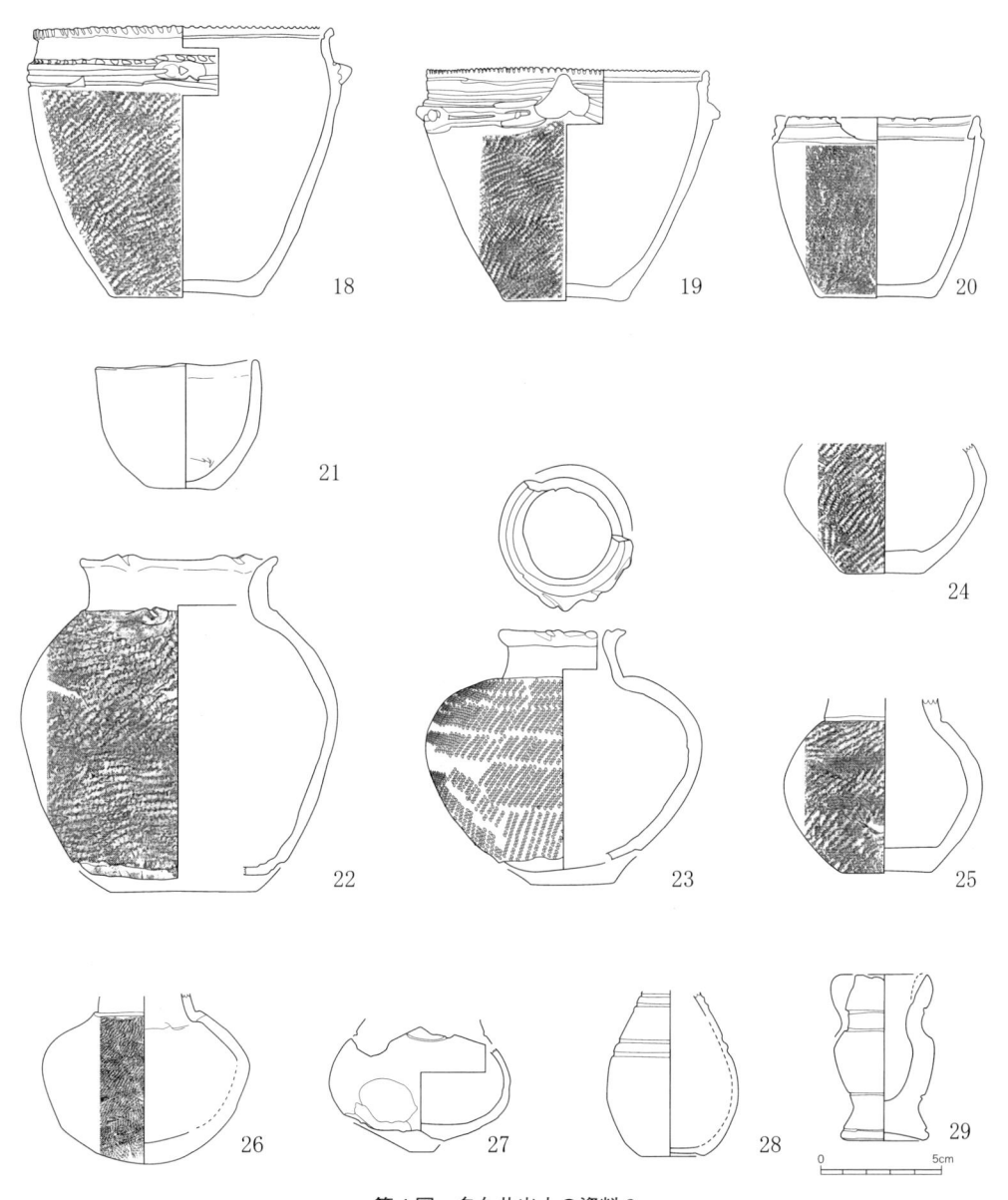

第 4 図　名久井出土の資料 3

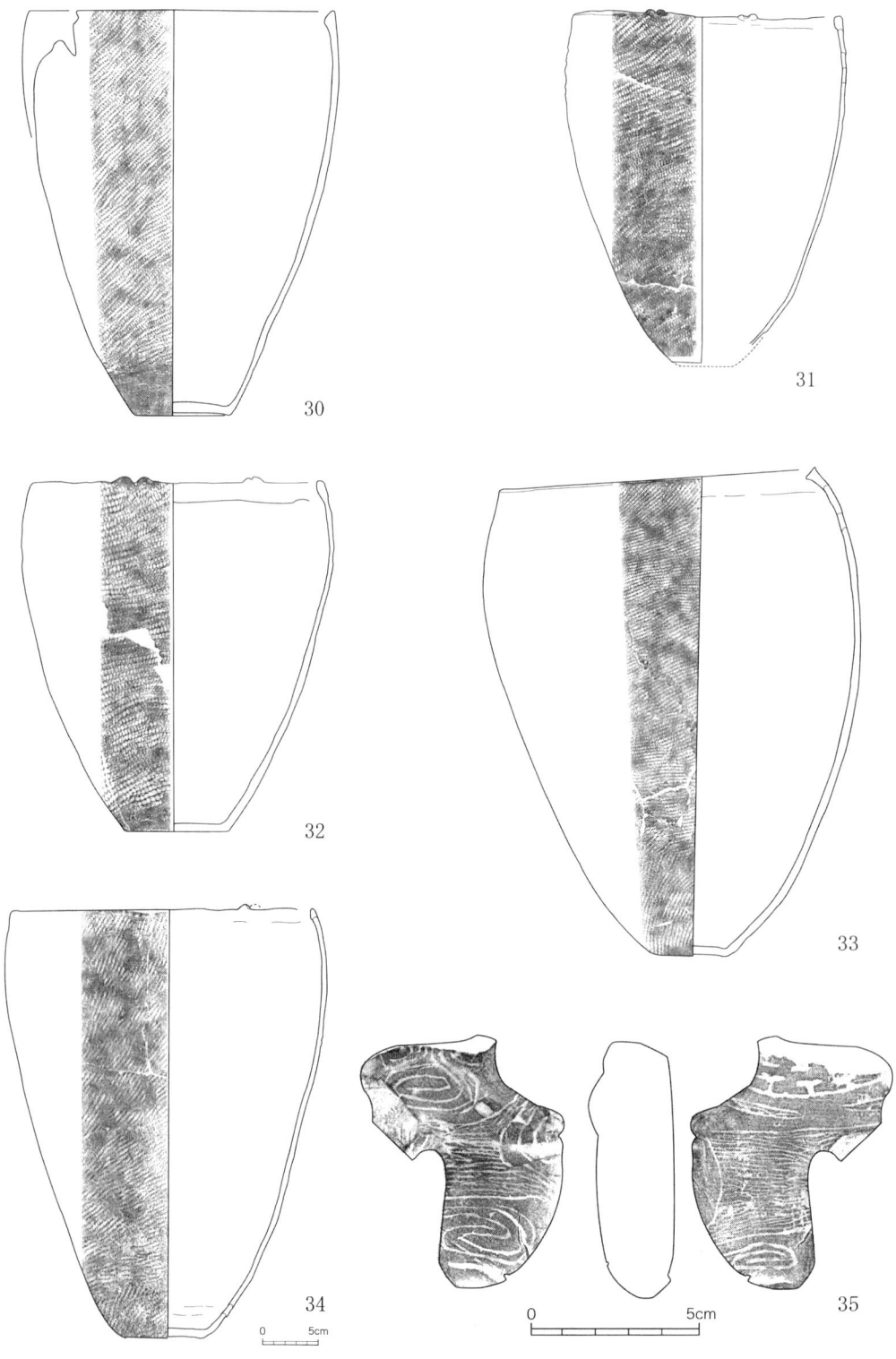

第 5 図　名久井出土の資料 4

第1表　名久井出土の資料一覧表

図番号	No.	器種	高さ	口径	底径	胎土	備考
2	1	皿	3.4	14.0	7.6	長石	「尾崎」ラベルあり
	2	皿	8.3	19.2	5.2	長石	「尾崎」ラベルあり
	3	皿	6.2	15.9	4.8	海綿状骨針	「尾崎」ラベルあり
	4	鉢	5.3	14.6	5.1		
	5	鉢	5.0	12.4	−	海綿状骨針	
	6	鉢	4.1	10.6	−		
	7	鉢	6.0	9.8	3.4		
	8	注口	(7.5)	9.2	−		
3	9	台付鉢	9.8	16.0	5.4		外面煤
	10	台付鉢	(12.3)	(13.6)	−		
	11	台付鉢	(9.7)	−	−		「尾崎」ラベルあり
	12	台付鉢	11.8	16.6	7.3		「尾崎」ラベルあり。外面煤・内面中位まで煤
	13	台付鉢	(10.8)	14.4	−		外面煤
	14	台付鉢	(10.8)	(15.3)	−	海綿状骨針	外面～内面中位煤
	15	台付鉢	11.3	14.4	7.1	海綿状骨針	「尾崎」ラベルあり。口縁内外面煤
	16	台付鉢	9.6	8.8	7.6	小砂利多量	台内部～口縁内部煤
	17	台付鉢	7.3	8.2	6.0		「尾崎」ラベルあり。外面～内面煤
4	18	鉢	10.8	12.4	6.0		「尾崎」ラベルあり。内面上部黒色化
	19	鉢	9.3	11.6	4.8	海綿状骨針	
	20	鉢	7.3	8.6	4.8		
	21	小形鉢	4.9	7.4	2.6	海綿状骨針	
	22	壺	(12.7)	8.0	−	海綿状骨針・多	「尾崎」ラベルあり
	23	壺	(9.6)	5.4	−	海綿状骨針	「尾崎」ラベルあり
	24	壺	(5.2)	−	3.4		
	25	壺	(6.9)	−	3.6		「尾崎」ラベルあり
	26	ミニチュア土器	(6.7)	−	−		
	27	ミニチュア土器	(4.4)	−	−	海綿状骨針	
	28	ミニチュア土器	(6.4)	−	2.5		
	29	ミニチュア土器	6.6	4.0	3.6		「尾崎」ラベルあり
5	30	粗製深鉢	35.0	28.4	10.4	海綿状骨針	
	31	粗製深鉢	(32.6)	24.0	−	海綿状骨針	「尾崎」ラベルあり。外面上部黒色化
	32	粗製深鉢	30.2	26.0	7.8	海綿状骨針	
	33	粗製深鉢	41.8	28.0	6.0	海綿状骨針・少	外面上部煤，内部下部黒色帯
	34	粗製深鉢	36.8	28.4	6.9	海綿状骨針	外部上部煤
	35	岩偶	7.2	横6.0	厚2.6	材質は泥岩	

＊数値はcm，（ ）内は残存範囲，胎土は特徴的なもののみ

も少ない。また全てに煤の付着が認められ，特に 31・34 の胴中位に顕著である。

第 5 図 35 は泥岩を利用した岩偶である。腹部と足の先端部表裏に渦巻状の線刻があり，股に当たる部分には鼓状に区画して，内部に沈線を充塡することでパンツ状の意匠が施される。裏側腰に当たる部分には三叉文を上下から描き，工字状をなしている。

4　まとめ

史学科所蔵の尾崎元春氏寄贈の青森県名久井出土の縄文土器は，詳らかな出土位置・状況などは不明であるものの，そのほとんどは大洞 C1 式の範疇で理解することが可能なものであった。こうしたことは，これらの土器がまとまって出土したと推測することが可能である。収蔵された経緯と内容を紹介したことによって，今後これらの資料が周知され活用されることを望むものである。

本論を記すにあたって，大学院生大内幸代氏，学部生飯島義広氏には，実測の一部を行っていただいた。また，当時土器を運ばれた山内昭二氏には，入手の経緯についてお教えいただいた。品川欣也氏には土器の内容について多くの意見をいただいた。明記し深謝したい。

註
1) 過去に日本大学考古学会が行った発掘の詳細は，記録類が乏しい。史学科収蔵資料の No. 註記は，昭和 28 年に日本大学考古学会が戦後二度目の再興をした際に，それまで所蔵していた資料に付けられた番号の一部である（飯島 1954a，b）。したがって，この記号は昭和 28 年までの資料とそれ以降に収集した資料とを区別する目安になる。この時の整理に使われた台帳のコピーが筆者の手元にあるが，それによると岩手県岩手郡御明神村滝澤において，昭和 18 年 8 月 5 日に発掘調査が行われている。これを便宜上御明神遺跡と称している。

引用・参考文献
青森県教育委員会 1992『青森県遺跡地図』
工藤　大 1997「馬淵川本流域の遺跡」「馬淵川流域の遺跡」『馬淵川流域の遺跡調査報告書』　青森県立郷土博物館
飯島正義 1954a「日本大学考古学会所蔵遺物目録（一）」『日本大学考古学通信』創刊号　日本大学考古学会
飯島正義 1954b「日本大学考古学会所蔵遺物目録（二）」『日本大学考古学通信』第 2 号　日本大学考古学会
菊池徹夫・岡内三眞・高橋龍三郎 1996「青森県虚空蔵遺跡出土土器の共同研究」『早稲田大学大学院文学研究科紀要』第 4 分冊　早稲田大学大学院文学研究科
山内昭二 1962「新資料紹介」『日本大学考古学通信』第 5 号　日本大学考古学会
山内昭二 1963「新資料紹介」『日本大学考古学通信』第 6 号　日本大学考古学会

本学所蔵のサハリン（旧樺太）の骨角器について

竹石健二・澤田大多郎

はじめに

　ここに報告するサハリンの骨角器は，戦前樺太の大泊駅長を勤めておられた小関正氏が1965（昭和40）年に日本大学文理学部史学研究室に寄贈された約1500点の貴重な資料のうちの一部である。寄贈などの経緯はすでに本学刊行の写真図録集『樺太の遺物』[1]に詳しく述べられている。図録集には完形に近い骨角器39点が紹介されているが，本小稿では実測し得るものすべて70点を図示するもので，すでに『史叢』第66号で報告した「樺太の土器」[2]の続編にあたる資料集である。骨角器には収集された年号と地点を朱字で記載したものがあり，その多くは1940（昭和15）年で，地点はいずれもサハリン南部（旧大泊支庁の亜庭湾に面する地域）のススヤ貝塚（第1図A），ミナミ貝塚（同B），クシュンコタン（同C）で収集されたものである。当然ながら骨角器の層位や土器などの伴出遺物は不明であり，時期を特定することは不可能である。しかも多くの年月や北海道への移動を経ており，その収集地点の一部に若干の混同も考えられる。

　しかし，本資料は，日本国内で観察できる数少ない遺物であり，小稿ではとり敢ず生産用具，生活用具，装飾品，その他に分類し，その特徴を紹介することによってオホーツク文化解明の一助となれば幸いである。

資料紹介

　図示しえた骨角器の総数は70点であるが，その大部分はススヤ貝塚から収集されたものであり，種類は多く，その約半数が狩猟・漁撈に関するものである。なお，各種骨角器の計測値などは第1表のとおりである。

　1. 銛頭（1～18）多くは回転式離頭銛で，

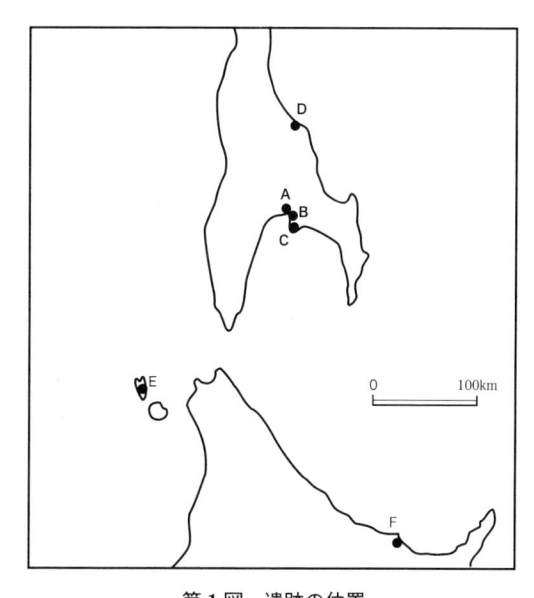

第1図　遺跡の位置
（A：ススヤ貝塚，B：ミナミ貝塚，C：クシュコタン，D：タバラコタン，E：浜中遺跡，F：モヨロ貝塚）

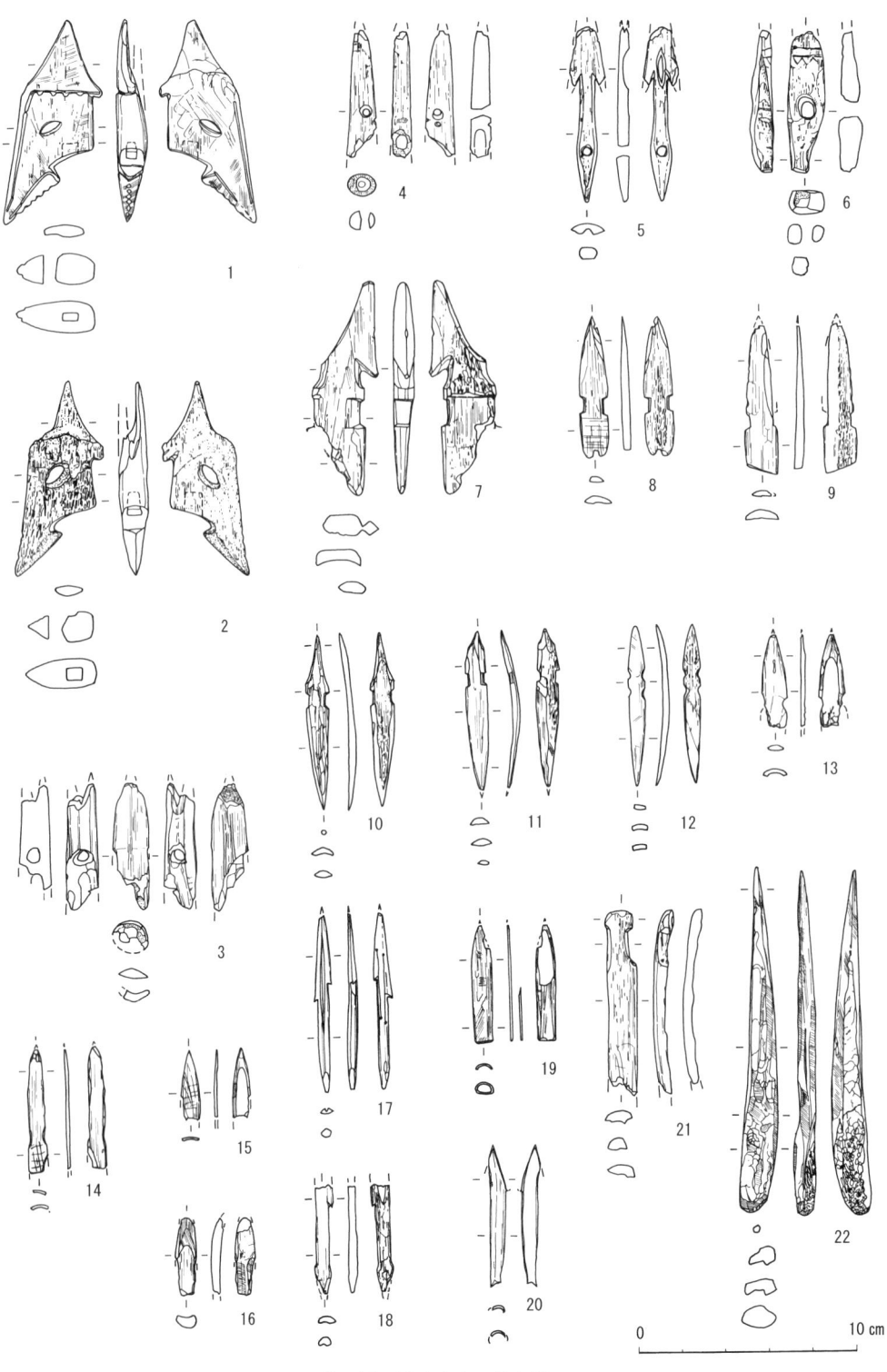

第 2 図　樺太出土の骨角器 1

17・18 は固定式銛頭である。回転式離頭銛はいくつかに分類できる。

　第一類（1・2）は，ともに三角状の先端に無茎鏃を装着する根バサミの片側を欠く大型の銛頭で，先端基部の片側に小突起，体中央部にロープを通す柳葉状の単穿孔，基部には柄をさしこむ矩形の閉窩式のソケット，単尾部の内側（先端基部の小突起の反対側）にカエリ状の突起をもつ同一形態である。1 は両面ともよく研磨され，鋭利な工具による刻目や沈線の彫刻を施し，尾部の内側には小さなスリットが6個入る精巧なものである[3]。

　第二類（3・4）は，先端の一部と尾部を欠くが，棒状の体部側面に楕円形の穿孔と閉窩式ソケットを持つものである。欠損する先端は 3 が鏃をはめこむ根バサミ式のもの[4]で，4 は尖鋭状を呈するものと思われる。また，尾部も不明であるが，短い燕尾状を呈する可能性がある。

　第三類（5・6）5 は根バサミ部分と体部両側面に対峙する鏃の尖端部を欠くが，均整のとれた有茎式のものである。円形の穿孔は 1～4 と異なる方向に穿たれ茎部近くに存在する。なお，レンズ状の頭部中央に舟底状の抉入りがみられる。6 は逆刺部分より上部を欠損した銛頭と思われるもので，ロープを通す円形の索孔と柄部に挿入する方形の茎部が残存する。断面長方形の体部平坦部には鋸歯文と二条の線刻をめぐらす。

　第四類（7）頭部は再加工されたようで不明であるが片側に逆刺をもち，体部側縁にロープを巻きつける抉入りを持つ茎溝式である。尾部は発達しない双尾を有するようである。

　第五類（8～16）明瞭な茎溝部はないが閉窩式銛頭と思われるもの[5]で，陸獣骨を半截した先端を尖らし，裏部の海綿を残した割面は平滑である。欠損部が多いが，ススヤ貝塚出土銛頭の主体をなすもので，断面は 16 を除き薄手が多く，器面はやや反り返るもの（9～12・16）と直線的なもの（8・13～15）がある。また，8～14 は体部中央よりやや上・下部の側縁に一あるいは二対の抉りをもつもので，10～12 は両端とも尖り，8 は短い双尾がつく特徴をもつ。また，線刻をもつもの（8・14・15）もある。

　固定式離頭銛（17・18）索孔・索溝・抉りなど柄部とロープで結ぶひっかかりのないヤス状の刺突具である。17 は細身のよく研磨された体部の左右に小さな逆刺がつき，両面には V 字状の刻みと点列を結ぶ二条の線刻が走る。18 は欠損部が多く詳細は不明であるが，17 と同じく小さな逆刺が一つと一部に小突起をもつ。

　2．鏃（19・20）有茎のものはなく，いずれも鳥骨製の管状のもので，19 は尖端部の一部を欠くが，20 は半欠品である。

　3．釣針（21）下半部を欠くが，粗く半截した面を残す大型釣針の軸部片と思われる未完成品で，基部近くに釣紐を結ぶ粗いコ字状の切り込みがある。

　4．刺突具（22～31）一端が尖るものであるが，大小や他の一端の状態などよりいくつかに分類できる。

　第一類（22・23）は基部に近い骨端をこぶ状に残すものであるが，22 は大型の刺突具で先端を研磨・尖らし，器体割面にも擦痕を有する。23 は腓骨の稜部を巧みに利用し尖端としている。

　第二類（24～26）は入念な研磨を施したもので一端は尖り，他の一端はヘラ状を呈するが規模

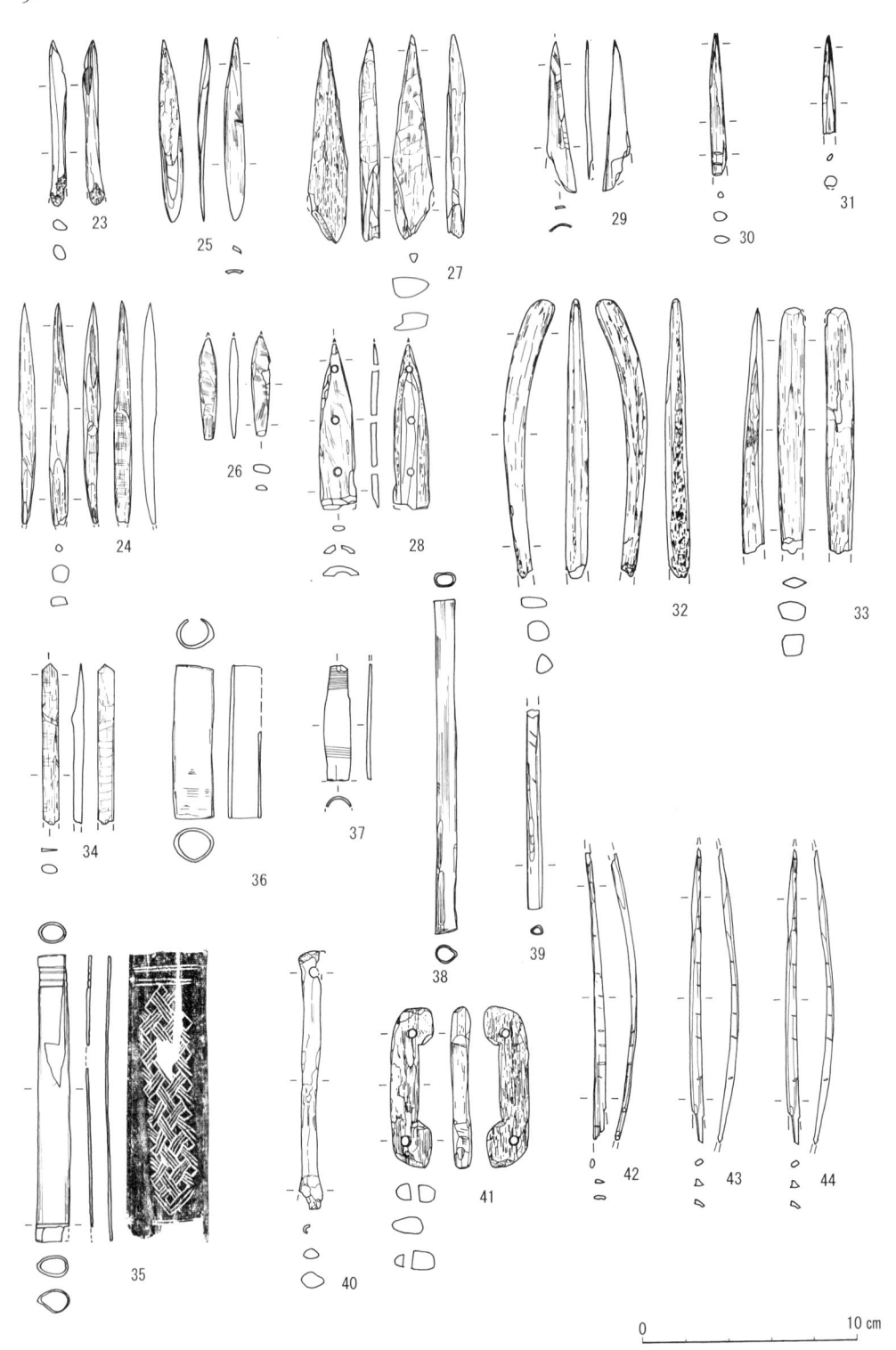

第 3 図　樺太出土の骨角器 2

は異なる。24はヤス状，25は反りを持ち，26は鏃状を呈する工具である。

　第三類（27）は重厚な尖端部と幅広の基部を有する錐状のものである。

　第四類（28・29）平面形は27に似るが，薄手の細長い二等辺三角形状を呈し，先端は非常に鋭利である。28は器体中央部に3個の小円孔が等間隔に縦位に配列され，幅広の基部は短く削りヘラ状を呈す。

　30・31は研磨されたヤス状刺突具で，先端部分のみを残す。

　5．ヘラ状用具（32〜34）先端をヘラ状に加工・研磨した棒状のもので，他の一端はいずれも欠損する。

　32はホッケーのスティック状の如き弓状を呈し，鈍い尖端と一部に海綿質を残す。33の断面は先端部近くでは菱形，中央部では長方形，基部近くでは方形を呈する重厚なものである。34の端部は斜位の突出部を境にして薄手で反り気味，先端は鋭利な将棋の駒状を呈し，裏面には押引き削り痕を残す。

　6．針筒（35〜39）いずれも鳥管骨を輪切りしたもので，有文のもの（35〜37）と無文のもの（38・39）がある。

　有文のものは，短く幅広の部位（上腕骨）を利用したもので，35は片面の中央部に複線刻の格子を綾目状に配し，上・下端に二本一組の沈線を1・2組めぐらすものである。36・37はよく研磨された器面に数条の集合沈線が横走する。

　無文のものは有文のものに比較して細長く，一部に削り痕を残すのみである。

　7．有孔製品（40・41）

　40は近位骨端近くに小円孔を有するもので，研磨の痕跡をとどめない。垂飾の一種かと思われる棒状の未完成品（？）である。

　41は手提げあるいはジョッキなどの「コ」字を呈する把手状のもので，その端部には小円孔が各1個認められる。用途については本品を必要とする対象物との組み合わせから判断せざるを得ない。

　8．針（？）状製品（42〜44）鰭棘を利用した両端が欠損する細長い針状のもので，数ヶ所に短い刻目（？）を有する。現状ではやや弧状を呈している。

　9．掘り具（45〜56）海綿質を片面に残す器体部は，幅広で一端に刃部をもつが，その柄のつき方などにより，その使用目的が異なると思われる。

　第一類（45〜48）は刃部が蛤刃に近い両刃を持つもので，体部に突起を有するもの（45・46）とないもの（47・48）に大別できる斧状のものである。45は完形品。器刃部は円匙状で両側縁は幅広く直線的に抉り，柄側端部には小突起が存在する。裏面には平坦な海綿質を残すが，柄部中央部には貫通しない小円孔が存在する。46は刃部と器体・柄端部の片側の突起部を欠損するが，精巧に削平・研磨されたものである。47・48は器面がやや粗雑な短胴で蛤刃を持つもので，47は柄端部近くに抉り溝をもつ肥厚な形態であり，48はやや薄手の半欠品である。

　第二類（49〜52）器体は直線的なもの（49・50）とやや反り気味のもの（51・52）で，手中にし

45

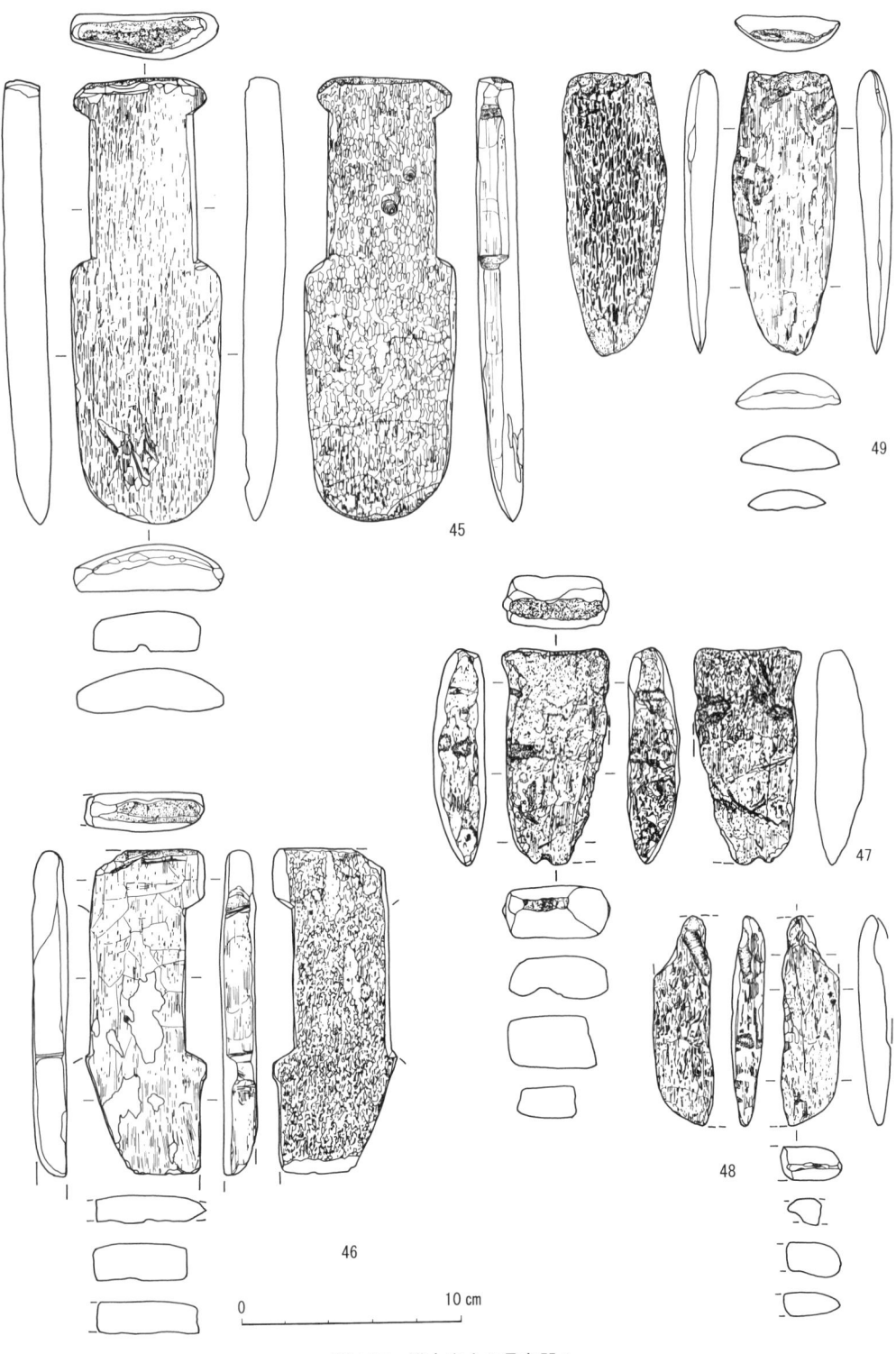

46

47

48

49

0 10 cm

第4図　樺太出土の骨角器3

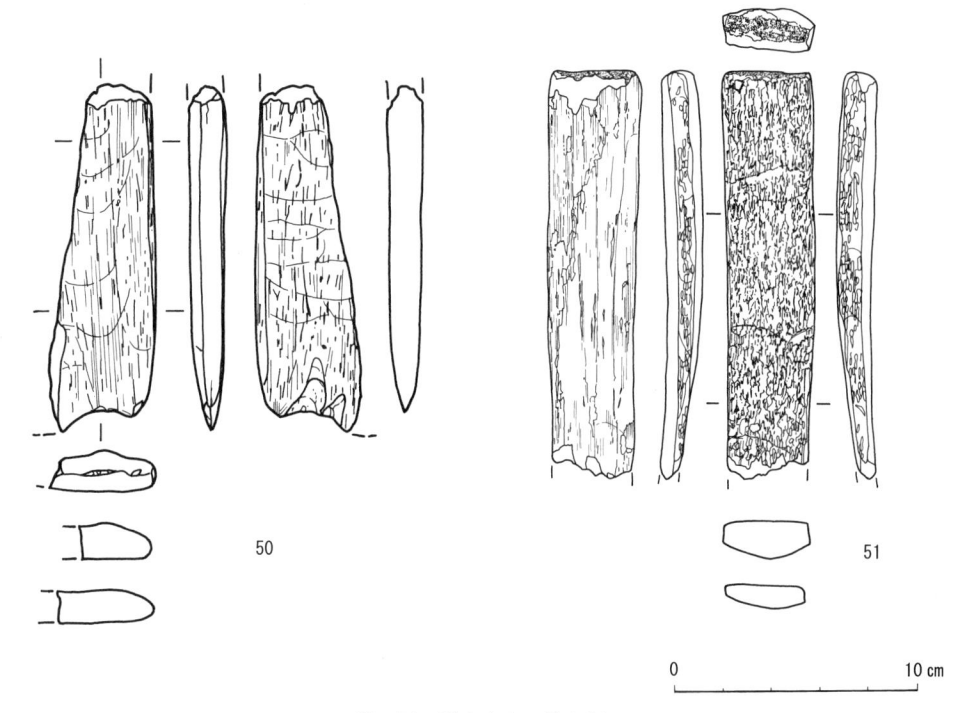

第5図　樺太出土の骨角器4

っかりと収まる大きさで，堅固な刃部は第一類より尖るヘラ状のものである。

　49は完形品で，刃部の平面形は偏円形を呈し，50はシカの角（？）を利用したもので，欠損の多い刃部は不整形である。

　51・52はともに刃部を欠損する長方形のもので，反り具合はアワビなどを岩からはがすのに都合のよい形状である。

　第三類（53）断面が台形，一部に自然面を残す平面は短冊形を呈し，端部全面には磨滅痕が存在する。

　第四類（54）基部が棒状で厚く，体部は丸みをもつ有肩式であるが，基端部近くに一条の溝が不規則にめぐり，体部の一面は浅くえぐられてスプーン状を呈する未完成品と思われる。

　第五類（55）両面調整された小型の幅広で，片刃に近い刃部（鉋）を持つものである。

　第六類（56）欠損部が多いが基部に抉りこみを，端部に削りと磨きを施している。器面は一部に凹凸を残すが，平滑な削り痕を施し，中央部付近に一対の楕円形の穿孔をもつ方形に近い鍬であろう。

　10．板状製品Ⅰ（57・58）15cmを超す薄い板状のもので，端部近くに小円孔をめぐらす。両者ともやや内湾気味である。用途は不明である。

　11．刀形状製品（59〜62）反りをもつ刃状の形態をとる。使用骨の部位の形状により，刀背はゆるい湾曲をもつもの（59・60）と直線的なもの（61・62）とに大別できる。残存部には線刻などの装飾は施されていない。

0   10 cm

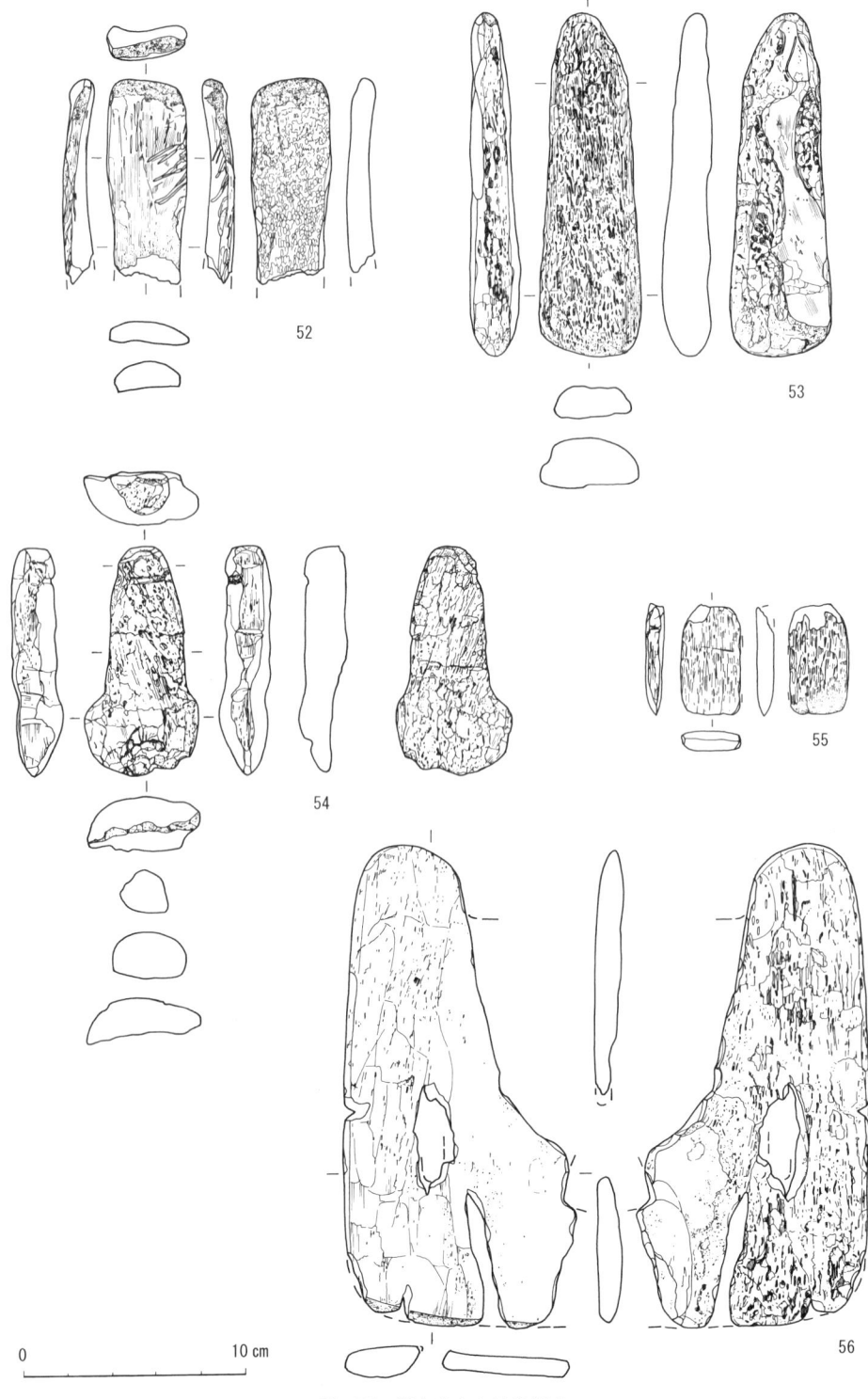

第6図　樺太出土の骨角器 5

59 は柄頭部を刃部側に短く曲折し，刀身の背部は直線的に調整，刃部は弓状で一部に使用痕と思われる磨滅がみられる。60 は両端部を欠く未製品で大部分に自然面と海綿質を残すが，一部に削り痕を残す。

61・62 は海獣の肋骨を使用した同一形態をとるが，61 は全面自然面なのか磨滅している。62 は先端部と基部近くの背・刃部に人為的な削平痕がみられる。

12. 板状製品 II（63・64）いずれもクジラの肋骨の面を平坦に調整した細長い板状製品で，両端を欠くが，二個の円形の穿孔がある。板状製品 I より細長く円孔が大きいものである。63 は間隔のある両端中央部に半欠した円形穿孔があり，64 は両面・両側縁ともに削り調整したもので，2 個の円孔は近接している。

13. 牙勾玉（65・66）イヌとクマの犬歯の歯根部中央に懸垂用の小孔を両側より穿ったものである。

14. 加工痕のある骨角器（67）エナメル質を残す歯牙を半截し使用した薄手の器面には，鋭利な切削痕と入念な研磨を施されている。上・下部を欠損するが，単式釣針の可能性がある。

15. 玉未製品（68～70）歯牙（68・69）ヒ骨の端部（70）を加工調整中の未製品である。68 の各面に細かい入念な切削を施し，70 の基部には鋭利な多くの切り傷がみられる。

前記の分類が適切であるとは思わないが，生産用具（銛頭，鏃，釣針，加工痕のある骨角器），生活用具（刺突具，ヘラ状用具，針筒，針状製品，掘り具，板状製品 I），装飾品・その他（有孔製品，板状製品 II，刀形状製品，牙勾玉，玉未製品）に分類して，その要点を簡単に紹介したものである。

その中で特徴的な骨角器を列挙すると，銛頭は閉窩式の離頭銛（1～16）と固定銛（17・18）があり，逆刺をもつものも存在する。しかし，主体をなすのは逆 T 字形釣針に類似する第五類（8～16）の索孔も索溝も有しない薄手で，側縁に抉りをもつ先端の尖ったものである。

鏃（19・20）は鳥骨を使用した管状の先端を削り尖らせたものであり，釣針（21・67）は少なく，形状の判明したものはない。

刺突具は規模や形態などから錐状・ヤス状など多様性をもつが，一端がヘラ状を呈する第二類（24～26）は，土器への施文具として使用されたものとも考えられる。

針は採取されていないが，針入れの筒は 5 点あり，有文のものは幅広の端筒で複数の針を保管し，無文の細長い筒は一本の針を保管するものと思われる。なお，湾曲する針（?）状製品の 3 点は加工品かどうか不明である。

掘り具（45～56）はクジラの肋骨を加工したものが多く，その形態より斧，ヘラ，ノミ，鍬などに分類できる。しかし，用途は柄のつく角度によって土掘り具，氷割り，貝おこし，皮なめしなど生産活動を含む多用な目的に使用されていたものと思われる。中にはスプーン製作途上と思われるもの（54）もある。

板状製品 I（57・58）は薄い板状製品の端部近くに小円孔をもつもので，他の物体にともなって一つの用具（?）となるもので，その類例を知見しえず，その機能・目的は不明である。

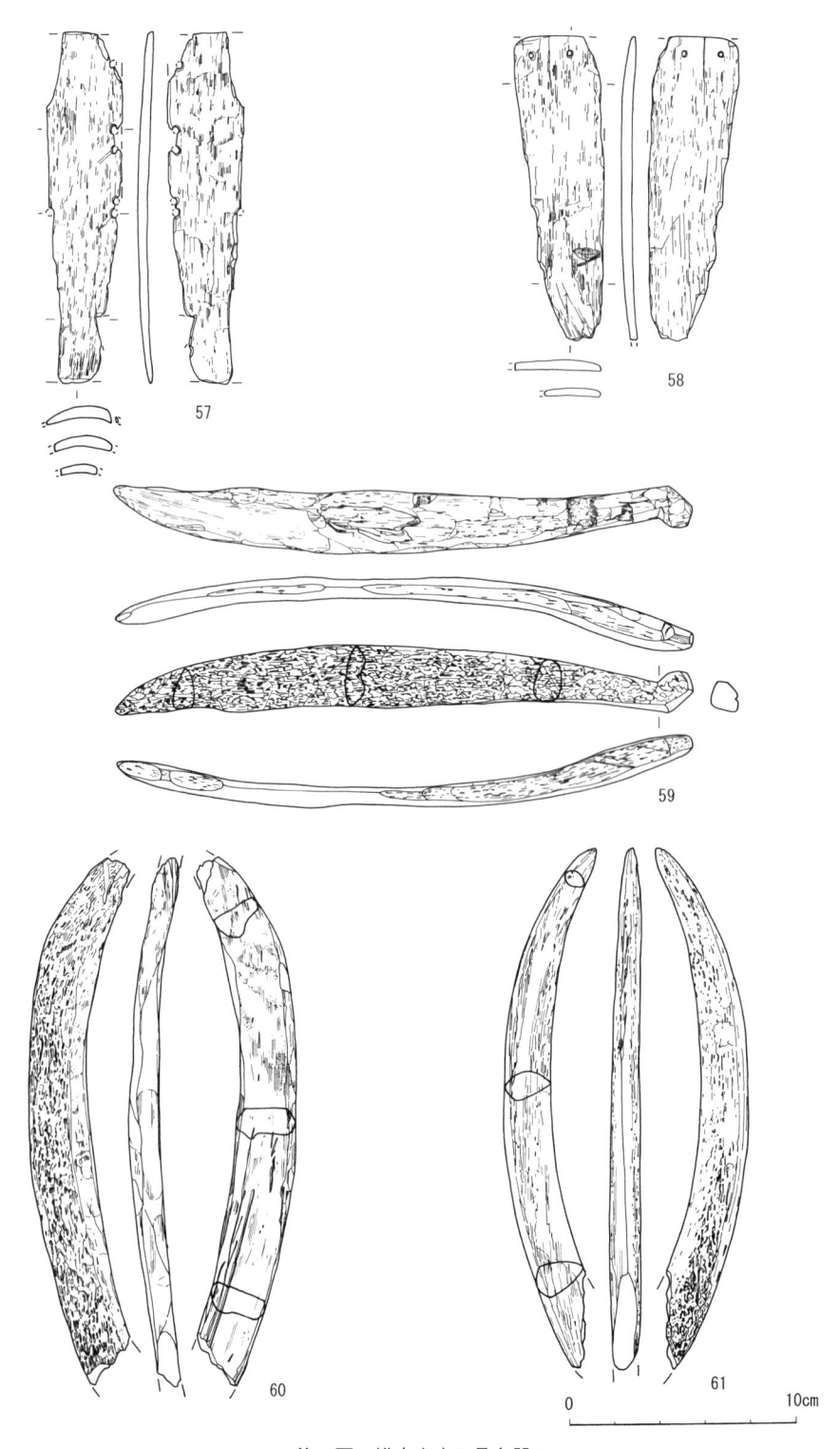

第7図　樺太出土の骨角器6

刀形状製品（59～62）は，いずれも 20 cm を超すもので，59 の把手部分を除き加工痕が少ない未製品であるが，形態の違いより二つの用途をもつ反り気味を必要とする品物であることに間違いない。

板状製品 II（63・64）は，板状製品 I（57・58）とは形状を異にする両端部を欠損する細長い板状製品で，側縁の加工の有無に違いがあるが，いずれもその中央部にやや大き目の円孔を有するものである。用途は不明。

牙勾玉（65・66）は，イヌとクマの犬歯の歯根部中央に小孔をもつ垂飾で，69 はトナカイ（？）製の入念なる切削痕をもつ未製品である。これらの中には非常に鋭利な切削痕があり，すでに鉄器が普及し，その使用を裏付けるものも存在する。

考察

小稿の骨角器の所属時期の詳細は不明であるが，1940（昭和 15 年）に採集された土器片[6]によると，採集地不明のものが約七割を占めるが，ススヤ貝塚からは縄目文を主体に刺突文・型押文・沈線文・刻文など 44 点，ミナミ貝塚からは型押文・刻文が 6 点，クシュンコタンからは刺突文・型押文などが 11 点報告されている。これらは一部に擦文文化期のものを含むが，大部分はオホーツク文化を形成する土器群で，古くは鈴谷式期に，新しくは南貝塚式期に属するものである。

次に各遺跡の骨角器の比較であるが，各遺跡はともに海岸沿いに存在し距離が近いこと，また資料が採集品で時期も特定できないことなど，その特質を探ることは不可能・無意味である。しかし，強いていくつかの特異点を挙げれば，ススヤ貝塚（52 点）では銛頭・鏃・刺突具・ヘラ状用具が多く，ミナミ貝塚（11 点）では把手状有孔製品，板状製品 I が，クシュンコタン（7 点）では板状製品 II が採集されており，種類による差がみられるようである。特に性格の異なる板状製品 I・II の 4 点がいかなる目的のために使用されたものであるか，今後の類例の発見に期待したい。

おわりに

オホーツク文化は，一般に日本の古代を中心とする時期[7]に，オホーツク海沿岸に存在した漁撈・海獣猟を主要な生活様式とする海洋文化といわれている。海岸の民が生息していくにはオホーツクにおける自然環境への適応が不可欠である。最近の調査・研究によると，北海道やサハリンの貝塚から温暖水系に存在するマガキがみられることなどから，当時の気温は現在より高温であった時期があり，海水面も上昇していたことが明らかになっている。すなわち海洋資源である魚介類やアザラシ，トド，クジラなどの海獣類を有効に獲得するための実用的な道具や用具の一つとして骨角器が存在する。今日知られている骨角器には生産用具—銛頭・ヤス・鏃・釣針など，

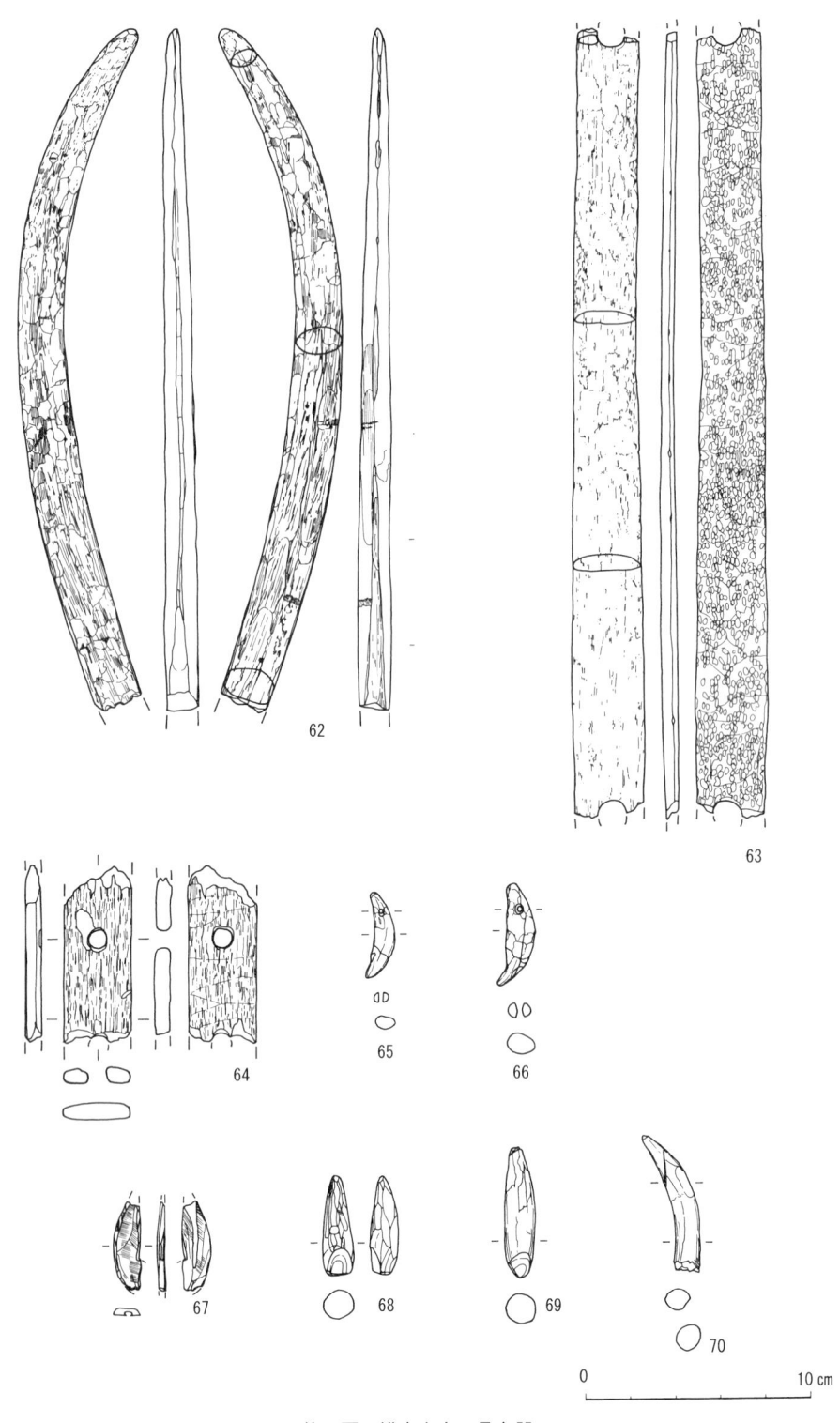

第8図　樺太出土の骨角器 7

第1表　骨角器計測表

（　）は現存値

番号	器種	遺存状態	規模 長×幅×厚（cm）	材質	採集地	備考
1	銛頭	銛先片側欠	9.1 × 4.1 × 1.5	クジラ	ススヤ	離頭式　根バサミ　刻文有　光滑
2	銛頭	銛先片側欠	8.6 × 3.4 × 1.4	クジラ	ススヤ	離頭式　根バサミ
3	銛頭	両端欠	(5.6 × 1.3 × 1.0)	シカ（角）	ススヤ	根バサミ　索孔有　閉窩式ソケット
4	銛頭	両端欠	(5.6 × 1.8 × 1.5)	シカ（角）	ススヤ	索孔有　閉窩式ソケット
5	銛頭	先端部欠	(7.8 × 1.5) × 0.6	シカ（角）	ススヤ	根バサミ　索孔有　鐖有
6	銛頭	基部のみ残	(6.4 × 1.7 × 1.1)	クジラ	ススヤ	索孔有　線刻（鋸歯・平行）有
7	銛頭	再加工？	(9.5 × 2.5) × 1.0	クジラ	ススヤ	茎溝式　鐖有
8	銛頭	完全	6.2 × 1.3 × 0.3	シカ	ススヤ	両側面・基部に抉有　線刻有
9	銛頭	先端・側面欠	(6.6) × 1.5 × 0.4	シカ	ススヤ	両側面に抉有
10	銛頭	完全	7.8 × 1.1 × 0.3	シカ	ススヤ	両側面に抉有
11	銛頭	ほぼ完全	(7.0) × 1.0 × 0.4	シカ	ススヤ	両側面に抉有
12	銛頭	完全	7.1 × 0.8 × 0.3	シカ	ススヤ	両側面に2対の抉有
13	銛頭	基部・先端欠	(4.1 × 1.2 × 0.2)	シカ	ススヤ	両側面に抉有
14	銛頭	基部・先端欠	(6.3 × 0.7 × 0.1)	シカ	ススヤ	線刻有
15	銛頭	基部欠	(3.1 × 0.9 × 0.1)	シカ	ススヤ	線刻有
16	銛頭	基部・先端欠	(3.5 × 1.0 × 0.5)	シカ	ススヤ	光滑
17	銛頭	先端欠	(7.8 × 0.9 × 0.4)	シカ	ススヤ	光滑　鋭利
18	銛頭	先端欠	(4.8 × 0.8 × 0.4)	シカ（角）	ススヤ	やや粗造
19	鏃	ほぼ完全	(5.0) × 0.9 × 0.5	鳥骨（脛骨）	ススヤ	管状
20	鏃	残部少	(5.4 × 0.9 × 0.2)	鳥骨（脛骨）	ススヤ	管状（？）
21	釣針	半欠	(8.2 × 1.4 × 0.5)	クジラ？	ススヤ	針部欠　未成品
22	刺突具	完全	15.3 × 1.5 × 1.4	シカ（尺骨）	ススヤ	光滑
23	刺突具	ほぼ完全	7.4 × 0.7 × 0.6	鳥骨（脛骨）	ススヤ	
24	刺突具	ほぼ完全	(10.0) × 0.8 × 0.8	シカ	ススヤ	ヤス状　一端はヘラ形
25	刺突具	完全	8.2 × 1.1 × 0.2	シカ	ススヤ	一端はヘラ形
26	刺突具	尖端欠	(4.6) × 0.8 × 0.4	シカ	ススヤ	光滑　鐖状（？）
27	刺突具	ほぼ完全	9.2 × 1.8 × 1.0	シカ	ススヤ	錐状
28	刺突具	ほぼ完全	7.4 × 1.7 × 0.4	シカ	ススヤ	中央に小円孔3有
29	刺突具	ほぼ完全	6.7 × (1.1) × 0.1	シカ	ススヤ	鋭利
30	刺突具	基部欠	(6.5 × 0.7 × 0.4)	シカ	ススヤ	ヤス状（？）
31	刺突具	基部欠	(4.4 × 0.6 × 0.6)	シカ（角）	ススヤ	ヤス状（？）
32	ヘラ状工具	基部欠	(12.5) × 1.3 × 1.5	シカ（肋骨）	ススヤ	弧状
33	ヘラ状工具	基部欠	(11.1) × 1.4 × 0.9	シカ（肋骨）	ススヤ	重厚
34	ヘラ状工具	基部欠	(7.2) × 0.8 × 0.5		ススヤ	先端三角形
35	針筒	一部欠	12.9 × 1.6 × 1.1	アホウドリ	ミナミ	管状　格子目状の刻目文有
36	針筒	一部欠	6.9 × 1.8 × 1.6	アホウドリ	ススヤ	管状　線刻有
37	針筒	一部残	(5.2 × 1.3 × 0.5)	アホウドリ	ススヤ	管状　線刻有
38	針筒	完全	14.9 × 1.0 × 0.8	鳥骨	ススヤ	細い管状　削痕有
39	針筒	一端欠	(9.0 × 0.6 × 0.5)	鳥骨	ススヤ	細い管状　削痕有
40	有孔製品	ほぼ完全	11.5 × (1.1) × 0.8		ススヤ	棒状の垂飾品（？）　未成品
41	有孔製品	完全	7.2 × 1.9 × 0.9		ミナミ	把手状　端部に円孔有
42	針（？）状製品	両端欠	(12.9 × 0.6 × 0.5)		ススヤ	細い棒状で弧状　刻目（？）　10
43	針（？）状製品	両端欠	(13.2 × 0.6 × 0.4)		ススヤ	細い棒状で弧状　刻目（？）　7
44	針（？）状製品	両端欠	(13.9 × 0.5 × 0.4)		ススヤ	細い棒状で弧状　刻目（？）　5
45	掘り具	完全	19.5 × 6.9 × 1.9	クジラ	クシュンコタン	円匙状　蛤刃　柄部に突起有
46	掘り具	刃部欠	(14.3 × 5.5) × 1.7	クジラ	ミナミ	調整痕有　柄部に突起有
47	掘り具	一部欠	9.5 × 4.8 × 2.4	クジラ	ススヤ	厚手　蛤刃　抉り・溝をもつ
48	掘り具	半欠	(9.2 × 2.6 × 1.5)	クジラ	ススヤ	やや薄手
49	掘り具	完全	12.5 × 4.6 × 1.5	クジラ	クシュンコタン	ヘラ状
50	掘り具	半欠	(8.8 × 2.3 × 1.0)		クシュンコタン	ヘラ状　光滑
51	掘り具	一端欠	(16.1) × 3.7 × 1.9	クジラ	ミナミ	短冊形　やや反る（アワビおこし？）
52	掘り具	一端欠	(8.5) × 3.5 × 1.1	クジラ	ミナミ	短冊形　やや反る（アワビおこし？）
53	掘り具	完全	14.7 × 4.6 × 2.2	クジラ	ススヤ	短冊形　端部に摩滅痕有
54	掘り具	完全	9.8 × 5.1 × 2.3	クジラ	ススヤ	スプーン作製中？
55	掘り具	一部欠	(4.7 × 2.7) × 0.7	クジラ	ミナミ	小型ノミ？
56	掘り具	半欠	20.7 × (10.3 × 1.1)	クジラ	クシュンコタン	鍬？
57	板状製品	半欠	15.0 × (3.4 × 0.5)		ミナミ	薄手　小孔多数有　湾曲する
58	板状製品	半欠	(13.0 × 3.8 × 0.4)		ミナミ	薄手　小孔2以上　直線的
59	小刀？	完全	20.5 × 2.7 × 1.2	トナカイ？	ススヤ	小柄部有　刃部有
60	小刀？	両端欠	(22.7) × 2.5 × 1.3	トナカイ？	ススヤ	刃部無　未成品
61	小刀？	基部欠	(22.3) × 2.2 × 1.4	海獣	ススヤ	一部に摩滅痕有
62	小刀？	基部欠	(29.0) × 2.3 × 1.5	海獣	ススヤ	一部に削痕有
63	板状製品	両端欠	(33.8) × 3.2 × 0.7	クジラ	クシュンコタン	細長い板状　円孔2有　側縁は光る
64	板状製品	一部残	(7.5) × 3.0 × 0.7	クジラ	クシュンコタン	細長い板状（？）　円孔2有　側縁は平坦
65	牙勾玉	完全	3.6 × 1.0 × 0.6	イヌ	ススヤ	円孔1有
66	牙勾玉	完全	4.3 × 1.3 × 0.9	クマ	ミナミ	円孔1有
67	？	？	(3.7 × 1.3 × 0.4)	イノシシ	クシュンコタン？	単式釣針？　研磨・削痕有
68	歯牙品	完全	4.2 × 1.3 × 1.3		ミナミ？	未製品
69	歯牙品	完全	5.6 × 1.3 × 1.3	トナカイ？	ミナミ？	未製品
70	骨	完全	5.8 × 1.2 × 1.2		ススヤ	未製品

生活用具—ナイフ・針・刺突具・掘り具など，装飾品—垂飾・帯留具・櫛など，その他楽器・信仰に関する牙・骨製品などがある。しかし，これらの骨角器は当然ながらそれのみで用を足すことはできず，その多くは柄・ヒモなどと結合して道具・用具・製品としての形態をとることができる。また道具・用具はそれを必要とした対象物と使用する人間の三つが存在してはじめて機能するのである。すなわち対象物あっての骨角器（道具・用具など）なのである。その対象物に対して，いかに容易に目的を達成するためにオホーツク海洋民は，多くの経験を蓄積・工夫し，そこから変化・発展したものと考えられる。その不可欠な条件の一つに，加工具としての鉄器の存在があることは明らかである。

　これらの骨角器を解明するためにも，オホーツク文化を形成するすべての物質と，今日まで残存しえた民俗資料の使用法などを検討する必要性が急務と思われる。残念ながら，今回の採集資料である骨角器から，その時期や使用法を追求することは，門外漢である私共には不可能なことであり，所蔵する資料の紹介と若干の疑問点を指摘するにとどめたい。

　小稿を執筆するにあたって骨角器の鑑定は永浜真理子（1975年度史学科卒）また東京国立博物館松浦宥一郎（本学講師（肩書は2004年当時，以下同じ）），小原巖（本学講師）各氏の御指導・御協力をいただいた。ここに明記し，感謝の意を表する次第である。

(2004年3月校了)

註
1) 日本大学文理学部史学研究室 1966『樺太の遺物』図録集
2) 竹石健二・澤田大多郎 2002「本学所蔵の樺太の土器」『史叢』第66号 史学研究室
3) 前田潮 2002『オホーツクの考古学』（ものが語る歴史7）同成社 本図1・2については，「第4節 鈴谷期の銛頭，2出土事例」，鈴谷貝塚の例品3・4（163・164頁）に紹介があり，ともに所属時期を鈴谷期から江の浦B期までの可能性があると述べている。
4) 註3に同じ。162頁の図28の12に実測図，165頁の例品10に紹介があり，所属時期を鈴谷期から江の浦B期までの可能性があると述べている。
5) 東京国立博物館 2003『東京国立博物館図版目録—縄文遺物篇（骨角器）』附篇3サハリン（樺太）先史時代の徳川頼貞氏寄贈品の中のソロウエヨフスカ村南貝塚出土の銛頭（83-1）に類似する。
6) 註2に同じ。
7) 鈴谷式期とトビニタイ式期の認識の違いにより，最も古くは紀元前2世紀頃に，新しいもので紀元13世紀とする説などがある。

編集後記

　竹石健二先生・澤田大多郎先生が古希を迎えられる。そう意識するようになったのは，平成19年のころでした。同時に古希の献呈論文集を作りたいとの考えが浮かびました。両先生の献呈論文集は過去に還暦を迎えられた時に出版されたものがありましたが，それに参加できなかった者として，古希の論文集はどうしても作っておきたい，と次第に思うようになってきました。そのことを幾人かの先輩や後輩に相談したところ，発起人会を発足させることにし，両先生におそるおそるお伺いを立てることにしました。竹石先生からは，「澤田と一緒にするんならいい。玉石混淆の内容で構わない」また，澤田先生からは，「それぞれの仕事や立場があるだろうから，無理ならいいんだぞ」とのお言葉をいただきました。

　その後発起人会を正式に立ち上げ，本論文集の他，祝賀会・講演会・思い出集を完成させるべく，幾度にもわたる会議が重ねられました。本論文集の内容についても，これまでの両先生および日大の考古学のこれまでの活動の一端を記録することも重要である，という認識にたって，様々な意見をいただきながら，諸般の事情で発表できなかった遺跡の発掘調査報告や大学所蔵資料の紹介も行うことになりました。そのため，古希記念の論文集でありながら，両先生の筆による原稿も掲載することにいたしました。

　事務局および編集委員の一人として，機敏に動くことはできませんでしたが，玉稿を寄せてくださった執筆者の皆様と，発起人に加わり実行力と活発な意見を交わされたOBの皆様なくては，この論文集は出来上がることはなかったことでしょう。心からの御礼を申し上げます。

西野吉論

執筆者一覧

小形利彦	昭和44年	文理学部史学科卒業
	平成 6年	岩手大学大学院修了
大塚昌彦	昭和52年	文理学部史学科卒業
毒島正明	昭和61年	文理学部史学科卒業
成田滋彦	昭和49年	文理学部史学科卒業
野﨑欽五	昭和56年	文理学部史学科卒業
古内　茂	昭和45年	文理学部史学科卒業
浜田晋介	昭和56年	文理学部史学科卒業
山本孝文	平成10年	文理学部史学科卒業
	平成17年	釜山大学校大学院博士課程修了
浅賀貴広	平成16年	文理学部史学科卒業
	平成18年	日本大学大学院修士課程修了
小池　聡	昭和57年	文理学部史学科卒業
	昭和59年	日本大学大学院修士課程修了
小林　克	昭和56年	文理学部史学科卒業
	昭和58年	日本大学大学院修士課程修了
堀内秀樹	昭和57年	文理学部史学科卒業
成瀬晃司	昭和57年	文理学部史学科卒業
寺内隆夫	昭和56年	文理学部史学科卒業
	昭和58年	日本大学大学院修士課程修了

編集委員
　山本孝文・西野吉論・浜田晋介・西山博章・渡辺昭一・斉藤あや・浅賀貴広

竹石健二先生・澤田大多郎先生古希記念論文集

2009年7月10日　初版発行

編　者　　竹石健二先生・澤田大多郎先生の古希を祝う会
発行者　　八木　環一
発行所　　株式会社　六一書房
　　　　　〒101-0051　東京都千代田区神田神保町2-2-22
　　　　　TEL　03-5213-6161　　FAX　03-5213-6160
　　　　　http://www.book61.co.jp　　Email　info@book61.co.jp
　　　　　振替　00160-7-35346
印　刷　　株式会社　三陽社

ISBN 978-4-947743-75-6　　C3021　　　　　　　　　　Printed in Japan